Kompendium Wirtschaftskriminalität

Günter Janke

Kompendium Wirtschafts-kriminalität

PETER LANG
Frankfurt am Main · Berlin · Bern · Bruxelles · New York · Oxford · Wien

Bibliografische Information der Deutschen Nationalbibliothek
Die Deutsche Nationalbibliothek verzeichnet diese Publikation in der Deutschen Nationalbibliografie; detaillierte bibliografische Daten sind im Internet über <http://www.d-nb.de> abrufbar.

Umschlagabbildung:
Alte und neue Waffen der Kriminellen.
Abdruck mit freundlicher Genehmigung von
Prof. Günter Janke.

ISBN 978-3-631-57020-3

Internationaler Verlag der Wissenschaften
Frankfurt am Main 2008

www.peterlang.de

Vorwort

„Ein Kaufmann kann sich schwer hüten vor Unrecht und ein Händler frei bleiben von Sünden. Wegen eines Vorteils tun viele Unrecht und die reich werden wollen, nehmen es nicht immer genau“

Mit dieser Sentenz umreisst schon das auch im Talmud zitierten Buch Sirach[1], das zu den Apokryphen des Alten Testaments gezählt wird, die uralte Bedrohung der Wirtschaft durch kriminelle Machenschaften.

Wirtschaftskriminalität ist heute ein akutes gesamtgesellschaftliches Problem und eine ernstzunehmende jedoch oft noch stark unterschätzte komplexe Bedrohung für viele Unternehmen in der globalisierten Wirtschaftswelt.
Mit der Verschärfung des globalen Wettbewerbs um Märkte und Kunden, der Zunahme des Erfolgsdrucks in der Wirtschaft und der Abschwächung individualethischer Maßstäbe steigt die Gefahr wirtschaftskriminellen Handelns.
Viele wirtschaftskriminelle Handlungsweisen sind der Nährboden für eine Parallel- oder Schattenwirtschaft, die nicht nur zu Lasten einzelner Unternehmen, sondern der Gesamtwirtschaft und nicht selten des Gemeinwesens geht und insofern sozialschädlich.

Unternehmen sind durch Wirtschaftskriminalität auf zweifache Weise bedroht. Zum einen können sie durch interne oder externe Täter zu Opfern werden, was dem Unternehmen sowohl unmittelbar durch direkte Gewinn- bzw. Vermögensverluste, als auch mittelbar schadet, denn Unternehmen stehen im Blick der Öffentlichkeit und massive Wirtschaftskriminalität kann zu gravierenden Imageschäden und in der Folge zu Umsatzeinbußen und Aktienkursverlusten bzw. negativen Ratings führen, wenn der Eindruck entsteht, das Unternehmen gehe nicht energisch und erfolgreich dagegen vor, habe also sein Risikomanagement nicht im Griff. Zum anderem können Unternehmen auch selbst Wirtschaftsstraftaten (vom Bilanz- über Insolvenz- bis zum Kreditbetrug und von Korruptions- bis hin zu Umweltdelikten) begehen, die ihnen zunächst ökonomische Vorteile, bei Aufdeckung jedoch verheerende Schäden bringen können.
Die zunehmende Komplexität von Unternehmen und die Anfälligkeit moderner Informationsverarbeitungstechnologien für Computerkriminalität schaffen neue Angriffsmöglichkeiten und Begehensweisen, deren Risiken für Unternehmen vielen Managern noch kaum bekannt sind. Deshalb werden Umfang und Gefahren häufig unterschätzt.
Tarnen und Täuschen sind typisch für die Wirtschafts- und besonders die Computerkriminalität. Wer meint, dass sein Unternehmen nicht betroffen wäre, „weil bislang ja noch nichts passiert ist“, kann sich leicht täuschen. Es ist wie bei einer

---

1 Buch Sirach, Apokryphen der Bibel Kapitel 27

Influenza. Wer hat schon wirklich mal einen Grippevirus *gesehen*? Aber sie existieren - und bei erfolgter Infektion ist es dann meist zu spät zur Vorsorge!

Obwohl einzelne wirtschaftskriminelle Delikte immer wieder auch - oft in knalliger Aufmachung unter Schlagworten wie „Bilanzskandal" oder „Korruption" - medienwirksam publiziert werden, ist die Kenntnis von konkreten Bedrohungen und das Wissen um Gegenmaßnahmen in vielen Unternehmen nur wenig ausgeprägt.
Wirtschaftskriminalität scheint ein begriffsdefinitorisch nur schwer und strafrechtlich nur bedingt greifbares Phänomen mit allerdings durchaus hohem Schadenspotential zu sein, wobei sich auch dieses aus mannigfaltigen Gründen oft dem Licht der Öffentlichkeit entzieht, so dass viele Unternehmen meinen, es gäbe kaum eine Gefahr - bis sie dann irgendwann und nicht selten völlig unvorbereitet selbst betroffen sind.

Doch Wirtschaftskriminalität ist kein unabwendbares Schicksal, vor dem es für Unternehmen keinen Schutz gibt. So wie man sich mit guten Schlössern, hohen Zäunen, Alarmanlagen und Sicherheitsdiensten vor Feuer, Raub und Diebstahl schützen kann, kann man sich analog durch effiziente interne Kontrollen, eine wirksame Interne Revision und ein entsprechend organisiertes Risiko-Managementsystem vor wirtschaftskriminellen Angriffen und entsprechenden Schäden schützen.
Unternehmensleitungen und verantwortliche Mitarbeiter müssen allerdings sensibilisiert werden und wissen, wie sich Wirtschaftskriminalität manifestiert, wie sie das Unternehmen gegen wirtschaftskriminelle Angriffe schützen und wie sie im Fall diverser Attacken zu regieren haben.

Mit dieser Problematik will sich das vorliegende Kompendium in prägnant praxisorientierter Form befassen und hierbei insbesondere auch typische deliktorientierte Prophylaxemöglichkeiten aufzeigen.

Um eine vertiefende Beschäftigung mit der Thematik zu erleichtern wurde grosser Wert auf weiterführende Literaturverweise und im Interesse hoher Aktualität auch auf Internet-Informationsquellen gelegt.
Der Autor bittet um Verständnis, wenn diese Quellen durch Serveränderungen u.ä. in späterer Zeit vielleicht nicht mehr vollständig auffindbar sein sollten.

Leipzig, Dezember 2007 *Prof. Dr. oec. habil. Günter Janke*

Inhaltsverzeichnis

Abkürzungsverzeichnis

Bafin	Bundesanstalt für Finanzdienstleistungsaufsicht
BB	Betriebsberater (Zeitschrift)
BBK	Buchführung, Bilanz, Kostenrechnung (Zeitschrift)
BGBl	Bundesgesetzblatt
BGH	Bundesgerichtshof
BKA	Bundeskriminalamt
BMWI	Bundesministerium der Wirtschaft
BSI	Bundesamt für Sicherheit in der Informationstechnik
CEO	Chief Executive Officer
CFO	Chief Financial Officer
COSO	Committee of Sponsoring Organizations of the Treadway Commission
DIAS	Deutsches Institut für Anlegerschutz
DoS	Denial of Service
EBIT	Earnings before interests and taxes
EMAS	Eco Management and Audit Scheme
ERM	Enterprise Risk Management
FTD	Financial Times Deutschland
IDW	Institut der Wirtschaftsprüfer
IDC	International Data Corporation
IFRS	International Financial Reporting Standards
IIA	Institute of Internal Auditors
IIR	Deutsches Institut für Interne Revision e.V.
ISA	International Standards on Auditing
KPMG	Klynveld Peat Marvick Goerdeler (internat. WP-Gesellschaft)
LG	Landgericht
Mio.	Millionen
Mrd.	Milliarden
PdR	Praxis des Rechnungswesens (Zeitschrift)
PKS	Polizeiliche Kriminalstatistik
PS	Prüfungsstandard
PWC	Price Waterhouse Coopers (internat. WP-Gesellschaft)
SEC	Securities and Exchange Commission
SOA	Sarbanes-Oxley Act of 2002
SPE	Special Purpose Entity
UrhG	Urheberrechtsgesetz
USD	US-Dollar
WLAN	Wireless Lokal Area Network
ZFCM	Zeitschrift für Controlling & Management
ZIR	Zeitschrift Interne Revision
ZRFG	(Zeitschrift) Risk, Fraud & Governance

1. Unternehmensbedrohung Wirtschaftskriminalität

1.1. Das Problem der Begriffsabgrenzung

Bilanzmanipulationen und illegale Börsengeschäfte, bei denen eine Seite - meist Unternehmen oder Einzelpersonen - Millionengewinne und die andere Seite - oft Kleinaktionäre, manchmal auch geprellte Unternehmen - analog dazu Millionenverluste verzeichnet. Unterschlagungen oder Veruntreuungen. Erschleichen von Subventionen für nie erbrachte Leistungen, Beschaffung von Krediten mittels gefälschter Finanzberichterstattung. Schäden wachsender Höhe durch Korruption oder kriminelles Ausspähen elektronisch gespeicherter bzw. versandter Daten - diese Aufzählung ließe sich noch seitenlang fortsetzen, denn das Spektrum der Wirtschaftskriminalität scheint fast unerschöpflich.
Dabei behaupten Szenekenner immer wieder, es sei nur die Spitze des Eisbergs, die in Veröffentlichungen und bei Strafprozessen sichtbar wird.
Haben wir es mit einem Zerrbild der Wirtschaft zu tun oder ist die Wirtschaftskriminalität eine echte Gefahr für Unternehmen und Gemeinwesen?
Diese Frage muss wohl mit „Sowohl - als auch" beantwortet werden.

Seitdem der Mensch mehr produziert, als er bzw. seine Sippe für den täglichen Verzehr benötigt und es also Handel und Warenverkehr gibt, werden auch Betrügereien begangen und sei es, dass man versuchte, den Handelspartner mit schlechter Warenqualität oder falschen Gewichten zu übervorteilen. Und auch dort, wo Produkte in größerer Menge hergestellt wurden, bestand dann alsbald die Gefahr, dass Arbeiter oder Angestellte Erzeugnisse in der Produktion oder aus dem Lager stahlen, um sich eigennützig zu bereichern.
Das dies offenbar schon ein uraltes Problem ist, darauf verweisen Revisionszeichen die sich in den schriftlichen Aufzeichnungen uralter sumerischer Tempelwirtschaften auffinden lassen, die nicht nur religiöses sondern vor allem auch ökonomisches Zentrum ihrer Regionen waren und nicht nur Güter erhielten, sondern auch in größerem Umfang produzierten. In der ältesten uns gegenwärtig bekannten Buchhaltung - der des Tempels Dublalmach in Ur um 2000 v.Chr. - finden sich auf Tontafeln mit Abrechnungen als Revisionszeichen Punkte, Striche und Haken und sogar Prüfernamen sind registriert [2],
Mit den im Mittelalter eingeführten geldersetzenden Wechseln begann der (heute nur noch bedingt relevante) Wechselbetrug und mit dem Entstehen von Kapitalgesellschaften als Voraussetzung der modernen Großunternehmen kam es zu den ersten Bilanzmanipulationen, um Kapitalanleger und Partner zu täuschen. Der Versuch wirtschaftslenkender Staatseingriffe vermittels Steuererleichterun-

---

2 Vgl. Barth,K. „Rechnungswesen im vorbabylonischen Sumer " - In: Die Wirtschaftsprüfung 46 (1993) 14 , S. 428 f.

gen bzw. direkter Subventionen für einzelne Unternehmen oder Branchen führte unter marktwirtschaftlichen Bedingungen bald zu Subventionsbetrügereien.
Mit der Wirtschaft verbundene kriminelle Handlungen, die einzelnen Wirtschaftspartnern oder später dann auch der Gemeinschaft schadeten, gibt es also fast seit Anbeginn menschlicher Gesellschaft. Der dynamischen technologisch und absatzpolitisch bedingten Entwicklung der Wirtschaft ist es geschuldet, dass auch die Wirtschaftskriminalität analog gewachsen ist.
Obwohl dieser Entwicklung spätestens seit der Weltwirtschaftskrise 1929 - der Deutschland diesbezüglich die Schaffung des Berufsstandes der Wirtschaftsprüfer und die USA die Gründung der SEC verdanken - aktiv entgegengearbeitet wird, ist die Wirtschaftskriminalität auch heute unverändert ein akutes gesamtgesellschaftliches Problem[3].
Die Ursachen dafür scheinen vielschichtig zu sein, sind jedoch wohl nicht unwesentlich in der Globalisierung der Wirtschaft mit zunehmend komplexer werdenden Geschäftsabläufen und der weltweit verflochtenen IT-Nutzung, die ein großes Verschleierungs- und Schadenspotential durch schnelle Giralgeld-Transaktionen bei Minimierung des Risikos nationaler Strafverfolgung mit sich bringt, zu sehen.

Fast jedes zweite Unternehmen in Deutschland (49%)[4] und weltweit (43%) wurde zwischen 2005 bis 2007 nach repräsentativen forensischen Erhebungen Opfer eines Wirtschaftsdelikts und die Prognosen sagen, dass faktisch jedes Unternehmen in den nächsten fünf Jahren durch Wirtschaftskriminalität geschädigt werden kann, wobei prinzipiell keine Branche hiervor gefeit ist.
Neben von den befragten Unternehmen dezidiert angegebenen Schäden aus Unterschlagung, Betrug und Industriespionage bzw. Produktpiraterie in Höhe von durchschnittlich 1,6 Mio € pro Unternehmen beklagen weltweit 40% und in Deutschland 68% der betroffenen Unternehmen immaterielle Folgeschäden wie Reputationsverlust oder Beeinträchtigung der Geschäftsbeziehungen und der Mitarbeitermoral.
Dies sind einige Ergebnisse der bislang aktuellsten und umfassendsten Studie „Wirtschaftskriminalität 2007"[5] von PricewaterhouseCoopers, bei der weltweit 5.428 Unternehmen (davon 1.166 in Deutschland) nach Auswirkungen wirtschaftskrimineller Attacken befragt wurden.
Der Gesamtschaden, der deutschen Unternehmen allein durch die aufgedeckten Delikte entstand, beläuft sich danach auf rund 6 Mrd. Euro pro Jahr, wobei ge-

---

3 Vgl. Peemöller/Hofmann „Bilanzskandale" , Berlin 2005 , S. 17

4 Von den deutschen Großunternehmen mit über 5.000 Mitarbeitern sogar 61% .

5 Vgl. Bussmann/Nestler/Salvenmoser „Wirtschaftskriminalität 2007 - Internationale und deutsche Ergebnisse", PWC/Martin-Luther-Universität Halle-Wittenberg, Frankfurt/M. und Halle 2007, S. 4

schätzte Managementkosten zur Bewältigung von Kriminalitätsfolgen in Höhe von 1,75 Mrd. Euro eingerechnet sind.
Die Studie der Wirtschaftsprüfergesellschaft KPMG zur Wirtschaftskriminalität in Deutschland kommt zu fast noch dramatischeren Ergebnissen. Hiernach empfinden 70% der befragten Unternehmen Wirtschaftskriminalität als ernsthaftes Problem und 76% der großen, 46% der mittleren und 36% der kleineren Unternehmen wurden in der Vergangenheit Opfer wirtschaftskrimineller Handlungen. Besonders betroffen waren die geldnahen Prozesse, wie Einkauf, Vertrieb, Lager und Finanzen. Die Schadenshöhe bezifferten einzelne Unternehmen hierbei auf bis zu einer Milliarde Euro[6].

Die KPMG-Studie verweist auf einen signifikanten Zusammenhang zwischen Umsatzvolumen und der Häufigkeit wirtschaftskrimineller Handlungen im Unternehmen. Dieser resultiert besonders aus einer Verstärkung der Überwachungsmaßnahmen infolge diesbezüglich in den letzten Jahren permanent erhöhter Corporate Governance-Anforderungen an die Unternehmen und der daraus resultierenden größeren Wahrscheinlichkeit, derartige Handlungen durch die in der Regel besseren Kontrollsysteme in größeren Unternehmen zu entdecken. Gleichzeitig wird deutlich, dass es ausgesprochen fahrlässig und ggf. unternehmensexistenzgefährdend ist, die Gefahr zu unterschätzen.

1.2. Versuch einer Begriffsbestimmung

Das Stichwort Wirtschaftskriminalität sucht man in vielen betriebswirtschaftlichen Nachschlagwerken vergeblich. Dies wird seit langem damit begründet, dass Forschungsobjekt und -strategie der Betriebswirtschaftslehre wirtschaftskriminelle Tatbestände aus der direkten Betrachtung herausfallen lassen[7], doch den betroffenen Unternehmen ist damit kaum geholfen. Hinzu kommt, dass damit einem Verdrängungsmechanismus Vorschub geleistet wird, der nicht nur in kleinen und mittelständischen Unternehmen leicht zu Sorglosigkeit auf der einen und damit gekoppelt hohen Risikopotentialen auf der anderen Seite führt.
Außerdem wirkt die Wirtschaftskriminalität als nicht zu unterschätzender Störfaktor im gesamten Wirtschaftsmechanismus. Ausdruck dafür sind Unternehmenszusammenbrüche mit all ihren negativen Folgen, erhöhte Kostenbelastungen betroffener Unternehmen, Steuerausfälle - letztlich erhebliche Wertverluste für die gesamte Volkswirtschaft.
Besonders in *diesem* Kriminalitätsbereich ist die Beweislage oft sehr kompliziert, können Handlungen im Rahmen des normalen unternehmerischen Risikos

---

6 Vgl. KPMG, „Studie 2006 zur Wirtschaftskriminalität in Deutschland" Berlin 2006, S. 6
7 Vgl. Belke,R./Oehmichen,J. "Wirtschaftskriminalität" , Bamberg 1983, S. 343-345

leicht in kriminelle Machenschaften abgleiten, wird oft hohe kriminelle Energie in Verschleierungshandlungen investiert.
Entsprechend schwierig ist die Aufklärung derartiger Delikte, so dass die veröffentlichten Kriminalstatistiken sehr wahrscheinlich nur die Spitze des Eisbergs abbilden. Statistiken können die Realität nur bedingt darstellen, denn sie erfassen nur *vorliegende* Daten, also z.B. die aktenkundig gewordenen und an die Staatsanwaltschaften übergebenen Fälle. Nicht angezeigte Fälle können nicht erfasst werden, bilden das Dunkelfeld, das nur durch verstärkte Aufmerksamkeit und Überwachung erhellt werden könnte.

In der polizeilichen Kriminalstatistik (PKS) des BKA wird seit 1984 die Wirtschaftskriminalität gesondert ausgewiesen. Damals wurden 46.804 Fälle mit einem Schadensvolumen von 1,4 Milliarden DM registriert[8], die jüngste Statistik für 2006 verweist auf über 85.000 aktenkundige Fälle mit einer Schadenssumme von rund 4,3 Milliarden Euro[9], wobei allerdings die Computerkriminalität, die zumindest teilweise wirtschaftskriminell determiniert ist, in dieser Statistik nicht erfasst wird[10].
Die für den Bereich der allgemeinen Kriminalität recht zuverlässige PKS kann das tatsächliche Ausmaß der Wirtschaftskriminalität allerdings nur bedingt darstellen. Das liegt zum einen an Zuordnungsproblemen und zum anderem am begehungsweisebedingtem Dunkelfeld der Taten. Es handelt sich eben oft nicht um einzelne feststehende Straftaten (wie sie z.B. gemäß § 74c Gerichtsverfassungsgesetz zwangsläufig als Wirtschaftskriminalität zu erfassen sind) oder ein scharf abgrenzbares Deliktsbündel, sondern um ein sehr komplexes Kriminalitätsfeld. Diesbezügliche Ermittlungsverfahren sind beinhalten oft mehrere Tatvorwürfe, die mit der Einzelstraftatenerfassung der PKS nur schwer widerzuspiegeln sind. Auch bei Delikten wie Betrug und Untreue, die nicht zwangsläufig auch der Wirtschaftskriminalität zuzuordnen sind, haben Ermittler und auch Gerichte einen Definitionsspielraum[11].
In den veröffentlichten Zahlen fehlen auch die Wirtschaftsstraftaten, die von Schwerpunktstaatsanwaltschaften oder von den Finanzbehörden unmittelbar ohne Beteiligung der Polizei verfolgt wurden. Gerade hier handelt es sich jedoch oft um sehr komplexe Fälle mit zahlreichen Einzelstraftaten.

---

8 siehe Hofmann,R. "Unterschlagungsprophylaxe und Unterschlagungsprüfung",Berlin 1990, S. 41
9 Vgl. BKA PKS 2006 Tab. 07
10 das wird in der PKS 2006 (Vorbemerkungen S. 17) damit begründet, dass als Computerbetrug (der Hauptteil der erfassten Straftaten) vor allem Automatenmanipulationen aktenkundig werden, die nicht immer Wirtschaftskriminalität sind und zeigt so indirekt, dass „echte“ Computerkriminalitätsdelikte bislang wohl kaum erkannt bzw. aufgedeckt wurden.
11 Vgl. Többens,H.W. „Wirtschaftsstrafrecht“ , München 2006, S. 69 u. S. 83f.

Auf das grosse Dunkelfeld der Wirtschaftskriminalität verweist nicht nur die jüngste PKS, sondern auch die aktuelle KPMG-Studie - nach der deutsche Unternehmen eine Dunkelziffer von 80% für wirtschaftskriminelle Handlungen vermuten[12]. Übrigens lässt sich dies auch aus der erstaunlich hohen Aufklärungsquote (um 98 %) für Wirtschaftskriminalitätsfälle schlussfolgern. Offenbar erstatten die meisten betroffenen Unternehmen erst dann Anzeige, wenn sie den Fall selbst aufgeklärt haben um mit gerichtsverwertbaren Beweisen Schadenersatzansprüche gegenüber dem Täter zu erlangen.
Die Experten von PWC verweisen in ihrer o.g. Studie darauf, dass der überwiegende Teil der Unternehmen gegen Wirtschaftskriminalität noch nicht ausreichend gerüstet ist, was natürlich auch das Erkennen diesbezüglicher Angriffe erschweren dürfte[13]. Analoge Aussagen finden sich in der einschlägigen KPMG-Studie, nach der 58% der von Wirtschaftskriminalität betroffenen Unternehmen einschätzen, dass mit einer erhöhten Sensibilisierung der Mitarbeiter eine Verhinderung möglich gewesen wäre.[14]
Auch wenn die Schadenshöhe von den meisten Unternehmen lieber verschwiegen wird und Folgeschäden wie Imageverlust etc. ausgeklammert werden, lassen Indizien bekanntgewordener spektakulärer Fälle aus dem Bereich industrieller Großunternehmen und Banken doch darauf schließen, dass die Schadenssummen proportional zur Unternehmensgröße, zur Führungs- und Entscheidungsverantwortung des Verursachers und seiner Fähigkeit, interne Kontrollen zu umgehen, wachsen.
Hinzu kommt, dass ein ganzer Teil von Wirtschaftsstraftaten keine individuellen Opfer haben, sondern die Allgemeinheit schädigen. Derartige Taten werden oft mit hoher krimineller Energie und hohem Verschleierungsaufwand begangen (z.B. Subventionsbetrug, illegale Kartellbildung, Korruptionsfälle bei der Vergabe öffentlicher Aufträge, Versicherungsbetrug oder Umweltstraftaten) und wenn Mitwisser dann auch Mittäter sind, fehlen meist auch Anzeigeerstatter bei den Ermittlungsbehörden.
Insofern kann der Schaden, der allein in Deutschland jährlich durch wirtschaftskriminelle Handlungen entsteht, nur geschätzt werden, wobei die Schadenshöhe so von Prämissen, was denn direkt oder indirekt zu derartigen Handlungen gezählt wird, abhängig ist. Je nachdem ob z.B. Verluste des Fiskus durch Umsatzsteuerbetrug, die oft hohen Korruptionsschäden oder die Umsatzverluste durch Industriespionage und folgender Produktpiraterie hinzugezählt werden, fallen Schätzungen sehr unterschiedlich aus. Auch deshalb liegen Schadensschätzun-

12 Vgl. KPMG, „Studie 2006 zur Wirtschaftskriminalität in Deutschland“ , S. 7

13 Vgl. Bussmann/Nestler/Salvenmoser „Wirtschaftskriminalität 2005 - Internationale und deutsche Ergebnisse“, PWC/Martin-Luther-Universität Halle-Wittenberg, Frankfurt/M. und Halle 2005, S.4 und S. 37

14 Vgl. KPMG, Studie 2006 zur Wirtschaftskriminalität in Deutschland , S. 6

gen zwischen 2-10% des Bruttoinlandsprodukts, also zwischen 45 und 225 Milliarden Euro jährlich[15].

Wirtschaftskriminalität ist von der Begehensweise her i.R. weitgehend mit Betrugshandlungen (besonders Vertrauensmissbrauch im Geschäftsverkehr[16]) zu beschreiben, auch wenn verschleiernde Sekundärstraftaten dann oft die ganze StGB-Palette umfassen können.
Die Betrugsfälle nehmen mit wachsender Komplexität von Geschäftsabläufen tendenziell zu, sind schwieriger zu entdecken und treten in immer vielfältigerer Form auf. Es ist deshalb von größter Bedeutung, dass die Unternehmen den Betrug als grundlegende geschäftliche Herausforderung betrachten und ausreichend Zeit wie auch Mittel zur Bekämpfung einsetzen.
Während der Betrugsbegriff (Erlangung eines Vermögensvorteils durch Täuschung zu Ungunsten Dritter[17]) relativ klar definierbar ist, ist diese Klarheit beim Begriff Wirtschaftskriminalität leider nur bedingt gegeben.
Es ist zwar ein Begriff ist, mit dem zwar jeder etwas anfangen kann, der aber so vielschichtig interpretierbar ist, dass er sich einer klaren Definition gleichsam zu entziehen scheint.[18]
Insofern sind durchaus verschiedene Begriffsinhalte in Verwendung, die im einzelnen zu beschreiben und zu diskutieren jedoch wohl wenig zielführend wäre, weshalb nur auf zwei für die folgenden Ausführungen relevante Ansätze eingegangen werden soll.

Die dritte internationale PWC-Umfrage zur Wirtschaftskriminalität 2005 benutzt diesen Begriff als Oberbegriff für folgende Handlungen zum Nachteil von Unternehmen:

Betrug	Erlangung eines Vermögensvorteils durch Täuschung
Falschbilanzierung	Erstellung unrichtiger Informationen zur Verschleierung der wahren Vermögens-, Finanz- und Ertragslage eines Unternehmens
Geldwäsche	Verschleierung der Tatsache, dass Geld aus illegalen Handlungen stammt

15 Többens,H.W. „Wirtschaftsstrafrecht“ , München 2006, S. 1

16 Vgl. Müller,C. „Wirtschaftskriminalität. Analyse eines interdisziplinären Phänomens“ In: Der Schweizer Treuhänder 10/1995, S. 839f.

17 Hierbei kann z.B. über den Wert einer Sache oder die Sicherheit einer Hypothek, aber auch über die eigene Zahlungsbereitschaft oder Sachkunde durch Falschaussagen oder verfälschte Belege getäuscht werden.

18 Vgl. Peemöller,V.H./Hofmann,S. „Bilanzskandale“ , Berlin 2005 , S. 19

Korruption /Bestechung	Einen Vorteil für eine Gegenleistung anbieten, Versprechen zu gewähren oder gewähren zu lassen, die im Widerspruch zu eigenen Pflichten oder denen anderer stehen
Unterschlagung	Zueignung von Sachen, über die man Verfügungsmacht besitzt
Veruntreuung	Pflichtwidrige Wahrnehmung von Vermögensinteressen anderer zu deren Nachteil oder dem eigenen Vorteil
Industriespionage	Illegale Beschaffung von Informationen über Produkte oder Technologien von Wettbewerbern
Produktpiraterie	Nachahmung und marktliche Verwertung von Produkten oder Markenzeichen unter der Missachtung von Schutzrechten

Eine andere Möglichkeit ist die Nutzung der Definitionen des Wirtschaftsstrafrechts, um über längere Zeiträume vergleichbare Begriffsabgrenzungen und Daten zu erhalten und zugleich auch die von Unternehmen ausgehende Kriminalität einzuschließen.
Das Wirtschaftsstrafrecht prägt sich infolge seiner historischen Entwicklung in Deutschland in einer Fülle von Gesetzen und ergänzenden Verordnungen - vom Strafgesetzbuch über Wettbewerbs-, Subventions-, Konkurs- und Handelsrecht bis hin zum Banken- und Börsenrecht sowie dem Außenwirtschafts-, Arznei- und Lebensmittelrecht - aus[19].

Eine einigermaßen übersichtliche - auf dem Wirtschaftsstrafrecht aufbauende - Tatbestandsabgrenzung lässt sich in der Polizeilichen Kriminalstatistik (PKS) finden.
Hier werden unter dem Stichwort Wirtschaftskriminalität[20] die Gesamtheit der im § 74c Abs. 1 Nr. 1-6 Gerichtsverfassungsgesetz (GVG) aufgeführten Straftaten (außer dem getrennt erfassten Computerbetrug) ausgewiesen, also Straftaten:

a) nach dem Patentgesetz, dem Gebrauchsmustergesetz, dem Halbleiterschutzgesetz, dem Sortenschutzgesetz, dem Markengesetz, dem Geschmacksmustergesetz, dem Urheberrechtsgesetz, dem Gesetz gegen den unlauteren Wettbewerb, dem Aktiengesetz, dem Gesetz über die Rechnungslegung von bestimmten Unternehmen und Konzernen, dem Gesetz betreffend die Gesellschaften mit beschränkter Haftung, dem Handelsgesetzbuch, dem Gesetz zur Ausführung der EWG-Verord-

[19] Vgl. Többens,H.W. „Wirtschaftsstrafrecht“ , München 2006, S. 67 ff.
[20] PKS 2006 : Kennung 8930 „Wirtschaftskriminalität“ , S. 16 f.

nung über die Europäische wirtschaftliche Interessenvereinigung, dem Genossenschaftsgesetz und dem Umwandlungsgesetz,

b) nach den Gesetzen über das Bank-, Depot-, Börsen- und Kreditwesen, dem Versicherungsaufsichtsgesetz sowie dem Wertpapierhandelsgesetz,

c) nach dem Wirtschaftsstrafgesetz 1954, dem Außenwirtschaftsgesetz, dem Devisenbewirtschaftungsgesetz sowie dem Finanzmonopol-, Steuer- und Zollrecht, auch soweit deren Strafvorschriften nach anderen Gesetzen anwendbar sind; dies gilt nicht, wenn dieselbe Handlung eine Straftat nach dem Betäubungsmittelgesetz darstellt und nicht für Steuerstraftaten, welche die Kraftfahrzeugsteuer betreffen,

d) nach dem Weingesetz und dem Lebensmittelrecht,

e) des Subventionsbetruges, des Kapitalanlagebetruges, des Kreditbetruges, des Bankrotts, der Gläubiger- und der Schuldnerbegünstigung

f) der wettbewerbsbeschränkenden Absprachen bei Ausschreibungen sowie der Bestechlichkeit und der Bestechung im geschäftlichen Verkehr,

g) des Betruges, der Untreue, des Wuchers, der Vorteilsgewährung und der Bestechung und des Vorenthaltens und Veruntreuens von Arbeitsentgelt; nach dem Arbeitnehmerüberlassungsgesetz und dem 3. Buch des SGB sowie dem Schwarzarbeitsbekämpfungsgesetz soweit zur Beurteilung des Falles besondere Kenntnisse des Wirtschaftslebens erforderlich sind.

In einem zweiten Unterpunkt der PKS-Definition Wirtschaftskriminalität findet sich nochmals eine offenere, auch neue Entwicklungen antizipierende und insofern über die GVG-Detailaufzählung sogar hinausgehende Bestimmung:

Delikte, die im Rahmen tatsächlicher oder vorgetäuschter wirtschaftlicher Betätigung begangen werden oder über eine Schädigung von einzelnen hinaus das Wirtschaftsleben beeinträchtigen oder die Allgemeinheit schädigen können und/oder deren Aufklärung besondere kaufmännische Kenntnisse erfordern.

Letztlich ist unter Wirtschaftskriminalität also pragmatisch betrachtet die gegen die Wirtschaft bzw. Unternehmen gerichtete, aber auch die von Unternehmen ausgehende Kriminalität zu verstehen.
Und diese ist durchaus vielschichtig, handelt es sich doch um

- Kriminelle Angriffe ***gegen Unternehmen***, die sowohl *extern* durch andere Unternehmen (z.B. Wirtschaftsspionage) oder durch unternehmensfremde Einzel- oder Gruppentäter erfolgen können, als auch *intern* in Form von Manager- oder Mitarbeiterkriminalität

- ***Unternehmenskriminalität***, die gegen Dritte gerichtet sein kann (Betrug, Wirtschaftsspionage etc.) oder auch gegen gesamtwirtschaftliche oder gesellschaftliche Interessen (z.B. Bilanz- und Steuermanipulationen oder Umweltkriminalität)

Straftaten in dieser Weise abgegrenzt als Wirtschaftskriminalität zu bezeichnen, erscheint pragmatisch und im Zeitalter der Globalisierung auch jenseits deutscher Rechtsnormen anwendbar.

Oft sind einzelne Delikte und Begehungsweisen kombiniert. So ist die EDV häufig einerseits Tatwaffe, aber auch andererseits Angriffsziel oder Bilanzmanipulationen werden mit Bereicherungsabsicht (z.B. zur Sicherung an bestimmte Bilanzzahlen gebundener Tantiemenzahlungen) durchgeführt, wozu wiederum ggf. auch Mitarbeiter zu Mithilfehandlungen verführt oder erpresst werden.
Diverse seriöse Schätzungen, beruhend auf verschiedenen Befragungen und empirischen Untersuchungen in unterschiedlichen Unternehmen kamen in den zurückliegenden Jahren zu fast analogen Aussagen:
Über 60 Prozent der betroffenen Unternehmen werden von ihren eigenen Mitarbeitern betrogen. Die Unterschlagung von Geld oder Vermögensgegenständen durch Mitarbeiter ist in den Unternehmen wohl nach wie vor das einschneidendste Problem.
An zweiter Stelle steht der Vertrauensbruch durch das Management. Ein Viertel aller Betrugsfälle geht auf den Missbrauch von Führungskompetenzen, wie Fälschung von finanziellen Ergebnissen oder Veruntreuung von Vermögen, zurück. Insbesondere bei Vergabe, Überwachung und Abrechnung öffentlicher Aufträge bzw. spielt Korruption noch immer eine grosse Rolle. Selbst vorsichtige Schätzungen vermuten hier eine Dunkelzone zwischen 20 und 50 Prozent.

Zu dieser traditionellen Wirtschaftskriminalität kommen durch die neuen Informationsverarbeitungs- und -übermittlungstechnologien und das E-Business neue Gefahren hinzu. Insbesondere der Bereich der Internetkriminalität entwickelt sich gegenwärtig so dynamisch, dass Veröffentlichungen über aktuelle deliktische Begehensweisen vorwiegend nur noch im Internet, doch kaum mehr in Büchern erscheinen. Um so wichtiger erscheint es deshalb, dennoch den Versuch zu unternehmen, typische Delikte, den Kern von Begehensweisen und erkennbare Tendenzen darzustellen, um die wichtige Sensibilisierung von Unternehmen und Mitarbeitern gegen derartige Angriffe zu befördern. Denn Cybercrime wird noch zu oft unterschätzt. Auch auf dem 10. Deutschen IT-Sicherheitskongress beklagte der Präsident des Bundesamtes für Sicherheit in der Informationstechnik (BSI), dass das Problembewusstsein der deutschen Wirtschaft bezüglich der unverändert hohen Risiken viel zu gering ist und deshalb im Bereich der IT-Sicherheit nur ungenügende finanzielle und personelle Mittel zur Verfügung stehen[21]. Viele Manager schätzen das Bedrohungsrisiko durch Cybercrime für das eigene Unternehmen als gering ein. Sicherheitsrisiken werden als primär technische und kaum betriebswirtschaftlich relevante Probleme gesehen. IT-Sicherheitsrichtlinien existieren nur in jedem fünften deutschen Unternehmen und selbst dann sind nur zwei Drittel der Mitarbeiter auch damit vertraut. Dabei sind die Bedrohungen der Unternehmen aus dem Internet heute höher als je zuvor, so dass es dringend nötig ist, sich permanent über neue Risiken zu informieren und entsprechende technische und organisatorische Sicherheitsvorkehrungen umzusetzen. Das oft vorgetragene Argument, bei knappen finanziellen Mitteln müsse auch an Sicherheitsmaßnahmen gespart werden, führt zu einem Trugschluss. Schäden, die B. durch Zusammenbrüche des IT-Systems oder durch Konkurrenzspionage übers Internet entstehen, können rasch ein Vielfaches der Sicherheitsinvestitionen betragen!

Aus der Fülle der vielen der Wirtschaftskriminalität zuzurechnenden Begehensweisen sollen in der Folge vor allem die Delikte umfassender betrachtet werden, vor denen sich Unternehmen durchaus mit vertretbarem Aufwand schützen können.
Dies sind insbesondere

- Bilanzmanipulationen
- Insolvenzdelikte
- Kreditbetrug
- Anlagebetrug
- Umweltdelikte
- Korruption
- Interne und externe Vermögensdelikte

Wirtschaftskriminelle Delikte, wie Subventions-, Versicherungs- oder Umsatzsteuerbetrug, Delikte im Zusammenhang mit Arbeitsverhältnissen (z.B. Schwarzarbeit, Sozialversicherungsbetrug u.ä.), Wettbewerbsverstöße oder Zolldelikte - bei denen Unternehmen primär als *Täter* auftreten - werden deshalb nicht betrachtet.
Da die Wirtschaftskriminalität im IT-Zeitalter immer stärker von der Begehensweise her auch durch Computernutzung geprägt und beeinflusst wird, wird der *Computerkriminalität* ein eigener Abschnitt gewidmet.
Dies gilt auch für den diffizilen Problemkreis der *Wirtschaftsspionage*, die sowohl mit der Wirtschafts- als auch der Computerkriminalität teils beträchtliche Schnittmengen hat.

---

[21] BSI „Die Lage der IT-Sicherheit in Deutschland“, Bonn 2007 , S. 54

2. Typische Delikte, Fälle und Abwehrmöglichkeiten
2.1. Bilanzdelikte
2.1.1. Zur Begriffsbestimmung

Unter Bilanzdelikten sollen solche Vorgehensweisen verstanden werden, die das Ziel haben, den Jahresabschluss abweichend von den gesetzlichen Vorschriften aufzustellen. *Ursachen* hierfür können z.B. die schlechte wirtschaftliche Lage eines Unternehmens sein, die der Öffentlichkeit nicht bekannt gemacht werden soll, oder Manipulationen im Buchführungsbereich zur Vertuschung dort durch unternehmensinterne Mitarbeiter (z.B. in der Buchhaltung) gegen das Unternehmensvermögen begangener Delikte[22]
Nicht selten wird zudem versucht, weit über den Rahmen der Steuerbilanzbestimmungen hinaus durch falsche Vermögensbewertungen und fingierte Kosten Steuern zu unterschlagen. Zu hohe Vermögensbewertung und fingierte Umsätze finden sich vor allem bei Unternehmen, die nach US-GAAP bzw. IAS/IFRS Rechnung legen und eine bessere Unternehmenssituation vortäuschen wollen.
Erstere Ursache lässt sich in Unternehmen aller Größenordnung finden, wird allerdings bei größeren Unternehmen, deren Jahresabschluss einer Prüfung durch einen Wirtschaftsprüfer zu unterziehen ist, weitaus eher aufgedeckt, als bei kleineren Unternehmen, die bestenfalls einer fallweisen steuerlichen Betriebsprüfung unterworfen sind.
Die zweite Ursache lässt sich ebenfalls prinzipiell in allen Unternehmen finden, jedoch für größere Unternehmen eher ausschließen, wenn diese über eine *funktionierende* Interne Revision verfügen, die die Ordnungsmäßigkeit der Buchführung regelmäßig schon vor dem Wirtschaftsprüfer überwacht.

Traditionell hatten Unternehmen in freien Marktwirtschaften wie in den USA oder auch in Deutschland lange Zeit kaum beschränkte Unternehmensfreiheiten, die sich nicht nur darauf erstreckten, was und wie produziert, ge- und verkauft wurde, sondern auch welche Informationen Unternehmen in der Öffentlichkeit publizierten.
Das führte auch kaum zu Problemen, solange relativ kleine Unternehmen bei Insolvenzen nur ihre eigene Existenz gefährdeten. Doch als die Unternehmen immer größer wurden und letztlich zu weltweit agierenden Konzernen mutierten, wurden die Gefahren, die von Unternehmensinsolvenzen ausgingen immer grösser. Die Weltwirtschaftskrise von 1929 wie auch der von Finanzwelt und Börsen geräuschloser abgefangene Absturz des Neuen Marktes 2000 zeigten, welche dramatischen Auswirkungen sich aus derartigen negativen Entwicklun-

22 Vgl. Ludewig,R. "Abschlußprüfung und kriminelle Energien im Unternehmen" - In: Lanfermann,J. (Hrsg.) "Internationale Wirtschaftsprüfung - Festschrift für Hans Havermann", Düsseldorf 1995 , S. 400/401

gen ergeben können. Im Zeitalter der globalen Wirtschaftsvernetzung beeinträchtigen Zusammenbrüche bzw. massive Zahlungsprobleme von Großkonzernen nicht nur die nationale Wirtschaft, sondern gefährden internationale Handels- und Finanzbeziehungen u.U. mit drastischen Auswirkungen auf die gesamte Weltwirtschaft.
Bereits mit der Weltwirtschaftskrise wurde deutlich, wie wichtig wahrheitsgetreue Informationen über die Vermögens-, Finanz- und Ertragslage eines Unternehmens für Anleger und Partner dieses Unternehmens sind. Nur auf Basis derartiger Berichterstattung ist letztlich eine Entscheidung von Kapitalanlegern möglich, ob sie als Aktionär oder Kreditgeber ins Unternehmen investieren bzw. investiert bleiben, Handelsbeziehungen aufnehmen oder ihr Engagement beenden. Dafür, dass diese Informationen - bereitgestellt vor allem durch den veröffentlichten Jahresabschluss - ordnungsgemäß, wahrheitsgetreu und exakt sind sollten Aufsichtsorgane wie die US-Börsenaufsichtsbehörde SEC und der Berufsstand der Wirtschaftsprüfer, den es seit 1931 auch in Deutschland gibt, sorgen.
Die jüngere Vergangenheit zeigte allerdings, dass all diese Bemühungen einschließlich flankierender Gesetzesregelungen Bilanzmanipulationen bis hin zu relativ massiven Bilanzfälschungen nie ganz verhindern konnten. Deshalb wurden in Deutschland das KonTraG[23] und eine Reihe weiterer diesbezüglicher Ergänzungsgesetze vom TransPuG[24] bis zum Bilanzkontrollgesetz[25] und in den USA der Sarbanes-Oxley-Act geschaffen und auch die 8.EU-Richtlinie zum Jahresabschluss von Unternehmen neu formuliert[26] mit dem Ziel, die Corporate Governance in den Unternehmen weiter zu verbessern und eine gesetzeskonforme, exakte und wahrheitsgetreue Finanzberichterstattung vor allem der großen und kapitalmarkorientierten Unternehmen sicherzustellen.

Hört man den Begriff Wirtschaftskriminalität, ist dieser für viele eng mit den Assoziationen „Bilanzmanipulation und Bilanzfälschung" verbunden. Dies ist nicht verwunderlich, denn ein Großteil spektakulärer Firmenzusammenbrüche, die nicht nur andere Unternehmen sondern durchaus auch Arbeitsplätze und Kaufkraft vieler Unbeteiligter gefährdeten, waren mit diesem Delikt verbunden. Allerdings machen Falschbilanzierungen keinesfalls den Hauptteil wirtschaftskrimineller Begehensweisen aus. Tatsächlich beträgt ihr Anteil nur ca. 6 Prozent der aktenkundig erfassten Wirtschaftskriminalität. Doch milliardenschwere Bilanzverfälschungen sind in den letzten Jahren sowohl international als auch nati-

---

23 Gesetz zur Kontrolle und Transparenz im Unternehmensbereich BGBl I 1998, S.786

24 Gesetz zur weiteren Reform des Aktien- und Bilanzrechts, zu Transparenz und Publizität" (TransPuG) BGBL I 2002, S. 2681

25 Gesetz zur Kontrolle von Unternehmenszusammenschlüssen (BilKoG) BGBl. I 2004, S. 3408

26 Vgl. Richtlinie 2006/43/EG v. 27.5.2006, Amtsblatt der EU L 157/87 v. 9.6.2006

onal aufgrund spektakulärer Betrugsfälle großer Konzerne zum Gegenstand öffentlicher Berichterstattung und Aufmerksamkeit geworden.
Den mit der Problematik weniger vertrauten Leser mag es dann manchmal verwundern, wieso in den Berichten darüber als offensichtliche Bilanzskandale dargestellte Manipulationen der Finanzberichterstattung erst erkannt und aufgedeckt wurden, nachdem großer Schaden entstanden ist. Der Fachmann weiß, dass die Probleme im Detail liegen:
Bilanzmanipulationen sind nicht per se kriminell oder strafbar! Es handelt sich hierbei in vielen Fällen um die Ausnutzung von Bilanzierungsspielräumen als Ermessenentscheidung des Bilanzierenden.
Insofern gibt es durchaus legale, also vom Gesetzgeber gewollte bzw. geduldete Bewertungs- und Ansatzwahlrechte, die sich aus den einschlägigen Rechnungslegungsvorschriften ergeben. So ist es z.B. möglich mittels handelsrechtlicher Wahlrechte und Bilanzierungshilfen eine schlechte wirtschaftliche Unternehmenslage durch Aktivierung der Aufwendungen für Ingangsetzung und Erweiterung des Geschäftsbetriebs, für ein Disagio oder durch Bewertung der Fertigerzeugnisse zu Vollkosten günstiger erscheinen zu lassen oder bei guter wirtschaftlicher Lage zur Vermeidung von Gewinnabflüssen durch Passivierung von Aufwandsrückstellungen oder Bewertung der Fertigerzeugnisse zu Einzelkosten stille Reserven zu legen um die Unternehmenssituation etwas ungünstiger erscheinen zu lassen.
Derartige Wahlrechte sind in den US-GAAP wie auch in den IFRS weniger vorhanden als im HGB, in dem relativ umfangreiche handelsrechtliche Wahlrechte allerdings in praxi durch steuerrechtliche Maßgeblichkeiten ebenfalls eingeschränkt werden.
Möglich und legal sind außerdem „sachverhaltsgestaltende Maßnahmen", wenn z.B. ein Betriebsgrundstück oder Aktienbestände noch im laufenden Geschäftsjahr mit hohem Buchgewinn veräußert werden, um ein voraussichtlich schlechtes Jahresergebnis aufzuhellen.
Nicht legal allerdings sind der unterlassene bzw. falsche Ansatz oder Ausweis von Bilanzpositionen. Beispiele hierfür sind:

- Der Ausweis von Forderungen unter der Position Kassenbestand, obwohl die Werthaltigkeit völlig unterschiedlich ist
- Der Nichtausweis von Verbindlichkeiten bzw. der fiktive Ausweis von Forderungen zur Verschleierung einer ungünstigen Vermögenssituation
- Verstöße gegen das Verrechnungsverbot des § 246 HGB
- Nichtausweis von Rückstellungen gegenüber Dritten, obwohl § 249 Abs. 1 HGB dies verpflichtend vorschreibt
- Unterlassen der Bildung von Rechungsabgrenzungsposten zur Ermittlung des exakten Periodengewinns, obwohl dies gem. § 250 HGB zwingend erforderlich ist
- Ausweis fiktiver Material- oder Warenbestände

Hier handelt es sich letztlich oft nicht mehr um Buchungs-, Erfassungs- oder Bilanzierungsfehler, wie im Falle diesbezüglicher Prüfungen und Ermittlungen dann gern von den Verantwortlichen behauptet wird, sondern meist um *Bilanzfälschungen.* Oft werden bei genaueren Prüfungen verschleiernden Begleithandlungen sichtbar, die von fehlenden Belegen und Inventurnachweisen über Buchhaltungsmängel bis hin zu angeblich gestohlenen Festplatten mit den Buchführungsaufzeichnungen gehen.
Allerdings gibt es auch hier eine gewisse Grauzone. Als kriminell werden diese Verstöße gegen die ordnungsmäßige Buchführung und Bilanzierung erst angesehen, wenn die Vermögenssituation des Unternehmens wesentlich verzerrt dargestellt wird. Das Ausmaß noch hinnehmbarer Wertabweichungen hängt damit in der für betriebswirtschaftliche Betrachtungen typischen Materiality-Sicht wesentlich vom Bilanzvolumen ab.
Außerdem existiert eine Grauzone auch bei der Auslegung von Bilanzierungsspielräumen. Gewiss erschwert z.B. der Ausweis von Rückstellungen unter der Position sonstige Verbindlichkeiten das Erkennen der tatsächlichen Vermögensverhältnisse, doch kann man über die Auslegung der Formulierung des § 249 Abs.1 wohl durchaus unterschiedlicher Meinung sein, so dass im Einzelfall vielleicht sogar der BFH entscheiden muss und solange auch unterschiedliche Bilanzansätze möglich sind.
Derartige umstrittene Bilanzierungsspielräume gibt es auch in den IFRS, wie die vielen Diskussionen zur fair value-Problematik zeigten.
Auch deshalb zeigt sich der Gesetzgeber wohl bislang bei der Strafbewehrung von Bilanzmanipulationen relativ zurückhaltend.
Dort allerdings, wo durch verfälschte externe Finanzberichterstattung Anleger oder Partner des betreffenden Unternehmens geschädigt werden, spricht der Gesetzgeber von strafrechtlich relevanten *Bilanzdelikten.* Insofern sind Bilanzmanipulationen dann im Zusammenhang mit anderen Straftaten verschleiernde bzw. gestaltende „Hilfsmittel“, deren Strafbarkeit sich aus den jeweiligen Umständen ergibt. Bilanzfälschungen werden also primär im Zusammenhang mit Insolvenzen bzw. Insolvenzdelikten und Kreditbetrug wirtschaftskriminell.

Die unverändert vorhandene Grauzone zulässiger Bilanzmanipulationen, die bei riskanter Unternehmensführung leicht zu Falschinformationen für Interessenten von Jahresabschluss, Quartalsberichten etc. führen kann, unterliegt insbesondere bei prüfungspflichtigen Unternehmen der Überwachung durch Aufsichtsrat oder Audit Committee und nachgeschaltet der Prüfung durch einen unabhängigen Wirtschaftsprüfer, dessen Verantwortlichkeit und Haftung auch in Deutschland in den letzten Jahren stringent erhöht wurde. In den USA wurde diese Aufsicht 2002 mit dem (im Vergleich zu deutschen Regelungen wesentlich stärker strafbewehrten) Sarbanes-Oxley-Act, der wohl wichtigsten Änderung der US-Wertpapiergesetze seit dem Securities Act von 1933, deutlich verschärft. Neben strengeren Unabhängigkeitsanforderungen an Wirtschaftsprüfer enthält das neue Gesetz vor allem die Verpflichtung des Top-Managements, ein funktionierendes IKS einzurichten[27] und die Wahrheit der externen Finanzberichterstattung (persönlich verpflichtend) zu bestätigen[28].

Abb. 1
Strafrechtsrelevanz von Verstößen gegen die Grundsätze ordnungsmäßiger Buchführung / Bilanzierung bzw. analoge US-GAAP oder IFRS-Regelungen

	GoB-Verstoß		
Insolvenzfall ?	NEIN		JA
Rechtliche Gesellschaftseinordnung	Börsennotierte Kapitalgesellschaft	Keine Kapitalgesellschaft	Alle Unternehmen
Rechtsfolgen	Compliance-Verstoß	-	Strafbewehrt als Insolvenzstraftat und bei Kreditbetrug
Strafrechtliche Einordnung	Nach SOA strafrelevant	-	Insbes. §§ 283 u. 265 StGB

2.1.2. Begehensweise
2.1.2.1. Gefälschte Bilanzen - verunsicherte Anleger

Aus den USA wurden (als ein Auslöser des Sarbanes-Oxley-Act) jahrelange ***Bilanzmanipulationen*** bekannt, bei denen das Telekommunikationsunternehmen WORLDCOM, das laufende Kosten für das operative Geschäft (Leitungsgebühren) als Vermögenswert („Zukunftsinvestitionen") in der Bilanz aktivierte und so statt eines tatsächlichen Verlusts von 0,7 Mia USD einen fiktiven Gewinn von 1,38 Mia USD auswies[29] und so die bislang größte Insolvenz der US-Wirtschaftsgeschichte verursachte - der in den letzten Jahren wohl aufsehenerregendste, aber keineswegs einzige Fall. Auch der zweite spektakuläre Fall, der 2002 das siebtgrößte Unternehmen der USA (die Energiehandels-Firma Enron) in die Schlagzeilen brachte, beruhte auf einer umfassenden Täuschung der Bilanzinteressenten unter Ausnutzung von Schlupflöchern in den case-law-orientierten US-GAAP, aber auch von Mängeln in der Corporate Gouvernance,

---

27 Sarbanes-Oxley-Act (SOA) Sec. 404

28 Sarbanes-Oxley-Act Sec. 302

29 Vgl. Tanski,J.S. „Aktuelle Entwicklungen von Corporate Gouvernance und Interner Revision - eine Analyse zur Zeit nach Enron und WorldCom - In: Zeitschrift Interne Revision (ZIR) 38 (2003) 3 , S. 91

insbesondere der Vernachlässigung der Internen Revision und krimineller Mitwirkung von Wirtschaftsprüfern bei Verschleierungshandlungen. Im Mittelpunkt stand hier der Aufbau von Scheinpartnerschaften, die dazu dienten, Schulden zu verstecken und Gewinne aufzublähen und so vor allem aussenstehende Investoren zu betrügen[30]. Aber auch bei weiteren US-Konzerninsolvenzen wie etwa der Kmart-Supermarktkette oder den Telekommunikationskonzernen Global Crossing, NTL und Adelphia Communications wurden im Nachhinein Bilanzmanipulationen sichtbar und allein vom Juli 1997 bis Juli 2002 wurden von der US-Börsenaufsichtsbehörde SEC in 157 Fällen Strafen gegen 466 Top-Manager wegen Verletzung von Rechnungslegungsvorschriften verhängt[31].
Leider wirken solche Aktionen immer nur eine gewisse Zeit abschreckend. So musste der in der bislang schwersten Krise seiner Geschichte steckende weltgrößte Autokonzern General Motors, der schon in den letzten Jahren seine Bilanz nach SEC-Kritiken zweimal nachträglich korrigieren musste, im März 2007 in seiner Jahresmitteilung an die US-Börsenaufsichtsbehörde anhaltende Probleme mit seiner Finanzberichterstattung einräumen.[32]
Inzwischen abgeschlossen sind die Ermittlungen im Bilanzskandal des Nahrungsmittelkonzerns Parmalat, dem achtgrößten Industrieunternehmen Italiens. In dessen Büchern wurden nach Angaben der Wirtschaftsprüfergesellschaft PWC Fehlbeträge von ca. 14,5 Mia € deutlich. Offenbar wurden auch Umsatz- und Gewinnzahlen manipuliert, um Investoren und Anleger zu täuschen. Laut PWC-Angaben lag der Umsatz 2002 real bei 6.202 Mio €, ausgewiesen wurden jedoch 7.722 Mio € und der Vorsteuergewinn für die ersten drei Quartale von 2003 wurde mit 651 Mio € ausgewiesen, betrug aber real nur 121 Mio €. Die Bilanzfälschungen bei Parmalat liefen wohl über 15 Jahre.
Hinzu kommt der Geldwäscheverdacht gegen hochrangige Parmalat-Manager, die offenbar unterschlagene Gelder auf Bankkonten in Südamerika, Monaco, Liechtenstein und Luxemburg versteckt haben[33].

In Deutschland gibt es ähnlich gelagerte Fälle. Nach dem größten aufgedeckten Wirtschaftsbetrug seit 1945 in Deutschland wurden im Dezember 2001 die Hauptgesellschafter der FlowTex Technologie GmbH&Co KG zu langjährigen Freiheitsstrafen verurteilt. Bei Scheingeschäften mit 3.000 nicht vorhandenen Bohrsystemen entstand ein Schaden von rund 2 Milliarden Euro.
Aber auch im Falle des Telematik-Anbieters ComRoad wurden über eine nicht existierende Firma in Hongkong Scheinumsätze verbucht, die fast den ganzen

---

30 Vgl. http://www.nzz.ch/dossiers/2002/enron

31 Vgl. Security and Exchange Commmission (SEC) „Improper Revenue Recognition Most Common Violation", Electronicaccount v. 29.1.2003

32 „GM verschreckt mit Buchhaltungschaos" Financial Times Deutschland v. 16.03.2007 elektronisch veröffentlicht unter: www.ftd.de/unternehmen/autoindustrie/174400.html

33 Vgl. Wiener Zeitung v. 10.2.2004

Jahresumsatz 2001 ausmachten und bis 2000 für einen stetig nach oben gehenden Börsenkurs des Unternehmens sorgten, wodurch Analysten wie Aktionäre massiv betrogen wurden[34] und selbst der „Moorhuhn"-Entwickler Penomedia musste sich wegen Bilanzfälschung verantworten[35]. Interessant, dass der Aufsichtsratsvorsitzende des Unternehmens ein Wirtschaftsprüfer war.
Im Mai 2007 wurde ein jahrelanger Rechtsstreit zwischen dem Münchner LKW-Hersteller MAN und DaimlerChrysler mit der Zahlung von 370 Mio € an den Stuttgarter Konkurrenten beigelegt. MAN hatte 2000 für rund 134 Mio € den britischen LKW-Hersteller ERF vom nordamerikanischen Konkurrenten Western Star gekauft. Erst ein Jahr nach Kaufabschluss konnte MAN nachweisen, dass das englische Unternehmen durch gefälschte Bilanzangaben den Kaufpreis nach oben manipuliert hatte. Weil Western Star inzwischen zu DaimlerChrysler gehört, klagte MAN auf Schadensersatz und bekam vor englischen und US-amerikanischen Gerichten Recht[36].

Die Begehensweisen sind mannigfaltig und oft sehr vielschichtig, so dass Klassifizierungsversuche immer kompliziert und theoretisch diskussionswürdig sind. Selbst der - auch rechtlich relativ gut abgrenzbare - Begriff der Bilanzfälschung hat verschiedene Grauzonen zwischen Gründungsbetrug, Windowdressing und ergebnisverfälschenden Bilanzdelikten.

Gründungsbetrug liegt dann vor, wenn gegenüber dem Registergericht, der Öffentlichkeit oder den Geschäftspartnern falsche Angaben über die ökonomische Situation des Unternehmens gemacht werden. Entsprechende Strafvorschriften (Freiheitsstrafe bis zu 3 Jahren oder Geldstrafe) sind sowohl in den Straf- und Bußgeldvorschriften der §§ 399f. AktG, wie auch des § 82 GmbHG verankert mit dem Ziel, die Vermögensinteressen von Anteilseignern und Gläubigern zu schützen. Wer als Gründer oder Mitglied des Vorstands oder Aufsichtsrats einer Aktiengesellschaft oder Geschäftsführer bzw. Gesellschafter einer GmbH bei der Unternehmensgründung bei der Eintragung ins Handelsregister unrichtige Angaben insbesondere über Übernahme der Gesellschaftsanteile, Verwendung eingezahlter Anteile, Sacheinlagen etc. macht, begeht hiernach eine Straftat.
Da - zumindest größere, i.R. dann auch börsennotierte - AG einer Prüfung durch einen Wirtschaftsprüfer unterliegen, finden sich Tatbestände des Gründungsbetrugs auch eher bei kleineren GmbH.

---

34 Vgl. Krommes,W. „Falsche Aussagen in der Rechnungslegung" , ZIR 2/2006, S. 63f.

35 Vgl. Ogger,G. "Die Ego-AG. Überleben in der Betrüger-Wirtschaft", München 2003, S. 163

36 Vgl. „DaimlerChrysler zahlt Millionen an MAN" , FTD v. 29.05.2007 , S. 1

Dies sind insbesondere[37]:

- *Gründungsschwindel*, d.h. die Abgabe unrichtiger bzw. unvollständiger Erklärungen im Zusammenhang mit der Gesellschaftserrichtung. Hierzu gehören z.B. die Zurücküberweisung gezahlter Einlagen („Vorzeigegeld“) oder nur kurzfristige bzw. scheinbar erbrachte Sachleistungen, die z.T. sicherheitsübereignet oder überbewertet sind (Scheinleistungen)[38], aber auch Verstöße gegen § 7 Abs. 2 GmbHG, wonach bei „Ein-Mann-GmbH“ der Mindestanteil am Stammkapital eingezahlt und eine Sicherheit für die noch ausstehende Einlage zu erbringen ist.
- *Sachgründungsschwindel*, wobei unkorrekte Angaben zur Wertermittlung von Sacheinlagen gemacht werden, indem z.B. Art oder Menge eingebrachter Gegenstände verschleiert oder Alter, Zeitwert bzw. Anschaffungspreis falsch ausgewiesen werden.
- *Kapitalerhöhungsschwindel*, worunter insbesondere fallen:
  - Falschangaben zur Identität neuer Gesellschafter (Strohmannfälle)
  - Falschdeklarierung von Zahlungseingängen als Einlagezahlungen
  - Scheineinlagezahlungen mit anschließender Rücküberweisung (z.T. als angebliche Gesellschafterdarlehn)
  - verschleierte Scheinlagen durch (teils überteuerten)Verkauf von Anlagevermögen an die Gesellschaft mit Bareinlage des Kaufbetrages
- *Kapitalherabsetzungsschwindel*, der vor allem dann vorliegt, wenn bei einer Herabsetzung des Stammkapitals gegen die strikten Vorschriften des § 58 GmbHG (insbes. Befriedigung der erhobenen Gläubigerforderungen) verstoßen wird.
- *Eignungsschwindel* liegt dann vor, wenn eine zum Geschäftsführer oder Liquidator bestimmte Person wegen eines Insolvenzdelikts verurteilt wurde, dies jedoch bei der Übernahme der Funktion nicht angibt.

Gründungsbetrug kann - wird er nicht schon am Beginn aufgedeckt - zum Fortführungsbetrug im Sinne der Täuschung über die Verhältnisse der Gesellschaft mutadieren, was letztlich zur Strafbarkeit nach § 82 Abs. 2 Nr. 2 GmbHG (oder § 400 AktG) führt.

Windowdressing bewegt sich oft ebenfalls in diese Richtung ohne unbedingt in kriminelle Gefilde abgleiten zu müssen.
Hierbei handelt es sich um bilanzpolitische Maßnahmen, die primär der optischen Gestaltung des Bilanzbildes dienen sollen und nicht der dauerhaften Verbesserung der Bilanzstruktur. Bilanzpolitische Maßnahmen dienen der bewuss-

---

37 Vgl. Weyand,R. “Strafrechtliche Folgen von falschen Angaben bei der Gründung und Fortführung einer GmbH” BBK Nr. 4/2006 , S. 201 f.

38 Verstoß gegen § 7 Abs. 3 GmbHG

ten, interessengerichteten Beeinflussung des Jahresabschlusses unter Ausnutzung zulässiger handelsrechtlicher Ansatz- und Bewertungsspielräume der Bilanzierung. Anders als bei den traditionellen Maßnahmen der Bilanzpolitik handelt es sich allerdings zunehmend um Maßnahmen im Grenzbereich des Zulässigen. Der Blick in die tatsächliche Vermögens-, Finanz- und Ertragslage wird verstellt. Windowdressing (auch als „Bilanzlifting" bezeichnet[39]) bedeutet, dass die Bilanz getreu dem Motto „Kleider machen Leute" quasi in einem schön überarbeiteten Kleid zur Schau gestellt wird.

Vor allem börsennotierte Aktiengesellschaften und ihre Vorstände nutzen Maßnahmen des Windowdressing, wenn die traditionellen Instrumente der Jahresabschlusspolitik nicht ausreichen. Das gilt nicht nur in wirtschaftlichen Extremlagen, wie drohender Zahlungsunfähigkeit. Insbesondere börsennotierte Unternehmen stehen unter dem immensen Druck, die angekündigten Umsatz- und Gewinnwerte zu erreichen. Die Börsenkurse brechen schell ein, falls die von den Analysten der Banken und der Presse vorab geschätzten Umsatz- oder Gewinnzahlen auch nur marginal verfehlt werden. Überhaupt schätzen Investoren möglicht kontinuierliche Gewinnzahlen. In den meisten Fällen ist Windowdressing deshalb auch darauf gerichtet, die im Zeitablauf schwankenden Jahresergebnisse zu glätten (income smoothing), wozu bei guter Ertragslage stille Reserven gebildet, die in schlechteren Jahres wieder aufgelöst werden.
Windowdressingmaßnahmen müssen spätestens bei Aufstellung des nächsten Jahresabschlusses unter Beachtung der §§ 246 und 264 Abs. 2 HGB überprüft bzw. rückgängig gemacht werden, um nicht gegen in §§ 400 f. AktG bzw. 82 GmbHG zu verstoßen. Kurzfristige Maßnahmen sind z.B.:

- Rückzahlung eines Kredits kurz vor dem Bilanzstichtag, um diesen unmittelbar danach wieder aufzunehmen
- Aufnahme eines Kredits kurz vor Bilanzstichtag, um den Liquiditätsausweis zu verbessern und Rückzahlung zu Beginn des folgenden Geschäftsjahres
- Vorübergehende Kapitaleinlagen von Gesellschaftern zur kurzfristigen EK-Erhöhung
- Übertragung von Wirtschaftsgütern an Dritte mit dem Vorbehalt der späteren Rückübertragung (Pensionsgeschäfte gem. §340b HGB) zur Legung stiller Reserven
- Abschluss von (Schein)geschäften vor dem Bilanzstichtag, die nach diesem wieder storniert werden
- Verkauf von Vorräten kurz vor dem Bilanzstichtag an verbundene Unternehmen und entsprechender Rückkauf im Folgejahr um Liquidität vorzutäuschen bzw. die Bilanz zu verkürzen

[39] Vgl. Pfleger,G. „Bilanz-Lifting" , Freiburg i.Br. 1999 , S. 10 f.

Maßnahmen, die eher langfristig wirken und die deshalb eher zu klassischen bilanzgestaltenden Maßnahmen zählen, jedoch teilweise auch dem Windowdressing zugerechnet werden, sind z.B.:

- Vorziehen von Anschaffungen oder der Abnahme von Bauprojekten, um Abschreibungen noch im Abschlussjahr geltend machen zu können
- Sale-and-lease-back von Wirtschaftsgütern
- Outsourcing von Forschungs- und Entwicklungsabteilungen wegen des Aktivierungsverbots selbst hergestellter immaterieller Vermögensgegenstände, das so durch Kauf umgangen werden kann

Vor allem letztgenannte Vorgehensweisen beinhalten oft auch Ansätze zur Ausnutzung steuerlicher Vorteile bzw. Gestaltungsspielräume, auf die hier jedoch nicht weiter eingegangen werden soll.
Insgesamt kann durch Windowdressing durchaus kurzzeitig das Bilanzbild verbessert werden. Das Instrument ist jedoch vorsichtig zu handhaben, um nicht die Grenzen zur deliktischen Bilanzfälschung zu überschreiten.

Prinzipiell lassen sich erfolgsneutrale und erfolgswirksame ***Bilanzdelikte*** unterscheiden[40].
Erfolgsneutral wirken Darstellungsfälschungen. Hierzu gehören insbesondere:

- *Unberechtigte Gruppenbildungen*, bei denen mehrer Bilanzposten zusammengefasst werden, wodurch deren konkrete Struktur und eventuelle Risiken verschleiert werden (z.B. Bilanzposition „Kassen- und Wechselbestand“)
- *Unberechtigte Saldierungen bzw. Unterlassung notwendiger Saldierungen*, wodurch zwar nicht das Jahresergebnis, wohl aber die Bilanzsumme bzw. einzelne Bilanzpositionen verkürzt oder aufgebläht werden. Manchmal wird in Vorbereitung eines Unternehmensverkaufs so „die Braut geschmückt“.
- *Falsche Postenbenennungen*, wodurch GuV- oder Jahresabschlusspositionen irreführend bezeichnet und so Jahresabschlussadressaten getäuscht werden (z.B. Rückstellungen statt Verbindlichkeiten).

Erfolgswirksam sind Ergebnisfälschungen. Hierzu gehören insbesondere:

- *Über- oder Unterbewertung* von Bilanzpositionen unter Ausnutzung subjektiver Bewertungsspielräume (z.B. werden Herstellungskosten zu hoch oder Rückstellungen zu niedrig ausgewiesen)
- *Nichtbilanzierung* von Bilanzposten (z.B. werden Verbindlichkeiten nicht passiviert).
- *Bilanzieren fiktiver Positionen* (z.B. werden imaginäre Vorräte oder Forderungen ausgewiesen) um eine günstigere wirtschaftliche Lage des Unternehmens vorzutäuschen.

---

[40] Vgl. Peemöller,V.H./Hofmann,S. „Bilanzskandale“ , Berlin 2005 , S. 22

Auslöser für derartige Handlungen ist entweder der Versuch, das Unternehmen reicher zu rechnen, um bessere Ratings bei Banken und Analysten zu erhalten, die wiederum sind oft Voraussetzung für mögliche Kreditaufnahmen, Anteilsverkäufe oder auch verbesserte Aktienkurse - an die bei börsennotierten Kapitalgesellschaften nicht selten auch die Managertantiemen gebunden sind. Auch der Versuch, feindliche Übernahmen zu verhindern oder den erforderlichen Insolvenzantrag hinauszuzögern - manchmal, damit die Gründeraktien schnell noch zu einem guten Preis am Markt verkauft werden können - kann ein Grund sein. Oder aber der Versuch, sich ärmer zu rechnen, um ungerechtfertigte Steuerminimierungen zu erreichen, mittels gefälschter Auseinandersetzungsbilanzen Gesellschafter oder Minderheitsaktionäre zu übervorteilen oder Personalabbaumaßnahmen und niedrige Tarifabschlüsse leichter begründen zu können.

Wirtschaftsstraftaten sind häufig durch eine Multivalenz von Tatbestandsmerkmalen charakterisiert, die es meist sehr schwer macht, derartige Fälle *einer* Kategorie der Wirtschaftskriminalität zuzuordnen. In vielen Fällen spielen jedoch Buchführungs- und Bilanzmanipulationen (z.B. zur Verschleierung von Insolvenzen, beim Anlage- oder Kreditbetrug und bei internen Vermögensdelikten) eine Rolle. Trotz der mannigfaltigen und vielschichtigen Begehensweise lassen sich an realen Beispielen typische Vorgehensweisen aufzeigen, aus denen sich Ansatzpunkte für das Aufdecken und prophylaktische Verhindern derartiger wirtschaftskrimineller Handlungen ableiten lassen.
Schauen wir uns in der Folge einige typische Fälle etwas genauer an.

2.1.2.2. Bilanzmanipulation bei Enron

Der Zusammenbruch des Energiehandelsunternehmens Enron infolge aufgedeckter Bilanzmanipulationen im Oktober 2001 schockierte damals die US-Finanzwelt, ging es doch nicht nur um das siebtgrößte Unternehmen der USA, sondern um ein Musterunternehmen, das in 20 aufeinanderfolgenden Quartalen stetig steigende Gewinne und jährlich über 50% steigende Umsätze vermeldet hatte.
Nach seiner Gründung durch die Fusion zweier Gasunternehmen 1985 profitierte Enron vor allem von der Deregulierung des Energiemarktes in den USA durch Preisfreigabe für Strom und Gas und entwickelte sich immer mehr zum Energiehandelsunternehmen, das später zum New-Economy-Unternehmen mutierte und in den Finanzdienstleistungssektor, insbesondere den Strom-, Gas-, Wasser- und Metallderivatehandel einstieg, was steigende (weitgehend fremdfinanzierte) Investitionen erforderte, deren Cash Flows jedoch zunehmend die Finanzierungskosten nicht mehr abdecken konnten.
Am 16.10.2001 musste der Vorstandsvorsitzende Kenneth Lay erste Verlustmeldungen bekannt geben. Der Aktienkurs des Unternehmens fiel von 85 USD

auf 0,68 USD, Banken kündigten die Kreditlinien und im Dezember begann das Insolvenzverfahren inklusive entsprechender staatsanwaltlicher Ursachenforschung. Im Laufe der Untersuchungen wurde deutlich, dass der Konzern Schulden von ca. 40 Milliarden USD verschleiert hatte.

Bemerkenswert ist der Fall aus forensischer Sicht vor allem deswegen, weil die Tathandlungen gegenüber dem späteren Worldcom-Fall unter Nutzung spezifischer US-GAAP-Regelungen viel raffinierter verschleiert und Überwachungssysteme infolge hoher krimineller Energie der Täter aber auch wegen beträchtlicher Nachlässigkeiten kaum wirksam wurden.

Dem Top-Management von Enron war daran gelegen, die Verschlechterung der wirtschaftlichen Situation zu verschleiern, indem durch Verbergen von Verbindlichkeiten und Vortäuschen von Gewinnen eine hohe Kreditwürdigkeit vorgetäuscht wurde, um ständig neue Bankkredite zur Finanzierung weiterer Unternehmensexpansion und damit letztlich zur Deckung bestehender Zins- und Tilgungsverpflichtungen zu erhalten.
Hierzu bediente man sich im Wesentlichen folgender Maßnahmen[41]:

- *Umsatz- und Ertragsmanipulation*, indem Verkäufe (z.B. von Erdgas) als Warentermingeschäft[42] bereits mit Kontraktabschluss als Einnahme verbucht, ähnliche Geschäfte zum Einkauf (z.B. Gasankauf) aber nicht sofort als Ausgabe gebucht wurden. So wurde ein temporär höherer Gewinn ausgewiesen. Auch wurde bei Warentermingeschäften stets der Gesamtbetrag der Kontrakte als Umsatz ausgewiesen, während es Praxis von Investmentbanken ist, bei derartigen Geschäften nur die wertbedingte Zahlungsdifferenz als Umsatz auszuweisen[43]. So wurde ein fiktiv höherer Umsatz, der zu einer höheren Aktienbewertung führte, generiert.
- *Aufwands- und Verlustverlagerungen in „Special Purpose Entities"*. SPE waren eine im US-Recht zulässige und relativ weitverbreitete Finanzierungsform diverser Projekte. Eine mindestens 3%ige Beteiligung konzernfremder Gesellschafter an derartigen Gesellschaften genügte, um SPE lt. US-GAAP nicht im Konzernabschluss konsolidiert, sondern nur als Finanzinvestment (d.h. lediglich als Beteiligungswert zum Anschaffungspreis) ausweisen zu müssen[44]. Enron nutzte diese Möglichkeit fast exzessiv, um aufwändige und risikobehaftete Geschäftsfelder auszulagern und so im

---

41 Vgl. Stiglitz, J. "The Roaring Nineties" London 2003 , S. 241-268

42 Hierbei wird z.B. ein am 15. Januar vereinbarter Gasverkauf erst am 15. April materiell ausgeführt

43 Hätte Enron z.B. 2001 nur - wie üblich - die Zahlungsdifferenz als Umsatz ausgewiesen, hätte dieser statt 101 Mrd. USD nur 6,3 Mrd. USD betragen.

44 Vgl. Erben,R.F. „Enronie des Schicksals" In: Romeike,F. (Hrsg.) „Modernes Risikomanagement" Weinheim 2005 , S. 270

Konzernabschluss die Vermögens-, Finanz- und Ertragslage geschönt darzustellen. Seit 1999 hatte das Unternehmen etwa 5.000 SPEs gegründet. Meist waren diese nur mit einem geringen Eigenkapital ausgestattet und das Management bestand aus Enron-Managern. Die erforderlichen 3% Fremdanteile wurden oftmals nur formal von Konzernfremden („Strohmännern") gehalten[45]; später übertrug man Fremdanteile auch an neugegründete SPEs bzw. eigene Mitarbeiter[46]. Enron nutzte seine SPEs insbesondere zur:

- *Aufwandsverlagerung*: Durch fiktive Verkäufe von assets (wie Bohrtürme, Pipelines oder Kraftwerke) an SPEs konnten die Konzernbilanz erleichtert und Veräußerungsgewinne ausgewiesen werden.
- *Risikoverschleierung*: Durch Auslagerung risikobehafteter Geschäftsaktivitäten auf SPE - die oft in ausländischen Steueroasen als „Off-Shore"-Gesellschaften angesiedelt wurden - gelang es zum einen immer wieder Bankkredite zu erhalten, die meist über den Erwerb teurer Enron Aktien durch diese an die Muttergesellschaft zurückflossen und zum anderen die Konzernsteuerquote durch steuerliche Verlustvorträge zu senken. Insbesondere dadurch, dass der Konzern Geschäfte mit den von ihm kontrollierten aber nach außen anonymen Off-Shore-Gesellschaften, die nicht in seinem Konsolidierungskreis standen, tätigte machte er praktisch Geschäfte mit sich selbst, deren (fiktive) Einnahmen in der eigenen Bilanz ausgewiesen wurden.
- *Verlustverschleierung*: Enron ließ Materialkäufe der Off-Shore- Gesellschaften über Bankkredite vorfinanzieren, wobei es sich über seine anonymen Tochtergesellschaften verschuldete, ohne dass dies in der Konzernbilanz offenbar wurde. Im Rahmen von Hedging-Aktivitäten tätigte Enron später auch mit den eigenen SPEs (fiktive) Kurssicherungsgeschäfte, die letztlich zur Verlustrealisierung bei diesen führten und den Konzernzusammenbruch eher noch beschleunigten.

Das ganze wurde unterstützt durch ein unzureichende interne und externe Überwachung:

➢ *Das interne Kontrollsystem war unzureichend und existierte weitgehend nur auf dem Papier.*
Aufgestellte Führungs- und Ethik-Codes wurden in praxi nicht beachtet, so wurde auf höheren Managementebenen nicht nur immer wieder gegen den Grundsatz der Funktionstrennung verstoßen, sondern es wurden auch persönliche Bereicherungen in Manipulationen Eingeweihter geduldet. Die praktizierte Selbstbedienungsmentalität bei Enron verdeutlicht auch

---

45 die meist zudem durch interne Regelungen von jeder Haftung freigestellt waren

46 die Nichtkonsolidierung dieser SPEs verstieß nun allerdings gegen die US-GAAP und löste am Ende den Zusammenbruch von Enron aus

die Tatsache, dass rund 500 Enron-Manager kurz vor der Konzernpleite umfangreiche Bonus-Zahlungen kassierten. So kassierte z.B. der Enron-Gründer Ken Lay 205 Millionen USD. Die Corporate Governance war ausgesprochen mangelhaft. Board und Audit Committee ließen den Enron-Mangern weite Manipulationsspielräume, indem in Anbetracht beruhigender Erfolgsmeldungen weitgehend auf Kontrollen bzw. kritische Nachfragen verzichtet wurde[47]. Der Konzern war auch eines der ersten großen Unternehmen, das die Interne Revision zu Beginn der 90er Jahre völlig outsourcte, als etwa 40 Enron-Revisoren von Arthur Anderson (dem Abschlussprüfer von Enron) übernommen wurden.

- *Die externe Überwachung durch Wirtschaftsprüfer, Banken und Ratingagenturen versagte infolge deren Interessenverquickung mit Enron.* Die für die Testierung des ordnungsmäßigen Jahresabschlusses bestellte WP-Gesellschaft Arthur Andersen war im Rahmen ihrer Beratungstätigkeit wesentlich an den sehr kreativen Bilanzgestaltungsmaßnahmen des Konzern beteiligt und nach Aufdeckung der Bilanzmanipulationen sogar wegen Vernichtung von Beweismitteln angeklagt. In der Folge wurde die WP-Gesellschaft aufgelöst. Ähnlich befangen waren offenbar die geldgebenden Banken, die möglicherweise durch die glänzenden Bilanzzahlen getäuscht wurden, aber wohl auch beim attraktiven Investment Banking im Geschäft bleiben wollten. Auch große Rating-Agenturen wurden durch die geschönten Financial Reports offenbar geblendet, wobei auch zu bedenken ist, dass der Fall Enron zugleich ein gutes Beispiel für das geschickte Ausnutzen weitreichender - teils auch politisch relevanter - Beziehungen durch das kriminelle Top-Management eines Unternehmen darstellt.[48]

In der Folge des Enron-Zusammenbruchs wurden zahlreiche Manger strafrechtlich angeklagt und z.T. verurteilt.
Andrew Fastow, der CFO *(Chief Financial Officer)*[49] und Richard Causey, der frühere Chefbuchhalter bekannten sich - wie rund 20 weitere Manager - schuldig, öffentlich falsche Angaben gemacht zu haben, um Investoren bewusst zu betrügen. Der CEO *(Chief ExecutiveOfficer*) Jeffrey Skilling und der Enron-Gründer Ken Lay - der im Juli 2006 starb - wurden am 25. Mai 2006 des Betruges, der Verschwörung und des Insiderhandels schuldig gesprochen. Skilling

[47] Vgl. auch Barrier, M. „Relating to the Audit Committee" Internal Auditor, April 2002, S.29

[48] Vgl. "Präsidentenfreund in Handschellen: Der Prozeß gegen den Ex-Chef des US-Pleitekonzerns Enron beginnt" Handelsblatt v. 09.07.2004

[49] Fastows umfassende Aussagen zur Begehensweise der Straftaten wurden mit einer moderaten Verurteilung zu lediglich 6 Jahren Haft gewürdigt.

erhielt mit 24 Jahren und vier Monaten die bislang zweithöchste Haftstrafe für Wirtschaftskriminalität in der US-Geschichte. Zudem wurde er zur Zahlung von 45 Millionen USD Strafe verurteilt.[50]
Die Mitglieder des ehemaligen Enron-Board of Directors wurden im Januar 2005 zur Zahlung einer Entschädigungssumme von 168 Millionen USD verurteilt, wovon 13 Millionen USD durch die betroffenen 10 Aufsichtsratsmitglieder aus ihrem Privatvermögen zu entrichten waren.
Im Zuge z.T. noch laufender zivilrechtlicher Folgeverfahren versuchen insolvenzgeschädigte Aktionäre, sich zumindest einen Teil ihrer Forderungen zurückzuholen. Den im Rahmen bisher erfolgter Vergleiche erzielten Entschädigungen von knapp 10 Milliarden USD steht ein durch die Insolvenz vernichteter Börsenwert von 60 Milliarden USD gegenüber.

Insbesondere die beim Enron-Fall aufgedeckten Probleme führten in der Folge zu einer drastischen Verschärfung der gesetzlichen Vorschriften zur Finanzberichterstattung von börsennotierten Unternehmen in den USA und deren Prüfung, für die der Sarbanes-Oxley-Act und dessen Folgeregelungen stehen.

2.1.2.3. Bilanzmanipulation bei WORLDCOM

Ein gravierender Fall von Bilanzfälschung, der zeigte, das der simpelste Betrug unter günstigen Bedingungen der effektivste ist und zugleich deutlich machte, dass Bilanzmanipulationen nicht vom Rechnungslegungssystem abhängig sind, ist der Fall WorldCom[51].
Dieser Fall ist in mehrfacher Sicht bedeutsamer als die Fälle davor, da er mit relativ einfachen Falschbilanzierungen die bislang größten Insolvenz der US-Wirtschaftsgeschichte verursachte.

WorldCom war ein in Clinton (US-Bundesstaat Missouri) ansässiges, führendes Telekommunikationsunternehmen, welches in den USA mit 20 Millionen Privatkunden an zweiter Stelle hinter AT+T und vor Sprint stand. Weltweit fand sich dieses Unternehmen gemessen an den Erträgen an siebter Stelle, hinter Deutscher Telekom und France Telekom.
Der Umsatz von WorldCom betrug 35,2 Mrd. US-Dollar in 2001 (im Verhältnis zu 52,6 Mrd. US-Dollar bei AT+T und 47,8 Mrd. US-Dollar bei der Deutschen Telekom). Für WorldCom arbeiteten rund 80.000 Beschäftigte, von denen 17.000 noch 2002 ihren Job verlieren sollten.

---

[50] Diese sollen zwar den Opfern der Enron-Pleite zugute kommen, jedoch sind Millionen davon zuerst in Anwaltshonorare und -gebühren geflossen. So hat die Anwaltskanzlei O'Melveny & Myers mehr als 40 Millionen USD von Skilling und dessen Rechtsschutzversicherungen kassiert.

[51] siehe Tanski, J.S. „Der Fall WorldCom" PdR 6/2002 , S. 492 ff.

Die SEC warf dem Unternehmen - das zuvor eine fehlerhafte Bilanzierung von 3,85 Milliarden USD eingeräumt hatte - vor, im Geschäftsjahr 2001 und im 1. Quartal 2002 falsch bilanziert zu haben, um den Wall Street-Gewinnerwartungen zu entsprechen und seinen Aktienkurs zu stützen[52].

Die im Juni 2002 aufgedeckte Bilanzmanipulation von WorldCom ist - im Gegensatz zu Enron - ausgesprochen simpel.
Über fünf Quartale (erstes Quartal 2001 bis einschließlich erstes Quartal 2002) wurden laufende Kosten für das operative Geschäft - die bei korrekter Buchung aufwandswirksam in der Gewinn- und Verlustrechnung auszuweisen sind - als Vermögenswert in der Bilanz aktiviert[53].
Es handelt sich dabei insbesondere um Leitungsgebühren, die für die *laufende* (nicht zukünftige) Nutzung der Telefonleitungen anderer Gesellschaften zu zahlen waren, um die Gespräche der eigenen Kunden abzuwickeln. Buchtechnisch wurde also so getan, als wären aus diesen Kosten neue Vermögenswerte entstanden, wie dies bei *selbstgeschaffenen* Gütern auch korrekt gewesen wäre.
Dass diese Werte (3,85 Mrd. US-Dollar) zukünftig abzuschreiben waren störte zunächst nicht, da mit dieser Manipulation die Ergebnisminderung in spätere - wie man hoffte gewinnstärkere - Perioden verlagert wurde.
Diese Manipulation hatte zur Folge, dass WorldCom 2001 statt eines tatsächlichen Verlustes von ca. 0,7 Mrd. USD einen fiktiven Gewinn von 1,38 Mrd. USD auswies. Dieser ist entstanden, weil das Unternehmen nach Feststellungen der amerikanischen Börsenaufsichtsbehörde durch eine teilweise Kostenaktivierung nur Leitungskosten für laufende Gespräche von 14,7 Mrd. US-Dollar ausweist, obwohl solche Kosten in Höhe von 17,8 Mrd. USD angefallen waren. Vermittels dieses Bilanzbetruges wollten die Top-Manager von WorldCom, die stark rückläufige Ertragskraft des Unternehmens verschleiern und so den Erwartungen der Analysten entsprechen. Da Erwartungen und gezeigtes Ergebnis durch die Manipulation zusammenpassten, wurden die Zahlen (selbst vor dem Hintergrund der damaligen allgemeinen Branchenschwäche) offenbar auch nicht mehr kritisch hinterfragt.
Die Bilanz-Effekte der Manipulation gingen sogar über die angestrebte Ergebnisverbesserung hinaus, denn es gab auch positive Auswirkungen auf die für Bilanzanalysen wichtigen Kennzahlen. Im Bereich der Gewinn- und Verlustrechnung kam es durch diesen Betrug zur Verbesserung der Performance-Kennzahlen, wie beispielsweise Gewinn pro Dollar Umsatz oder Gewinn pro Mitarbeiter. Dem Bilanzleser wurde damit ein ertragstärkeres Unternehmen vorgetäuscht, was arglose Analytiker dazu verleitete, dieses Unternehmen fälschlicherweise auch als in der Zukunft ertragstark anzusehen.

---

[52] Vgl. o.V. „SEC verklagt Worldcom wegen Betrugs“ FAZ v. 28.06.2002 , S. 18
[53] Später wurden weitere analog ausgeführte Bilanzfälschungen entdeckt.

Da die Erfolgsverbesserung zu einem höheren Eigenkapital führt, verbesserten sich gleichzeitig alle Kennzahlen, die auf Eigenkapital-Fremdkapital-Relationen aufbauen, wie z.B. der Verschuldungskoeffizient. Das Unternehmen stellte sich damit als weniger verschuldet und damit kreditwürdiger dar als es in Wirklichkeit war. Auch potenzielle Investoren und Kreditgeber wurden auf diese Weise getäuscht.

Diese Form des Bilanzbetruges hatte für WorldCom zusätzlich den Vorteil, dass sich die Cashflow-Rechnung parallel zu den Bilanz und Gewinn- und Verlustrechnungszahlen veränderte. Mit dem steigenden Gewinn aus dem operativen Geschäft steigt gleichzeitig auch der operative Cashflow, da die falsch gebuchten Kosten in der Cashflow-Rechnung ebenfalls als *Geldabfluss für die Investitionstätigkeit* ausgewiesen werden.

Da diese drei Rechenwerke somit *widerspruchsfrei manipuliert* wurden, fehlte es insoweit an einem Alarmsignal für kritische Betrachter des WorldCom-Abschlusses. Auch klassische Plausibilitätchecks mussten hier versagen.

Letztlich verbesserten sich auch jene Kennzahlen, die den Umfang der zur Verfügung stehenden Aktiva berücksichtigen. Durch die fehlerhafte Aktivierung blähte sich die Aktivseite auf, sodass sich Schuldendeckungs- und Liquiditätskennzahlen ebenfalls verbesserten. Dem Bilanzleser wurde auf diese Weise eine zu hohe Absicherung von Fremd- und Eigenkapital vorgetäuscht.

Neben diesen klassischen Kennzahlen sollte durch diese Bilanzmanipulation aber auch noch die Mode-Kennzahl EBITDA verbessert werden. Die Kennzahl EBITDA *(earnings before interests, taxes, depreciation and amortization)* stellt eine Erfolgsgröße vor Abzug von Steuern und Abschreibungen dar und wird gern bei internationalen Unternehmensvergleichen herangezogen, um die Einflüsse nationaler Steuergesetzgebungen zu eliminieren.

Im Fall WorldCom sollten die zu Unrecht aktivierten Werte in späteren Perioden abgeschrieben werden. Diese Aufwendungen wären deshalb zwar mit Zeitverzug wieder in der Gewinn- und Verlustrechnung aufgetaucht, jedoch dann als Abschreibungen ausgewiesen und somit aus dem EBITDA herausgerechnet worden. Damit stellt sich als ein weiterer Effekt die langfristige Verbesserung der von vielen Bilanzanalytikern gelobten Kennzahl EBITDA ein.

Für 2001 deklarierte WorldCom einen EBITDA von 10,5 Mrd. US-Dollar, welcher nach kritischer Prüfung auf 6,3 Mrd. US-Dollar gekürzt werden musste. Diese Größe wurde also um rund ein Drittel zu hoch ausgewiesen.[54]

Tatsächlich konnte sich WorldCom bei den Ratingagenturen in den USA bis Anfang 2002 im gehobenen Mittelfeld der Einstufungen bewegen. Nur wenigen

---

54 In den USA hat der EBITDA aufgrund der von den Wirtschaftsprüfern nicht bemerkten Ergebnismanipulation bei WorldCom die (sarkastische) Interpretation „earning before I tricked (the) dumb auditor“ erfahren.

Analysten kamen im Frühjahr 2002 Bedenken, die zu kritischen Äußerungen oder ersten Herabstufungen führten[55]. Zu spät für viele Investoren.
Im August 2002 stellte die Konzernrevision bei einer vertiefenden Prüfung einen weiteren alten Bilanztrick fest: Erträge wurden übertrieben hoch ausgewiesen, indem z.B. die Auflösung von zu hoch gebildeten Rückstellungen als reguläre Erträge aus Geschäftstätigkeit erfasst wurden. Vermittels dieser willkürlichen Bildung und Auflösung stiller Reserven wurden die Ertragsentwicklung (und die Kennziffer EBITDA) fast beliebig manipuliert. Im Zeitraum von 1999 bis zur Aufdeckung der Manipulationen 2002 wurden so etwa 3,3 Milliarden USD als Scheinerträge verbucht.
Die Täuschung der Bilanzadressaten betrug wertmäßig nahezu 10% des gesamten Umsatzes von WorldCom und ist damit sechsmal so hoch wie im Fall Enron, der bereits als einmalig schwerwiegend bezeichnet wurde.

Dieser Fall einfacher, aber sehr umfangreicher Bilanzmanipulation zeigt fast lehrbuchmäßig, wie leicht sich unter bestimmten Bedingungen scheinbar effektive Kontrollsysteme umgehen lassen. Begünstigt und erleichtert wurde diese Bilanzmanipulation durch eine mangelhafte Unternehmensüberwachung und unzureichende Einhaltung der Corporate Governance-Regeln.[56]

Diesbezüglich sind drei Aspekte beachtenswert:

- Der CEO *(chief executive officer)* und Firmengründer des 1983 gegründeten und seit 1989 börsennotierten Unternehmens Bernhard Ebbers leitete dieses ausgesprochen patriarchalisch und kommunizierte nur selten schriftlich, so dass später Tatbestandsbeweise kaum zu erbringen waren. Auch die Mitglieder des WorldCom-Boards und des Audit Committees, übten ihre Aufsichtsfunktion wohl nur bedingt aus, da sie teilweise durch persönliche Beziehungen und verschiedenste Geschäfte mit Ebbers bzw. dem Unternehmen verbunden waren. Erst als Ebbers zurücktreten musste, weil er einen persönlichen Firmenkredit nicht zurückzahlen konnte, veranlasste dessen Nachfolger sehr schnell erfolgreiche Prüfungen.
- Die Interne Revision wurde bei der Prüfung der relevanten Bereiche behindert, da der Bilanzbetrug vom CFO Scott Sullivan geleitet wurde, der gleichzeitig der Vorgesetzte der Leiterin der Internen Revision war. Er kontrollierte somit nicht nur die Bücher des Unternehmens, sondern in verhängnisvoller Weise gleichzeitig auch die hauseigene Prüfinstanz. Es verwundert deshalb nicht, dass die Prüfungspläne die fragwürdigen Berei-

55 So fielen die Ratings von BBB+ bei Standard & Poor's und A3 bei Moody's in 2001 auf CCC- bzw. Ca zum Ende Juni 2002.

56 Vgl. Tanski, J.S. „Aktuelle Entwicklungen von Corporate Governance und Interner Revision - eine Analyse der Zeit nach Enron und WorldCom" ZIR 3/2003, S. 92

che nicht einschlossen und Sullivan auch nach Aufdeckung der Bilanzmanipulationen noch versuchte, den Prüfungsbericht zu verzögern.

- Letztlich ist auf die Rolle des Abschlussprüfers zu verweisen. Bis einschließlich 2001 wurden die Jahresabschlüsse von WorldCom von der Prüfungsgesellschaft Arthur Andersen geprüft. Andersen vereinnahmte bei WorldCom in 2001 Honorare von 16,8 Mio. USD, davon entfielen jedoch nur 4,4 Mio. USD auf die Prüfungstätigkeit; fast drei Viertel entfielen somit auf Beratungsleistungen und ähnliche Dienste. Die Vermutung liegt nahe, dass der Wirtschaftsprüfergesellschaft aus diesen Gründen wohl zumindest befangen war[57]. Tatsächlich will dem Abschlussprüfer das Bilanzdelikt nicht aufgefallen sein, obwohl der Umfang des Betrugs beeindruckend hoch ist. Ein (unterlassener) erster Ansatz wäre wohl die Prüfung der Bewertung der Aktiva gewesen, ein anderer die Verifizierung diesbezüglicher Unterlagen.

Versagt hat in diesem Fall auch die in den USA hochgepriesene öffentliche Kontrolle durch die Anleger. Analysten und Investoren *glaubten* mit nur schwacher Neigung zu kritischer Betrachtung die vorgelegten (Kenn-)Zahlen, insbesondere weil diese im Hoffnungsbereich des Share-holder-Value lagen und viele Anleger - auf der damaligen Euphoriewoge von Hightech- und Telekommunikationsgläubigkeit mitschwimmend - die Augen vor drohenden Risiken, denen schnell wachsende Unternehmen immer ausgesetzt sind, verschlossen haben.

Nach Bekanntwerden der Bilanzmanipulationen im Juni 2002, denen die Entlassung des CFO sowie des Unternehmenscontrollers und deren Verhaftung durchs FBI folgte, fiel der Kurs der WorldCom-Aktie dramatisch.
Der Börsenkurs, der seinen höchsten Wert mit 64,50 US-Dollar in 1999 erreichte und im Frühjahr 2002 noch im einstelligen Dollarbereich lag, brach auf 0,20 USD ein und sackte in den folgenden Wochen vorübergehend sogar bis auf 5 Cent ab. Am 22.7.2002 meldete WorldCom dann Insolvenz an, da die einzige Chance auf Weiterexistenz darin bestand, sich unter den Schutz des Chapter 11[58] zu stellen.
Ex-CEO Ebbers wurde 2005 zu 25 Jahren Haft wegen Verbreitung von Falschinformationen und Wertpapierbetrug verurteilt. Zuvor hatte er sich bereit erklärt 45 Mio USD in einen Fonds für geschädigte Anleger einzuzahlen, in den bereits

---

57 Schon beim Enron-Fall hatte Andersen rund 50% seiner Umsätze mit *Beratung* und nicht mit Prüfung erwirtschaftet, was bereits als die Unabhängigkeit des Abschlussprüfers gefährdend eingestuft wurde. Für den WorldCom-Fall trifft dieses deshalb in noch stärkerem Maß zu.

58 Ein spezieller Insolvenzschutz in den USA, der vorerst eine Weiterexistenz insolventer Unternehmen sichern soll, wenn viele Arbeitsplätze und „nationale Interessen“ gefährdet sind.

über 6 Milliarden USD aus Vergleichen mit Board-Mitgliedern, Banken und involvierten Wirtschaftsprüfern geflossen waren.

Bilanzmanipulationen wie bei WORLDCOM und anderen sind keine Kavaliersdelikte bilanziell ungeübter Manager zur Rettung von gefährdeten Unternehmen, sondern massive Wirtschaftskriminalität und dienen letztlich der persönlichen Bereicherung der Vorstände zu Lasten des Unternehmens, d.h. der Aktionäre. Denn die Tantiemen der Vorstände werden i.R. an die Erreichung ausgewählter Bilanzkennzahlen (z.B. EBITDA) gekoppelt, die deshalb manipuliert werden. So wird den Manipulateuren viel Geld für „Scheingewinne" gezahlt, was den an die Aktionäre auszahlbaren Realgewinn reduziert. Durch Sinken des Aktienkurse nach den Crash werden die Aktionäre dann nochmals geschädigt!

In verschiedenen Fachzeitschriften wurde 2002 zwar über einen „schwarzen Tag für US-Bilanzierungsregeln" und „Gummiparagraphen" der US-GAAP geschrieben[59], doch tatsächlich hat der WorldCom-Fall nichts mit den amerikanischen Rechnungslegungs-Standards zu tun. Die Aktivierung von Kosten des operativen Geschäfts ist weder nach US-GAAP noch nach IAS/IFRS oder HGB zulässig. Gleichwohl signalisiert dieser Fall zusammen mit den anderen Fällen von Bilanzmanipulationen der jüngeren Vergangenheit auf beiden Seiten des Atlantiks, dass keiner der derzeit diskutierten Standards als überlegen eingestuft werden kann.

Gerade dieser Fall verdeutlicht, dass mit der nötigen kriminellen Energie viele Rechnungslegungs- und Kontrollregeln unterlaufen werden können. Deshalb sind als Lehren hieraus nicht kompliziertere Rechnungsstandards, sondern eine effektivere interne und externe Überwachung der Unternehmen und Wirtschaftsprüfer gefragt.
Bemerkenswert ist allerdings auch, dass es erst einer Prüfung durch eine engagiert geführte *hauseigene Interne Revision* bedurfte, um die von externen Überwachungsstrukturen nicht bemerkte bzw. nicht bemängelte Gewinnaufblähung zu enttarnen.

2.1.2.4. Bilanzmanipulation bei Parmalat

Auch europäische Unternehmen sind nicht gegen Bilanzmanipulationen und hohe kriminelle Energie gefeit, wie der Fall des italienischen Lebensmittelkonzerns Parmalat zeigt, der Europas größtes Molkereiunternehmen ist, weltweit Niederlassungen, 132 Produktionsstätten und über 36.000 Beschäftigte hat und

---

59 Vgl. z.B. „Gummiparagraphen machen Bilanztricks möglich" , Handelsblatt v. 28.6.2006

vor seinem Konkurs im Dezember 2003 den achten Platz in der Rangliste aller italienischen Unternehmen einnahm.
Das im Juni 2006 im italienischen Parma begonnene Strafverfahren gegen die Verantwortlichen des Bilanzskandals um den Parmalat-Milchkonzern wird von Beobachtern gern als der „wichtigste Prozess aller Zeiten um Finanzbetrug in Europa“ charakterisiert, denn der Zusammenbruch des Konzerns unter einem Schuldenberg von fast 15 Milliarden Euro gilt als einer der größten Betrugsfälle der europäischen Unternehmensgeschichte.[60] Insgesamt wurden 64 ehemalige Manager und Mitarbeiter der Bilanzfälschung, des betrügerischen Bankrotts und der Gründung einer kriminellen Vereinigung angeklagt. Die Prozessakten umfassten 2,5 Mio Seiten. Was war geschehen ?
1961 eröffnete Calisto Tanzi eine kleine Molkerei in Parma. Das Geschäft lief so gut, dass er es bald auf Genua, Florenz und Rom ausweitete und schließlich zum Marktführer in Italien wurde. Seit 1968 firmiert es unter dem Namen Parmalat, wurde seit 1973 an der Mailänder Börse notiert und wuchs zu einem multinationalen Konzern mit Niederlassungen in dreißig Staaten Europas, Afrikas und Lateinamerikas, der neben Molkereiprodukten Getränke, Gebäck, Suppen u.ä. herstellte, später auch ein Touristik-Unternehmen und einen TV-Kanal betrieb. Doch Tanzi hatte sich 2003 mit der Expansion nach Südamerika übernommen. Seine H-Milch verkaufte sich dort kaum, weil die Kunden lieber frische Milch tranken. Die italienische Börsenaufsicht äußerte schon im Frühjahr 2003, als Parmalat versuchte, Anleihen für 500 Mio € zu verkaufen, den Verdacht auf Unstimmigkeiten, worauf Tanzi mit Schadenersatzforderungen drohte. Zu diesem Zeitpunkt bezahlte das Unternehmen seine Milchlieferanten schon nur noch mit großen Verzögerungen. Kurz vor Weihnachten 2003 kam es zum Crash, als die Bank of America mitteilte, dass ein in der Parmalat-Bilanz ausgewiesenes Firmenguthaben des Tochterunternehmen Bonlats auf den Cayman Islands über fast 4 Milliarden Euro nicht existierte. Tanzis Mitarbeiter sollen auf Anweisung ihres Chefs ein angebliches Kontenbestätigungsfax mittels Fotokopierer und Scanner gefälscht haben. Parmalat musste Insolvenz anmelden. Innerhalb von 2 Wochen verloren die Unternehmenspapiere 93 % ihres Wertes. Der 65-jährige Unternehmenschef wurde wenige Stunden nach der Insolvenzanzeige verhaftet und des Insolvenzbetrugs und der Geldwäsche angeklagt. Verhaftungen von Managern folgten, die u.a. weitere Bilanzfälschungen zu Tage brachten. So waren z.B. der ausgewiesene Verkauf von Milchpulver von Singapur nach Kuba für 359 Mio USD genau so fiktiv, wie der Verkauf von Patenten für hocherhitzte Milch für 90 Mio USD oder der Verkauf der Fruchtsaftmarke Santal für 210 Mio USD. Parmalat-Manager gestanden vorm Staatsanwalt auch, dass die Bilanzen bereits seit 1988 manipuliert wurden.[61]

60 siehe Frentzen,C. „Start zum Parmalat-Prozess“ Tages-Anzeiger Online v. 05.06.2006 , elektronisch veröffentlicht unter: www.tagesanzeiger.ch/wirtschaft/631784.html
61 Vgl. Netzeitung v. 27.12.03, elektronisch publ.: www.netzeitung.de/servlets/266794

Tanzi gestand weiterhin, dass ca. 500 Mio € zur Stützung des defizitären Reiseunternehmens Parmatour und des TV-Senders Odeon, der mit einem Verlust von 45 Mio € verkauft werden musste, verwendet wurden. Außerdem soll der Firmeninhaber zwischen einer halben bis eine Milliarde Euro Firmengelder auf Privatkonten abgezweigt haben. Britische Anwälte vermuten, dass der größte Teil davon in Uruguay auf geheimen Bankkonten liegt. Ein vom neuen Parmalat-Präsidenten und Insolvenzverwalter Enrico Bondi eingesetztes Team entdeckte bislang im französischen Chamonix, in Brasilien und Uruguay Dutzende diesbezüglicher Konten und Immobilien. Das bislang aufgespürte Bargeld beträgt rund 9 Mio €.
Die italienischen Behörden ermitteln auf Anzeige Bondis zudem gegen mehrere Großbanken (u.a. Deutsche Bank, Citigroup, Bank of America und UBS) wegen des Verdachts auf Kursmanipulation. Parmalat hatte seit 1995 mit Hilfe von Banken mehr als 8 Milliarden € durch Anleihen am Kapitalmarkt aufgenommen, weshalb die Staatsanwaltschaft versucht, zu ergründen, ob Banken durch Finanztransaktionen zum betrügerischen Bankrott beigetragen haben und wie viel die Banken über die wahre finanzielle Situation des Unternehmens wussten.[62]
Auch gegen die italienischen Ableger der WP-Gesellschaften Deloitte & Touche und Grant Thornton, die die Jahresabschlüsse bestätigten, wurde im September 2005 Anklage erhoben.
Unter Bondi schreitet die Sanierung von Parmalat inzwischen gut voran. Das Unternehmen ist seit Oktober 2005 wieder an der Mailänder Börse gelistet und mit einer Börsenkapitalisierung von über 5 Milliarden Euro Anfang 2007 mehr als doppelt so viel wert, wie vor seiner Insolvenz.

Der Fall ist vor allem wegen seiner Schadenssumme auffällig. Die Begehensweise ist nicht besonders originell. Im wesentlichen wurden durchs Top-Management unter Ignorierung des diesbezüglich wenig ausgeprägten internen Kontrollsystems Geldmittel aus dem Unternehmen zur privaten Verwendung abgezweigt, was durch Einbuchung bzw. Ausweis fiktiver Vermögenswerte in den Bilanzen vertuscht wurde. Hierzu wurden teilweise fiktive bzw. gefälschte Belege zur Täuschung der Abschlussprüfer erstellt.
Dass der Straftatbestand der Bilanzfälschung unter Premierminister Berlusconi aus durchaus eigennützigen Gründen zu einem schnell verjährenden Delikt wurde[63] und die früher in Italien übliche (jetzt jedoch durch EU-Regelungen unzulässige) Praxis, krisengeschüttelte Unternehmen vom Staat aufkaufen zu lassen, mag den Parmalat-Gründer in seinem Vorgehen bestärkt haben. Letztlich ist der Fall jedoch vor allem ein Beispiel für die kriminellen Gefahren eines patriarcha-

---

62 Vgl. Plumb,C. "Parmalat-Ermittlungen gegen sieben Großbanken" Reuters-Meldung vom 10.02.2004 , (www.reuters.de)

63 Vgl. Schönau,B. „Italien im Milchsumpf" , Die Zeit v. 1.12.03, elektronisch veröffentlicht unter: http://zeus.zeit.de/2004/02/Parmalat

lischen Führungsstils, der sich weder um Ethikgrundsätze noch um Grundsätze ordnungsmäßiger Rechnungslegung kümmert, wenn dieser nicht durch effiziente (externe) Überwachung und konsequent angewandte Rechtsnormen gestoppt wird.
Der Parmalat-Fall war auch Auslöser für eine verstärkte Beschäftigung des EU-Parlaments mit Fragen der Wirtschaftsprüfung und für den Vorschlag einer regelmäßigen Abschlussprüfer-Rotation.

2.1.2.5. Bilanzmanipulation bei Flowtex

Abgesehen von den oft nur sehr bedingt gerichtsverwertbaren Bilanzmanipulationen am Neuen Markt um die Jahrtausendwende gab es in Deutschland in den letzten Jahren keinen wirklich klassischen Bilanzskandal - bis auf den Fall Flowtex, der deshalb gern als „größter Fall von Wirtschaftskriminalität in der deutschen Nachkriegsgeschichte" bezeichnet wird.[64]
Die 1983 von Manfred Schmider gegründete „Flowtex Technologie GmbH &Co KG" vertrieb Horizontalbohrmaschinen, mit deren Hilfe unterirdisch Versorgungsleitungen verlegt werden konnten. Allerdings handelte es sich dabei weitgehend um fiktive, nur auf dem Papier vorhandene Maschinen, mit denen mittels fingierter Sale-and-lease-back-Verträge aus den Nichts Geldflüsse zur privaten Bereicherung generiert wurden. Das Betrugsmodell war relativ einfach: Flowtex verkaufte (meist nicht existente) Bohrsysteme an Leasingfirmen, die diese an Leasingkunden (z.B. Baufirmen) vermieteten und dafür Leasinggebühren erhielten. Die Geräte wurden angeblich sofort an die Leasingnehmer, die meist (oft als Franchisenehmer oder Scheinfirmen) wirtschaftlich mit Flowtex verbunden waren, geliefert und Flowtex organisierte eine reibungslose Bezahlung der Leasingraten. Der von den ahnungslosen Leasingfirmen bezahlte und oft über Bankkredite refinanzierte Kaufpreis wurde als Umsatz bei Flowtex verbucht und (verdeckt) auch zur Zahlung der Leasingraten genutzt. Damit bezahlte Flowtex zwar über die Vertragslaufzeit die Leasingraten, vereinnahmte jedoch *sofort* den gesamten Kaufpreis. Da allerdings zunehmend nicht erwirtschaftete Gewinne und Firmengelder privat von Schmider und anderen Flowtex-Managern entnommen wurden, war ein „Schneeballsystem" erforderlich, in dem Flowtex immer mehr fiktive Bohrsysteme an die Leasinggesellschaften verkaufen musste. Um die Kreditwürdigkeit der Firma aufrecht zu erhalten, fälschten Schmider und sein Geschäftspartner Dr. Kleiser Leasingverträge, Kontoauszüge und Jahresabschlüsse. Da von den belegmäßig angeblich vorhandenen 3.411 Bohrsystemen real nur 281 (knapp 8%) existierten wurden für Vor-Ort-Prüfungen von Leasinggesellschaften und Banken Maschinen mit ausgetausch-

---

[64] siehe "Ex-Flowtex-Chef akzeptiert Haftstrafe" , Netzeitung v. 23.09.2003, elektronisch veröffentlicht unter: www.netzeitung.de/wirtschaft/255650.html

ten Typenschildern von Baustelle zu Baustelle transportiert und später Scheinverträge über die Lieferung von Geräten in arabische Länder besorgt. Angeblich soll auch ein Steuerprüfer, der das Fehlen von Eingangsrechnungen für 1.200 Maschinen bemerkte, bestochen worden sein, was auch baden-württembergische Behörden in Bedrängnis brachte, jedoch vor Gericht letztlich nicht entgültig geklärt werden konnte.
Offenkundig wurde der Betrug erst im Februar 2000, als ein ehemaliger Geschäftspartner im Zusammenhang mit der Platzierung einer Flowtex-Anleihe über 300 Mio € Anzeige erstattete. Strafrechtlich lagen die Tatbestände Urkundenfälschung, Krediterschleichung und Bilanzbetrug vor.
Über 70 Kreditinstitute (bes. Sparkassen) und ca. 50 Leasingfirmen wurden um mehr als 2 Milliarden Euro geschädigt. Schmider täuschte auch Rating-Agenturen und Wirtschaftsprüfer, wobei sich hier wohl einer auf den anderen verlassen hat und die Prüfer vielleicht doch einmal die Plausibilität der angeblichen Geschäfte mit den Bohrsystemen hätten prüfen sollen.[65]

Nach Bekanntwerden der Deliktvorwürfe musste Flowtex Insolvenz anmelden. Schmider, angeklagt u.a. wegen 325 Mio. € verdeckter Privatentnahmen, die er zugriffssicher ins Privatvermögen seiner Ehefrau transferierte und der verschleierten Überweisung von 150 Mio. € in eine „Familienstiftung" in Lichtenstein, wurde 2003 wegen Betrugs zu elfeinhalb Jahren Haft verurteilt.

Auch in diesem Fall handelte es sich letztlich um ein patriarchalisch geführtes mittelständisches Unternehmen das mit Hilfe weniger in den Betrug involvierter Manager und vor allem durch das selbstbewusste und weltmännische Auftreten des Firmengründers lange Zeit keine Zweifel an seinem wirtschaftlichen Erfolg aufkommen ließ und so auch Landespolitikern als willkommene Vorzeigefirma diente. Offenbar wurde auch die Aufmerksamkeit von Abschlussprüfern durch das ganze Ambiente eingeschläfert, so dass z.B. fehlende Beschaffungsrechnungen und fingierte Umsatzerlöse nicht erkannt wurden.

2.1.2.6. Manipulationen am „Neuen Markt"

Auch am Neuen Markt gab es vereinzelt Bilanzskandale, wobei allerdings zu bedenken ist, dass viele Firmen dort wegen ihrer kurzen Lebensdauer kaum wirklich zu relevanten Bilanzen kamen und diese Abschlüsse für Anlageentscheidungen damals auch eher bedeutungslos waren.

---

[65] Insider verweisen darauf, dass der Jahresbedarf für derartige High-Tec-Bohrsysteme in ganz Europa bei etwa 400 Stück liegt.

Der Neue Markt war in seiner Gänze keine kriminelle Einrichtung, auch wenn einige Medienkommentare nach seinem relativ ruhmlosem Ende diesen Eindruck entstehen ließen, doch es gab durchaus beachtliche Manipulationen der Finanzberichterstattung. Deshalb erscheint auch eine Beschäftigung mit diesem Phänomen, dessen Wiederholung letztlich nicht ausgeschlossen ist, sinnvoll.
Diese privatwirtschaftlich organisierte, als Antwort auf die amerikanische Computerbörse NASDAQ[66] 1997 von der Deutschen Börse AG gegründete elektronischen Börsenhandelsplattform zur rationellen Geldbeschaffung junger innovativer start-up-Unternehmen, die ihr Geschäft mit neuen Technologien machten, war eine durchaus sinnvolle Einrichtung. Dass sie in den Ruch krimineller Anleger-Abzockerei geriet, war der dort schnell entstandenen Goldgräberstimmung geschuldet, die auch Scharen von Börsenzockern anlockte und der Tatsache, dass Anleger von den scheinbar unendlichen Gewinnchancen geblendet in diesen Markt investierten, die gerade ihre ersten Schritte auf dem Börsensektor machten und die Risiken völlig unterschätzten, bis die Spekulationsblase dann schließlich zum Jahrtausendwechsel platzte und nicht wenige Kleinaktionäre mit hohen Verlusten und z.T. sogar mit Schulden aus kreditfinanzierten Aktienkäufen zurückließ. Hinzu kam, dass am Neuen Markt auch verbotene Insidergeschäfte abgewickelt oder Kurse gecornert[67] wurden. Beides von der SEC an US-Börsen als kriminelle Aktivitäten verfolgte Handlungen, die an der Frankfurter Computerbörse meist eher nachsichtig gerügt wurden.
Der Neue Markt brachte z.B. Geschehnisse um Unternehmen wie die Münchner Softwarefirma *Ixos* hervor, deren Aktien 1998 von einem renommierten Bankenkonsortium um die Deutsche und die BHF-Bank platziert, durch Positivbeurteilungen von Goldmann Sachs bis auf 90 €/Aktie gepusht und zu diesem Höchstkurs über eine Million Aktien der Unternehmensgründer an institutionelle Anleger verkauft wurden, bevor die Softwarefirma eine Gewinnwarnung herausgab, die den Kurs letztlich auf unter 5 € fallen ließ oder die *Pixelnet AG*, von der HypoVereinsbank 2000 zum Ausgabepreis von 14 €/Aktie an die Börse gebracht, was der Digitalvertriebsfirma, die im Geschäftsjahr zuvor nur 1,7 Mio € Umsatz und rund 500.000 € Verlust erwirtschaftet hatte, einen Börsenwert von 200 Mio € bescheinigte, bevor deren Aktienkurs dann schnell auf nunmehr 0,025 € fiel. Aber auch die vielen Firmen, die heute nur noch als „Penny-Stocks" in den Börsennotierungen erscheinen oder deren Namen schon lange vergessen sind (wer kennt noch Lobster Technologies, Emprise, Fortune City

66 National Association of Securities Dealers Automated Quotations
67 ***Cornern***: Die Manipulation von Börsenkursen durch positive Einschätzungen einzelner Wertpapiere durch ad-hoc-Meldungen der Emissionsfirmen, Analysten oder Fondmanager, die sich zuvor mit diesen Papieren billig eingedeckt haben. Wenn die Wertpapiere dann zu höheren Kursen nachgefragt werden, wird schnell mit einem guten Zwischengewinn verkauft; der Kurs bricht dann häufig durch die Menge der angebotenen Papiere wieder ein.

oder Internetmediahouse?[68]) waren ein Crash-Kurs in „Börse pur“. Vermengt allerdings mit Handlungselementen, die zumindest an der durch die SEC streng beaufsichtigten NASDAQ als kriminelle Handlungen eingestuft und wohl auch strafrechtlich verfolgt worden wären, was deutschen Aufsichtsbehörden kaum gelang, wie 1996 und 1998 der faktisch gescheiterte Versuch der Frankfurter Staatsanwaltschaft, vermutete illegale Insidergeschäfte bei SAP aufzuklären und gerichtlich zu ahnden, belegt[69].
Auffällig kriminelle Machenschaften, wie sie bei Informatec oder Comroad aufgedeckt wurden, waren eher Ausnahmen.
Das 1988 gegründete Augsburger software-Unternehmen ***Informatec*** war eine der ersten Aktiengesellschaften an Neuen Markt und infolge seiner Erfolgsmeldungen und positiven Zukunftsprognosen der Liebling der Analysten und Anleger. Im August 2000 musste der Vorstand allerdings einräumen, mehrere falsche ad hoc-Meldungen und weit überhöhte Umsatzprognosen sowie unwahre Angaben zu drei fiktiven Großaufträgen herausgegeben zu haben. Im Sommer 2001 ging die Firma in Konkurs und verschwand vom Kurszettel. Die beiden Informatec-Vorstände wurden 2003 wegen bewusster Falschinformationen von Anlegern nach § 400 AktG sowie Insiderhandel zu Geld- und Haftstrafen verurteilt. Hauptanklagepunkt war, dass beide den Aktienkurs der Firma durch positive Falschmeldungen hochgetrieben hätten (von 170 auf 290 €) um aus eigenen Beständen Aktien im Wert von 15 Mio € zum Höchstkurs zu verkaufen.[70]
Außerdem wurden die beiden Vorstände im Oktober 2005 vom Landgericht Augsburg dazu verurteilt, geschädigten Anlegern Schadenersatz zu zahlen.[71]
Interessant ist in diesem Zusammenhang das zivilrechtliche Grundsatzurteil des BGH Karlsruhe von 19.07.2004, wonach ein Anleger, der aufgrund der falschen ad-hoc-Mitteilung Informatec-Aktien gekauft hatte, gem. § 826 BGB (Verbot sittenwidriger vorsätzlicher Schädigung) von den beiden Vorständen seinen gesamten Kaufpreis zurückverlangen kann. Diese gerichtliche Bejahung der persönlichen Haftung von Vorständen ist eine neue anlegerfreundliche Entscheidung![72]
Der 1999 an den Neuen Markt gebrachte Telematik-Anbieter ***Comroad***, der Lösungen für GPS-gestützte Fahrzeugortung anbot, täuschte über fiktive Eingangsrechnungen und Forderungen bis zu 98 % seiner Umsätze nur vor. Damit wurde ein scheinbar weltumspannendes Vertriebsnetz - das allerdings aus weitgehend nicht existenten Partnern bestand - erfunden, was den Aktienkurs der Firma stark in die Höhe trieb und zugleich deren bilanzielle Überschuldung verschlei-

---

68 Vgl. Ogger,G. "Der Börsenschwindel“ , München 2002, S. 56 ff.
69 Vgl. ebenda , S. 76 f.
70 Vgl. „Informatec-Prozess - Haftstrafe rechtskräftig“ , Die Welt v. 08.04.2005
71 Die Berufung der beiden Unternehmensgründer gegen dieses Urteil wurde im Juli 2006 vom OLG München abgewiesen ; Vgl. Süddeutsche Zeitung v. 18.07.2006
72 Vgl. „Nach BGH-Entscheidung ist mit Klagewelle zu rechnen“, Handelsblatt v. 8.4.2005

erte. Erst eine Sonderprüfung der KPMG - die sich bis dahin durch gefälschte Umsatznachweise hatte täuschen lassen - führte 2002 zur Aufdeckung der Bilanzmanipulationen, zur Verhaftung und späteren Verurteilung des Firmengründers Bodo August Schnabel zu 7 Jahren Haft wegen Betrug, Insiderhandel, Kurs- und Marktpreismanipulation.[73]

Gewiss gab es am Neuen Markt Insidergeschäfte und Frontrunning und es gab falsche ad-hoc-Meldungen, die Anleger verwirren oder zu weiteren riskanten Investitionen veranlassen sollten. Doch es gab vor allem die fatale Mischung von ökonomisch naiver Bauernschläue im Management von start-up-Unternehmen, kurzfristig-extremer Gewinnorientierung bei Geschäfts- und Emissionsbanken und Renditegier bei den Anlegern. Es war seinerzeit nicht schwer, am Neuen Markt reich zu werden, wenn man eine zeitgeistnahe Geschäftsidee hatte und eine Firma irgendwie mit dem Begriff „Biotech" oder „Internet" in Verbindung bringen konnte. Eine ganze Reihe risikokapitalgebende (durchaus seriöse und bekannte) Banken standen bereit, schnelle Börsengänge zu organisieren. Diese Leistungen ließen sie sich nicht nur mit umfänglichen Beratungshonoraren, sondern vor allem mit relativ grossen Aktienpaketen der Börsenkandidaten honorieren, so dass auch die Emissionsbanken von einer positiven Aktienkursentwicklung bis zum (oft schnellen und dann kurssenkenden) Verkauf dieser Wertpapiere profitierten.

Ein Paradebeispiel für Manipulationen am Neuen Markt ist der Fall **EM.TV.**[74]
Bevor die WestLB die kleine Lizenzhandelsfirma der Brüder Haffa 1997 an die Börse brachte, erwirtschaftete die „Entertainment Merchandising GmbH" mit der Produktion bzw. Vermarktung von Trickfilmserien (wie z.B. „Biene Maja oder „Sesamstrasse") noch im Vorjahr einen Verlust von 1,4 Mio DM bei nur 16,7 Mio DM Umsatz. Nach dem Börsengang, bei dem 25% der EM.TV-Aktien zu einem Wert von 34 €/Stück verkauft wurden, begann ein rasanter Wertzuwachs der Papiere. Wer im Oktober 1997 zum Einstiegskurs für 10.000 € diese Aktien gekauft hatte, hatte im März 2000 einen Wert von knapp 3 Millionen Euro im Depot! Die kleine AG, die nur etwa 220 Mitarbeiter beschäftigte, hatte damals einen Börsenwert von rund 13 Milliarden €; mehr als der große deutsche Konzern ThyssenKrupp.
Dies war nicht zuletzt bilanzgestalterischen Maßnahmen in der Grauzone des noch Zulässigen und dem Talent des Firmengründers Thomas Haffa zu verdanken, Banken, Analysten und Anleger mit immer neuen faszinierenden Berichten und Meldungen über die positive Unternehmensentwicklung zu beeindrucken. Zu umsatzgestalterischen Maßnahmen gehörte z.B. die Generierung künstlich

[73] Vgl. Peemöller/Hofmann „Bilanzskandale", Berlin 2005 , S. 113
[74] Vgl. Peemöller/Hofmann „Bilanzskandale", Berlin 2005 , S. 102 ff.

hochgetriebener Umsatzerlöse dadurch, dass Haffa Filmrechte vom Unternehmen seines ehemaligen Arbeitgebers Leo Kirch erwarb und sie später teilweise zurückverkaufte. Ausgesprochen medienwirksam wurden immer wieder Erfolgsmeldungen über angebliche lukrative bzw. zukunftsträchtige Deals auf den TV-Entertainment-Markt publiziert, womit allerdings auch das Fehlen exakter verifizierbarer Zahlen verschleiert wurde.[75]

Um den Aktienkurs weiter emporzutreiben, wurden immer neue Beteiligungen an namhaften Firmen erworben, so für 65 Mio € 25% an der Filmfirma Constantin, für 400 Mio € eine 50%-Beteiligung an Tele-München und für 600 Mio € wurde die defizitäre Jim Henderson Company (Lizenzbesitzer der „Muppet Show“) in den USA erworben. Die hälftige Übernahme der Formel-1-Verwertungsgesellschaft SLEC kostete schließlich 1,4 Milliarden Euro in bar plus zehn Millionen eigener EM.TV-Aktien. Diese Beteiligung wurde von Kreditinstituten und Rating-Agenturen damals zwar als strategisch wertvoll eingeschätzt, doch begann damit auch der Absturz. Als erste misstrauten US-Fonds der Bilanz für 1999 und im Sommer 2000 musste Finanzvorstand Florian Haffa zugeben, dass die veröffentlichten Zahlen für das 1. Halbjahr 2000 falsch waren, weil Umsätze und Gewinne ausgewiesen wurden, die *erst in Zukunft* erwartet wurden. Binnen eines Tages verlor die Aktie 30% ihres Wertes.

Zur regelrechten Verkaufspanik kam es, als im Dezember 2000 gemeldet werden musste, dass statt des erwarteten Jahresüberschusses von 250 Mio. € nur mit 25 Mio. gerechnet werden kann und Finanzexperten zum Ergebnis kamen, dass bei vorsichtiger Bilanzierung ein Verlust zu erwarten wäre. Die Bilanz des Jahres 2000 wies dann einen Verlust von 1,4 Milliarden Euro aus. Es wurde klar, dass nicht nur gegen Grundsätze ordnungsmäßiger Buchführung und Bilanzierung verstoßen wurde - so wurden z.B. Goodwill-Abschreibungen für überteuert eingekaufte Beteiligungen an der SLEC und an der Jim Henderson Company nicht durchgeführt - sondern dass ein Großteil der in den zurückliegenden Jahren veröffentlichten Zahlen und Prognosen völlig aus der Luft gegriffen waren.

Die beiden Haffa-Brüder konnten dennoch einen Großteil ihres Privatvermögens behalten, das sie vor allem dadurch erwirtschaftet hatten, indem sie auf dem Kurshöhepunkt grosse Aktienpakete verkauften. Ein Strafverfahren wegen Insiderhandel überstanden beide unbeschadet. Das Landgericht München sprach lediglich relativ geringfügige Verurteilungen wegen falscher Ad-hoc-Meldungen aus. Ein Schadensersatzverfahren von EM.TV gegen die Haffa-Brüder wegen Verletzung der Sorgfaltspflichten beim SLEC-Erwerb und diverse zivilrechtliche Klagen von Aktionären, die bis zu 98% ihres Einsatzes verloren hatten, sind

[75] so verlieh z.B. die Deutsche Schutzvereinigung für Wertpapierbesitz (DSW) 1999 EM.TV die „Goldene Zitrone“ für den dürftigsten Quartalsbericht aller deutschen Aktiengesellschaften

noch gerichtsanhängig.[76] Der EM.TV-Aktienkurs lag im November 2007 bei ca. fünf Euro.

Am Neuen Markt haben viele gut verdient:

- Unternehmensgründer, wenn sie die von ihnen oder ihren Familien gehaltenen Aktienpakete (teilweise mit Umgehung von Verkaufsverbotsterminen bzw. Generierung positiver Finanzberichterstattung bis dahin) zu hohen Aktienkursen verkauften
- Emissionsbanken bzw. institutionelle Anleger, die rechtzeitig bei den ersten Anzeichen des Abflauens der Börsenhausse verkauften
- Börsenanalysten bzw. -kolumnisten, Finanzberater etc., die zum einen eine Hochkonjunktur erlebten und ihre Beratungsleistungen[77], TV-Auftritte, Bücher etc. gut vermarkten konnten und zum anderen z.T. über „family and friends-optionen" selbst günstig Aktienpakete bekamen, da ihre Prognosen auch aktienverkaufsfördernd wirkten. Auch hier war die Gewinnvoraussetzung rechtzeitiger Verkauf.
- Anleger, die - typisch für Banken, Fonds und andere institutionelle Anleger - möglichst zeitig gekauft und möglichst günstig verkauft haben.

Vermögen verloren haben am Neuen Markt vor allem Kleinanleger, die glaubten, einen (oft von „Börsenexperten" gepuschten) Trend erkannt zu haben - als die Profis schon lange ausgestiegen waren. Diese Kleinanleger hätten ihr Geld mit annähernd gleichen Erfolgschancen auch an der Spielbank einsetzen können. Doch all dies war - zumindest im Sinne des StGB - nicht kriminell. Es war Marktwirtschaft pur und kann sich so oder ähnlich wohl fast jederzeit an der Börse wiederholen, denn Menschen sind nun einmal vergesslich.

Dass auch Banken nicht vor ähnlich riskanten Geschäften gefeit sind, verdeutlicht der Zusammenbruch des Marktes forderungsbesicherter Wertpapiere im Zuge der Immobilienkrise in den USA im Sommer 2007. Hohe Renditeerwartungen schläferten auch auf diesem Markt das Risikobewusstsein ein und führten zu einer Situation, die Buchvermögen in bislang nicht abschätzbarem Umfang vernichtete und damit nicht nur die Existenz einzelner Banken sondern das Funktionieren des gesamten internationalen Finanzsystems gefährdete[78].

---

[76] Im Juni 2007 bekräftigte der neue EM.TV-Chef Klatten den unverändert bestehenden Schadensersatzanspruch des Unternehmens von über 200 Mio € gegen die Haffa-Brüder, deren Verfassungsbeschwerde gegen ihre Verurteilung im Juni 2006 scheiterte.

[77] Bemerkung: Eine wahre „Meisterleistung" der Börsenanalysten war z.B. die Erfindung der fast völlig aussagelosen Kennziffer „Kurs-Umsatz-Verhältnis" (KUV) als Ersatz für das übliche KGV für Unternehmen am Neuen Markt, da diese Unternehmen kaum einen Gewinn, sondern eher Verluste auswiesen.

[78] Vgl. Balzli,B. "Buchhalter im Blindflug" Der Spiegel Nr. 39 v. 24.09.2007 , S. 70

2.1.3. Versuch einer Typisierung von Bilanzdelikten

Bei aller Unterschiedlichkeit im Detail lassen sich doch aus der Vielzahl in den letzten Jahren aktenkundig gewordener Manipulationen der Finanzberichterstattung typische Begehensweisen erkennen, die Basis diesbezüglicher prophylaktisch bzw. detektivisch angelegter Prüfungen sein können.
Dies sind insbesondere[79]:

- *Ausweis fiktiver Umsätze.* Die Spanne reicht hier von der Umsatzaufblähung durch Verbuchung von Leasinggeschäften mit eigenen Produkten als Umsatz (Xerox) oder dadurch, dass freie Datenleitungskapazitäten an Wettbewerber verkauft und später zurückgekauft und als Investition ausgewiesen wurden (Global Crossing) über Ausweis von Schein-Umsätzen (Comroad, Enron, Merck) bis hin zu überhöhten Lieferungen vor Jahresende an Einzelhandelsfirmen mit späterer Rückgabemöglichkeit (Hugo Boss USA).
- *Zu frühzeitige Umsatzverbuchung.* Manipulationen reichen hier von bereits als Umsätze verbuchten Bauaufträgen (Halliburton) bis zum Ausweis unrealisierter Lizenzeinnahmen als Umsatz (EM.TV).
- *Falschbehandlung von Einnahmen.* Typisch hierfür sind nur bedingt gerechtfertigte ertragswirksame Verbuchungen von Einnahmen (AOL) oder der Vorverkauf noch nicht fälliger Rückversicherungsprovisionen zwecks vorgezogenem Ertragsausweis (MLP AG).
- *Falschausweis des Aufwands.* Typisch hierfür die Vorgehensweise von Worldcom, Mietausgaben für Telefonleitungen als Investitionen zu aktivieren, so rechnerisch seine Kosten zu reduzieren und einen höheren Gewinn auszuweisen oder auch die Nichterfassung von Immobilienwertminderungen (Berliner Bankgesellschaft).
- *Falschausweis von Vorräten.* Schon der Zusammenbruch der Norddeutschen Wollkämmerei und Kammgarnspinnerei AG (Nordwolle) der die deutsche Wirtschaft 1931 in den Strudel der Weltwirtschaftskrise riss, offenbarte seinerzeit umfangreiche Vorratsmanipulationen. Die grundlegende Vorgehensweise hierbei ist letztlich die gleiche geblieben, ob es sich nun um fingierte Bankguthaben (Parmalat) oder um Factoring nicht existierender Forderungen (Balsam/ Procedo AG) handelt.
- *Verschleierung von Verlusten.* Verluste so lange als möglich zu verschweigen, um Anleger nicht zu irritieren, ist nachvollziehbare, gleichwohl sehr bedenkliche Bilanzpolitik vieler Unternehmen. Meist löst man

[79] Vgl. hierzu Krommes,W. „Falsche Aussagen in der Rechnungslegung - Zur Problematik von Unregelmäßigkeiten in Jahres- oder Zwischenabschlüssen“ ZIR 2/2006, S. 62 f. sowie Scheffler, E. „Kann der Aufsichtsrat Bilanzdelikte und andere Unregelmäßigkeiten verhindern?“ In: Freidank,C.C. (Hrsg.) „Bilanzreform und Bilanzdelikte“ Wiesbaden 2005 , S. 203f.

so lange als möglich stille Reserven auf (z.B. Metallgesellschaft), versucht, das Unternehmen mit öffentliche Subventionen zu stützen (Bremer Vulkan) oder versucht mit o.g. anderen Methoden gegenzusteuern. Wenn dann zugegeben werden muss, dass absichtlich Verluste zu niedrig ausgewiesen wurden, steht entweder die Insolvenz bevor, oder die Konzernrevision hat aufgepasst (Alstrom S.A.).

- *Ausweis fingierter Erträge bzw. Gewinne.* Eine beliebte Masche, sich vor Anlegern in ein gutes Licht zu rücken. Die Spanne reicht hier von erfundenen Umsatzerträgen (Phenomedia AG) über fingierte Lizenzverkäufe (Parmalat) bis hin zum Verschleiern von Verbindlichkeiten über nicht konsolidierte Beteiligungsfirmen (Enron).

Ein Großteil aller Manipulationen der Finanzberichterstattung von Unternehmen hat mit der Fälschung von Umsätzen zu tun. Dies geschieht u.a. dadurch, dass Umsätze, die ins nächste Jahr zu buchen sind, noch dem vorangegangenen zugeschrieben werden. Gern werden auch Rechnungen für Leistungen gestellt und also Forderungen ausgewiesen, obwohl die Lieferungen bzw. Leistungen noch nicht erbracht wurden. Dies hat den ergebnisverbessernden Manipulationseffekt, dass in der Bilanz Forderungen ausgewiesen werden, während die zu liefernden Erzeugnisse zugleich nochmals im Umlaufvermögen als Lagerbestand erscheinen.
Auch die Bildung von Rückstellungen ist unverändert eine beliebte Manipulationsform. Hierdurch werden in einem guten Geschäftsjahr die Kosten in die Höhe getrieben (wodurch z.B. die Gewinnsteuern gemindert werden können) und im Folgejahr werden die Rückstellungen wieder aufgelöst, wodurch eine (aktionärsfreundliche) Ergebnisverbesserung möglich wird.

Dass derartige Manipulationen oft erst sehr spät aufgedeckt werden, hat neben oft mit hoher krimineller Energie betriebenen Verschleierungshandlungen vor allem damit zu tun, dass die Rechnungslegung letztlich auch immer ein Ansatz- und Bewertungsproblem beinhaltet, bei dem subjektiv ausgeübte Wahlrechte systemimmanent sind.
Deshalb reflektiert der Jahresabschluss - gleich nach welchem Rechnungslegungssystem aufgestellt - immer auch nur einen begrenzten Ausschnitt der Wahrheit.
Die Art und Weise der Bilanzierung und Bewertung von Vermögensgegenständen ist in verschiedenen Rechtskreisen und Ländern durchaus unterschiedlich. Das deutsche HGB zielt dem Vorsichtsprinzip folgend darauf, Vermögen tendenziell niedrig zu bewerten um so aus Gläubigersicht ein auch im Liquidationsfall real verfügbares Vermögen auszuweisen. Die US-GAAP sind darauf ausgerichtet, den aktuellen Marktwert des Unternehmensvermögens zu ermitteln, wodurch dieses meist höher ausgewiesen wird, als nach dem Vorsichtsprinzip. Die

IAS/IFRS vereinen Elemente beider Systeme bei Dominanz angelsächsisch geprägter Rechnungslegungsansätze, die die Information des Kapitalanlegers in den Vordergrund stellen.

Kritiker der US-GGAP gehen davon aus, dass ein Großteil der aufgedeckten Bilanzfälschungen vor allem deshalb den Anschein von Legalität hatten, weil US-Unternehmen auch zukünftige Umsätze legal als Vermögenswert (asset) in ihrer Bilanz ausweisen können, da die Definition des *asset* den *wahrscheinlichen künftigen Nutzen* umfasst[80] und Gutachter Zukunftswerte mangels realer Marktpreise schätzen dürfen. Im Gegensatz dazu gilt nach dem HGB das Realisationsprinzip, wonach Umsätze erst ausgewiesen werden dürfen, wenn sie auch als Forderungen oder Bareinnahmen verbucht sind.

Doch sowohl im HGB als auch in den US-GAAP bzw. den IAS/IFRS gibt es Möglichkeiten, legale Bilanzierungsspielräume auszunutzen, um sich z.B. Kapitalanlegern durch eine „aufgeblähte" Bilanz als starkes Unternehmen zu präsentieren oder Buchwertzuwächse zu erreichen, wenn Managerprämien hieran gebunden sind. Dies lässt sich beispielsweise erreichen, indem:

- **Vermögensgegenstände auf Basis hoher Anschaffungs- bzw. Herstellungskosten angesetzt und danach niedrig abgeschrieben werden.** Sachanlagen wie Gebäude, Maschinen etc. werden zu Anschaffungs- bzw. Herstellungskosten bewertet. Nach US-GAAP und IAS[81] dürfen *alle* Gemeinkosten, nach HGB[82] relativ viel Gemeinkosten wahlweise einbezogen werden. Wer einen hohen Wert bilanzieren will, wird also versuchen, soviel als möglich Kosten als Anschaffungs- bzw. Herstellungskosten zu aktivieren und die Abschreibung auf lange Zeit zu strecken, damit lange ein hoher Wert in der Bilanz steht, selbst wenn der Gegenstand schon stärker abgenutzt ist.[83]
- **Vermögenswerte des Sachanlagevermögens neubewertet werden.** Nach IAS 16 haben Unternehmen das Wahlrecht, Vermögenswerte des Sachanlagevermögens statt zu den fortgeführten Anschaffungs- bzw. Herstellungskosten zum Neubewertungsbetrag anzusetzen.[84] Liegen entsprechende Sachverständigengutachten vor, kann der wertsenkende Ef-

---

80 Statement of Financial Accounting Concepts (SFAC) des FASB No. 6

81 nach US-GAAP - Vgl. Accounting Reseach Bulletin (ARB) 4 Ch. 4.3 - und IAS 2 und 16 gibt es zwar Erläuterungen, aber keine übergreifende Definition der Herstellungskosten, was analog für die Anschaffungskosten gilt

82 HGB § 255 Abs. 2

83 dem kommt entgegen, dass die nicht an Steuerregelungen orientierte IAS-Abschreibung in praxi oft auf längere Abschreibungszeiträume ausgerichtet wird

84 IAS 16.29 (alternative allowed treatment)

fekt von Abschreibungen so korrigiert werden. Nach vorangegangener außerplanmäßiger Abschreibung existiert auch im HGB (§280/1) ein Wertaufholungsgebot für Kapitalgesellschaften[85]. Auch das Finanzamt dürfte hier keine Probleme bereiten. Dass ggf. die Wertsteigerung nur buchmäßig ist und Steuern auf Buchgewinne anfallen, wird auch den Manager mit Anspruch auf Gewinnanteile nicht stören.

- **Finanzanlagen möglichst zum Zeitwert bilanziert werden.**
  Insbesondere zur Veräußerung gehaltene finanzielle Wertpapiere sind gem. IAS 39 zum aktuellen Zeitwert zu bilanzieren, wodurch ein Unternehmen bei steigenden Kursen Buchgewinne ausweist.
- **Zweifelhafte Forderungen erst bei Ausfall abgeschrieben werden.**
  Forderungen werden in der Bilanz aktiviert, da ja eine einklagbare Zahlungsverpflichtung des Kunden besteht. Der Erfolg wird so unabhängig vom Zahlungseingang bereits bei der Umsatzverbuchung registriert. Dieser Verstoß gegen das Vorsichtsprinzip kann dahingehend ausgenutzt werden, dass auch zweifelhafte Forderungen dem „Prinzip Hoffnung“ folgend nicht abgeschrieben werden, solange man noch glaubt, sie eintreiben zu können. Bei hohem Bestand nicht sichtbarer zweifelhafter Forderungen wird nicht vorhandene Bonität vorgespiegelt.
- **Immaterielle Vermögensgegenstände möglichst hoch aktiviert werden.**
  Patente, Lizenzen oder andere immaterielle Vermögenswerte dürfen nach dem HGB - anders als nach US-GAAP oder IAS 38, wo i.R. ein Aktivierungsgebot besteht - nur dann aktiviert werden, wenn sie fremdbeschafft wurden und damit ein Anschaffungspreis als Wertobergrenze vorliegt. Um den § 248 HGB zu umgehen, kann das Unternehmen jedoch seine Forschungsabteilung outsourcen, so dass die Forschungsleistungen zu einem (auch hohen) Preis gekauft und so aktiviert werden können.
- **Rückstellungen gebildet werden.**
  Das HGB eröffnet mit § 249 weitgehende Möglichkeiten der Passivierung von Rückstellungen für Außen- und Innenverpflichtungen. Dadurch werden Mittel für ungewisse, später eventuell entstehende Aufwendungen im Unternehmen belassen. Würden diese Rückstellungen nicht gebildet, könnten ggf. größere Gewinne entstehen, die dann an die Aktionäre auszuschütten wären und das Unternehmensvermögen schmälern. Will das Unternehmen Vermögen akkumulieren, wird man versuchen, für alle nur denkbaren Risiken Rückstellungen zu bilden, was nach HGB noch immer relativ leicht ist. Nach IAS 38 ist dies allerdings nur noch für nachgewiesene Außenverpflichtungen und gem. IAS 19 für Pensionen zulässig.

---

[85] analog hierzu die Verpflichtung in IAS 36.95 für alle Unternehmen

Schon diese wenigen Beispiele machen wohl klar, Bilanzgestaltungsmöglichkeiten sind in praxi sowohl nach HGB als auch nach US-GAAP oder IAS/IFRS durchaus vielfältig, vor allem dann, wenn man versierte Bilanzierungsexperten zu Rate zieht.

Das für den Einzelabschluß von Kapitalgesellschaften und den Konzernabschluß gemäß §§ 264 Abs. 2 und 297 Abs. 3 HGB als Generalnorm formulierte True and Fair View-Prinzip „ein den tatsächlichen Verhältnissen entsprechendes Bild der Vermögens-, Finanz- und Ertragslage" zu vermitteln, wird also durch vielfältige praktische Wahlrechte zumindest eingeschränkt, wobei der mögliche Schaden für Anleger wohl bei vorsichtiger Bilanzierung meist geringer ausfällt, als im umgekehrten Fall. Hinzu kommt, dass die deutschen Bilanzziele Rechenschaftslegung, Information und Gewinnermittlung nicht immer konform gehen.

Nach US-GAAP und IFRS ist der primäre, wenn nicht einzige Zweck der Rechnungslegung die Bereitstellung brauchbarer Informationen über die Lage des Unternehmens bzw. Konzerns zur Unterstützung ökonomischer Entscheidungen der Eigen- und Fremdkapitalgeber.
Grundverständnis: „Der mündige internationale Investor wird sein Kapital nur den Unternehmen zur Verfügung stellen, die seine Anforderungen in Bezug auf Informationsbreite und -tiefe zur Zufriedenheit erfüllen"
Da die Trennlinie zwischen legaler und illegaler Bilanzmanipulation jedoch oft sehr schmal ist, setzt dies aber voraus, dass die Anleger auf die Richtigkeit der veröffentlichten Informationen vertrauen können.

Das dies so ist, dafür stehen nach deutschem Recht und auch nach rechtskonformer Auslegung internationaler Richtlinien bzw. Standards Aufsichtsrat, Abschlussprüfer und Interne Revision, denen im System der Corporate Gouvernance eine wichtige Funktion hinsichtlich der Bestätigung der Ordnungsmäßigkeit der Jahresabschlussinformationen zukommen.

2.1.4. Prophylaxe bzw. Gegenmaßnahmen

2.1.4.1. Verantwortlichkeiten

Das heutige dreigeteilte Unternehmensüberwachungssystem der deutschen Kapitalgesellschaften entstand 1931, als auch in Deutschland mannigfaltige Unternehmenszusammenbrüche der Weltwirtschaftskrise folgten und umfassende kriminelle Management-Machenschaften offenbarten.
1929 stellte die Frankfurter Allgemeine Versicherung - ein großer deutscher Versicherungskonzern - die Zahlungen ein. Anschließende Überprüfungen zeig-

ten, dass die Bilanzen gefälscht waren. Umfangreiche internationale Hypothekengeschäfte waren teils gar nicht, teils doppelt verbucht. Gewinne wurden unterschlagen. Der Vorstand wurde wegen Untreue und Bilanzverschleierungen zu hohen Haftstrafen verurteilt. Dabei war dies nur die Spitze des Eisbergs. Bilanzverschleierungen, fingierte Guthaben bei Scheinfirmen im Ausland und undurchsichtige Warenbewegungen zwischen Mutter- und Tochtergesellschaften zur Verschleierung von Unterschlagungen waren fast typisch für damalige Verhältnisse. Börsenspekulationen, die - wenn sie gewinnbringend waren - auf die Konten der Vorstandsmitglieder gingen, wenn sie verlustreich waren, zu Lasten des Unternehmens verbucht wurden, waren in jener Zeit der Weltwirtschaftskrise auch in Deutschland an der Tagesordnung.
Trauriger Höhepunkt der Entwicklung war der Zusammenbruch der Norddeutschen Wollkämmerei und Kammgarnspinnerei AG (Nordwolle) am 10.Juni 1931. Dieses Unternehmen riss mit der DANAT-Bank eine Großbank mit verheerenden Wirtschaftsfolgen - wie etwa weiteren Bankenzusammenbrüchen z.B. der Darmstädter Bank und der Nationalbank im Juli - mit sich.
Auch damals wurde der Ruf nach mehr Überwachung der Unternehmen und einer verbesserten Bilanzkontrolle laut. Per Notverordnung des Reichspräsidenten wurde deshalb am 19.9.1931 das Gesetz über Aktienrecht, Bankenaufsicht und Steueramnestie erlassen. Hierin wurden die Aktiengesellschaften zur Prüfung ihrer Jahresabschlüsse durch unabhängige und öffentlich bestellte Wirtschaftsprüfer verpflichtet. Da die aufgedeckten Bilanzdelikte gezeigt hatten, dass zwischen Büchern und Abschluss meist Übereinstimmung bestand, wurde zugleich festgelegt, dass sich die Pflichtprüfung nicht hierauf beschränken dürfe[86]. Manipulationspotential lag nämlich - damals wie heute aktuell - vor allem in der Überbewertung von Vermögensgegenständen und der Aktivierung von Scheingeschäften und also sollten derartige Dinge auch besonders durch einen unabhängigen Sachverständigen geprüft werden.

Das damals installierte Überwachungssystem lässt sich kurz folgendermaßen charakterisieren:

- Da eine Kapitalgesellschaft letztlich fremdes Kapital - nämlich die Einlagen der Gesellschafter bzw. Aktionäre - als Eigenkapital verwaltet, ist das oberste Organ die Gesellschafter- bzw. Hauptversammlung. Diese kann jedoch logischerweise nicht das Unternehmen leiten.
- Die Funktion der Unternehmensleitung wird (weitgehend eigenverantwortlich) von einem dafür angestellten Management, bei einer GmbH durch den oder die Geschäftsführer und bei einer Aktiengesellschaft durch den Vorstand, wahrgenommen. Diesem Management untersteht auch die

86 Vgl. Leffson,U. "Wirtschaftsprüfung" (4. Auflage) Wiesbaden 1988 , S. 5

Interne Revision als internes primär betriebswirtschaftlich orientiertes Überwachungsorgan.

- Das gesetzlichen Regelungen, der Unternehmens-Satzung und den Orientierungen der Hauptversammlung entsprechende Arbeiten des Managements soll der Aufsichtsrat überwachen.
- der Wirtschaftsprüfer unterstützt den Aufsichtsrat in dessen Überwachungsfunktion über die Geschäftsführung des Vorstands gemäss § 111 Abs. 1 u. 2 AktG, wenn diese der Pflichtprüfung nach § 316 HGB unterliegt. Der selbständige und neutrale Prüfungsbericht des Abschlussprüfers nach § 321 i.V.m. § 317 HGB ist für den Aufsichtsrat noch immer die wohl wichtigste objektive Informationsquelle

Auch wenn es in der Vergangenheit immer wieder mehr oder weniger spektakuläre Bilanzskandale bzw. Firmenzusammenbrüche gab, die trotz der aktienrechtlich gebotenen Überwachung durch Aufsichtsrat und Wirtschaftsprüfer offenbar nicht verhindert werden konnten, hat sich das mehrschichtige Überwachungssystem des deutschen Handels- und Aktienrechts und vor allem das System der externen Überwachung in vielen anderen Situationen in den zurückliegenden Jahrzehnten doch gut bewährt und Wirtschaft wie Gesellschaft - ohne lauten Medienrummel und meist unternehmensintern - wohl vor manch schwerwiegendem Schaden bewahrt.

2.1.4.2. Aufsichtsrat - das Gewissen des Unternehmens

Die Verantwortung für die Vermeidung bzw. Aufdeckung von Unregelmäßigkeiten und Gesetzesverstößen im Unternehmen liegt bei dessen gesetzlichen Vertretern, bei der AG also beim Vorstand. Der Aufsichtsrat ist de lege lata bezüglich wirtschaftskrimineller Handlungen primär nur für die Aufsichtsrats- und Vorstandsmitglieder zuständig.
Der Aufsichtsrat ist das deutschen Kapitalgesellschaften gesetzlich vorgeschriebene Organ, dessen Aufgabe im wesentlichen die Überwachung der Geschäftsführung ist mit dem Hauptziel, das Vermögen der Aktionäre vor Schaden und Verlust zu bewahren. Hierzu werden ggf. zur spezialisierenden Arbeitsteilung diverse Ausschüsse (wie z.B. ein Prüfungsausschuss[87]) gebildet. Der Aufsichtsrat ereilt auch dem Abschlussprüfer den Prüfungsauftrag für den Jahresabschluss gem. § 290 HGB[88].
Insbesondere über die Funktionsaufteilungen nähern sich das duale System der Corporate Governance in Deutschland und das durch das Board of Directors ge-

[87] RL 2006/43/EG über Abschlussprüfungen von Jahresabschlüssen und konsolidierten Abschlüssen - In: Amtsblatt der EU L 157/87 v. 9.6.2006 , Art. 41
[88] Vgl. AktG § 111

prägte monistische Corporate Governance-System in den USA in der praktischen Umsetzung an.
Der Aufsichtsrat hat sich in Erfüllung seiner Überwachungspflichten der Ordnungsmäßigkeit der Geschäftsführung des Vorstands davon zu überzeugen, dass dieser alle erforderlichen Maßnahmen getroffen hat, um interne und externe kriminelle Angriffe auf das Unternehmensvermögen zu verhindern bzw. rasch aufdecken zu können. Zugleich muss der Aufsichtsrat auch die Geschäftsführung des Vorstands auf Unregelmäßigkeiten hin überwachen.

Die in den letzten Jahren aufgedeckten Bilanzmanipulationen zeigen deutlich, dass ein gesetzestreuer, fachlich versierter und vom Vorstand unabhängiger Aufsichtsrat neben einem gewissenhaft und qualifiziert prüfenden und unternehmensunabhängigen Abschlussprüfer die besten Voraussetzungen sind, um derartige kriminelle Handlungen zu verhindern bzw. alsbald aufzudecken.
Gemäß § 161 AktG sind Vorstand und Aufsichtsrat jährlich dazu verpflichtet, zu veröffentlichen, inwieweit die Empfehlungen des Deutschen Corporate Governance Kodex (DCGK)[89] im Unternehmen befolgt werden. In die gleiche Richtung zielen auch die letztlich durch den Sarbanes-Oxley-Act initiierten neuen Gesetzesregelungen und Standards, wie z.B. die Verpflichtung zum „Bilanzeid“ gem. Transparenzrichtlinien-Umsetzungsgesetz ab 2007, die vor allem von kapitalmarktorientierten Unternehmen zunehmend fordern, ein die gesamte Unternehmensorganisation umfassendes internes Risikomanagement- und Kontrollsystem aufzubauen, das über die reine Überwachung der Ordnungsmäßigkeit der Finanzberichterstattung hinaus einen risikoorientierten Ansatz der Unternehmensüberwachung zur Sicherung der Unternehmensexistenz verwirklicht und z.B. auch Fraudrisiken einbezieht.
Diese Problematik steht zunehmend auch im Fokus des Abschlussprüfers.
Flankiert durch die im § 117 AktG formulierte Schadensersatzpflicht der Mitglieder des Vorstands und des Aufsichtsrats gegenüber Unternehmen und Aktionären für den Fall geschäftsschädigender vorsätzlicher oder fahrlässiger Handlungen wird die objektive Notwendigkeit der diesbezüglichen Überwachung also mit der entsprechenden gesetzlichen Pflicht gekoppelt.
Die amerikanische Börsenaufsichtsbehörde SEC und die US-Aufsichtsbehörde über die Wirtschaftsprüfer PCAOB[90] sowie internationale Prüfungsstandards (ISA 315 und 330) und der IDW-PS 261 orientieren sich bei der Prüfung und Beurteilung des IKS primär am vom Committee of Sponsoring Organizations (COSO) der Treadway-Commission schon 1992 veröffentlichten „Internal Control Integrated Framework“, auch als COSO-IC-Modell oder COSO I bezeichnet. Da es sich zeigte, dass Unternehmen mannigfaltigen Risiken ausgesetzt

89 Vgl. www.corporate-governance-code.de
90 Public Company Accounting Oversight Board

sind, die ihre Existenz und damit das Kapital der Anleger gefährden können, wurde das COSO-IC-Modell 2004 um diesbezügliche Risikoaspekte bzw. -prüfungsansätze erweitert. Es entstand COSO II, auch als COSO Enterprise Risk Management (ERM) bezeichnet, das auch für diesbezügliche Prüfungen der Internen Revision nachnutzbar ist[91].

2.1.4.3. Abschlussprüfer - unabhängiger Erfüllungsgehilfe des Aufsichtsrats

Mit dem Bilanzrechtsreformgesetz, dem Bilanzkontrollgesetz und dem DCGK wurden in Deutschland die Grundlagen gelegt für ein hohes, international wettbewerbsfähiges Qualitätsniveau der externen Rechnungslegung und Wirtschaftsprüfung. Aus den in der Folge des Deutschen Corporate Governance Kodex entstandenen Regelungen und Prüfungsstandards des IDW[92] sowie der Ausstrahlungswirkung des Sarbanes-Oxley-Acts[93] und den jüngsten Berufsrechtsregelungen, insbesondere der 7. WPO-Novelle (Berufsaufsichtsreformgesetz[94]) mit der die reformierte EU-Abschlussprüferrichtlinie in deutsches Recht transformiert wurde, ergeben sich auch neue und umfassende Anforderungen an den WP, auf die hier umfassender einzugehen allerdings den Rahmen dieses Buches sprengen würde.

Im Zusammenhang mit der Problematik der Aufdeckung von Bilanzmanipulationen sei jedoch darauf hingewiesen, dass neben der unbestritten notwendigen Beurteilung des unternehmensinternen Überwachungssystems insbesondere die *materiellen* Prüfungen zur *Verifizierung* der Aussagen in den zu prüfenden Jahresabschlussdokumenten erforderlich sind, um derartige Verfälschungen aufzudecken.[95]

---

91 IIR „Unternehmensüberwachung und Interne Revision“ , 2006 , S. 7 f.

92 Vgl. z.B. IDW-PS 345 (Auswirkungen des DCGK auf die Abschlussprüfung) oder PS 210 (zur Aufdeckung von Unregelmäßigkeiten im Rahmen der Abschlussprüfung)

93 Dies wird auch durch den IDW-PS 261, der auf die verstärkte Prüfung des IKS und die Identifikation und Analyse aller bedeutsamen Geschäftsrisiken abzielt und insofern auch ISA 315 und 330 berücksichtigt, deutlich.

94 BARefG in Kraft getreten 06.09.2007; Vgl. hierzu Baetge,J. „7.WPO-Novelle: Überzeugende Stärkung der Berufsaufsicht deutscher Wirtschaftsprüfer“ Betriebsberater 38/2007, S.1

95 Bemerkung: Auch wenn der IDW-PS 210 in Tz. 17 eher darauf abstellt, dass die Jahresabschlussprüfung nicht per se auf die *gezielte* Aufdeckung wirtschaftskrimineller Handlungen (Fraud) ausgerichtet sein sollte, fordert der im Februar 2004 neugefasste internationale Prüfungsstandard ISA 240 vom Abschlussprüfer, in verstärktem Maße proaktiv das Risiko von Verstößen gegen gesetzliche Vorschriften, die sich auf die Darstellung der Vermögens-, Finanz- und Ertragslage wesentlich auswirken, zu beachten. Es ist also letztlich *Best Practice*, auch mögliche wirtschaftskriminelle Verstöße im Rahmen der Jahresabschlussprüfung ins Kalkül zu ziehen! Diese Orientierung wird durch die überarbeitete 8.EU-Richtlinie (Abschlussprüferrichtlinie) weiter verstärkt.

Wenn man sich die wesentlichen Begehungsweisen der Manipulation der Finanzberichterstattung anschaut, dann wird deutlich, dass vor allem die eigentlich simple Frage, ob sich das, was gebucht wurde, auch tatsächlich ereignet hat, meist ein sehr guter Ansatz gewesen wäre, kriminelle Verschleierungshandlungen zu erkennen. Scheingeschäfte, mit denen viele Manipulationen verdeckt werden (z.B. Verbuchung fiktiver Lieferungen) lassen sich natürlich nur erkennen, wenn man sich tiefgründig mit der Auftragsabwicklung befasst und detaillierte Originaldokumente über Art, Umfang, Zeitpunkt und Modalitäten behaupteter Lieferungen einsieht.[96] Die Intensität der Einsichtnahme ist insofern ein Maßstab der Gewissenhaftigkeit und Qualifikation des Abschlussprüfers und diese tun im Kontext der Diskussionen zur ständigen Verbesserung der Corporate Governance zur Stärkung des Anlegervertrauens gut daran, den immer wieder betonten Anforderungen an ihre Eigenverantwortlichkeit und Gewissenhaftigkeit zu entsprechen. Hierzu gehört nicht zuletzt die Beachtung der Anmerkung im IDW-PS 300 „Prüfungshandlungen, die zur Erlangung von Prüfungsnachweisen notwendig sind, dürfen nicht allein deshalb unterlassen werden, weil mit ihrer Durchführung Schwierigkeiten und Kosten verbunden sind“[97]. In die gleiche Richtung zielt die EU-Abschlussprüferrichtlinie vom 17.5.2006[98] in deren Präambel in Tz. 19 schon auf die Sorgfaltspflicht des Abschlussprüfers verwiesen wird.

2.1.4.4. Interne Revision - Prüfungsorgan des Vorstands

Das Management eines Unternehmens (bei Kapitalgesellschaften vor allem der Vorstand bzw. die Geschäftsführer) muss sicherstellen, dass die Geschäfte in Übereinstimmung mit den einschlägigen gesetzlichen Vorschriften bzw. Standards geführt werden. Um diese Ordnungsmäßigkeit der Geschäftsführung jederzeit umfassend zu gewährleisten, muss das Management stetig über Stand und Entwicklung dieser Vorschriften auf dem laufenden sein[99]. Hilfestellung hierbei können einschlägige externe bzw. interne Spezialisten liefern (z.B. Steuerberater, Rechts- oder Compliance-Abteilung). Verantwortlich für die Einhaltung aller Vorschriften ist letztlich jedoch das Top-Management!
Um dies zu gewährleisten, kann es notwendig sein, entsprechende unternehmensinterne Richtlinien und Arbeitsanweisungen vorzugeben und deren Einhaltung zu überwachen.

---

96 Vgl. hierzu Krommes,W. „Falsche Aussagen in der Rechnungslegung - Zur Problematik von Unregelmäßigkeiten in Jahres- oder Zwischenabschlüssen“ ZIR 2/2006 , S. 70

97 IDW-PS 300 „Prüfungsnachweise im Rahmen der Abschlussprüfung“ Tz. 13

98 RL 2006/43/EG über Abschlussprüfungen von Jahresabschlüssen und konsolidierte Abschlüssen - In: Amtsblatt der EU L 157/87 v. 9.6.2006

99 Analoges gilt aus Überwachungssicht für den Aufsichtsrat!

Wenn diese Überwachung - z.B. durch den zuständigen Leiter - integriert in den Prozessablauf erfolgt, spricht man vom Internen Kontrollsystem (IKS). Da solcher Art Überwachung jedoch nicht immer ein objektives Urteil erbringt, müssen diese (permanenten) Kontrollen durch fallweise *Prüfungen* ergänzt werden. Als externer Beauftragter des Aufsichtsrats (und damit letztlich der Aktionäre) führt der Wirtschaftsprüfer derartige Prüfungen durch.
Doch auch die Geschäftsführung kann ihre Überwachungsfunktion auf ein spezielles Stabsorgan delegieren, wodurch Abteilungen entstanden, die ausschließlich Prüfungen im Auftrag der Unternehmensleitung durchführen und die heute meist als *Interne Revision* (IR) bezeichnet werden.

Bilanzmanipulationen sind seit alters her in erster Linie ein typisches Management-Delikt, von dem primär der Unternehmer bzw. die Unternehmensleitung profitieren - auch wenn langfristig gesehen spätestens bei Aufdeckung der deliktischen Handlungen letztlich die Existenz des Unternehmens gefährdet sein kann. Insofern haben hierfür vor allem Wirtschaftsprüfer und weniger die Interne Revision Aufdeckungsverantwortung.
Allerdings gehen derartige dolose Handlungen oft auch mit Verstößen gegen die Grundsätze ordnungsmäßiger Buchführung einher. So werden z.B. der Kauf von Waren auf Kredit nicht verbucht, um den Gläubigern im Insolvenzfall den Zugriff auf diese Waren zu erschweren oder es werden Scheinforderungen gebucht, um ein fiktiv höheres Ergebnis ausweisen zu können. Damit wird verhindert, dass sich Dritte ein richtiges Bild von der wirtschaftlichen Situation des Unternehmens machen können. Dies ist zwar in erster Linie ein Compliance-Problem, zugleich werden jedoch auch in derartige Fälschungen involvierte Buchhalter animiert, vermittels weiterer Falschbuchungen zusätzlich in die eigene Tasche zu wirtschaften. Letzteres ist dann eindeutig ein Problem der Prüfungsverantwortung der Internen Revision - und kann durchaus das Ende eines ganzen Knäuels von Datenmanipulationen sein, dessen Entwirrung nicht immer nur bei der betrügerischen Diebstahlshandlung eines Mitarbeiters endet.

Auch zur Aufdeckung und Prophylaxe der in den folgenden Abschnitten behandelten Wirtschaftskriminalität ist vor allem die unternehmensinterne Revision als Struktureinheit gefordert. Basis hierfür ist die inzwischen wohl weltweit anerkannten IIA-Definition der Internen Revision[100], wonach diese

- unabhängige und objektive Prüfungs- („assurance"-) und Beratungsdienstleistungen erbringt, welche darauf ausgerichtet sind, Mehrwerte zu schaffen und die Geschäftsprozesse zu verbessern

[100] siehe: Deutsches Institut für Interne Revision e.V. „Grundlagen der Internen Revision" (autorisierte Übersetzung der „Basics of Internal Auditing" des IIA) , Frankfurt/M. 2005

- ♦ Organisationen bei der Erreichung ihrer Ziele unterstützt, indem sie mit einem systematischen und zielgerichteten Ansatz die Effektivität des Risikomanagements, der Kontrollen und der Führungs- und Überwachungsprozesse bewertet und diese verbessern hilft.

Eine fehlende oder nicht arbeitsfähige Interne Revision wird (zumindest bei kapitalmarktorientierten Unternehmen) sowohl nach den Regelungen des KonTraG und des DCGK[101] in Deutschland als auch nach den einschlägigen Vorschriften des Sarbanes-Oxlay-Acts für börsennotierte Firmen in den USA nicht nur zum Compliance-Verstoß sondern zum (ggf. strafrechtsrelevanten) Verstoß gegen geltendes Handelsrecht!

2.1.4.5. Überwachungsmaßnahmen - gemeinsam gegen Bilanzdelikte

Um das Unternehmen vor Wirtschaftskriminalität zu schützen, müssen Aufsichtsrat, Vorstand sowie externe und interne Prüfer sinnvollerweise eng zusammenarbeiten. Hierdurch werden nicht nur Informationsverluste vermieden und Synergieeffekte bei der Unternehmensüberwachung erreicht, sondern es wird auch das erforderliche Risikobewusstsein für Gefahren geschaffen.
Um selbst das Kontrollumfeld einschätzen zu können, sollte der Aufsichtsrat gemeinsam mit dem Vorstand und dem Leiter der Interne Revision sowie ggf. dem Abschlussprüfer in regelmäßigen Abständen insbesondere folgende Problemkreise diskutieren[102]:

- ➢ Art, Umfang und Häufigkeit der Überprüfung des internen Kontrollsystems (IKS) durch Interne Revision und Abschlussprüfer und deren Ergebnisse
- ➢ Probleme bei der Behebung bereits festgestellter Schwächen des IKS
- ➢ Risikosituation des Unternehmens bzw. einzelner Geschäftsbereiche (z.B. infolge Verlustsituationen, Änderung der Rechnungslegungspolitik, des Konsolidierungskreises, Personalwechsel in Führungspositionen etc.)

Es ist immer zu bedenken, dass sich Gelegenheiten für Betrugshandlungen zum Nachteil des Unternehmensvermögens vor allem dann ergeben, wenn Verantwortlichkeits- und Kompetenzregelungen fehlen oder unklar sind, das IKS Lücken aufweist bzw. unternehmensinterne Überwachungs- und Sicherungsregelungen (z.B. Vieraugenprinzip oder Unterschriftenregelungen) nicht vorhanden

---

101 Vgl. auch Arbeitskreis Externe und Interne Überwachung der Unternehmung der Schmalenbach-Gesellschaft für Betriebswirtschaft e.V. „BEST PRACTICE für die Interne Revision“ Berlin 2006, These 1 und Erläuterungen hierzu

102 Vgl. Scheffler, E. „Kann der Aufsichtsrat Bilanzdelikte und andere Unregelmäßigkeiten verhindern?“ In: Freidank,C.C. (Hrsg.) „Bilanzreform und Bilanzdelikte“ Wiesbaden 2005, S. 200

sind oder umgangen werden können. Insofern ist es wichtig, dass sämtliche Unternehmensbereiche und auch sämtliche Mitarbeiter - vom Vorstandsvorsitzenden bis zum Pförtner - sachgerechten Überwachungsmaßnahmen unterliegen. Ein Großteil der vorn geschilderten Bilanzmanipulationen hätte nicht funktioniert, wenn es keine Kontrollausnahmen bzw. Individualvollmachten für einzelne Personen (i.R. Führungskräfte des Top-Managements) gegeben hätte und wenn der Aufsichtsrat ungewöhnliche Sachverhaltsgestaltungen beim Ausweis des Unternehmensvermögens wie bei der Unternehmensfinanzierung oder expansive Ausnutzung von Wahlrechten bzw. Ermessensspielräumen der Finanzberichterstattung kritisch hinterfragt und überprüft hätte.

Nicht nur der Abschlussprüfer, sondern auch die Interne Revision sollten auf folgende Indizien achten, hinter denen sich möglicherweise Manipulationen der Finanzberichterstattung bzw. Versuche zur Verschleierung wirtschaftskrimineller Handlungen verbergen können[103]:

- *Ist das Anlagevermögen möglicherweise überbewertet, indem z.B.*
  - selbsterstelltes Anlagevermögens zu überhöhten Herstellungskosten angesetzt wird[104] ?
  - das Aktivierungsverbot selbsterstellter immaterieller Vermögensgegenstände durch Outsourcing beispielsweise der F&E-Aktivitäten und entgeltlichem Kauf der Forschungsergebnisse umgangen wird ?
  - Erhaltungs- als Herstellungsaufwand ausgewiesen wird (Aktivierung von Reparaturen) ?
  - Vermögensgegenstände, die wirtschaftliches Eigentum eines Dritten sind, als eigenes Vermögen ausgewiesen werden ?
  - erforderliche außerplanmäßige Abschreibungen (z.B. kontaminierte Grundstücke) unterlassen werden ?

- *Ist das Umlaufvermögen möglicherweise überbewertet, indem z.B.*
  - nicht existente Vorräte ausgewiesen werden (mittels gefälschter Inventurlisten, Doppelerfassungen, Ausweis von Vorräten, die Eigentum Dritter sind, wie z.B. Reklamations- oder Kommissionsware) ?
  - Vorräte bzw. Unfertige Erzeugnisse überbewertet werden (Einrechnung von Gemeinkosten in die Anschaffungskosten bzw. Vortäuschung eines höheren Fertigstellungsgrades bei UE) ?
  - Warenverkäufe zwecks Gewinnausweis noch im alten Jahr verbucht, die Ware jedoch gleichzeitig noch als Lagerbestand ausgewiesen wird ?

---

[103] Vgl. . Peemöller,V.H./Hofmann,S. „Bilanzskandale“ , Berlin 2005 , S. 127 ff.

[104] mit dem Zusatzeffekt, ggf. eine überhöhte Bemessungsgrundlage für Investitionszulagen zu haben

- Wertberichtigungen dubioser bzw. Abschreibungen uneinbringlicher Forderungen unterbleiben ?
- fiktive Forderungen ausgewiesen werden (oft durch fingierte Scheinrechnungen oder durch Ausstellung überhöhter Rechnungen an Realkunden mit Korrekturbuchung nach Jahreswechsel) ?
- fiktive Bankkonten ausgewiesen werden (mittels gefälschter Saldenbestätigungen fiktiver ausländischer Banken) ?

➢ *Werden Verbindlichkeiten bzw. sonstige Schulden verschwiegen oder unterbewertet, indem z.B.*
- Kredite durch nicht in den Konsolidierungskreis einbezogene Tochterunternehmen aufgenommen bzw. auf „Zwischenkonten" versteckt werden
- Verbindlichkeiten mit (teilweise nicht realen) Forderungen saldiert werden ?
- unzulässige Sale-and-lease-back-Gestaltungen durchgeführt werden ?[105]

➢ *Wird das Eigenkapital unrichtig ausgewiesen, indem z.B.*
- Bei Gründung bzw. Kapitalerhöhung einer AG das Agio nicht erfolgsneutral in den Kapitalrücklagen, sondern erfolgswirksam unter sonstigen betrieblichen Erträgen ausgewiesen wird ?
- Sachanlagenerwerb als Bareinlage ausgewiesen wird, obwohl mit übergebenem Bargeld nur Vermögensgegenstände eines Gesellschafters (überteuert) abgekauft und im Gesellschaftsvermögen aktiviert werden[106]?
- Verdeckte Privatentnahmen von Gesellschaftern (Abrechnung privater Aufwendungen über die Firma) oder verdeckte Gewinnabsaugungen über Rechnungen von Fremdunternehmen (im Eigentum von Managern des belasteten Unternehmens stehend) oder über Beraterverträge etc. erfolgen?

➢ *Werden Umsatzerlöse aufgebläht, indem z.B.*
- Karussellgeschäfte (Roundtripping) gemacht werden (Verkauf von Anlagevermögen, wodurch sofortige Erlöse verbucht werden können, nachfolgender Ankauf des gleichen AV und Aktivierung als Investition, die über mehrere Jahre abgeschrieben wird)
- Scheingeschäfte mit fiktiven Partnern erfolgen? (z.B. über fingierte Rechnungen an Phantomfirmen, vorzugsweise im Nicht-EU-Ausland)
- zukünftige Umsätze vorverlagert werden ? (z.B. über Rückdatierung von Kaufvertrag bzw. Rechnungen aufs alte Geschäftsjahr, Warenversand erst im neuen Jahr)

---

105 mehr oder weniger reale Vermögensgegenstände werden an eine Leasinggesellschaft verkauft und über einen Leasingvertrag wird das so erhaltene Darlehn sukzessive durch Bezahlung der Leasingraten getilgt (dies war letztlich das Betrugsmodell von Flowtex)

106 zwecks Umgehung der strengen Bewertungsvorschriften für Sacheinlagen

- bei rabattierten Rechnungen der Bruttobetrag als Umsatz und der Rabatt als sonstiger Aufwand ausgewiesen werden ?

➢ *Wird die GuV manipuliert, indem z.B.*
- stornierte Scheinumsätze mit fiktiven Geschäftspartnern nicht als Minderung der Umsatzerlöse, sondern als sonstiger Aufwand erfasst werden ?
- abgeschriebene Forderungen oder (manipulierte) Gutschriften bei Zahlungseingang privaten Bankkonten gutgeschrieben werden ?
- gegen das Verrechnungsverbot von Aufwendungen und Erträgen verstoßen wird ?

➢ *Gibt es möglicherweise eine manipulierte Lageberichterstattung? Hierfür könnten folgende Indizien sprechen:*
- zu positive Darstellung des Geschäftsverlaufs und der Lage der Gesellschaft (z.B. Darstellung von Kundenanfragen als akquirierte Aufträge, Verschweigen des Verlusts eines Großabnehmers oder von Ertrags- bzw. Finanzierungsproblemen)
- nichtssagender Risikobericht, der bestandsgefährdenden Risiken verschweigt oder verniedlicht; keine oder nur verschwommene Aussagen zu möglichen Risikofolgen trifft
- zu positive Prognosen, indem z.B. erwartete Verschlechterungen der Unternehmenssituation (wie Verfall von Verkaufspreisen oder Verlust von Marktanteilen) verschleiert oder neue Produkte mit angeblich hohen Marktchancen angekündigt werden, ohne zu sagen, dass diese sich erst im Entwicklungsstadium befinden[107]

➢ *Letztlich sollte auch geachtet werden auf:*
- Geschäfte mit dem Unternehmen oder einzelnen Managern nahe stehenden Personen bzw. Unternehmen (ggf. im Ausland)
- (überhöhte) Ausgaben für Beratungsleistungen, Vermittlungsprovisionen u.ä. (Korruptions- oder Veruntreuungsverdacht!)
- Abhängigkeit wichtiger betrieblicher Funktionen von Einzelpersonen
- unzureichende Dokumentation wichtiger Prozesse und Geschäftsvorfälle
- Ausnahmeregelungen bzw. -kompetenzen (Missbrauchsrisiko!)
- hohe Bargeldflüsse (Geldwäsche- bzw. Veruntreuungsverdacht!)

---

[107] Insbesondere Aussagen zum Lagebericht kann die Interne Revision aus ihrer umfassenden Unternehmenskenntnis meist weitaus besser (wenn auch nicht immer objektiver) beurteilen, als der Abschlussprüfer.

2.2. Insolvenzdelikte
2.2.1. Insolvenz - das Risiko jedes Wirtschaftens

Über viele Jahre zeigt es sich: Insolvenzen gehören zur Marktwirtschaft, wie das Wechselspiel von Angebot und Nachfrage. Als schlagzeilenträchtige Insolvenz der letzten Jahre mag der ratenweise Zusammenbruch des traditionsreichen Baukonzern Philipp Holzmann AG, der einst solch bedeutende Bauwerke wie den Berliner Reichstag oder die Kölnarena errichtete und an dessen Rettung sich selbst der ehemalige Bundeskanzler Schröder versuchte, im Gedächtnis geblieben sein. Statistiken zeigen jedoch als am häufigsten betroffene Rechtsformen die GmbH und die GmbH & Co KG und junge Unternehmen, die ihre Gründungsphase nur kurz überleben. Die Anzahl der Unternehmensinsolvenzen spiegelt immer auch die gesamtwirtschaftliche Situation wieder. Insofern ist es ein gutes Zeichen, wenn die Unternehmensinsolvenzen abnehmen, jedoch kein Grund dafür, Prophylaxemassnahmen ausser Kraft zu setzen.
Die Insolvenzstatistik des Statistischen Bundesamtes registriert auch für 2006 mit rund 31.000 Unternehmensinsolvenzen sinkende Zahlen[108].
Diese relativieren sich allerdings etwas, wenn man den volkswirtschaftlichen Gesamtschaden betrachtet. Bei einer Insolvenzquote[109] von 106 Insolvenzen pro 10.000 Unternehmen wurde dieser für 2006 von der Wirtschaftsauskunftei Creditreform auf ca. 31 Milliarden Euro und über 470.000 gefährdete Arbeitsplätze geschätzt.[110]
Als Ursachen werden häufig die schwache Konjunktur und die oft zu geringe Eigenkapitalausstattung betroffener Unternehmen genannt. Weitere Gründe sind aber auch unternehmerische Fehlentscheidungen, Mängel im Finanzierungs- und Absatzbereich und Insolvenzen von Geschäftspartnern.

Nach § 17 der Insolvenzordnung[111] ist ein Schuldner zahlungsunfähig, wenn er nicht in der Lage ist, die fälligen Zahlungsverpflichtungen zu erfüllen.
Zur Beurteilung, ob eine ggf. strafrechtsrelevante betriebswirtschaftliche Zahlungsunfähigkeit vorliegt, wird i.R. eine modifizierte Liquidität 2. Grades ermittelt. Hierzu werden der Summe aus Bank- und Kassenbeständen zuzüglich der Forderungen aus Lieferungen und Leistungen sowie den Scheck- und Wechselbeständen die fälligen Bankschulden sowie die Verbindlichkeiten aus Lieferun-

---

108 http://www.destatis.de/jetspeed/portal
109 Insolvenzquote: Anzahl der aktenkundig gewordenen (d.h. eröffneten) Firmeninsolvenzen pro10.000 Unternehmen
110 Vgl. „Insolvenzen 2006" elektronisch publ. unter: www.creditreform-ludwigshafen.de
111 Insolvenzordnung (InsO) v. 5.10.1994 - BGBl. I 1994 , S. 2866 f.

gen und Leistungen und die sonstigen fälligen Verbindlichkeiten[112](ohne Kontokorrentverbindlichkeiten[113]) gegenübergestellt.[114]
Strafrechtsrelevant ist bei korrekter Anmeldung und Abwicklung nicht die Insolvenz, wohl aber deren Verschleierung bzw. Verschleppung und die daraus resultierende Gläubigerschädigung.

2.2.2. Gesetzliche Grundlagen

Mit einer Unternehmensinsolvenz sind nicht nur oft weitreichende Konsequenzen für den Unternehmer bzw. das Management, die Arbeitnehmer, Gläubiger und Geschäftspartner, sondern auch eine Reihe rechtlicher Pflichten für die Verantwortlichen verbunden. Immer wieder führen Oberflächlichkeit, vor allem aber wohl die Angst vor dem Verlust des Ansehens und der gesellschaftlichen Stellung und in einigen Fällen auch der Drang zu krimineller Bereicherung zum Begehen von Insolvenzstraftaten.
Die deutsche PKS weist für 2006 12.137 Insolvenzstraftaten mit einer Gesamtschadenssumme von rund 1,8 Milliarden Euro aus[115].

Das Strafrecht soll vor allem die Insolvenzmasse vor ungerechtfertigter Verringerung, Verheimlichung und ungerechter Verteilung zum Nachteil der Gesamtgläubigerschaft, aber auch das gesamtwirtschaftliche System und die Arbeitnehmer des Schuldners vor Verlusten schützen.
Besonders mit dem § 283 StGB werden in 8 Unterpunkten des Abs. 1 und mehreren strafverschärfenden Ergänzungen (§ 283 a-d) diesbezügliche Verhaltensweisen in einer Überschuldungssituation bzw. bei drohender oder eingetretener Zahlungsunfähigkeit und auch die (bewusste) Herbeiführung einer Unternehmenskrise durch die aufgezählten Tathandlungen unter Strafe gestellt.

Die strafbaren Delikte sind im Gegensatz zu manch anderen wirtschaftskriminellen Aktivitäten relativ gut abgrenzbar und deshalb auch in sehr detaillierten Gesetzesregelungen erfasst. Im wesentlichen gelten:

§ 283 StGB Bankrott
(1) Mit Freiheitsstrafe bis zu fünf Jahren oder mit Geldstrafe wird bestraft, wer bei Überschuldung oder bei drohender oder eingetretener Zahlungsunfähigkeit

---

[112] z.B. SV- und Steuerschulden, Löhne/Gehälter und Mieten
[113] da dies i.R. keine fälligen Verbindlichkeiten, sondern Dauerschulden sind
[114] Bemerkung: Mit seinem Urteil vom 24.05.2005 (IX ZR 123/04) hat der BGH den Insolvenzgrund „Zahlungsunfähigkeit“ in Abgrenzung zu kurzfristigen rechtlich unerheblichen Zahlungsstockungen bzw. unbeachtlichen Liquiditätslücken präzisiert.
[115] BKA „Polizeiliche Kriminalstatistik 2006“ Tab. 07

1. Bestandteile seines Vermögens, die im Falle der Eröffnung des Insolvenzverfahrens zur Insolvenzmasse gehören, beiseite schafft oder verheimlicht oder in einer den Anforderungen einer ordnungsgemäßen Wirtschaft widersprechenden Weise zerstört, beschädigt oder unbrauchbar macht,
2. in einer den Anforderungen einer ordnungsgemäßen Wirtschaft widersprechenden Weise Verlust oder Spekulationsgeschäfte oder Differenzgeschäfte mit Waren oder Wertpapieren eingeht oder durch unwirtschaftliche Ausgaben, Spiel oder Wette übermäßige Beträge verbraucht oder schuldig wird,
3. Waren oder Wertpapiere auf Kredit beschafft und sie oder die aus diesen Waren hergestellten Sachen erheblich unter ihrem Wert in einer den Anforderungen einer ordnungsgemäßen Wirtschaft widersprechenden Weise veräußert oder sonst abgibt,
4. Rechte anderer vortäuscht oder erdichtete Rechte anerkennt,
5. Handelsbücher, zu deren Führung er gesetzlich verpflichtet ist, zu führen unterlässt oder so führt oder verändert, dass die Übersicht über seinen Vermögensstand erschwert wird,
6. Handelsbücher oder sonstige Unterlagen, zu deren Aufbewahrung ein Kaufmann nach Handelsrecht verpflichtet ist, vor Ablauf der für Buchführungspflichtige bestehenden Aufbewahrungsfristen beiseite schafft, verheimlicht, zerstört oder beschädigt und dadurch die Übersicht über seinen Vermögensstand erschwert,
7. entgegen dem Handelsrecht
    a) Bilanzen so aufstellt, dass die Übersicht über einen Vermögensstand erschwert wird, oder
    b) es unterlässt, die Bilanz seines Vermögens oder das Inventar in der vorgeschriebenen Zeit aufzustellen, oder
8. in einer anderen, den Anforderungen einer ordnungsgemäßen Wirtschaft grob widersprechenden Weise seinen Vermögensstand verringert oder seine wirklichen geschäftlichen Verhältnisse verheimlicht oder verschleiert

(2) Ebenso wird bestraft, wer durch eine der in Absatz 1 bezeichneten Handlungen seine Überschuldung oder Zahlungsunfähigkeit herbeiführt.

§ 283 a StGB Besonders schwerer Fall des Bankrotts

In besonders schweren Fällen des § 283 Abs. 1 bis 3 wird der Bankrott mit Freiheitsstrafe von sechs Monaten bis zu zehn Jahren bestraft. Ein besonders schwerer Fall liegt in der Regel vor, wenn der Täter
1. aus Gewinnsucht handelt oder
2. wissentlich viele Personen in die Gefahr des Verlustes ihrer ihm anvertrauten Vermögenswerte oder in wirtschaftliche Not bringt.

§ 283 b StGB Verletzung der Buchführungspflicht

(1) Mit Freiheitsstrafe bis zu zwei Jahren oder mit Geldstrafe wird bestraft, wer
1. Handelsbücher, zu deren Führung er gesetzlich verpflichtet ist, zu führen unterlässt oder so führt oder verändert, dass die Übersicht über seinen Vermögensstand erschwert wird,
2. Handelsbücher oder sonstige Unterlagen, zu deren Aufbewahrung er nach Handelsrecht verpflichtet ist, vor Ablauf der gesetzlichen Aufbewahrungsfristen beiseite schafft, verheimlicht, zerstört oder beschädigt und dadurch die Übersicht über seinen Vermögensstand erschwert,
3. entgegen dem Handelsrecht

a) Bilanzen so aufstellt, dass die Übersicht über seinen Vermögensstand erschwert wird, oder
b) es unterlässt, die Bilanz seines Vermögens oder das Inventar in der vorgeschriebenen Zeit aufzustellen.

§ 283c StGB Gläubigerbegünstigung
(1) Wer in Kenntnis seiner Zahlungsunfähigkeit einem Gläubiger eine Sicherheit oder Befriedigung gewährt, die dieser nicht oder nicht in der Art oder nicht zu der Zeit zu beanspruchen hat, und ihn dadurch absichtlich oder wissentlich vor den übrigen Gläubigern begünstigt, wird mit Freiheitsstrafe bis zu zwei Jahren oder mit Geldstrafe bestraft.
(2) Der Versuch ist strafbar.

§ 283d StGB Schuldnerbegünstigung
(1) Mit Freiheitsstrafe bis zu fünf Jahren oder mit Geldstrafe wird bestraft, wer
1. in Kenntnis der einem anderen drohenden Zahlungsunfähigkeit oder
2. nach Zahlungseinstellung, in einem Insolvenzverfahren oder in einem Verfahren zur Herbeiführung der Entscheidung über die Eröffnung des Insolvenzverfahrens eines anderen Bestandteile des Vermögens eines anderen, die im Falle der Eröffnung des Insolvenzverfahrens zur Insolvenzmasse gehören, mit dessen Einwilligung oder zu dessen Gunsten beiseite schafft oder verheimlicht oder in einer den Anforderungen einer ordnungsgemäßen Wirtschaft widersprechenden Weise zerstört, beschädigt oder unbrauchbar macht.
(2) Der Versuch ist strafbar.
(3) In besonders schweren Fällen ist die Strafe Freiheitsstrafe von sechs Monaten bis zu zehn Jahren[116].
(4) Die Tat ist nur dann strafbar, wenn der andere seine Zahlungen eingestellt hat oder über sein Vermögen das Insolvenzverfahren eröffnet oder der Eröffnungsantrag mangels Masse abgewiesen worden ist.

Der Tatbestand der Insolvenzverschleppung ist gegeben, wenn es ein Unternehmen bzw. ein Unternehmer in Kenntnis der drohenden bzw. eingetretenen Zahlungsunfähigkeit oder Überschuldung pflichtwidrig entgegen §§ 130a und 177a HGB, unterlässt, innerhalb einer Dreiwochenfrist den erforderlichen Insolvenzantrag zu stellen.
Außerdem sind Insolvenzdelikte im weiteren Sinne strafrechtsrelevant. Hierzu zählen insbesondere:

- *Untreuehandlungen gegenüber dem Unternehmensvermögen.* Insbesondere Geschäftsführer bzw. Vorstände von Kapitalgesellschaften sind mit einer rechtsgeschäftlichen Vermögensverfügungsbefugnis und in der Regel mit einer Vermögensbetreuungspflicht im Sinne des § 266 StGB ausgestattet. Wird diese missbräuchlich ausgeübt, indem z.B. im Außenverhältnis rechtswirksame Verfügungen zum Nachteil der Gesellschaft getroffen werden, die im Innenverhältnis dem Geschäftsführer nicht gestattet waren,

---

116 d.h. wenn der Täter aus Gewinnsucht handelt oder wissentlich viele Personen in die Gefahr des Verlustes ihrer dem anderen anvertrauten Vermögenswerte oder in wirtschaftliche Not bringt.

zum Beispiel beim Transfer von Vermögen der GmbH auf ein Privatkonto, eine Auffanggesellschaft oder an Familienangehörige oder Angriffen auf das Haftungskapital, wird dies gem. § 266 StGB mit Freiheitsstrafe bis zu fünf Jahren oder mit Geldstrafe geahndet.

- *Nichtabführung von Sozialversicherungsbeiträgen* der Arbeitnehmer (266a StGB)
- *Leistungs- bzw. Warenkreditbetrug* (wenn ein Käufer bei der Bestellung den Lieferanten über seine Zahlungsfähigkeit täuscht, kann dies gem. § 263 StGB eine Straftat sein)

Während die Vorschriften des Strafgesetzbuchs (StGB) grundsätzlich auf alle Unternehmen Anwendung finden, bestehen vor allem für die Geschäftsführer, Vorstände und Liquidatoren einer GmbH, GmbH & Co. KG oder AG zusätzliche gesetzliche Regelungen. Dies sind insbesondere:

- das im § 30 GmbHG verankerte Verbot, Vermögen der Gesellschaft an die Gesellschafter auszuschütten, wenn hierdurch eine Unterdeckung herbeigeführt oder vertieft wird bzw. eine Überschuldung eintritt. Hierunter fällt auch die Kreditgewährung an Gesellschafter. Ein Verstoß gegen die Vorschrift führt zu einer Haftung des Geschäftsführers mit seinem Privatvermögen (§ 43 Abs. 2 GmbHG); ggf. kommt auch eine Strafbarkeit wegen Untreue nach § 266 StGB in Betracht.
- die Verpflichtung des Geschäftsführers eine Krise der Gesellschaft frühzeitig zu erkennen und geeignete Sanierungsmaßnahmen einzuleiten. § 43 Abs. 2 GmbHG gibt der GmbH einen Schadensersatzanspruch gegen den Geschäftsführer, der bei Insolvenz vom Insolvenzverwalter geltend gemacht werden kann.
- die Verpflichtung des Geschäftsführers gem. § 49 GmbHG zur unverzüglichen Einberufung der Gesellschafterversammlung, wenn die Jahresbilanz oder eine im Laufe des Geschäftsjahres aufgestellte Bilanz ergibt, dass die Hälfte des Stammkapitals verloren ist. Eine derartige Pflichtverletzung zieht neben einer Haftung nach § 43 Abs. 2 GmbHG auch eine Strafbarkeit nach § 84 Abs. 1 Nr. 1 GmbHG nach sich.
- die Verpflichtung des Geschäftsführers einer GmbH (gem. § 64 Abs. 1 GmbHG) bzw. des Vorstandes einer AG (gem. 92 AktG) unverzüglich, spätestens aber drei Wochen nach Vorliegen eines Insolvenzgrundes (Zahlungsunfähigkeit oder Überschuldung), die Eröffnung des Insolvenzverfahrens zu beantragen. eine Verletzung der Pflicht zur Insolvenzantragsstellung („Insolvenzverschleppung“) führt zu einer Strafbarkeit der Verantwortlichen nach § 84 Abs. 1 Nr. 2 GmbHG bzw. § 401 AktG.
- die Haftung des Geschäftsführers mit seinem Privatvermögen für Zahlungen, die nach Eintritt der Zahlungsunfähigkeit oder der Überschuldung geleistet werden, das Gesellschaftsvermögen schmälern und gegen

die Sorgfaltspflicht eines ordentlichen Geschäftsmannes verstoßen (§ 64 Abs. 2 Satz 1 GmbHG).

- die Haftung des Geschäftsführers mit seinem Privatvermögen bei vorsätzlicher oder grob fahrlässiger Verletzung der steuerlichen Pflichten der GmbH gegenüber dem Finanzamt. Entsprechende Haftungstatbe-stände enthalten die §§ 34, 35, 69, 71, 191, 249, 255 Abgabenordnung.

Mit den dargestellten Regelungen hat der Gesetzgeber primär die Täter- und weniger die Opferrolle von Unternehmen bzw. Einzelpersonen im Visier.
Da gemäß § 11 Insolvenzordnung prinzipiell jede natürliche oder juristische Person Insolvenz anmelden kann, scheint der Kreis möglicher Insolvenzstraftaten recht groß. Eingeschränkt wird dieser jedoch insbesondere durch die Bestimmungen des § 283 StGB, die für die Strafverfolgung verlangen, dass ein Schuldner, Verbindlichkeiten durch geldwerte Leistungen erfüllen muss, dies aber nicht kann, weil er zahlungsunfähig ist bzw. die Eröffnung eines Insolvenzverfahrens über sein Vermögen beantragt hat. Diese objektive Strafbarkeitsbedingung (§ 283 Abs. 6 StGB) wird für einzelne Tatbestände ergänzt durch die Forderung, dass der Täter die *Kaufmannseigenschaft* gem. § 1 Abs. 2 HGB haben muss, weil er sonst bei Verstößen gegen Buchführungs- und Bilanzierungspflichten (§ 283 Abs. 1 Nr. 5-7 und § 283 b) nicht oder (z.B. als Arbeitnehmer) nur als Anstifter oder Gehilfe verantwortlich gemacht werden kann.
Prinzipiell gilt allerdings:

- Einzelunternehmer können uneingeschränkt wegen Insolvenzstraftaten haftbar gemacht werden.
- Bei Personenhandelsgesellschaften (wie OHG, KG oder GbR) sind ggf. alle persönlich haftenden Gesellschafter verantwortlich
- Juristische Personen, wie GmbH und AG sind nach dem deutschen Strafrecht nicht deliktsfähig, doch eröffnet § 14 StGB die Möglichkeit, den Organen dieser Kapitalgesellschaften (Geschäftsführer bzw. Vorstand) persönliche Haftung zuzurechnen, wenn diese in Ausübung ihrer Organstellung Bankrottstraftaten vorgenommen haben.
- Da in der Praxis häufig Dritte, die nicht im Handelsregister eingetragen sind aufgrund realer Macht- oder Mehrheitsverhältnisse Unternehmen leiten, entwickelte der Gesetzgeber - um diese Personen ggf. in Verantwortung nehmen zu können - die Rechtsfigur des „faktischen Geschäftsführers“ als eine Person, die ohne ausdrückliche Bestellung Geschäftsführeraufgaben wahrnimmt und deshalb rechtlich entsprechend zu behandeln ist.

Bei der ***Insolvenzkriminalität*** handelt es sich also in erster Linie um deliktische Vorgehensweisen mit dem Ziel der absichtlichen Herbeiführung beziehungsweise der möglichst langen Verschleierung der Zahlungsunfähigkeit, um Vermö-

gensvorteile für einzelne Unternehmen bzw. Unternehmer zu Lasten ihrer Gläubiger zu erreichen. Insider schätzen, dass etwa ein Drittel aller Insolvenzen mit kriminellen Handlungen verbunden ist.
Typisch hierfür sind einzelne oder auch alle im § 283 StGB als strafrechtsrelevant aufgeführte Handlungen, die letztlich meist auf Manipulationen der Rechnungslegung zur Verschleierung von Betrugshandlungen hinauslaufen.
Dies sind eher selten sogenannte Stoßgeschäfte, bei denen kriminelle Unternehmen einzig zu dem Zweck gegründet werden, von Lieferanten nach anfangs ordentlichem Geschäftsgebaren große Warenmengen zu ordern, die dann zu Billigpreisen schnell verschleudert werden, mit der Absicht, die Lieferantenrechnung nicht zu begleichen und mit den Erlösen zu verschwinden.[117]
Meist geht es jedoch darum, Zahlungsschwierigkeiten so lange als möglich zu verschleiern und ein gewisses Finanzpolster des Unternehmers dem Gläubigerzugriff zu entziehen.
Mit Hilfe von Buchmanipulationen wird dann auf kriminelle Weise versucht, Vermögensverluste beziehungsweise -verschiebungen durch *Überbewertung* von Anlagevermögen, Rücklagen, Material- und Warenbeständen bzw. durch *Unterbewertung* oder Nichtangabe von Schulden zu verschleiern.

Insolvenz- und Insolvenzkriminalitätsgefährdet sind besonders kleine Unternehmen mit geringer Eigenkapitaldecke, also Einzelunternehmen, Personengesellschaften und kleine GmbH, wesentlich eher als Großunternehmen, insbesondere Aktiengesellschaften.
Dies resultiert zum einen daraus, dass die internen Kontrollmechanismen mit wachsender Unternehmensgröße in der Regel besser funktionieren, als auch, dass große Unternehmen, wie etwa verschachtelte Konzerne, die Probleme meist intern lösen, ja im Bereich von Beteiligungsaktivitäten Konkurse sogar als Instrument strategischer Unternehmenspolitik nutzen.

Während in vielen Fällen Unternehmen als *Täter* Insolvenzstraftaten begehen, müssen sich betroffene Unternehmen als *Opfer* vor allem vor Konkursen ihrer Kunden, die sie selbst in Mitleidenschaft ziehen könnten schützen.
Hier ist straff organisierte Forderungsüberwachung, ein effizientes Mahn- und Inkassomanagement genau so wichtig, wie Vorsicht bei der Kontaktaufnahme zu neuen und gute Kontaktpflege zu bekannten Handelspartnern.

Es ist immer zu bedenken, dass fast jedes Unternehmen in Insolvenzsituationen - insbesondere infolge des Dominoeffekts nicht bezahlter Forderungen - sehr schnell vom Opfer zum Täter werden kann.

---

[117] siehe Hofmann,R. "Unterschlagungsprophylaxe und Unterschlagungsprüfung", Berlin 1990 , S. 50/51

2.2.3. Unternehmen als Täter
2.2.3.1. Das Beispiel Philipp Holzmann AG

Der Insolvenzfall Philipp Holzmann AG ist wohl ein gutes, wenn auch nicht unbedingt typisches Beispiel für ein Unternehmen, das diesbezüglich sowohl Täter- als auch Opferrolle innehatte.
Das traditionsreiche Unternehmen, das einst Kraftwerke in Südamerika ebenso errichtete, wie Eisenbahnstrecken in Vorderasien und Afrika sowie Verwaltungs-, Verkehrs- und Repräsentationsgebäude in ganz Mitteleuropa[118], verzeichnete spätestens seit 1994 hohe Verluste im sogenannten Projektgeschäft, also dem Bau von Immobilien auf eigene Rechnung. Infolge der schwierigen Marktlage mussten diese teilweise unter den Selbstkosten verkauft werden. Die Wirtschaftsprüfergesellschaft KPMG ermittelte in einem diesbezüglichen Sondergutachten einen Wertberichtigungsbedarf derartiger Immobilien zu Lasten der Holzmann AG von rund 500 Mio €.[119] Der Versuch, sich durch andere Großprojekte zu sanieren, misslang auch. So verursachte das überdimensionierte Galluspark-Projekt in Frankfurt/M., das die Holzmann AG mit Hilfe eines Kredits der Deutschen Bank - die damals mit 15% an Holzmann beteiligt war - nach dem Konkurs der schwedischen Alexanderssons-Gruppe von dieser kaufte, 1997 einen Verlust von 167 Mio DM. Auch die High-Tech-Mehrzweckhalle „Köln-Arena" mit 18.000 Sitzplätzen, die für die Holzmann AG als Generalunternehmer und späterer Betreiber ein Renommierprojekt werden sollte, erwies sich nach 1996 als wirtschaftlich nicht tragfähig und die Aktiengesellschaft kaufte sich für 150 Mio DM aus dem Betreibervertrag heraus.
Überhaupt war 1996 ein schwieriges Jahr für den Konzern. Zwar konnte ein operativer Verlust von ca. einer Milliarde DM durch Ausübung handelsrechtlicher Wahlrechte (Verwaltungsgemeinkosten wurden erstmalig in die Herstellungskosten einbezogen, steuerliche Sonderabschreibungen korrigiert und Teilleistungen für laufende Investitionen - z.T. ohne klare Abgrenzungen bzw. Abnahmebestätigungen - unter Nutzung der POC-Bewertung in Abweichung vom § 252 Abs. 1 Nr.4 HGB aber in Anwendung § 252 Abs. 2 und im Sinne des IAS 11 zum anteiligen Veräußerungspreis aktiviert) mit Bilanzlifting-Methoden[120], die teilweise die Grundsätze ordnungsmäßiger Bilanzierung relativ eigenwillig interpretierten, in einen rechnerischen Gewinn von 1 Million DM verwandelt werden, weil außerdem noch durch Verkäufe von Werkswohnungen und profitablen Beteiligungen Gewinne erwirtschaftet wurden, doch blieb die Unternehmenssituation kritisch. Trotz umfangreicher Sanierungsbestrebungen erwirtschaftete der Konzern auch in den Folgejahren Verluste, deren Ausweis erneut

---

118 Vgl. Pohl, M. „Philipp Holzmann - Geschichte eines Bauunternehmens 1849-1999", München 1999
119 Vgl. Peemöller/Hofmann „Bilanzskandale" , Berlin 2005 , S. 108
120 Vgl. Pfleger, G. „Bilanzlifting" , Freiburg i.Br. 1999 , S. 80

durch Bewertungsmanipulationen umgangen wurde.[121] So wurden z.B. im Bestand der unfertigen Erzeugnisse Aufwendungen zur Auftragsgewinnung und -abwicklung aktiviert. Sale-and-lease-back-Transaktionen erbrachten Veräußerungsgewinne von über 500 Mio DM und durch die Anwendung des „Schütt-aus-Hol-Zurück-Verfahrens“, bei der Tochterunternehmen Dividenden ausschütten, die sie anschließend sofort von der Holzmann AG als Kapitalerhöhung zurückbekamen, gelang es, die Buchwerte der Beteiligungen zu erhöhen und zugleich Dividendenerträge auszuweisen. So konnte der neue Vorstandsvorsitzende am 18. Februar 1999 zwar ein positives Jahresergebnis und im Oktober zum 150 Jubiläum dann mit Hinweis auf eine Steigerung der Auftragseingänge um 8% und ein erwartetes Neugeschäft in Höhe von über 12 Mrd. DM eine Gesundung des Unternehmens vermelden - bis die Holzmann AG am 15.11.1999 völlig überraschend eine „Überschuldung aus bisher unentdeckten Altlasten in Höhe von 2,4 Mrd. DM“ bekannt gab.[122] Nur durch die Intervention des damaligen Bundeskanzlers Schröder und staatliche Bürgschaften können die drohende Insolvenz und der Verlust von insgesamt etwa 60.000 Arbeitsplätzen verhindert werden.
Die Wirtschaftsprüfergesellschaft KPMG verwies bezüglich des Vorwurfs in den zurückliegenden Jahren falsche Testate geliefert zu haben mit der gebotenen Zurückhaltung darauf, dass sie nicht ausschließen kann, zu einzelnen Sachverhalten „ganz oder teilweise unzureichend oder falsch informiert worden zu sein“.[123]
Aus dieser Krise kam der Baukonzern nicht mehr heraus. Weitere operative Verluste in den Folgejahren, die insbesondere nicht kostendeckenden Aufträgen und Dumpingpreiskämpfen am Baumarkt geschuldet waren und das Scheitern der Verhandlungen der Gläubigerbanken bezüglich einer Sanierungslösung führten schließlich im März 2002 zur endgültigen Insolvenz.

Der Fall endete mit der Zerschlagung und dem Teilverkauf des Konzerns und ohne gerichtliche Manager- oder Prüferverurteilung, insofern war die Philipp Holzmann AG wohl gleichermaßen Opfer äußerer Umstände wie Täter waghalsig kreativer Buchführungs- und Bilanzmanipulationstechniken zum Nachteil von Partnern und Arbeitnehmern - und ein gutes Beispiel für die Ambivalenz der Problematik.

---

121 Vgl. Schmeh,K. „Die 55 grössten Flops der Wirtschaftsgeschichte“ , Frankfurt/M. 2002, S. 113 f.

122 Vgl. Priem, M. “Finanzkrise der Philipp Holzmann AG” elektronisch veröffentlicht unter: www.krisennavigator.dekofa7-d.htm

123 Vgl. u.a. http://www.zeit.de/archiv/1999/48/199948.holzmann

2.2.3.2. Allgemeine Begehensweise

Die Vorgehensweise bei sogenannten „Stoßgeschäften", die eigentlich besser als insolvenznahe Betrugs- und Diebstahlshandlungen klassifiziert werden müssen[124], ist simpel aber immer noch recht erfolgreich. Ein oder mehrere potentielle Täter gründen ein Einzelhandelsunternehmen, meist in der Rechtsform eines Einzelkaufmanns (§ 1 HGB). Teilweise wird diese Gründung auch durch einen Strohmann vorgenommen. Das Unternehmen ordert bei Industrie oder Großhandel Waren, die es auch fristgemäß bezahlt. Nach einer gewissen Zeit unauffälliger Geschäftstätigkeit, in der gute und vertrauensvolle Geschäftsbeziehungen zu diversen Lieferanten aufgebaut werden, wird ein mehrfaches des bisherigen Bestellvolumens geordert, das dann jedoch nicht mehr bezahlt wird. Nach Ablauf diverser Mahnfristen müssen die Lieferanten dann feststellen, dass der bisher unauffällige Einzelhändler mitsamt der Ware unauffindbar verschwunden ist und sie ihre Forderungen als Verlust verbuchen müssen. Die so betrügerisch erlangten Waren wurden von den Tätern entweder schnell und oft sehr preisgünstig verkauft oder auch über teilweise mafiöse Strukturen ins Ausland verbracht um sie dort gewinnbringend abzusetzen. Zum normalen Handelsgebaren gehörende längere Zahlungs- und Mahnfristen ermöglichen den Tätern meist eine relativ problemlose kriminelle Gewinnerzielung und das anschließende Untertauchen.
Eine am gleichen Muster orientierte relativ neue Spielart ist der Leasingbetrug, dessen Begehensweise ein aktueller Gerichtsprozess aufzeigt: Hierbei kaufte eine kriminelle Bande insolvenzreife Firmen auf; die Mitglieder beriefen sich gegenseitig zu Geschäftsführern und leasten unter Ausnutzung der Firmenmäntel Nobelautos und hochwertige Computertechnik, die dann vorwiegend nach Osteuropa verkauft wurden. Der Schaden für diverse Leasingfirmen beträgt ca. 1,2 Mio €. Vier Männer standen hierfür z.B. im Januar 2007 wegen gewerbsmäßigen Bandenbetrug vor dem Landgericht Leipzig.[125]

Wirkliche Insolvenzstraftaten sind im § 283 StGB und den vorn genannten einschlägigen gesetzlichen Regelungen sehr eindeutig benannt. Bezüglich der im § 283 Abs. 1 StGB aufgeführten Begehensweisen sind folgende Details zu beachten:

1. Beiseiteschaffen, Verheimlichen und Beschädigen von Haftungsvermögen:
Ein *Beiseiteschaffen* liegt vor, wenn der Gläubigerzugriff durch rechtliche oder tatsächliche Verfügungen vereitelt oder erschwert wird.
Unter *Verheimlichen* wird jedes Verhalten verstanden, durch das ein Vermögensbestandteil der Kenntnis der Gläubiger entzogen wird.

---

[124] und die rechtlich z.T. auch unter § 283 Abs. 1 Nr. 3 bzw. fallen, was jedoch in Anbetracht der Tatbegehung - eher § 263 StGB (Warenkreditbetrug) - meist nachrangig ist

[125] Vgl. Leipziger Volkszeitung v. 19.01.2007, S. 15

Beschädigung liegt insbesondere auch vor, wenn z.B. Datenträger oder Belege unlesbar gemacht werden, um Prüfungen zu erschweren[126]. Zu den vom Tatbestand umfassten Vermögensbestandteilen zählen unter anderem alle beweglichen und unbeweglichen Sachen, Forderungen, Patente, Lizenzen oder die Kundenkartei. Auch der Abschluss langfristiger Verträge kann im Einzelfall eine strafrechtliche Haftung begründen.
Strafbar sind insbesondere:

- heimliches Einziehung von Forderungen über fremde Konten
- Wegschaffen von Betriebsvermögen und Vorräten
- nicht gerechtfertigte Sicherungsübereignungen
- Geldüberweisungen vom Geschäftskonto auf eigene oder fremde Konten
- Verleugnen von Vermögensbestandteilen

2. Eingehen von Risikogeschäften sowie wirtschaftlich unvertretbare Ausgaben:
Risikogeschäfte sind insbesondere Verlust- und Spekulationsgeschäfte, wobei unter einem Verlustgeschäft nur solche Geschäfte verstanden werden, die von vornherein auf eine Vermögensminderung angelegt sind. Ein Handeln, das dem allgemeinen unternehmerischen Risiko unterliegt, fällt nicht hierunter, auch wenn die Grenzen fließend sind. Unter wirtschaftlich unvertretbaren Ausgaben sind solche Ausgaben zu verstehen, deren Sinnlosigkeit für die Unternehmensexistenz für wirtschaftlich denkende Beobachter eindeutig feststeht. Bei Einzelkaufleuten ist auch die Verwendung des zur Haftungsmasse gehörenden Privatvermögens des Unternehmers in die Betrachtung einzubeziehen. Diesbezüglich können nicht nur riskante Aktienspekulationen oder überhöhte Werbungs-, Repräsentations- und Beratungskosten bzw. Gehaltszahlungen (oft an Angehörige) sondern auch teure Urlaubsreisen, der Kauf einer teuren Wohnung bzw. andere hohe Privatausgaben in einer Insolvenzsituation strafbar sein.

3. Verkauf nicht sofort bezahlter Waren unter Ihrem Wert:
Strafbar ist hiernach, wenn auf Kredit beschaffte Waren oder Wertpapiere erheblich unter ihrem aktuellen Marktwert veräußert werden, wodurch Haftungsvermögen verschleudert bzw. dem Gläubigerzugriff entzogen wird. Nicht von dieser Vorschrift erfasst sind zulässige Sonderangebote, Preisherabsetzungen bzw. Räumungsverkäufe, Lockvogelangebote (vor allem bei Mischkalkulationen) und Tiefpreise, um Konkurrenzkampfe oder bevorstehende Preisstürze durchzustehen.

[126] Vgl. auch § 283 Abs. 1 Nr. 6 StGB

4. Vortäuschen von Rechten anderer:
Der Gesetzgeber sah es nach diesbezüglichen Verschleierungshandlungen als notwendig an, besonders hervorzuheben, dass sich strafbar macht, wer durch eine scheinbare Vermehrung der Schulden die Befriedigungsquote der Gläubiger kürzt. Ein Vortäuschen ist gegeben, wenn der Betroffene nach außen hin ein nicht bestehendes Recht als bestehend ausgibt, zum Beispiel durch Rückdatieren von Verträgen oder Anerkennen von fiktiven Rechten. Letzteres wird auch im § 283c StGB nochmals unter Verweis auf eine mögliche Insolvenzanfechtung nach § 129 ff. InsO aufgegriffen.

5. Verstoß gegen die Buchführungspflicht:
Der bei Insolvenzen in der Praxis am häufigsten anzutreffende Verstoß gegen § 283 HGB ist die unterlassene oder unordentliche Buchführung. Oftmals wird aber auch versucht, durch eine falsche Buchführung das Vorliegen eines Insolvenzgrundes zu verschleiern. Adressaten der Vorschrift sind alle Kaufleute gem. § 1 HGB. Kleingewerbetreibende, deren Unternehmen nach Art und Umfang einen in kaufmännischer Weise eingerichteten Geschäftsbetrieb nicht erfordert (z.B. der Betreiber eines Würstchengrills) fallen damit nicht unter diese Strafvorschrift. Zu beachten ist, dass interne Vereinbarungen unter den Gesellschaftern bzw. Geschäftsführern oder die Beauftragung eines Steuerberaters den Unternehmer nicht von seiner strafrechtlichen Verantwortung entbinden. Auch fachliche Ungeeignetheit oder Krankheit ist i.R. kein Entschuldigungsgrund. Außerdem ist immer zu bedenken, dass nur eine ordnungsmäßige Buchführung vom Fiskus als Basis der Ermittlung der Besteuerungsgrundlagen anerkannt wird, so dass jedes Unternehmen zur Vermeidung von Gewinn- und Steuerschätzungen an einer exakten Buchführung interessiert sein solle.

6. Beiseiteschaffen, Verheimlichen oder Zerstören von Handelsbüchern:
Die Norm gilt für alle Handelsbücher, zu deren Aufbewahrung ein Kaufmann verpflichtet ist und für die die gesetzlich vorgeschriebenen Aufbewahrungspflichten gem. § 257 HGB und ggf. ergänzende steuerrechtliche Regelungen gelten. In Insolvenzsituationen wurden diesbezüglich schon Belege vernichtet oder vor Prüfern versteckt, Computerdateien gelöscht oder ganze Buchhaltungen gingen aus „ungeklärter Ursache" in Flammen auf. Manchmal wurden auch komplette Buchführungscomputer angeblich bei Einbrüchen gestohlen.

7. Verstoß gegen handelrechtliche Bilanzierungsvorschriften gemäss § 242 ff. HGB:
Da die Bilanzierung auf der Buchführung aufbaut, gehen Bilanzierungs- und Buchführungsdelikte häufig Hand in Hand, d.h. mit verfälschten Belegen werden gefälschte Bilanzposten begründet. Eine zweite Möglichkeit besteht darin, in der Buchführung ordnungsgemäß und real widergespiegelte Sachverhalte

durch die Ausnutzung zulässiger aber auch nicht ordnungsgemäßer Bewertungsspielräume so darzustellen, dass die Vermögens- Finanz- und Ertragslage des Unternehmens nicht zutreffend widergespiegelt wird[127]. Einzelunternehmen und Personengesellschaften verstoßen damit gegen § 246 und Kapitalgesellschaften zusätzlich gegen § 264 HGB, was aus gutem Grund ergänzend auch nach § 283b StGB nochmals strafverschärfend erwähnt wird.

8. Sonstiges Verringern des Vermögensstandes und Verheimlichen oder Verschleiern der geschäftlichen Verhältnisse:
Mit dieser Gesetzesregelung sollen all die Fälle erfasst werden, die nicht unmittelbar unter Nr. 1 bis 7 fallen. Der Gesetzgeber stellt damit jedes Verhalten unter Strafe, durch das ein insolventes Unternehmen in einer den Anforderungen eines ordnungsgemäßen Wirtschaftens grob widersprechenden Weise das Haftungsvermögen verringert oder seine geschäftlichen Verhältnisse verheimlicht oder verschleiert, zum Beispiel heimliches Unterhalten eines Tochterunternehmens im Ausland, Prospekte mit irreführenden Angaben oder treuwidrige Verwendung von Kundenzahlungen.

Wenn fällige Verbindlichkeiten nicht beglichen werden können, weil Kasse und Bankguthaben leer und Kreditlinien erschöpft oder bereits gesperrt sind, sich also eine Insolvenz abzeichnet, kann es zu Manipulationsversuchen kommen, die meist vom Management ausgehen. Solche Manipulationsversuche könnten z.B. darin bestehen, dass

- Gegenstände des Anlagevermögens (z.B. Grundstücke oder Gebäude) an „unechte Auffangfirmen“[128] verkauft werden, um sie aus der Konkursmasse herauszunehmen und später eine Quasi-Unternehmensfortführung unter anderer Firma zu starten. Der Verkaufspreis kann dabei ungerechtfertigt niedrig sein, oder er ist angemessen, weil die erzielten Erlöse z.B. zur Zahlung „ausstehender Vorstandsbezüge“ verwendet werden.
- durch Warenverkäufe unter Einstandspreis („Ausverkauf“) über Bareinnahmen eine kurzfristige Liquidität erreicht wird, aber zugleich auf diese Weise Eigentumsvorbehalte von Vorlieferanten missachtet werden. Hier besteht dann die Gefahr, dass Zahlungsaufschubvereinbarungen nicht mehr erreichbar sind. Ähnliches gilt für Nichtbeantwortung von Lieferantenmahnungen, (fingierte) Mängelrügen oder wenig begründete Reklamationen, mit denen die Bezahlung offener Rechnungen hinausgezögert werden. Wer gute Ware reklamiert, handelt böswillig und ist damit kein ernstzunehmender Geschäftspartner mehr.

---

[127] Vgl. die Ausführungen unter Abschnitt 2.1. (Bilanzdelikte)

[128] die sich manchmal auch im Besitz von Familienangehörigen des Verkäufers befinden

- Scheck- bzw. Wechseltauschgeschäfte mit (meist ebenfalls in Zahlungsschwierigkeiten befindlichen) Partnern zum Vortäuschen von Zahlungsflüssen über oft mehrere Geschäftsbanken geführt werden. Hierbei handelt es sich meist lediglich um Finanztransaktionen, denen keine Warengeschäfte zugrunde liegen. Derartige Geschäfte sind nicht nur unrechtmäßig, sondern dienen dem Bankbetrug, da sie unter Ausnutzung der Valutierungszeiten eingehender Schecks aus verschiedenen Banknetzen nur Liquidität und Kreditwürdigkeit vortäuschen. Bankhilfen für die Sanierung hat man so allerdings kaum mehr zu erwarten.
- Lohnabzugsbeträge bzw. Umsatzsteuerschulden nicht an die Sozialkassen bzw. fiskalischen Gläubiger weitergeleitet, sondern zur Befriedigung anderweitig drängender Gläubiger verwendet werden. Häufig geht dies mit manipuliertem Ausweis der abzuführenden Umsatzsteuer und der Arbeitnehmeranmeldungen bei den Kassen einher und hat bei Aufdeckung unmittelbare strafrechtliche Konsequenzen für alle Beteiligten.
- eine *Überschuldungssituation* kaschiert wird, indem z.B. in der Bilanz
  - notwendige Abschreibungen und auch Rückstellungen für unterbliebene aber erforderliche Instandhaltungsmaßnahmen unterlassen werden
  - erforderliche Abschreibungen auf Warenbestände aus dem Preisverfall durch Nachfrageänderungen etc. durch manipulative Scheinverkäufe an Scheinabnehmer gegenüber denen dann Scheinforderungen (zum Ursprungsvollpreis) ausgewiesen werden, umgangen werden,
  - einzelwertzuberichtigende Forderungen zahlungsunfähiger Kunden durch manipulierte Stundungsverträge (ggf. mit unechten Besicherungen) kaschiert werden,
  - der Ausweis von Forderungen gegen leitende Mitarbeiter als (hohes) Personaldarlehen dadurch umgangen wird, dass diese etwa zum Abschluss-Stichtag die Forderung durch einen Scheck, der im Kassenbestand ausgewiesen wird, pro forma ausgleichen, dieser jedoch nicht eingelöst, sondern in Form einer „Darlehns-Neugewährung" zu Jahresbeginn unverzüglich zurückgegeben wird.

Bei solchen Aktivitäten bestehen alle Anzeichen dafür, dass bei Nichtbeseitigung der krisenbedingenden Verhältnisse die Insolvenzgründe zu akuter Bedeutung gelangen. Man spricht vom Tatbestand des gestörten wirtschaftlichen Gleichgewichts, der meist von mangelnder (bestenfalls sehr diskontinuierlicher) Zahlungsfähigkeit begleitet wird.
Daraus resultiert die Gefahr des „Einfrierens" an sich noch liquidierbarer Vermögenswerte. Dies geschieht dann, wenn die dafür maßgeblichen Gläubiger ihre Sicherungsrechte, die an den Vermögenswerten haften, mangels konditionsgerechter Befriedigung ihrer Forderungen geltend machen, was durch oben geschilderte manipulative Zahlungsverzögerungen eher beschleunigt wird.

Dann jedoch hat das betroffene Unternehmen keine Möglichkeit mehr, die ihr als wirtschaftliches Eigentum zur Verwertung im Rahmen des laufenden Geschäftsbetriebes lieferantenseitig überlassenen Vermögenswerte produktiv zu verwenden bzw. zu veräußern. Die Herausnahme der unter Eigentumsvorbehaltsrechten stehenden Gegenstände des Anlage- und Vorratsvermögens, die weitergehende Verpflichtung zur Freigabe von mehr oder weniger ins Gewicht fallenden Teilen der Forderungen aus Lieferungen und Leistungen des Unternehmens an die Gläubiger kraft deren Sicherungsrechten aus Eigentumsvorbehaltsbedingungen führt dann auch noch in der Regel zu Kollisionen mit den Sicherungsrechten von Finanzierungsgläubigern (z.B. Banken) die dann in der Regel auch ihre Sicherungsrechte gefährdet oder so beeinträchtigt sehen, dass sie bisher gewährte Kredite entweder ganz oder teilweise zurückverlangen. Als zusätzliche Konsequenz ergibt sich durch diese Maßnahmen bedingt für das krisenbefangene Unternehmen noch ein zusätzlicher Substanzverlust. Damit beginnt dann der „circulus vitiosus“ in Lauf zu kommen, der letztlich zur Insolvenz führt.

2.2.3.3. Prophylaxe bzw. Gegenmaßnahmen

Die meisten der über den § 283 erfassten Delikte, bei denen Unternehmen prinzipiell als Täter auftreten, sind extern erst nach umfassender Prüfung durch Spezialisten (Wirtschafts- oder Steuerprüfer) und Gerichte feststellbar. Geschädigte (Unternehmen bzw. Privatpersonen, wie z.B. Kapitalanleger) haben nur äußerst eingeschränkte Möglichkeiten, derartige Manipulationen zu erkennen. Eine - wenngleich etwas vage - Möglichkeit, Insolvenzgefahren von Unternehmen zu erkennen, ergibt sich aus Ertragsstärkebeurteilungs- bzw. Insolvenzprognosemodellen.
Derartige Modelle, die auch als empirisch-induktive Systeme bezeichnet werden, gehen von der Fülle betrieblicher und überbetrieblicher Daten aus, die statistisch für bestimmte Ziele verdichtet werden. Hauptziel dieser auf mathematisch-statistischen Test- und Auswahlverfahren beruhenden Methoden ist es, vor allem *Prognosen zur Insolvenzfrüherkennung und -gefährdung* zu liefern. Anhand von Kennzahlenvergleichen soll beurteilt werden, ob ein Unternehmen „gesund“ oder „krank“ bzw. „erfolgreich“ oder „weniger erfolgreich“ ist.
Der Einsatz der Kennzahlen erfolgt in der Weise, dass die unternehmensindividuellen Werte mit den aus empirischen Untersuchungen vorliegenden kritischen Werten verglichen werden. Dabei wird ggf. ein bestimmter Unschärfebereich („graue Zone") berücksichtigt.
Ein Unternehmen gilt als um so mehr gefährdet, je mehr Kennzahlenwerte im Risikobereich liegen (liegt z.B. kein Kennzahlenwert außerhalb der "Normalwerte" wird das Unternehmen als *nicht* gefährdet eingeschätzt; drei und mehr Kennzahlenwerte außerhalb: das Unternehmen könnte insolvent werden).

Derartige Kennzahlenvergleiche gibt es mittlerweile eine ganze Menge[129] und zunehmend mathematisiert, wie z.B. das an der Westfälischen Wilhelms-Universität Münster zur Insolvenzprognose anhand extern verfügbarer Bilanzangaben entworfene neuronale Netz aus 14 Kennzahlen (basierend auf der Untersuchung mehrerer tausend Unternehmen), mit dessen Hilfe ein sog. Bilanzbonitätsindex erstellt wird, der Aussagen darüber ermöglicht, ob ein zu beurteilendes Unternehmen eine gute oder schlechte Zukunft vor sich hat.[130]

Etwas knapper, aber sehr praktikabel ist auch das sogenannte „Saarbrücker Modell"[131], das dort ansetzt, wo die traditionelle Bilanzanalyse passen muss. Die durch zahlreiche Wahlrechte und Ermessensspielräume bedingte vielfältige bilanzpolitische Einflussnahme des Bilanzierenden auf das Erscheinungsbild des Jahresabschlusses soll durch die Kombination von quantitativer und qualitativ-wertender Bilanzanalyse weitgehend eliminiert werden. Allein schon die *quantitative Bilanzanalyse,* mit der die Ertragsstärke des Unternehmens beurteilt werden soll, liefert gute Möglichkeiten, indirekt und extern Insolvenzgefahren eines Unternehmens zu prognostizieren.

Ausgangspunkt sind die folgenden Kennzahlen:

Kennzahl	**Berechnung**
Eigenkapitalquote (EQ)	Eigenkapital / Gesamtkapital
Return on Investment (ROI)	korrigierter Jahresüberschuss / Gesamtkapital
Cashflow zu Umsatz (CFU)	Cashflow / Nettoumsatzerlöse
Cashflow zu Gesamtkapital (CFK)	Cashflow / Gesamtkapital

Diese Kennzahlen sind folgendermaßen zu berechnen:

Eigenkapital laut Bilanz
- Ausstehende Einlagen auf das gezeichnete Kapital
+ 50% des Sonderpostens mit Rücklageanteil
- Dividendenausschüttung des Mutterunternehmens
- Restbuchwert aktivierter Geschäfts- oder Firmenwerte
- 50% der nicht gedeckten Pensionsverpflichtungen
= **Eigenkapital**

[129] Vgl. z.B. Groll,K-H. „Das Kennzahlensystem zur Bilanzanalyse - Ergebniskennzahlen-Aktienkennzahlen-Risikokennzahlen", München 2004
[130] Vgl. Baetge,J. „Bilanzanalyse" , Düsseldorf 1998 (bes. S. 579-83)
[131] Vgl. Küting,K-H/Weber,C-P „Die Bilanzanalyse" , Stuttgart 2004

Bilanzsumme
- Ausstehende Einlagen auf das gezeichnete Kapital
+ Offen von den Vorräten abgesetzte erhaltene Anzahlungen
- Restbuchwert aktivierter Geschäfts- oder Firmenwerte
- 50% der nicht gedeckten Pensionsverpflichtungen
= **Gesamtkapital**

Jahresüberschuss vor Steuern vom Einkommen und Ertrag
+ Außerordentliche Aufwendungen
- Außerordentliche Erträge
+ Fremdkapitalzinsen
+ Abschreibungen des Geschäftsjahres auf Geschäfts- oder Firmenwerte
= **Korrigierter Jahresüberschuss**

Cashflow
+ Außerordentliche Aufwendungen
- Außerordentliche Erträge
+ Abschreibungen des Geschäftsjahres
- Zuschreibungen
± Veränderungen des Sonderpostens mit Rücklageanteil
± Veränderungen der Rückstellungen für Pensionen u. ähnl. Verpflichtungen
= **Cashflow**

Die so unternehmensbezogen ermittelten 4 Kennzahlen werden anschließend nach einer Scoring-Tabelle zu einem Gesamtwert aggregiert. Hierzu ist jede Kennzahl nach verschiedenen statistisch ermittelten Wertintervallen in eine von sechs Punkt-Klassen (von 0 bis 2,5) einzuordnen.

Die Bewertungstabelle sieht folgendermaßen aus:

EQ		**ROI**		**CFU**		**CFK**		**Punkte**
	≦ 0		≦ 0		≦ 0		≦ 0	**0,0**
> 0	≦ 20	> 0	≦ 3	> 0	≦ 5	> 0	≦ 8	**0,5**
> 20	≦ 28	> 3	≦ 5	> 5	≦ 9	> 8	≦ 12	**1,0**
> 28	≦ 38	> 5	≦ 8	> 9	≦ 12	> 12	≦ 16	**1,5**
> 38	≦ 50	> 8	≦ 10	> 12	≦ 17	> 16	≦ 23	**2,0**
> 50		> 10		> 17		> 23		**2,5**

Die niedrigste Punktzahl pro Kennziffer beträgt also 0 und die höchste 2,5. Maximal kann somit ein zu bewertendes Unternehmen die Punktzahl 10 (4x2,5) erreichen. Aus der erreichten Gesamtpunktzahl wird nun ein Urteil über die Ertragsstärke des Unternehmens abgeleitet:

erreichte Gesamtpunktzahl (GP)	**vermutete Ertragsstärke**
$8,0 < GP \leqq 10$	außergewöhnlich hoch
$6,0 < GP \leqq 8,0$	überdurchschnittlich
$4,0 < GP \leqq 6,0$	durchschnittlich
$2,5 < GP \leqq 4,0$	unterdurchschnittlich
$0,0 < GP \leqq 2,5$	außergewöhnlich gering

Die Aussagen derartiger Modelle kann z.B. auch der Aufsichtsrat von Kapitalgesellschaften nutzen, um krisenhafte Entwicklungen frühzeitig zu erkennen.

Qualitative Untersuchungen zur Bilanzpolitik, die sich insbesondere auf die Analyse von Bilanzansätzen stützen, können die Aussagen der quantitativen Bilanzanalyse noch verbessern. Ziel ist es, herauszufinden, welche Bilanzpolitik verfolgt wird. Bilanziert das Unternehmen konservativ, also auf Gläubigerschutz und Rücklagenbildung bedacht, oder ergebnisverbessernd, um in schwieriger Situation Höherbewertungen des Vermögens durchzuführen bzw. stille Rücklagen aufzulösen um sich buchungstechnisch etwas reicher zu rechnen.

Hinweise für konservative Bilanzierung sind z.B.:
- Ingangsetzungs- und Erweiterungsaufwendungen werden nicht aktiviert
- Geschäfts- oder Firmenwerte werden nicht aktiviert
- Herstellungskosten werden mit der Wertuntergrenze angesetzt
- Nutzung der degressiven Abschreibungen

Hinweise für ergebnisverbessernde Bilanzierung sind z.B.
- Nutzung der linearen Abschreibung, damit der Jahresgewinn infolge niedriger Aufwandesverrechnung steigt
- Bewertungswechsel in progressiver Richtung (z.B. Zuschreibungen), damit die Bilanzsumme erhöht und ein Ertrag ausgewiesen wird (ein deutliches Krisensignal)
- Abrechnung von Teilleistungen, um Gewinne früher ausweisen zu können
- Zusätzliche Aktivierungen (z.B. Schadenersatzansprüche aller Art, vom Lieferanten zu gewährende Umsatzprämien, Boni und Werbekostenzuschüsse etc.), um den Gewinn zu erhöhen[132]

---

[132] Vgl. insbes. Pfleger,G. „Bilanz-Lifting“ , Freiburg i.Br. 1999 , S. 116 ff.

Konservative Bilanzierung wird gemeinhin als Hinweis auf eine gute Unternehmenssituation angesehen, während ergebnisverbessernde Bilanzansätze eher antizipierte Krisengefahren vermuten lassen.
Die Möglichkeiten, *unternehmensintern* Insolvenzgefahren bzw. -delikte zu erkennen, sind natürlich besser, als wenn man sich nur auf die externe Bilanzanalyse stützt.

Das interne Erkennen von Insolvenzdelikten im Sinne von Gesetzesverstößen wird allerdings primär in großen Unternehmen (wie z.B. Konzerne mit Tochterunternehmen) eine Rolle spielen, wo einzelne verbundene Unternehmen oder im Ausnahmefall auch einzelne Verantwortliche versuchen könnten, Insolvenzen bzw. Insolvenzgefahren zu verschleiern.
In diesen Fällen ist die Interne Revision gefordert, diesbezüglich prüferisch tätig zu werden und über nichtstatthafte Manipulationsversuche, wie unter 2.2.3.2. dargestellt, in geeigneter Form (z.B. Memorandum an den Vorstandsvorsitzenden oder Prüfprotokoll) zu berichten.

Nicht wenige Insolvenzen ließen sich überhaupt vermeiden, wenn typische Insolvenzursachen prophylaktisch berücksichtigt würden, denn Unternehmenskrisen kommen nur selten kurzfristig. Beginnend mit einer strategischen Krise (Verschlechterung der Wettbewerbsposition) über die Ertragskrise (mittelfristiger Umsatz- und Gewinnrückgang) kommt es vor allem dann zur Liquiditätskrise, wenn vorhergehende Krisenanzeichen nicht gegensteuernd beachtet wurden.
Insbesondere Führungsmängel sind seit Jahren immer wieder wesentliche interne Insolvenzursache am Markt eingeführter und lange Zeit stabiler Unternehmen. Dazu zählen vor allem das Nichterkennen von Marktchancen sowie der Verzicht auf Innovationen und Zukunftsinvestitionen.
In kleinen und jungen Unternehmen kommen oft die dünne Eigenkapitaldecke und (besonders bei Existenzgründern) mangelndes betriebswirtschaftliches Verständnis, das mit unprofessionellem Management einhergeht hinzu.
Externe, vor allem durch kleinere Unternehmen kaum beeinflussbare, Ursachen sind Strukturprobleme, die sich z.B. im Handel in zu wenig Kaufkraft und einen harten Verdrängungswettbewerb und im Handwerk sowie im verarbeitenden Gewerbe in zu wenig (gewinnbringenden) Aufträgen manifestieren. Hinzu kommen häufig Schwierigkeiten der Fremdkapitalaufnahme.

Neben o.g. eher „allgemeinen" Problemen, die zur Insolvenz führen können, lassen sich einige wesentliche Schwachstellen in der Betriebsführung auflisten, deren rechtzeitiges Erkennen und Abstellen[133] - Insolvenzverwalter verweisen im-

[133] wobei dies oft primär ein subjektiv-psychologischen Problem und eben deshalb so schwer zu bewältigen ist.

mer wieder darauf und eigene unternehmensberaterische Erfahrungen bestätigen dies - durchaus Insolvenzen prophylaktisch vermeiden kann.

Dies sind vor allem:
Managementfehler: Da das Top-Management den Weg des Unternehmens bestimmt, sind letztlich alle zur Insolvenz führenden Entscheidungen als Managementfehler im weitesten Sinne einzustufen. Ein Versagen der Unternehmensführung reflektiert sich allgemein darin, dass:

- Probleme nicht erkannt oder nicht akzeptiert werden
- Fehlentscheidungen getroffen werden oder
- Entscheidungen unterlassen oder zulange hinausgezögert werden

T***ypische Managementfehler im engeren Sinne***, die vermieden werden sollten, sind insbesondere:

- Das *Informations- und Kommunikationssystem* wird nicht den Anforderungen entsprechend ausgestaltet und genutzt. Die Unternehmensführung hat die Notwendigkeit eines solches Systems noch nicht erkannt oder vernachlässigt auf Grund von Überarbeitung die Informationssammlung und -aufbereitung. Dadurch kann es zu einer mangelhaften Überwachung des laufenden betrieblichen Geschehens kommen, so dass die Auswirkungen von Fehlentscheidungen oder Veränderungen in der Unternehmensumwelt verspätet erkannt werden. Dies gilt insbesondere auch für das mit dem KonTraG für börsennotierte Aktiengesellschaften vorgeschriebene und für andere Kapitalgesellschaften dringend empfohlene Risikoüberwachungs- und -frühwarnsystem[134].
- *mangelnde oder fehlende Planung und Organisation:* Erst über ein bestimmtes Maß an Planung und Organisation wird eine bessere Übersichtlichkeit des betrieblichen Ablaufs erreicht. Dies nimmt an Bedeutung zu, je größer das Unternehmen ist. Ist die Organisation unzureichend, werden Schwachstellen oder Problementwicklungen zu spät oder gar nicht erkannt, und bestimmte Entwicklungstendenzen können das Management überraschen, so dass ggf. nur ein kurzfristiges Reagieren auf krisenhafte Entwicklungen bleibt. Tritt dies häufiger auf, kann es zu Unzufriedenheiten kommen, und das Gefühl der Überlastung steigt, was zur Grundlage weitere Unsicherheiten werden kann. Die Alltagsanforderungen setzen ein funktionierendes und ein die betrieblichen Gegebenheiten richtig erfassendes Informationssystem und somit ein entsprechendes Rechnungswesen voraus. Das bedeutet auch, gezielte Sach- und Führungsdelegation vor allem bei mittleren Unternehmen und in Reaktion auf ein Unternehmenswachstum.

[134] Gesetz zur Kontrolle und Transparenz im Unternehmensbereich (KonTraG)§ 91 - BGBl 1998 S. 786 f

Bei ***Einzelunternehmern aber auch kleinen GmbH*** treten weitere primär managementverursachte Gefahren auf:

- Überwacht und kontrolliert der Unternehmer bzw. alleinleitende Geschäftsführer aufgrund des hohen Eigenkapitaleinsatzes sich selbst nicht ständig auf Rentabilität und Wirtschaftlichkeit, wird ggf. ein hoher Eigenkapitalanteil mitverantwortlich für eine erhöhte Insolvenzanfälligkeit.
- Mängel in der *betriebswirtschaftlichen* Qualifikation von Einzelunternehmern bzw. Geschäftsführern kleiner GmbH. Ein besonderes Problem ist oft die vorrangig technische Qualifikation der Führungskräfte, gepaart mit der Scheu, externe betriebswirtschaftliche Beratungsangebote wahrzunehmen.
- Mangelnde Praxiserfahrung ist vor allem bei Jungunternehmern gefährlich. Das Produkt-Markt-Konzept erweist sich in vielen Fällen als Fehlschlag oder es scheiterte an fehlenden Branchenkenntnissen, mangelnder Führungserfahrung sowie unzureichendem Marketinggeschick. Paart sich dies dann noch mit mangelnder Einsicht (z.B. dass die eigene Erfahrung bzw. Ausbildung nicht zur Unternehmensführung ausreicht und ggf. auch Fremdberatung erforderlich ist) - ist eine Insolvenz fast vorprogrammiert.
- Manche Unternehmer unterschätzen auch den für eine Produkteinführung erforderlichen Zeitbedarf und die damit verbundenen Kosten. Viele rechnen auch in der Gründungsphase mit zu hohen Erträgen, die dann nicht erwirtschaftet werden können, aber bereits zur Kostendeckung verplant waren, was fast unverzüglich zu Illiquidität führt. Allerdings ist dies manchmal auch ein Problem größerer und gut am Markt positionierter Unternehmen.
- Manager klagen oft über einen hohen Zeitmangel und generelle Überlastung. Ein konsequentes Durchdenken von Entscheidungen und deren Auswirkungen wird so unmöglich. Es werden nur noch Tagesprobleme, d.h. die momentan aktuellsten Fragen gelöst. Die Beschäftigung und Auseinandersetzung mit künftigen Tendenzen und erforderlich werdenden Veränderungen unterbleibt. Für Weiterbildung fehlt die Zeit. Die empfundene Überlastung ist meist ein Indiz für zu wenig oder keine Delegation von Aufgaben an Mitarbeiter und oft Ursache für Fehlentscheidungen.

Finanzierungsfehler sind nicht nur für die Rentabilität des Unternehmens, sondern auch für den Konkurseröffnungsgrund Illiquidität sehr bedeutsam.
Ursachen hierfür liegen besonders in der Nichtbeachtung von Finanzierungsgrundsätzen, falschen Fristigkeiten, einer fehlenden bzw. ungenügenden Finanzplanung sowie einer überhöhten Risikobereitschaft. Dies reflektiert sich meist in:

- *ungenügender Finanzierung des Betriebsvermögens*. Hier geht es besonders auch um die Frage der Abdeckung von Betriebsausstattung durch Eigen- oder Fremdkapital, also das Verhältnis von Anlage- und Umlaufvermögen zum Eigen- und Fremdkapital, wie es auch in Finanzierungsregeln[135] zum Ausdruck kommt. Das Anlagevermögen sollte z.B. primär durch Eigenkapital oder durch langfristiges Fremdkapital gedeckt sein. Wird mit hohem Fremdkapitalanteil gearbeitet, so müssen zusätzlich zu den üblichen Betriebskosten auch die Fremdkapitalzinsen als Kostenfaktor berücksichtigt werden. Insolvenzverhindernd wirkt hierbei oft, dass bei einem hohen Fremdkapitalanteil das Management eher gezwungen ist, den Kreditgebern Rechenschaft abzulegen und seine finanzielle Situation genau zu überprüfen.

- *fehlendem Eigenkapital.* Die statistisch ausgewiesene Hauptursache für Insolvenzen ist der Eigenkapitalmangel. Dabei führt Eigenkapitalmangel jedoch nicht automatisch in die Insolvenz. Beispiele dafür sind Unternehmen in Wachstumsmärkten. Der Mangel an Eigenkapital ist ein prinzipieller Krisenverschärfer, er ist aber nicht eine prinzipielle Krisenursache. Bei Managementschwächen wird auch ein hoher Eigenkapitalanteil nicht unbedingt die Insolvenzgefahr herabsetzen.
- *falschen Finanzierungsquellen*; wenn Unternehmen durch das Ausnutzen jeder nur möglichen Finanzierungsquelle versuchen, der sich verschärfenden Kapitalknappheit zu begegnen, helfen solche „Notfinanzierungen“ in den seltensten Fällen eine Insolvenz zu verhindern, da die eigentlichen Verlustquellen nicht beseitigt werden. Der Zeitpunkt des endgültigen Zusammenbruchs wird nur hinausgezögert. Viele Unternehmen greifen auch auf Lieferantenkredite zurück. Diese Finanzierungsform führt zu hohen Kosten durch die Nichtinanspruchnahme des Skontos[136] und wirkt außerdem kreditschädigend. Bei häufiger Überziehung des Zahlungsziels gehen einige Lieferanten dazu über, bei Übergabe der Waren Barzahlung zu verlangen.
- *zu hoher Zinsbelastung.* Diese ist meist mit einer wachsenden Verschuldung verbunden, die einen kontinuierlichen Anstieg der Zinsenlast und eine Verschärfung der Ertragssituation bewirkt.
- *ungenügender Kreditwürdigkeit.* Drohende Kreditkündigungen stellen eine große Gefahr für das Unternehmen dar. Bei einer extrem verschlechterten Bonität kann die Signalwirkung der Kreditkündigung durch eine Bank den Untergang des Unternehmens bedeuten. Zieht sich ein größerer Geldgeber von seinem finanziellen Engagement zurück, so kann dies andere Gläubiger dazu veranlassen, ihre Kredite ebenfalls aufzukündigen.

---

[135] Vgl. z.B. Coenenberg, A. „Jahresabschluß und Jahresabschlußanalyse“ 20. Auflage 2005, S. 972 ff.

[136] Bemerkung: Lieferantenkredite sind sehr teuer. Wenn z.B. eine Rechnung über 10.000 € nicht innerhalb von 10 Tagen mit 2,5 % Skonto, sondern erst in 30 Tagen nach Rechnungsdatum ohne Skontierung in voller Höhe beglichen wird, entsprechen die für 20 Tage Kreditierung mehr zu entrichtenden 250 € rechnerisch einem Jahreszinssatz von 45%. Die Errechnung der Skontozinsen pro Jahr ergibt sich hierbei aus der Formel: *(Skontosatz x 360) dividiert durch (Zahlungsziel in Tagen minus Skontofrist in Tagen).*

♦ *Mangelndem Vertrauensverhältnis zur Hausbank.* Das Verhältnis Bank und Unternehmen vor der Krisensituation stellt einen wesentlichen Einflussfaktor für Kreditkündigungen dar. Hat der Kreditnehmer vor Eintritt der Schwierigkeiten den Verhandlungsspielraum extrem ausgereizt und die Banken untereinander ausgespielt, so ist höchstwahrscheinlich nicht mit einer kulanten Haltung der Banken zu rechnen. Teilweise - und dies muss die Kreditverhandlungen keinesfalls erleichtern - sind leider auch insolvenzfördernde Einflüsse der Banken zu konstatieren, die sich auf dortige Managementfehler zurückführen lassen. Bedeutsam ist hierbei die Kreditvergabe, sowie die Kreditüberwachung und Bonitätsbeurteilung. Teilweise gibt es mangelhafte Kontrollen der jeweiligen betrieblichen Kreditwürdigkeit, des Kreditzweckes sowie der Kreditdauer. Teilweise wurde nur die Persönlichkeit des Kreditnehmers beurteilt, ohne andere Beurteilungskriterien (wie fachliche Qualifikation der Unternehmensleitung, Rentabilität, Branchenentwicklung, Konkurrenzfähigkeit) zu berücksichtigen. Hat die Bank ein Mitverschulden durch mangelnde Vorfeldkontrolle wird sie dies dann manchmal durch besondere Strenge bei der Beantragung insolvenzvermeidender Kreditlinien etc. zu kompensieren versuchen. Probleme, die zunehmend durch die Anwendung der Kriterien von BASEL II entschärft werden sollten![137]

Unexakte Buchführung und Bilanzierung, wodurch sowohl Möglichkeiten der internen betriebswirtschaftlichen Analyse verschenkt als auch Probleme bei der Steuerberechnung provoziert werden. Hier sind vor allem folgende Fehler zu nennen:

- Unterlassungen in der Buchhaltung
- unübersichtliches Belegsystem
- Mängel in der Debitorenbuchhaltung
- unzureichend organisiertes Mahnwesen
- Vernachlässigung wesentlicher Nebenbuchführung
- Kalkulationsprobleme
- keine verursachungsgerechte Kostenermittlung
- Nichtberücksichtigung der Kostenwirksamkeit von Steuern etc.
- verspätete oder unvollständige Rechnungslegung
- unrationelle Buchungstechniken
- Nichtberücksichtigung von Steuernachzahlungen
- unterlassene Abschreibungen
- nicht vorgenommene Wertberichtigungen uneinbringlicher Forderungen
- unterlassene Rückstellungen

[137] Europäische Zentralbank, „Neue Basler Eigenkapital-Vereinbarung: Wesentliche Merkmale und Auswirkungen" , EZB-Monatsbericht Januar 2005 , S. 53 ff.

- Überbewertung von Beständen
- Nichtberücksichtigung schwebender Verbindlichkeiten

Ungenügende interne Überwachung, wodurch fehlerhaftes Arbeiten von Mitarbeitern oft nicht erkannt und dolosen Handlungen Vorschub geleistet wird, was das Unternehmensvermögen gefährdet. Nicht zuletzt der einschlägigen Vorschriften des KonTraG wegen ist im Unternehmen ein funktionierendes Internes Überwachungssystem zu installieren[138]. Darunter ist zu verstehen: *Die Gesamtheit aller aufeinander abgestimmten Methoden und Maßnahmen in einem Unternehmen, die dazu dienen,*

- *sein Vermögen zu sichern*
- *genaue und zuverlässige Informationen über alle Abläufe zu gewährleisten*
- *die Einhaltung der vorgeschriebenen Geschäftspolitik zu unterstützen*

Das IÜS beruht im Wesentlichen auf dem Internen Kontrollsystem in seiner Einheit von organisatorischen und technischen Sicherungs- und prozeßintergrierten Kontrollmaßnahmen. Durch die Integration der Internen Revision wird zugleich dem Gedanken Rechnung getragen, die Systemsicherheit durch prozeßunabhängige Prüfungen (im Auftrage des Managements) zu erhöhen.

Mängel in der Kosten- und Preiskalkulation, woraus zu hohe oder zu niedrige Angebotspreise sowie ungenügende Kostendeckungs- und -beeinflussungsmöglichkeiten resultieren. Hierzu zählen beispielsweise:

- Unvollständige Berücksichtigung von Kosten und Leistungen bei Kalkulation
- mangelnde Vor- und Nachkalkulation
- unzureichende kalkulationsgerechte Preisbildung
- Verzicht auf die Deckungsbeitragsrechnung zur Auftragskalkulation[139]

Fehleinschätzungen des Marktes, mangelnde Beobachtung des Verhaltens von Kunden und Konkurrenz, mangelnde Anpassung des Angebotssortiments an die Marktanforderungen und -bedingungen. Mangelhafte bzw. überteuerte Werbe- und Verkaufsförderungsaktivitäten.

Fehlerhafte Beschaffungspolitik. Über den Beschaffungsbereich wird ein Unternehmen vor allem gefährdet durch Preiserhöhungen im Zusammenhang mit der Orientierung auf falsche bzw. Abhängigkeit von zu wenigen Beschaffungs-

---

[138] Vgl. z.B. Lück/Unmuth. „Interne Revision und Risikomanagement“ In: Lück,W. (Hrsg.) „Zentrale Tätigkeitsbereiche der Internen Revision“, Berlin 2006, S.13 f. und IIR „Die Interne Revision - Bestandsaufnahme und Entwicklungsperspektiven“ Berlin 2005 , S. 51

[139] *Bemerkung*: In Unternehmen tritt immer wieder das Problem „Verlust trotz voller Auftragsbücher“ auf. Dies resultiert i.R. daraus, dass die erzielten Preise nicht einmal die variablen Selbstkosten abdecken. Das Unternehmen kalkuliert sich so selbst aus dem Markt!

quellen und Lagerhaltungsprobleme als Ausdruck mangelhafter Beschaffungsplanung. Zum einen können Materialien, die qualitativen und quantitativen Anforderungen nicht entsprechen, über Produktionsprobleme unmittelbar zu Absatz- und damit Umsatzausfällen führen. Zum anderen verursachen unnötig hohe Bestellmengen zu hohe Lagerbestände und damit vermeidbare Kosten.

Diese Aufzählung stellt keine wertende Rangfolge dar, dazu sind die einzelnen Insolvenzursachen und ihre Auswirkung zu unterschiedlich verteilt. Aber die Kenntnis und Berücksichtigung dieser Insolvenzursachen ist wichtige Voraussetzung, um Insolvenzgefahren zu bannen - bzw. im Sanierungsfalle Schwachstellen zu beseitigen. Die Interne Revision sollte ggf. ihre Prüfungspläne hieran ausrichten.
Fast alle vorn umrissenen Insolvenzursachen sind, wenn im Unternehmen vorhanden, zumindest Insolvenzgefahren verursachende Schwachstellen. Dies gilt um so mehr, wenn mehrere zusammenkommen.
Global gilt: Übersteigerte Risikobereitschaft gepaart mit zu stark ausgeprägtem Streben nach schnellem Gewinn und Expansion verursacht weitaus häufiger Insolvenzen als zu vorsichtiges unternehmerisches Handeln.

Weder kleine noch große Unternehmen werden völlig überraschend von Krisen getroffen, wenn das Management betriebswirtschaftliche Anzeichen und Entwicklungen kontinuierlich beobachtet und analysiert.

Ein gutes Diagnoseinstrument (nicht zuletzt auch für den Aufsichtsrat) ist die Bilanzentwicklung, wobei ggf. auch Monatsabschlüsse herangezogen werden sollten. Krisenhafte Entwicklungen werden z.B. deutlich, wenn

- *das Umlaufvermögen deutlich anwächst.* Ist der Absatz rückläufig und das Produktionsvolumen wird nicht sofort gedrosselt, schwellen die Fertigungslagervorräte an und binden unproduktiv finanzielle Mittel. Ist dies mit Materialpreiserhöhungen gekoppelt, verschärft sich die Lage. Oft verschlechtert sich durch gesamtwirtschaftliche Stagnationserscheinungen parallel die Zahlungsmoral der Kunden, der Forderungsbestand schwillt an. Schnell steigt dadurch die Zinsbelastung
- *das Eigenkapital zu schrumpfen beginnt.* Rückläufige Absatzmengen drücken das Ergebnis unter den Break-even-Point; Verluste verringern Rücklagen und Eigenkapital
- *der Dispositionskredit sich dem Limit nähert.* Nachdem vorhandene liquide Mittel aufgebraucht wurden, bleibt nur noch die Ausschöpfung der Kreditlinien.

Unmittelbare Insolvenzanzeichen verspürt ein gefährdetes Unternehmen sogar bei einem nur eingeschränkt funktionierendem Rechnungswesen sehr schnell: Fällige Verbindlichkeiten können nicht beglichen werden, weil Kasse und Bankguthaben leer und Kreditlinien erschöpft oder bereits gesperrt sind.

Abb. 2
Interne Gründe für den Zusammenbruch eines Unternehmens

- Managementfehler
- Mangelnde interne Überwachung
- Fehlerhafte Finanzierung (z.B. keine Fristenkongruenz)
- Zu hohe Zinsbelastungen
- Falsche Finanzierungsquellen (z.B. Lieferantenkredite)
- Fehlinvestitionen durch falsche Markteinschätzung
- Zu hohe Privatentnahmen (bei kleinen Neugründern)
- Ungenügende Kreditwürdigkeit (nur Mindestkapitalausstattung bei GmbH)
- Überproduktion (durch nichtbeachtete Absatzprobleme)
- Beschaffungsfehler (z.B. zu teurer Einkauf)
- Unterschlagungen

So mannigfaltig die Ursachen von Insolvenzen sind - von der Fehleinschätzung der Marktsituation durch das Management über die schlechte Zahlungsmoral der Kunden bis zu dolosen Handlungen einzelner Mitarbeiter, so vielfältig sind auch die Möglichkeiten, ein illiquides Unternehmen noch zu retten.

Diese Aufgabe kommt meist dem Insolvenzverwalter zu, der sich bei kleineren Unternehmen hierzu dann oft den Rat externer Experten einkauft.

Bei Unternehmen mit einer Internen Revision kann er hierzu allerdings regelmäßig kostensparend auf deren Prüfungs-, Analyse- und Beratungspotenzial zugreifen.

Dass nunmehr im Insolvenzfall die Sanierung und nicht primär die Zerschlagung des Unternehmens zwecks Befriedigung der Gläubigerforderungen aus der Konkursmasse im Vordergrund steht, ist dem seit 1999 gültigen Insolvenzrecht[140] zu verdanken. Durch das neue Gesetz wurden wesentliche Mängel der alten Insolvenzordnung behoben. Deshalb wurden zur stärkeren Nutzung der Fortführungschancen des insolventen Unternehmens die Stellung des Insolvenzverwalters gestärkt und die Verwertungsrechte ab- und aussonderungsberechtigter Gläubiger eingeschränkt.

Im § 1 InsO werden die Ziele des Insolvenzverfahrens so beschrieben: Das Insolvenzverfahren dient dazu, die Gläubiger eines Schuldners gemeinschaftlich

[140] Insolvenzordnung (InsO) v. 5.10.1994 - BGBl. I 1994 , S. 2866 f.

zu befriedigen, indem das Vermögen des Schuldners verwertet und der Erlös verteilt *oder in einem Insolvenzplan eine abweichende Regelung insbesondere zum Erhalt des Unternehmens* getroffen wird. Als Anreiz für eine frühzeitige Antragstellung seitens des Schuldners - wodurch die Chancen eines Unternehmenserhalts i.R. am größten sind - wird zudem die ggf. Möglichkeit der Eigenverwaltung eröffnet.[141]

Auf diese Art und Weise sollen vor allem die Unternehmen eine reale Fortführungschance erhalten, die auf Grund ihrer Vermögens- und Auftragsbasis, ihrer Marktpositionierung und ihres Leistungskonzepts eine gute Weiterexistenzchance haben, die nach altem Recht allerdings durch kurz- und mittelfristige Liquiditätsengpässe akut gefährdet war.
Mit dieser Chance, das Unternehmen auch bei zeitweiliger Illiquidität fortzuführen, ist jedoch zugleich die Verpflichtung für Verwalter bzw. weiterführendes Management verbunden, schnellstmöglich ein tragfähiges Sanierungskonzept zu erarbeiten und konsequent in die Tat umzusetzen.
An diesem Sanierungskonzept kann und sollte die Interne Revision mitarbeiten, ohne dass sie dafür allerdings allein verantwortlich gemacht wird. Ein Sanierungsplan ist ein sehr komplexes Gebilde, dass vielschichtige Wechselwirkungen berücksichtigen muss und Abstimmungen zwischen allen betrieblichen Leitungs- , Überwachungs- und Ausführungsstrukturen erfordert. Da die Interne Revision allerdings viele dieser Zusammenhänge aus ihren Prüfungen kennen dürfte, ist ihr Sachverstand global und im Detail gefragt.
Idealerweise allerdings sollte besonders die Interne Revision schon im Vorfeld drohender Insolvenz die Unternehmensleitung gewarnt haben, denn eine Insolvenz ist kaum jemals eine plötzlich hereinbrechende Katastrophe, sondern deutet sich mehr oder minder langfristig an, so dass eine Gegensteuerung oft noch möglich ist .

Im Insolvenzfall wird es beim Versuch der Unternehmensfortführung primär darauf ankommen, die Zahlungsbereitschaft in einer Weise wiederherzustellen, dass zuerst wieder eine Koordination der Ein- und Auszahlungsströme des Unternehmens erreicht wird.
Hierzu sollten natürlich möglichst schnell alle auf eine Eintreibung ausstehender Forderungen gerichteten Maßnahmen genutzt werden. Außerdem ist natürlich eine exakte ***Finanz- und Liquiditätsplanung*** Voraussetzung der Zurückgewinnung der Solvenz.
Bei der Finanzplanung - wozu es ausreichende und praxisrelevante Literatur gibt[142]- geht es vor allem darum, sich darüber klar zu werden, mit welchen Ein-

[141] InsO §§ 270 - 285
[142] verwiesen sei z.B. auf Perridon/Steiner „Finanzmangement“ 14.Aufl. München 2007 oder Wöhe/Bilstein „Grundzüge der Unternehmensfinanzierung“ 9. Aufl. München 2002

nahmen und Ausgaben zu rechnen und wie hoch damit der Finanzbedarf für Unternehmenssanierung[143] und -fortführung ist. Hierbei müssen besonders die erwarteten Umsatzeinnahmen - unter Berücksichtigung gewährter Zahlungsziele und Erlösschmälerungen (Skonti, Rabatte, prognostizierter Zahlungsausfälle etc.) - ebenso realistisch geplant werden, wie die zu erwartenden Ausgaben. Zu den Ausgaben zählen nicht nur die Bedienung vorrangiger offener Verbindlichkeiten, sondern vor allem bei angestrebter Unternehmensfortführung auch die laufenden Material-, Energie- und Lohnkosten einschließlich der Arbeitgeberanteile und ferner Mieten, Kreditzinsen und -tilgungen, sowie Steuern und Versicherungen, Beiträge und Gebühren für bestimmte Mitgliedschaften (z.B. IHK), Vertriebs-, Werbungs- und Beratungskosten u.ä. Vor allem Steuern, Kredit- und sonstige Kosten werden leicht vergessen und führen bei Fälligkeit dann zu massiven Problemen.

Das Kernstück der Finanzplanung ist die Liquiditätsplanung. Da die Liquidität eines Unternehmens ausdrückt, inwieweit es in der Lage ist, zu einem bestimmten Zeitpunkt bzw. in einem bestimmten Zeitraum seinen Zahlungsverpflichtungen nachzukommen, kommt ihrer permanenten Überwachung große Bedeutung zu. Die relative Liquidität eines Unternehmens lässt sich in drei Liquiditätsgraden darstellen.

- *Liquidität 1.Grades* (Barliquidität) :

  Zahlungsmittelbestand (Kasse + Bankguthaben)[144]
  ----
  kurzfristige Verbindlichkeiten[145]

  Diese Liquidität sollte betriebswirtschaftlich nicht unter den Wert von 0,2 abgleiten.

- *Liquidität 2.Grades* (Geldliquidität oder "Quick Ratio"):

  kurzfristiges Umlaufvermögen (Zahlungsmittel+Forderungen+Wertpapiere)
  ----
  kurzfristige Verbindlichkeiten

[143] *Bemerkung*: eine exakte Finanzplanung ist natürlich unbedingt auch *vor* Aufnahme der Geschäftstätigkeit bzw. bei Erweiterungsinvestitionen etc erforderlich, um Insolvenzgefahren zu erkennen

[144] ergibt sich aus den Salden der Kassenbücher, Scheck- und Wechselbücher und Kontoauszügen der Bank- und Postscheckguthaben

[145] gegenüber Lieferanten, Banken etc.

Diese wichtigste Liquiditätskennziffer sollte betriebswirtschaftlich nicht unter den Wert von 1,0 abgleiten.

➤ *Liquidität 3. Grades*:

gesamtes Umlaufvermögen[146]
---
kurzfristige Verbindlichkeiten

Diese Kennziffer sollte einen Wert von 2,0 oder höher ausweisen, damit das Unternehmen stabil bleibt.

Doch wie kann man die Liquidität nun beeinflussen? Wie kann man sie insbesondere in Krisenzeiten steuern, wenn zu Absatzeinbrüchen gar noch extern verursachte Kostensteigerungen kommen?
In solch einer Situation helfen nur relativ drastische Schritte, die zum Ziel haben müssen

➤ die Reduzierung des Umlaufvermögens
➤ die Reduzierung des Anlagevermögens
➤ die Wiederherstellung der Rentabilität durch Rationalisierung und Strukturveränderungen

Zur ***Reduzierung des Umlaufvermögens***, das einen nicht geringen Teil Finanzmittel bindet, sollten *kurzfristig* die durch Absatzeinbrüche überhöhten Fertigerzeugnisbestände abgebaut werden. Dies wird - sollten gewissenhafte Markprognosen nicht einen nur kurzfristigen Einbruch vermelden - meist nur durch kräftige Produktionsdrosselungen zu erreichen sein. Als zusätzliche Kostensenkungseffekte ergeben sich hieraus geringere Personalkosten (Kurzarbeit) und geringere Lagerkosten.
Mittelfristig sind Maßnahmen zum Abbau der Material- und Rohstoffvorräte und zur Reduzierung von Forderungsaußenständen einzuleiten. Technologische und organisatorische Abläufe sind darauf zu untersuchen, wie viel Materialvorräte im Unternehmen betriebsnotwendig sind. Kurzfristigere Beschaffung und Lieferung sind anzustreben, wobei auch die Lieferkonditionen auf für das Unternehmen günstigere Bedingungen überprüft werden sollten. Offene Forderungen sind einzutreiben, gewährte Zahlungsziele und verlangte Sicherheiten zu überprüfen.

---

146 hierbei addieren sich zum kurzfristigen Umlaufvermögen vor allem längerfristige Forderungen und Wertpapiere des Umlaufvermögens sowie die Vorräte an Material, unfertigen und fertigen Erzeugnissen

Zur ***Reduzierung des Anlagevermögens*** ist vor allem unbedingt das Investitionsprogramm den Selbstfinanzierungsmöglichkeiten anzupassen. Solange der Schrumpfungsprozess der langfristigen Passiva (Reduzierung der Rücklagen und des Eigenkapitals durch Verluste) weitergeht, müssen auch die langfristigen Aktiva reduziert werden. Kurzfristig bedeutet das Investitionsreduzierung oder Stopp in Abhängigkeit vom cash flow.
Solange die Verluste kleiner sind, als die Abschreibungen (positiver cash flow) kann noch ein unter dem Abschreibungsniveau liegendes Investitionsprogramm durchgeführt werden, vor allem, wenn es sich um Investitionen zur Sicherung der Wettbewerbsfähigkeit handelt. Ist der cash flow = Null, sollte das Investitionsprogramm gestoppt werden. Fällt der cash flow unter Null, muss *mittelfristig* durch Verkauf von Anlagevermögen (Sach- und ggf. Finanzanlagen) eine Reduzierung des Anlagevermögens erreicht werden, die neben einer Kostenentlastung zugleich auch neue Liquidität schaffen kann.

Schließlich kann die Verlustsituation eines Unternehmens auf längere Sicht nur durch eine ***Wiederherstellung der Rentabilität*** beendet werden. Nur so werden wieder existenznotwendige Investitionen möglich und die Wettbewerbsfähigkeit und Kreditwürdigkeit des Unternehmens bleiben erhalten.
Kurzfristig sind hierzu Kostensenkungsmaßnahmen geeignet:

- Reduzierung der Personalkosten durch Einstellungsstopp, Kurzarbeit und ggf. Entlassungen bei reduziertem Produktionsvolumen
- Reduzierung bzw. vorübergehender Stopp der Materialbeschaffung sowie Reduzierung der Einkaufspreise durch Neuverhandlung der Konditionen[147]
- Drastische Etatkürzungen in allen Bereichen müssen alle Ausgaben betreffen, die nicht für das Unternehmen absolut existenznotwendig sind.

Mittelfristig sind Rationalisierungs- und Strukturveränderungsmaßnahmen erforderlich. Hierdurch soll vor allem die Wettbewerbsfähigkeit des Unternehmens gestärkt werden, denn ohne Umsatzerlöse sind alle Bemühungen, ein Unternehmen weiterzuführen zum Scheitern verurteilt. D.h.:

- Die *Unternehmensorganisation* ist kritisch daraufhin zu untersuchen, wo Fixkosten reduziert werden können. In der Regel stecken in neuen rationellen Abläufen, Abbau von Führungshierarchien durch größere Eigenverantwortung, Zusammenlegung von Abteilungen etc. einige Rationalisierungs- und Kostensenkungspotentiale, wobei man nicht den Fehler begehen sollte, Kontroll- und Überwachungssysteme über Gebühr reduzieren zu wollen, weil dies leicht neue Verlustquellen entstehen lässt.
- Die Erzeugnis- und Leistungsstruktur des Unternehmens ist kritisch daraufhin zu untersuchen, ob und inwieweit Kundenwünsche für das Unternehmen

[147] Lieferanten könnten durchaus zu Preiszugeständnissen gebracht werden, um ein in der Krise befindliches, aber zahlungsfähiges Unternehmen als Kunden zu halten

rentabel realisiert werden. Diese Frage verbindet eng Marketing- und Rentabilitätsaspekte. Geht es zum einen darum, Erzeugnisse, die kaum mehr absetzbar sind, aus dem Produktionsprogramm zu entfernen und dafür möglichst neue, Kundenwünschen entsprechende und konkurrenzlose Produkte aufzunehmen, geht es zum anderem darum, zu überprüfen, ob alle weiterproduzierten Erzeugnisse auch rentabel für das Unternehmen sind. Auch hier können relativ einfache Target-Costing und Cash-Flow-Überlegungen (Ermittlung des Einnahmeüberschusses) weiterhelfen[148]. Berücksichtigt werden sollten hierbei insbesondere Absatzprognosen, erwartete Rohstoff- und Energiepreisentwicklungen und spezielle Umweltschutzanforderungen (Produkthaftungs- oder Rücknahmegarantien etc.). Produkte mit negativem oder niedrigem cash flow sollten aufgegeben werden, es sei denn es handelt sich um neue Produkte mit kalkuliertem Anlaufverlust, Erzeugnisse mit positivem Deckungsbeitrag, deren Ausfall nicht sofort kompensiert werden kann oder Komplettierungserzeugnisse, wobei auf letztere beide natürlich besonders die Aufmerksamkeit bei Kostenreduzierungen zu richten ist.

- Auch eine Neupositionierung in Marktnischen mit niedrigerer Wettbewerbsintensität ist oft erfolgreich, wobei allerdings die dadurch eventuell entstehenden Aufwendungen für neue technologische Lösungen, die Veränderung der Anlagenstruktur etc. gegenzurechnen wären.

Natürlich müssen diese Maßnahmen - und das ist originäre Aufgabe des Managements bzw. eines Insolvenzverwalters - flankierend durch Vereinbarungen mit den Gläubigern des Unternehmens, insbesondere auch mit Gläubigerbanken und idealerweise auch mit neuen Geldgebern unterstützt werden, um realistische Zahlungsmodalitäten zur Begleichung der Unternehmensschulden auf eine Art und Weise zu ermöglichen, die eine Weiterexistenz gewährleistet. Interne Maßnahmen zur Kostensenkung im Unternehmen sind hierfür in der Regel eine wichtige Voraussetzung.

Besonders bei der Vorbereitung und der Überwachung kostensenkender und rentabilitätssteigernder Maßnahmen ist die Interne Revision wieder besonders gefragt, hat sie als prozessunabhängige Überwachungsfunktion doch einen guten und unvoreingenommenen Blick für sinnvolle und mögliche Schritte.
Dies setzt in der Regel die Klärung einer Frage voraus, die daraus resultiert, dass die Interne Revision als Prüfungsorgan der Unternehmensleitung fungiert: Ist die Interne Revision in die Verursachung der Insolvenz direkt oder indirekt involviert ?

---

148 Vgl. z.B. Vollmuth,H.J. „Controlling-Instrumente von A-Z", Planegg/München 1992 , S. 263/264

Direkt z.B. dadurch, dass Sachverhalte, die zur Insolvenz geführt haben, vertuscht und nicht an die übergeordnete Unternehmensleitung berichtet wurden.
Indirekt z.B. dadurch, dass bei diesbezüglichen Prüfungen offensichtliche insolvenzrelevante Probleme nicht erkannt wurden.
Beide Sachverhalte - die allerdings eher selten auftreten dürften - sollten zum Ausschluss der Internen Revision aus Prüfungen im Rahmen des Sanierungsprozesses führen!
In den meisten anderen Fällen - und hierzu gehört neben der Situation überraschend extern ausgelöster Probleme und der Tatsache, dass Insolvenzgefahren infolge eines von der Unternehmensleitung anders vorgegebenen Prüfungsplanes nicht erkannt wurden, unbedingt auch der Fall, dass die Interne Revision, wie bei Holzmann, vor Gefahrensituationen gewarnt hat, doch beim Vorstand kein Gehör fand - ist sie als kompetenter Partner und Berater in die Sanierungsbemühungen einzubeziehen. Dies vor allem, weil sie das Unternehmen und seine Probleme oft besser als Vorstand und Aufsichtsrat kennt und also neben konkreten sachbezogenen Prüfungsergebnissen und Istzustandsanalysen wohl auch durchaus kreative Ideen zur Unternehmenssanierung beizutragen in der Lage sein dürfte.

Der Internen Revision kommt im besonderen Maße die Aufgabe zu, in dieser Situation die Sanierungsaktivitäten des Managements beratend zu begleiten und zugleich einzelne Aktivitäten als prozessunabhängige Instanz zu überwachen. Basis hierfür sollten die vorn dargestellten Sanierungsansätze unter Beachtung der konkreten Insolvenzursachen und daraus abgeleiteter Einzelmaßnahmepläne bilden.
So kann die Interne Revision z.B. die Ordnungsmäßigkeit der Rechnungslegung in der Sanierungsphase genauso überprüfen wie die formelle Einhaltung des Sanierungsplanes (z.B. planmäßige Durchführung kurz- und mittelfristiger Sanierungsmaßnahmen, wie Abbau des Umlaufvermögens, Personalreduzierungen oder Abbau von Hierarchieebenen, Forderungseintreibungen oder Rationalisierungs- und Marketingmaßnahmen etc.). Gleichzeitig bzw. nachfolgend sollte die Interne Revision auch die Wirtschaftlichkeit derartiger Maßnahmen sowohl bei der Konzipierung als auch bei Umsetzung im Auge haben.
Es erscheint allerdings zweifelhaft, ob die Interne Revision im Rahmen des Auskunftsrechts von Kreditinstituten bei der Sanierung Prüfungsaktivitäten im Auftrage von Kreditinstituten wahrnehmen sollte. Hierdurch könnte die Interne Revision nicht nur in einen Loyalitätskonflikt geraten, sondern es dürfte - selbst wenn die Geschäftsleitung prinzipiell die enge Zusammenarbeit mit der Bank als sanierendem Kreditgeber will - in Detail zu Widerständen bzw. Konflikten kommen, wenn die eigene Interne Revision quasi im Fremdauftrag prüft und internes Wissen preisgibt. Zudem erscheint die disziplinarisch-rechtliche Unterstellung der Interne Revision bei diesem Modell sehr unklar.

Für Kreditinstitute wie für die Unternehmensmitarbeiter auf allen Ebenen dürften letztlich Detailprüfungen durch einen durch die Bank beauftragten Wirtschaftsprüfer leichter akzeptabel und wohl insgesamt auch effektiver sein.

Eher praktikabel erscheint die Durchführung von management audits durch die Interne Revision. Zwar ist es schwierig, aus dieser Sicht die Fähigkeit der Geschäftsleitung bzw. einzelner Manager zur Bewältigung der Krise zu beurteilen - soweit nicht Ordnungsmäßigkeitsprüfungen klare Beweise für schuldhaftes (insolvenzförderndes bzw. -auslösendes) Handeln, Versäumnisse oder Verstöße gegen Gesetz und Satzung ergeben - doch ist es gewiss möglich, den Führungsprozess auf Schwachstellen zu untersuchen.
Letztlich sollte es im Eigeninteresse des Vorstandsvorsitzenden bzw. des Geschäftsführers liegen, dass die Ordnungsmäßigkeit und Wirtschaftlichkeit des Sanierungsmanagements genauso überprüft werden, wie die Einhaltung der im Insolvenzplan fixierten Sanierungsstrategie und des Sanierungsplans unter Nutzung einschlägiger Managementinstrumente (wie z.B. Finanz- und Kostenplan, Controlling etc.).

2.2.4. Unternehmen als Opfer

2.2.4.1. Begehensweise

Insolvenzen werden in den seltensten Fällen vorausgeplant und aus bösem Willen herbeigeführt und auch die Unfähigkeit des Managements hält sich meist in Grenzen. Der Hauptauslöser von Insolvenzen ist schon seit längerer Zeit die schlechte Zahlungsmoral einzelner Unternehmen, die sich in manchen Fällen - wie z.B. im Bausektor - bei einzelnen Auftragnehmern kumuliert und dann wiederum als Dominoeffekt teilweise verheerende Insolvenz-Auswirkungen auf die gesamte nachfolgende Lieferanten-Kette hat.

Insofern - und dies verdeutlicht die Ambivalenz der Problematik - kann ein Opfer- durchaus schnell zum Täterunternehmen werden, das dann letztlich die analogen Begehensweisen wie unter 2.2.3.2. geschildert praktiziert.

2.2.4.2. Prophylaxe bzw. Gegenmaßnahmen

Die Hauptbedrohung, nämlich eine drohende bzw. verschleppte Insolvenz von Partnerunternehmen im wirtschaftlichen Handeln, die sich letztlich in Forderungsausfällen niederschlägt, die auch die eigene Liquidität gefährden können, lässt sich allerdings durchaus relativ frühzeitig erkennen bzw. vermeiden.

Bei nicht wenigen Unternehmen machen kurzfristige Forderungen (meist aus Warenlieferungen und Leistungen) rund ein Drittel der Bilanzsumme aus[149]. Hier liegt die wohl wesentlichste Gefahr selbst für ein scheinbar gut im Markt liegendes Unternehmen, denn oftmals genügt ein großer Zahlungsausfall (z.B. Bankrott eines Kunden), um den Ertrag eines ganzen Jahres zunichte zu machen[150].
Doch diese Gefahr kann man mit etwas Aufmerksamkeit erkennen. Zu beachten ist hierbei, dass Zahlungsunfähigkeit eines Kunden selten von heute auf morgen eintritt. Meist werden nur die darauf hindeutenden Anzeichen vom Gläubiger nicht erkannt, so dass großteils intern durchführbare Routineprüfungen das Risiko von Forderungsverlusten durchaus reduzieren können.

Hierfür sind vier Aspekte zu betrachten:
- das *Zahlungsverhalten*,
- die *Auftragsmodalitäten* und die
- *Kundenkorrespondenz*
- Außerdem gehört zur Forderungsüberwachung natürlich auch noch die umfassende *Rechnungsausgangs- und Zahlungseingangs- bzw. Mahnverfahrenskontrolle.*

Zahlungsverhaltensüberwachung
- Ein besonders leicht auszumachendes Symptom für eine missliche Lage ist die veränderte Zahlungsmoral eines Unternehmens. Werden die eingeräumten Zahlungsziele immer häufiger überschritten, ignoriert der Kunde die Mahnungen, oder behauptet auf Nachfrage, gar keine Rechnung bzw. Mahnung erhalten zu haben, dann sollten die Alarmglocken schrillen!
  Reagiert der Kunde schon nicht mehr auf Mahnungen und das Einräumen einer "letzten Zahlungsfrist" ist dies ein untrügliches Zeichen für Zahlungsunfähigkeit und es sollte ggf. sofort ein Inkassobüro eingeschaltet oder gleich gerichtlich vorgegangen werden.
- Verzichtet der Kunde auf Skontierungsmöglichkeiten für zeitiges Zahlen und bittet um Verlängerung der Kreditfrist oder Stundung fälliger Verbindlichkeiten, so befindet er sich zumindest im Augenblick in finanziellen Schwierigkeiten. Hier sollte unbedingt ein klärendes Gespräch stattfinden. Prophylaktisch sollte ggf. intern das Kreditlimit reduziert werden.
- Aufmerksamkeit verdient auch, wenn ein Kunde plötzlich seine Zahlungsweise ändert, beispielsweise von Scheck- zu Wechselzahlung übergeht.

---

149 siehe Deutsche Bundesbank „Zur wirtschaftlichen Situation kleiner und mittlerer Unternehmen in Deutschland seit 1997“ Monatsbericht Dezember 2006 , S. 63 f.

150 Schon bei einem Forderungsverlust von 10.000 € müsste bei einer durchaus nicht ungewöhnlichen Umsatzrendite vor Steuern in Höhe von 4 % ein Mehrumsatz von 250.000 € erwirtschaftet werden, um den Verlust auszugleichen.

Dann steht zu vermuten, dass infolge Liquiditätsschwierigkeiten versucht wird, längere Laufzeiten zu erreichen. Hier sollte man besonders bedenken, dass ein schlecht zahlender Kunde noch kein schlechter Kunde sein muss, wohl aber ein *plötzlich* schlecht zahlender durchaus schnell ein solcher werden kann.[151]

- Ähnlich ist die Situation einzuschätzen, wenn der Kunde auf alte Verbindlichkeiten Teilzahlungen leistet, nur kleine Rechnungen begleicht und zugleich für die Zukunft höhere Aufträge ("bevorstehender Großauftrag, der alle Finanzprobleme löst") verspricht. Mit Teilzahlungen will der Kunde beruhigen, um aus dem finanziellen Engpass herauszukommen. Da der Kunde offenbar am Bestehen seines Unternehmens und der Geschäftsverbindung interessiert ist, sollte man ihm eine Chance geben, zugleich jedoch auf alsbaldige vollständige Bezahlung bestehen und solange Ware möglichst nur gegen Vorauskasse liefern.
- Gefahr ist auch im Verzuge, wenn der Kunde für Außenstände Sicherheiten in Form von Forderungsabtretungen anbietet. Hier sind "Konkurskettenauswirkungen" fast sicher. Die Bank ist offenbar nicht mehr bereit, Außenstände des Kunden zu bevorschussen. In der Regel sollte man das Angebot vor allem deshalb ablehnen, weil schwer zu prüfen ist, ob diese Forderungen nicht bereits anderweitig abgetreten wurden und ggf. sogar Eigentumsvorbehalte bestehen.
- Kommt es jedoch zu Scheckretouren, Wechselprotesten oder bietet der Schuldner eine Beteiligung an, dann ist davon auszugehen, dass der Kunde illiquid ist. Jetzt kann der Schaden nur noch begrenzt werden, indem alle Lieferungen sofort gestoppt und unter Eigentumsvorbehalt gelieferte Ware unverzüglich zurückgefordert wird.

Überwachung der Auftragsmodalitäten

- Ein erstes Anzeichen für wirtschaftliche Schwierigkeiten des Geschäftspartners ist oft die Veränderung der Bestellungen. Bislang regelmäßige Aufträge gehen nur noch sporadisch ein, häufig werden nur noch Kleinmengen geordert. Es könnte sich hierbei um den Übergang zur just in time-Produktion handeln. Wenn dies jedoch nicht der Fall ist, deutet dieses Verhalten darauf hin, dass der Kunde latent zahlungsunfähig ist und mit Kleinmengen versucht, die Vorauskassenforderung zu unterlaufen. Gehen die Zahlungen dann nur schleppend ein, sollte ggf. trotzdem auf Vorauskasse bestanden werden.
- Berechtigte Sorge sollte man sich auch machen, wenn der Kunde plötzlich seine geschäftlichen Umgangsformen ändert, z.B. mit (fingierten) Mängelrü-

[151] Wechsel sollten allerdings durchaus akzeptiert werden, sind sie infolge des strengen deutschen Wechselrechts wegen der Rechtsfolgen bei Protest - Verlust der Kreditwürdigkeit bei Banken und Gläubigern aufgrund der Eintragung in die Wechselprotestliste - doch ein gutes Druckmittel gegen den Schuldner.

gen oder wenig begründeten Reklamationen aufwartet. Hierbei handelt es sich dann meist um taktische Reklamationen, mit denen illiquide Schuldner versuchen, die Bezahlung hinauszuzögern. In solchen Fällen sind Gespräche meist wenig sinnvoll, denn wer ordnungsgemäße Lieferungen oder Leistungen reklamiert, handelt böswillig. Die Geschäftsbeziehungen sollten nach Forderungsausgleich abgebrochen werden.

- Gefahren können sich auch dahinter verbergen, wenn der Kunde entgegen bisherigen Gepflogenheiten plötzlich ein Mehrfaches der sonst üblichen Abnahmemenge ordert. Dahinter kann sich eine neue Qualität der Geschäftsbeziehungen oder ein größerer Auftrag verbergen; sprechen dafür jedoch keine Anzeichen - was sich ggf. durch Befragungen oder auch Wirtschaftsauskunfteien ermitteln lässt - dann ist zu vermuten, dass andere Lieferanten, denen Zahlungsschwierigkeiten bereits aufgefallen sind, nicht mehr liefern oder bei bevorstehendem Jahresabschluss vielleicht sogar der Versuch unternommen wird, sich unbezahlte Waren/Rohstoffe z.B. zur Inventurmanipulation zu beschaffen. In diesem Falle sollten unbedingt die Sicherheiten erhöht oder nur gegen Vorauskasse geliefert werden.

Korrespondenzüberwachung

- Die Korrespondenz mit dem Kunden bietet einen ersten Eindruck und signalisiert auch bei laufenden Geschäftsbeziehungen Veränderungen, die im Kontext gesehen die vorangestellten Frühwarnindikatoren ergänzen können. So kann z.B. der plötzliche Wechsel der Rechtsform eines Kundenunternehmens von der unbeschränkten in die beschränkte Haftung[152] mannigfaltige Gründe haben, doch im Kontext mit Zahlungsschwierigkeiten deutet er darauf hin, dass der Firmeninhaber seine Haftung einschränken will.
- Wurde der Betriebssitz an einen anderen Ort bzw. anderen Amtsgerichtsbezirk verlegt, kann dies darauf hindeuten, dass ein unseriöses Geschäftsgebaren am alten Ort schon bekannt war und eine neue Anschrift die Kreditwürdigkeit steigern soll. Hier hilft häufig nur die Einholung von Erkundigungen z.B. bei der zuständigen IHK oder einer Auskunftei weiter.
- Eine ähnliche Situation könnte gegeben sein, wenn die Bank gewechselt wurde. Eventuell war der Kreditrahmen ausgeschöpft. Auskünfte hierzu könnte man über die eigene Hausbank einzuholen versuchen.
- Findet sich auf der Korrespondenz des Kunden plötzlich ein zweites kontoführendes Institut liegt bei den Kosten einer zusätzlichen Bankverbindung zumindest der Gedanke nahe, dass der Kunde versucht, durch Scheckreiterei seine Liquidität aufzubessern. Auch hier sollte das Zahlungsverhalten genau beobachtet werden.

---

[152] beispielsweise von einer Einzelfirma in eine GmbH oder eine GmbH & Co. KG

- Bittet der Kunde bei berechtigten Rückzahlungen um "Zahlung mit befreiender Wirkung an die X-Bank", so hat er Forderungen an ein Geldinstitut abgetreten. Ein klares Indiz für Zahlungsschwierigkeiten.

Überhaupt sollte die Situation wichtiger Geschäftspartner, an die regelmäßig Forderungen größerem Umfangs anfallen, mindestens mit der gleichen Aufmerksamkeit bedacht werden, wie sie häufig nur für Marketingaktivitäten zur Gewinnung neuer Geschäftspartner aufgewandt wird.
Dazu gehört beispielsweise, dass *vor* dem Abschluss größerer Liefer- bzw. Leistungsverträge die Zahlungsfähigkeit des Partners mit Fingerspitzengefühl eingeschätzt wird. Hierzu gehört das Einholen von Referenzen ebenso wie die keinesfalls verbotene Frage nach Bürgschaften; ggf. sollte man bei größeren Aufträgen ruhig die IHK befragen oder im Ausnahmefall Auskunfteien hinzuziehen. Auskünfte über die möglicherweise prekäre Vermögenssituation von Geschäftspartnern lassen sich auch über eine internet-basierte Inkassosoftware herausfinden, die alle deutschen Vollstreckungsgerichte abfragt, ob eine Person in den letzten drei Jahren den „Offenbarungseid" abgegeben hat[153].
Vor Aufnahme einer Geschäftsbeziehung sollte vielleicht auch einmal überdacht werden, wie zeitgemäß und erfolgversprechend die Angebotspalette des Kunden ist, wie seine Marktposition. Doch auch bei langen Geschäftsbeziehungen sollte man sich ab und an diese Frage stellen, da gerade hier leicht Tradition gewordene hohe Lieferantenkredite plötzlich im Insolvenzfall zu bösem Erwachen führen können.

Rechnungsausgangs- und Zahlungseingangs- bzw. Mahnverfahrenskontrolle. Kunden müssen - nicht zuletzt im Interesse einer ordnungsgemäßen Fortführung des eigenen Unternehmens - pünktlich zahlen. Deshalb sind eine solide Auswahl, fundierte Beurteilung der Kreditwürdigkeit sowie Begrenzung des Debitorenvolumens gegenüber dem einzelnen Kunden genauso unerlässlich wie eine regelmäßige Bonitätsprüfung und Überwachung des Kreditlimits. Hinzu kommen eine rechtlich ausreichende Absicherung der Forderungen, sowie ein straff organisiertes und konsequentes Mahnwesen.

Besonders in größeren Unternehmen bietet sich hierzu die Beauftragung eines Forderungs- oder Kreditverantwortlichen bzw. Kreditmanagers an, der in enger Zusammenarbeit mit der Buchhaltung, dem Vertrieb und ggf. der Rechtsabteilung zentral verantwortlich ist für:

- Festlegung von Zahlungszielen und Kreditsicherheiten aufgrund von Bonitätsüberprüfungen der Kunden

---

153 Vgl. www.Letzte-Mahnung.de

- Aktuelle Bonitätsprüfungen neuer bzw. fallweise Überprüfung von Stammkunden aufgrund von Branchenbeobachtungen, Geschäftsberichten und Bilanzen, Auskünften von Hausbanken, IHK etc., Auskünften von Wirtschaftsauskunfteien und Berichten des eigenen Außendienstes
- Forderungsüberwachung zur termingerechten Forderungsrealisierung und ggf. Forderungseinzug durch ein kundenbezogenes, konsequentes Mahnwesen
- Risikoabsicherung bzw. -steuerung durch Kreditversicherungen oder Factoring
- risikogerechte Wertberichtigungen von Forderungen zum Jahresabschluss (Einzel- und Pauschalwertberichtigungen)

Insolvenzgefahren bei Kunden sollten möglichst prophylaktisch erkannt werden, um die Auswirkungen aufs eigene Unternehmen zu minimieren. Dazu gehört, hinsichtlich der offenen Kreditierung nicht akzeptable Forderungen auszuschliessen bzw. das dem prognostizierten Kundenrisiko adäquate Mittel, wie Anzahlungen, komplette Vorauskasse, Bürgschaften durch kreditwürdige Dritte (z.B. Banken) auszuwählen.

Als Basis eines konsequenten Mahnwesens ist auch auf korrekten und zeitnahen Rechnungsausgang zu achten. Besonders kleinere Unternehmen verschenken durch schleppende und unkorrekte Rechnungserstellung oft Liquidität bzw. erschweren korrekte Mahnverfahren. Bereits bei Erstellung der Rechnung ist es zweckmäßig, darauf zu achten, das Rechnungsfälligkeitsdatum nach Möglichkeit zu konkretisieren, wie z.B. "fällig am 10.6.2008". So gerät der Kunde gesetzlich auch ohne Mahnung bei Zahlungsterminüberschreitung in Verzug.
Weitere Möglichkeiten, durch schnelle Fakturierung Geld zu sparen, bestehen darin, dass der Rechnungsversand mit der Lieferung erfolgt, die Rechnungserstellung mittels Formularsätzen oder EDV-Programmen standardisiert wird, Rechnungen und Überweisungsträger gemeinsam ausgeschrieben werden, was die Zahlung auch für den Kunden vereinfacht.

Ein gutes Mahnwesen setzt die enge Abstimmung mit dem Rechnungswesen voraus. Es muss exakt erfasst sein, wann welche Rechnungen fällig sind und auch der Zahlungseingang sollte tagfertig registriert werden.
Die erste Mahnung sollte dabei durchaus mit einer Verzögerungsfrist von 5 - 8 Tagen nach dem Rechnungsfälligkeitsdatum (zur Beweissicherung natürlich schriftlich und postalisch verifizierbar) an den Schuldner gehen, damit Überschneidungen mit Zahlungseingängen ausgeschlossen werden, doch sollte dem Schuldner dann auch eindeutig klar gemacht werden, dass ggf. zügig weitere Schritte zur Durchsetzung des Forderungsanspruches eingeleitet werden. Dies

muss dann allerdings auch getan werden, da säumige Kunden Großzügigkeiten bei der Forderungseintreibung zunehmend ausnutzen.
Überhaupt ist es sinnvoll, kundenbezogene Statistiken über das Zahlungsverhalten (z.B. Forderungsüberfälligkeit bis 30 / 60 /90 Tage) zur Bonitätsüberwachung und künftigen Festlegung von Zahlungskonditionen zu führen. Auf den Kundenkonten sollten (verschlüsselt) die Höhe des einzuräumenden Kredits, laufende Mahnverfahren und ggf. Liefersperrungen erfasst werden. Besonders wichtig ist natürlich auch, dass die Verkaufsabteilung von eventuellen Liefersperren bzw. besonderen Lieferkonditionen informiert wird.

Relativ leicht lässt sich auch eine Kennziffer ermitteln, der sogenannte DSO-Index, der angibt, wie lange alle Forderungen des Unternehmens kreditiert sind:

$$\textbf{DSO} = \frac{\text{Forderungsbestand am Monatsende (€) x 30 (Tage)}}{\text{Monatsumsatz (€)}}$$

Diese "Days-Sales-Outstanding"-Kennziffer kann neben der Überwachung der durchschnittlichen Kreditdauer in Tagen zudem der Beurteilung der Effizienz des Mahnwesens dienen.

In diesem Zusammenhang kann es auch sinnvoll sein, die Inanspruchnahme von Skonti zu überprüfen. Teilweise wird durch Kunden Skonto abgezogen, obwohl die gewährten Skontofristen überzogen werden. Ein häufiges Argument dieser Zinsjäger ist die verspätete Zustellung der Rechnung. Eine andere Vorgehensweise die, Verrechnungsschecks auf einen Tag vor der Fälligkeit auszustellen, jedoch erst mehrer Tage später abzusenden.[154] Diese Dinge sollten ebenfalls kundenbezogen registriert und im Wiederholungsfall sollten unbedingt Skontonachforderungen erhoben werden.

Es kann durchaus sinnvoll sein, einen säumigen Großkunden zu besuchen, um zu klären, wie die Schulden schnell beglichen werden können. Dabei sollte immer versucht werden, konkret terminierte Zahlungszusagen bzw. Zahlungsmittel zum Ausgleich der Forderungen zu erhalten. Hierzu sind auch ein oder mehrere Schuldwechsel akzeptabel, die dann kurzfristig verwendet werden können.
Das Druckmittel besteht darin, dass beim "Platzen" eines Wechsels sofort alle Wechsel fällig gestellt werden. Aufgrund aller dann sofort protestierten Wechsel ist über die nun sofort einzureichende Wechselklage dann oft bevorzugt ein Termin bei Gericht zu erhalten, wodurch relativ schnell ein rechtskräftiger Voll-

[154] der Briefumschlag sollte hier ggf. als Beweismittel für Skontonachforderungen aufbewahrt werden

streckungstitel und damit ein Zeitvorteil gegenüber anderen Gläubigern erreicht werden kann.

Überhaupt sollte versucht werden, Stammkunden möglichst auf das *Banklastschriftverfahren in Form von Einzugsermächtigungen* festzulegen. Selbst wenn dies mit Dauerskonti erkauft wird, ist das Verfahren äußerst effektiv, lässt sich doch das Mahnwesen weitgehend einsparen und die eigene Liquiditätsplanung wird wesentlich sicherer.

Besonders in Auslandsgeschäft sind zudem Kreditversicherungen sinnvoll.
Der Kreditversicherer prüft bei Vertragsabschluß die Kreditwürdigkeit des Kunden und überwacht diese kontinuierlich. Im Schadensfall wird der Forderungsausfall weitgehend ersetzt. Dies sollte Lieferanten in der Regel eine Versicherungsprämie von einigen Promille des Umsatzes wert sein.

Für Unternehmen, die den Aufwand, Forderungen einzuklagen umgehen möchten, gibt es zwei weitere Möglichkeiten. Zwar bekommt man in beiden Fällen nicht den vollen Forderungsbetrag, da die entsprechende Dienstleistung zu bezahlen ist, doch ist dies im Zweifelsfalle sicher besser, als die ganze Forderung zu verlieren.
Einmal kann ein gewerbsmäßiges *Inkassoinstitut* mit dem Eintreiben der Forderung beauftragt oder zum anderen der Weg des *Factoring* gewählt werden.
Beim Factoring kauft ein Kreditinstitut (Factor) die Forderungen aus Lieferungen und Leistungen eines Unternehmens gegenüber seinen Kunden auf und übernimmt seinerseits dann deren Eintreibung.
Diese aus den USA stammende Finanzierungsform hat für das Unternehmen mehrere Vorteile. Durch den Verkauf der Forderungen ergibt sich in der Bilanz ein Aktivtausch: Forderungen gegen liquide Mittel. Der Zufluss liquider Mittel kann zum Abbau eigener Verbindlichkeiten eingesetzt werden, damit wird die Relation Eigen- zu Fremdkapital verbessert. Zudem kann dem Kunden ein Zahlungsziel gewährt werden, ohne die eigene Liquidität zu belasten. Außerdem übernimmt der Factor das Ausfallrisiko der Forderung und die entsprechende Debitorenbuchhaltung inklusive Mahn- und Inkassowesen.

Gewiss ist es nicht zuletzt eine Frage der Marktstärke und der Wettbewerbssituation eines Unternehmens, ob und wie Forderungsbezahlung durchgesetzt wird. Die Praxis zeigt jedoch, dass schwache Unternehmen durch Langmut und Vorsicht in den seltensten Fällen schwierige Kunden halten, eher ausgenutzt werden und letztlich ihre eigene Solvenz gefährden.

Abb. 3
Typische Stufen des Zusammenbruchs eines Unternehmens

Skontoabzug entfällt
↓
Zahlungsziele werden überschritten
↓
Zahlung erst nach Mahnung
↓
Teilzahlungen
↓
Sparprogramme
↓
Dritte Mahnungen / Säumnisklagen
↓
Verstärkte Zahlung per Wechsel
↓
Wechsel werden prolongiert
↓
Banken kündigen Kredit
↓
Rettungsversuch durch Notsanierung
↓
Insolvenzantrag

2.3. Kreditbetrug

2.3.1. Charakteristika

Kreditbetrug ist meist eng mit Bilanzmanipulationen und oft mit Insolvenzdelikten verbunden, existiert jedoch auch als eigenständige Straftat.
Der Begriff des Kreditbetrugs als betrugsähnlicher Tatbestand im Bereich der Wirtschaftskriminalität wurde in das deutsche Strafgesetzbuch mit dem Ziel eingefügt, eine Vorverlagerung der Strafbarkeit zu erreichen und so ein gewisses Abschreckungspotential aufzubauen, das vor allem dem Schutz der Kreditwirtschaft dient. Zudem sollte die Beweisführung im Vergleich zum Betrug (§ 263 StGB) erleichtert werden.

Gemäß § 265b Abs. 1 StGB begeht derjenige Kreditbetrug, der einem Betrieb oder Unternehmen im Zusammenhang mit einem Antrag auf Gewährung, Belassung oder Veränderung der Bedingungen eines Kredits für einen Betrieb oder ein vorgetäuschtes Unternehmen

- über wirtschaftliche Verhältnisse *unrichtige oder unvollständige* Unterlagen (z.B. Bilanzen, GuV, Vermögensübersichten oder Gutachten) vorlegt oder schriftlich unrichtige oder unvollständige Angaben macht, die für den Kreditnehmer vorteilhaft und für die Entscheidung über einen solchen Antrag erheblich sind, oder
- solche Verschlechterungen der in den Unterlagen oder Angaben dargestellten wirtschaftlichen Verhältnisse bei der Vorlage nicht mitteilt, die für die Entscheidung über einen solchen Antrag erheblich sind.

Nach § 265 b StGB wird also mit Freiheitsstrafe bis 3 Jahren oder mit Geldstrafe geahndet, wenn für ein Wirtschaftsunternehmen, das einen in kaufmännischer Weise eingerichteten Geschäftsbetrieb erfordert[155] , bei einem Kreditinstitut oder einem anderem Unternehmen ein Kredit oder dessen Verlängerung beantragt und dabei den Kreditgeber über erhebliche wirtschaftliche Probleme des Antragstellers täuscht, deren Kenntnis in der Regel zur Kreditversagung führen würden.
Der Begriff des *Kredits* ist hierbei relativ weit gefasst. Nach § 265b Abs. 3 Nr. 2 kommen beispielsweise Gelddarlehen, Diskontierung von Wechseln und Schecks, die Stundung von Geldforderungen, aber auch die Übernahme von Bürgschaften in Betracht. Allerdings geht es immer um den Kreditantrag eines Betriebs gegenüber einem anderen Wirtschaftsunternehmen; die Strafnorm greift nicht für Privatkredite. Manipulationen hier sind als Betrugshandlung gem. § 263 StGB zu behandeln.

[155] Legaldefinition Vgl. § 265b Abs. 3 StGB

Kreditbetrug ist ein abstraktes Gefährdungsdelikt, das im Vorfeld des Betruges anzusiedeln ist. Es ist mit den im Gesetz beschriebenen Tathandlungen vollendet, ohne dass es - im Gegensatz zum Betrug - eines Schadens bedarf.
Insofern bleibt gem. § 265b Abs. 2 StGB auch straffrei, wer im Nachhinein freiwillig (z.B. durch Selbstanzeige) verhindert, dass der Kreditgeber einen Kredit ausreicht.
Der Kreditbetrug wird in der PKS nicht dezidiert ausgewiesen, ist wohl im wesentlichen unter der Schlüsselzahl 8933 (Wirtschaftskriminalität im Anlage- und Finanzierungsbereich) subsummiert. Obwohl vor allem Kreditinstitute hiervon betroffen sind, kommt es nur in seltenen Fällen zu einer Anzeige von dieser Seite. Zu groß ist wohl die Angst vor negativer Presse.

2.3.2. Begehensweise

Kreditbetrug als Versuch eines Unternehmens, sich durch unrichtige oder unterlassene Angaben Geld zu beschaffen, wird häufig mit manipulierten Bilanzzahlen begangen.
Typisch für *formelle* Verstöße gegen die Ordnungsmäßigkeit der Bilanzierung, bei der Vermögenswerte bzw. Schulden zwar quantitativ korrekt, jedoch unter einer sachlich unrichtigen Position in Bilanz bzw. GuV ausgewiesen werden, sind:

- **Ausweis von Forderungen unter der Position „Kasse":** Die gewählte Darstellung ist insofern verkehrt, als Forderungen eine andere Werthaltigkeit haben als Kassenbestände, was insbesondere bei der Beurteilung der Kreditwürdigkeit nicht unwesentlich ist.
- **Ausweis von Rückstellungen unter der Position „Sonstige Verbindlichkeiten":** Diese Darstellung kann die tatsächlichen Vermögensverhältnisse verfälschen, da Rückstellungen ungewisse Verbindlichkeiten sind und sonstige Verbindlichkeiten *gewisse* Verbindlichkeiten darstellen. Auch in diesem Fall kann die korrekte Beurteilung der Kreditwürdigkeit erschwert werden.
- **Verstoß gegen das Verrechnungsverbot** gem. § 246 HGB, z. B. durch Verrechnung von Forderungen, die gegenüber dem Unternehmen X bestehen, mit Verbindlichkeiten gegenüber X, ohne dass eine Aufrechnung sachlogisch angezeigt ist.

Wenn einzelne Positionen oder Beträge nicht ausgewiesen werden, liegen *materielle* Bilanzierungsverstöße vor. Typisch hierfür sind insbesondere:

- **Nichtbildung von Rückstellungen** gegenüber Dritten (entgegen der Verpflichtung gem. § 249 Abs. 1 HGB), wie z. B. Prozesskostenrückstellungen. Hierbei handelt es sich zumeist um relativ hohe Beträge, die für die Beurteilung der Kreditwürdigkeit eines Unternehmens von wesentlicher Bedeutung sind.

- **Unterlassung von Einzelwertberichtigungen** auf Forderungen, obwohl dies nach § 253 Abs. 3 Satz 2 HGB zwingend vorgeschrieben ist. Hierdurch wird der Einblick in die Vermögenslage erheblich erschwert. Aus Inventurunterlagen ist immer wieder zu entnehmen, dass ausstehende Forderungen selbst ein Jahr nach Fälligkeit noch immer mit dem Ursprungswert angesetzt werden. An der Werthaltigkeit muss jedoch nach einem Jahr erheblich gezweifelt werden.
- **Verschweigen von Verbindlichkeiten.** Häufig werden diese erst erfasst, wenn sie bezahlt werden und nicht, wenn sie entstanden sind. Ein derartiges Buchungsverhalten führt in der Bilanz zu einer falschen Darstellung der Vermögenssituation.
- **Ansatz von fiktiven Wirtschaftgütern in der Bilanz.** Der Bestand an Forderungen aus Lieferungen und Leistungen kann z. B. mit Hilfe gefälschter Rechnungskopien oder anderer „Luftbuchungen" erhöht werden. Hierzu zählt auch, wenn z.B. ein LKW in der Bilanz ausgewiesen wird, der nach Bilanzerstellung einen Totalschaden erlitten hat, für den auch keine Versicherungsleistungen zu erwarten sind.
- **Nichtausweis von Drohverlustrückstellungen.** In der Handelsbilanz sind gem. § 249 Abs. 1 HGB Rückstellungen für drohend Verluste aus schwebenden Geschäften auszuweisen. Wird dies z.B. unter Verweis auf das steuerrechtliche Ansatzverbot unterlassen, werden relevante Risiken nicht aufgezeigt.
- **Vorfristige Erfassung von Einnahmen.** Wenn unter Verstoß gegen das Realisationsprinzip Erträge schon bei Rechnungslegung und nicht erst bei Bezahlung als Einnahme erfasst werden, wird der potentielle Kreditgeber ebenfalls über die wirtschaftliche Lage getäuscht, denn Forderungen werden bekanntlich auch manchmal nicht bezahlt.

Insbesondere materielle Bilanzierungsverstöße dienen nicht selten auch dem Versuch des Warenkreditbetrugs, d.h. der Erlangung von Waren auf Basis längerfristiger bzw. gestundeter Verbindlichkeiten durch Vortäuschung nicht vorhandener Sicherheiten. Dies ist oft eng mit Insolvenzstraftaten verbunden.
Bekannte Fälle, die ebenfalls zumindest mit dem Tatbestand des Kreditbetrugs begannen bzw. verbunden waren, sind der Fall des Bauunternehmers Jürgen Schneider und der Fall des Sportbodenherstellers Balsam AG.

Typisch für die Aktivitäten des Dr. U. Jürgen Schneider waren der Kauf und die anschließende Luxussanierung zentral in deutschen Großstädten gelegener Immobilien vermittels Bankdarlehen, gestützt durch blenderisches Auftreten gegenüber kreditgebenden Banken.
Zu den Prestigeobjekten der *Jürgen Schneider AG*, zählten z.B. die Zeil-Galerie in Frankfurt/M., die Leipziger Mädler-Passage mit dem aus Goethes „Faust"

bekannten Auerbachs Keller und das Berliner Kurfürsteneck.
Bei diesen Unternehmungen war Schneider stetes bemüht, von den kreditgebenden Banken höhere Darlehen zu erhalten, als für die Realisierung der jeweiligen Projekte benötigt wurden.[156] Den übrigen Betrag nutzte er für die Tilgung von Schulden aus anderen Vorhaben und für die Aufstockung von Festgeldkonten. Diese wiederum dienten als Liquiditätsnachweis zur Erlangung neuer Kredite.

Das „System Schneider" funktionierte trivial, aber mit hoher krimineller Energie:

- Mittels manipulierter Geschäftszahlen[157], gefälschten Mietverträgen, die Mieteinnahmen viel höher als real vereinnahmt auswiesen bzw. verfälschten Wertgutachten wurden Kreditgeber über den wahren Wert der Immobilien getäuscht
- Durch Verkäufe erworbener Immobilien innerhalb der Schneider-Unternehmensgruppe wurde der Wert dieser Immobilien unter sehr willkürlicher Ausnutzung der Bewertungsvorschrift des § 253 Abs.1 HGB[158] zur Erlangung höherer Kredite künstlich gesteigert

Durch diese Machenschaften hatten sich 1994 Verbindlichkeiten des Schneider-Bauimperiums von über 2,6 Milliarden € angehäuft, die letztlich zu dessen Konkurs und der spektakulären Flucht es Bauunternehmers in die USA führten. 1997 wurde Jürgen Schneider in Deutschland wegen Kreditbetrugs und Urkundenfälschung zu einer Freiheitsstrafe von über sechs Jahren verurteilt.

Der Fall des weltweit aktiven westfälischen Sportbodenherstellers Balsam AG machte vor allem Schlagzeilen wegen fiktiver Forderungen, die zwecks Insolvenzverschleppung vor 1994 an eine Factoringgesellschaft verkauft wurden. Im folgenden Insolvenzverfahren wurde jedoch deutlich, dass sowohl der Unternehmensgründer Balsam, als auch der Finanzvorstand Schlierenkamp 45 Banken über erschlichene Kredite um insgesamt über 1 Milliarde Euro betrogen hatten, eine für ein mittelständisches Unternehmen beachtlich hohe Summe.

---

[156] Vgl. Peemöller/Hofmann „Bilanzskandale", Berlin 2005 , S. 90

[157] So wies Schneider in seinem Kreditantrag an die Deutsche Bank betreffs des Aufbaus der Frankfurter Zeilgalerie eine vermietbare Gewerbefläche von 22.000 Quadratmeter aus, während die tatsächliche Mietfläche nur 9.000 Quadratmeter betrug. Die Bank, deren Zentrale nur wenige Schritte entfernt war, genehmigte den Antrag offenbar ohne genauere Inaugenscheinnahme des Objekts.

[158] Vermögensgegenstände sind danach (unter Beachtung der Abschreibung) höchstens mit ihren Anschaffungs- bzw. Herstellungskosten anzusetzen, wobei diese handelsrechtlich verbindliche Obergrenze durch erhöhte Verkaufspreise (die zu hohen Anschaffungskosten wurden) manipuliert wurde.

2.3.4. Prophylaxe bzw. Gegenmaßnahmen

Häufig wird im Zusammenhang mit der Gründung eines Unternehmens und der zeitgleichen Beantragung diesbezüglicher Kredite eine Ertragsvorschau von den Banken eingefordert. Insbesondere bei jungen „start-up-Unternehmen" ist oft eine (vielleicht sogar technisch recht interessante) Unternehmensidee gegeben, jedoch fehlt häufig jegliche Markterfahrung. Daraus resultieren dann leicht völlig überzogene Erwartungen an zu erwirtschaftende Umsatzerlöse. Dies hat dann schnell zur Folge, dass solche Unternehmen noch Monate nach ihrer Gründung keine Aufträge erhalten und demzufolge auch keine Umsätze getätigt haben. Die Bank verlangt zwar, dass die Ertragsvorschau von einem Steuer- oder Wirtschaftsprüfer geprüft wird, aber im Regelfall können die oft relativ vagen Unterlagen von diesem nur auf ihre Plausibilität und rechnerische Richtigkeit geprüft werden. Wenn das Unternehmen nun nach seinem Start in wirtschaftliche Schwierigkeiten gerät, wird man den Unternehmensgründern schnell Kreditbetrug vorwerfen, wobei dann auch auf Vorlage eines falschen Gutachtens (gem. §265b Abs. 1 Nr. 1a StGB) abgestellt werden dürfte, da in Anbetracht der gegebenen Prüfungssituation meist eine Beihilfetat gem. § 27 StGB i.V.m. § 265b StGB ausscheidet. Das mangelnde wirtschaftliche Fachwissen der Unternehmensgründer kann, aber muss nicht im Strafmaß berücksichtigt werden.

Die Entdeckungswahrscheinlichkeit eines Kreditbetrugs ist besonders im Rahmen eines strafrechtlichen Ermittlungsverfahrens relativ hoch. Dies ergibt sich daraus, dass

- ein Kreditbetrug mit dem Ziel der Insolvenzverschleppung häufig von insolvenzgefährdeten Unternehmen begangen wird
- in Unternehmen, bei denen der Verdacht einer Insolvenzverschleppung nahe liegt (z.B. bei Nichtabführung von Sozialversicherungsbeiträgen) oft eine staatsanwaltliche Detailprüfung durchgeführt wird, die sich durchaus auf einen mehrjährigen Zeitraum erstrecken kann
- diese Prüfungen durch Spezialisten für Wirtschaftsstraftaten unter Leitung von Wirtschaftsstaatsanwälten durchgeführt werden, die dann auch Kreditunterlagen prüfen, so dass ggf. Unstimmigkeiten zwischen den Bankunterlagen (vorgelegten „Bankbilanzen") und der tatsächlichen Unternehmensbuchführung sichtbar werden

Gewiss gibt es auch Fälle des Warenkreditbetrugs, bei dem sich Unternehmen durch Vorspiegelung oft phantastischer Geschichten bzw. angekündigter zukünftiger Großeinkäufe und falscher Sicherheiten längere Zahlungsfristen für getätigte Material- oder Warenkäufe erschleichen, um eigene Liquiditätsprobleme zu lösen oder Stoßgeschäftsbetrug vorzubereiten. Hier kann man den potentiellen Opferunternehmen nur raten, sich seine Kunden und angebotene Sicherheiten sehr genau anzusehen, vertraglich klar zu vereinbaren und die Zahlungsmodalitäten akribisch zu überwachen. Die Ausführungen im Abschnitt 2.2.4.2. zur Forderungsüberwachung gelten hierfür analog.

Besonders betroffen vom Kreditbetrug sind allerdings Banken, die deshalb natürlich daran interessiert sind, diesbezügliche Versuche möglichst schon im Vorfeld von Geschäftsanbahnungen zu erkennen und abzuwehren.
Mit der unter dem Schlagwort Basel II bekannten Neufassung der Eigenkapitalempfehlungen des Baseler Ausschusses für Bankenaufsicht[159] orientiert auch die deutsche Bankenaufsicht stärker auf die Beachtung der wirtschaftlichen Risiken des Bankengagements. Neben der PrüfbV[160] enthält diesbezüglich auch der IDW-Prüfungsstandard 522[161] Prüfungsschwerpunkte für den Abschlussprüfer, die insbesondere auf die Geschäftsarten und -prozesse abstellen, aus denen Kreditrisiken erwachsen können. Diese Prüfungspflichten beziehen sich neben der Evaluierung der Adressenausfallrisiken auch auf die Organisation des Kreditgeschäfts sowie das diesbezügliche interne Kontrollsystem mit dem Ziel der Beurteilung, ob eine ordnungsgemäße Abwicklung des Kreditgeschäfts gewährleistet und inwieweit zu Zwecken der Identifikation, Erfassung, Bewertung und Überwachung der Kreditrisiken ein gesamtbankübergreifendes System entsprechend den Anforderungen der § 25a Abs. 1 KWG bzw. § 91 Abs. 2 AktG implementiert ist.[162]
Mit den von der Bundesanstalt für Finanzdienstleistungsaufsicht (BaFin) am 20. Dezember 2005 veröffentlichten neuen Mindestanforderungen an das Risikomanagement der Banken (MaRisk) wird es zwar stärker ins Ermessen, damit jedoch auch verstärkt in die Verantwortung der Kreditinstitute gestellt, in welchem Umfang sie sich die wirtschaftlichen Verhältnisse ihrer Kreditnehmer (gem. § 18 KWG[163]) offen legen lassen. Insofern wurde die Kritik an der oft relativ schablonenhaften Bewertung von Kreditanträgen aufgenommen und den Banken eine größere Eigenverantwortung bei Kreditgewährung, -bearbeitung und -überwachung zugestanden. Die Banken können nunmehr selbst bestimmen, in welchem Umfang Jahresabschlüsse, unterjährige Finanzberichte und die interne Buchführung als Basis für Bonitätsbeurteilungen bzw. Kreditkonditionen dienen.

---

[159] Die Neufassung der Baseler Eigenkapitalvereinbarung (Basel II) ist seit Anfang 2007 für die EU und damit auch Deutschland in Kraft.

[160] Verordnung über die Prüfung der Jahresabschlüsse und Zwischenabschlüsse der Kreditinstitute und Finanzdienstleistungsinstitute über die Prüfung nach § 12 Abs. 1 Satz 3 des Gesetzes über Kapitalanlagegesellschaften sowie darüber zu erstellende Berichte (Prüfungsberichtsverordnung) v. 17.12.1998 (BGBl I. S.3690)

[161] IDW-PS 522 „Prüfung der Adressenausfallrisiken und des Kreditgeschäfts von Kreditinstituten" ; siehe WPg 2002 H 22 , S. 1254 ff

[162] Vgl. Abendroth,S. „Bankenrevision" , ZIR 5 2005 S. 200

[163] Vgl. Gesetz über das Kreditwesen (KWG) v. 9.9.1998 (BGBl I S. 2776)

Bei allem Zeitdruck und Bestreben, den Bearbeitungsaufwand zu verringern, sollten die Kreditinstitute allerdings im eigenen Interesse darauf bedacht sein, nicht nur die Buchform kreditbeantragender Unternehmen zu beurteilen, sondern Aussagen über Sicherheiten etc. auch mal vor Ort oder zumindest unter Nutzung von Verprobungsmethoden zu prüfen. Wenn man dies z.B. beim Kreditantrag für die Zeil-Galerie im Frankfurt/M. gemacht hätte, wäre wohl selbst einem Laien aufgefallen, dass die angeblich vermieteten Verkaufsflächen nur auf dem Papier existierten, weil das Haus einfach zu klein für die angegebenen Flächen war.

Mit zunehmender Bedeutung der Bilanzierung nach IFRS dürfte es auch für deutsche Kreditinstitute interessant werden, die in der angloamerikanischen Finanzierungspraxis bewährten ***Covenants*** als Mittel der präventiven Kreditsicherung und Risikobegrenzung einzusetzen.
Unter Covenants versteht man vertragliche Nebenabreden, die dem Kreditnehmer Verhaltenspflichten auferlegen, um seine Solvenz zu erhalten bzw. den Kreditgeber rechtzeitig über die Gefährdung der Kreditrückzahlung zu unterrichten.[164] Hiermit wird letztlich versucht, die im HGB verankerte Gläubigerschutzfunktion der Bilanzierung auch unter US-GAAP bzw. IFRS ergänzend einzuführen und ggf. sogar risikovermeidendes Handeln des Kreditnehmers vertraglich festzulegen.
So kann in Form vertraglicher Nebenabreden zu einem Kreditvertrag z.B. festgelegt werden, dass

- relevante Gesetze und Vorschriften einzuhalten sind,
- die für die Unternehmenstätigkeit notwendigen Versicherungen abgeschlossen werden
- eine angemessene Finanzberichterstattung (Buchführung) erfolgt,
- die Neuaufnahme von Fremdkapital oder Verbindlichkeiten, die Kreditvergabe an Tochterunternehmen bzw. die Gewinnausschüttung beschränkt werden, um einer Verwässerung der Gläubigeransprüche vorzubeugen
- die Veräußerung von Vermögensgegenständen, Beteiligungen oder die Bereitstellung von Sicherheiten für andere Gläubiger der Zustimmung des Kreditgebers bedarf

Die Formulierung von Covenants ist insbesondere dann sinnvoll, wenn diese - ggf. individuell angepasst - über die in den AGB der Bank enthaltenen Regelungen der Kreditvergabe und -besicherung hinausgehen.

[164] Vgl. Kästle,M. „Rechtsfragen der Verwendung von Covenants in Kreditverträgen“, Berlin 2003

2.4. Anlagebetrug

2.4.1. Betrügereien auf dem grauen Markt

Besonders im Finanzanlagenbereich sind Unternehmen nicht selten mit hohen Gewinnchancen, aber ebenso hohen Kapitalrisiken konfrontiert, scheint der Übergang zwischen unternehmerischem Risiko und unerlaubter krimineller Spekulation manchmal schwer erkennbar.
Beim Stichwort Anlagebetrug denken viele primär an diverse Fälle von Kapitalanlagebetrug, die ab und an spektakulär aufgemacht, meist jedoch nur als kleine Notiz im Wirtschaftsteil durch die Zeitungen gingen - und am nächsten Tag oft schon vergessen sind, wenn das Telefon klingelt und eine angenehme Stimme eine Geldanlage mit 25 prozentiger steuerfreier Rendite offeriert - und mancher vielleicht sogar selbst Betroffene mag jetzt an die „Nigeria-Connection" denken.

Doch das Spektrum des Anlagebetruges ist viel weiter, umfasst sowohl den Hacker, der als Einzeltäter übers Internet versucht, arglose Anleger abzuzocken, als auch hochspezialisierte mafiöse Organisationen an Derivatebörsen im nicht regulierten, sogenannten „grauen Kapitalmarkt".
Insofern ist auch der Begriff Anlagebetrug eher am Modus Operandi orientiert, umfasst also jede Art von betrügerischer Geschäftstätigkeit, die in engerem Zusammenhang mit Kapitalanlagen steht, wobei es auch auf diesem Gebiet oft schwierig ist, die Betrugsabsicht bzw. -handlung strafrechtsrelevant nachzuweisen.
In der PKS wird die Problematik unter Schlüssel-Nr. 8936 „Betrug und Untreue im Zusammenhang mit Beteiligungen und Kapitalanlagen" geführt und umfasst im einzelnen die Schlüssel-Nummern

5131 Prospektbetrug gem. § 264 a StGB
5132 Anlagebetrug gem. § 263 StGB
5233 Betrug bei Börsenspekulationen
5234 Beteiligungsbetrug
5211 Untreue bei Kapitalanlagegeschäften

Die in der PKS 2006 ausgewiesene aktenkundige Schadenssumme für Beteiligungs- und Kapitalanlagenbetrug (Schl.-Nr. 5130) beträgt 499,5 Mio Euro[165]. Hinzu kommen noch 73,2 Mio Euro aus „Untreue bei Kapitalanlagegeschäften" (Nr. 5211)[166]. Insgesamt wurde in über 18.000 Fällen ermittelt.
Die Schätzungen des realen Schadens differieren auch auf diesem Kriminalitätssektor sehr stark. Insider schätzen, dass weniger als 5% der am Grauen Markt

[165] BKA PKS 2006 , S. 190
[166] ebenda S. 302

geprellten Anleger diesen Tatbestand überhaupt zur Anzeige bringen und kommen so zu Schadenshochrechnungen von bis zu 40 Milliarden Euro pro Jahr[167].
Größere Unternehmen sind hier vor allem durch Verstöße einzelner Verantwortlicher gegen Festlegungen der Unternehmensleitung betreffs Informationspflichten, Genehmigungsverfahren und Anlagelimite im Wertpapierhandel gefährdet, die teilweise aus dem Motiv persönlicher Profilierung im vermeintlichen Unternehmensinteresse, aber auch mit kriminellen eigenen Bereicherungsabsichten unternommen werden.
Mittelständische Unternehmen werden oft dadurch gefährdet, dass die Geschäftsführung hofft, durch Wertpapierspekulationen die Eigenkapitalbasis aufstocken oder steuerfreie Gewinne realisieren zu können und durch dubiose Anlageberater leicht um ihre gesamten flüssigen Mittel geprellt wird.
Zu den wesentlichsten nicht nur für Privatpersonen, sondern auch für Unternehmen gefährlichen Vorgehensweisen des Anlagebetrugs gehören:

- Churning, Burning, Scalping und Pumping
- Warentermingeschäfte
- Bankgarantiegeschäfte
- Grundschuldbrief-Trading
- Depositendarlehen
- Cash-back-Modelle
- Domizilgesellschaften
- Wundersame Renditeversprechen für naive Anleger (wie z.B. Diamantenkäufe, diskrete Geldanlage über Treuhänder, Nigeria-Connection etc.) sowie
- Diverse Geldvermehrungsversprechungen (PSB-Anlagen, Reg.-S-Aktienanlagen)

Opfer sind nicht nur, wie man oft denkt, mehr oder minder vermögende Privatpersonen, sondern nicht selten auch kleine und mittelständische Unternehmen, die beim Versuch, Zahlungsengpässe zu überbrücken oder Extragewinne zu generieren, in derartige Fallen laufen.

2.4.2. Churning, Burning, Scalping und Pumping

2.4.2.1. Begehensweise

Churning heißt übersetzt „buttern“ und dieser Begriff beschreibt anschaulich die grundlegende Begehensweise: Durch ständiges Umrühren der Milch wird der Rahm immer wieder abgeschöpft und am Ende bleibt Butter als Gewinn und Magermilch als Rest. Für Kapitalanlagen bedeutet dies, der Vermögensverwalter

---

[167] Lange,K. „Wer einmal reinfällt, fällt noch mal rein“ , Manager-Magazin v. 26.01.2004

schichtet ständig das ihm anvertraute Kapital um und schöpft dafür oft relativ hohe Verwaltungsgebühren bzw. Maklerprovisionen ab. Relativ deutliche Indizien für Churning sind das Schrumpfen des eingesetzten Kapitals trotz guter Börsenmarktentwicklung und eine hohe Zahl von Kapitalumschichtungen in kurzer Zeit. So wurden in einem gerichtsbekannt gewordenen Fall innerhalb von zwei Monaten mit einem Anlagekapital von 1 Mio. € mehrere tausend An- und Verkäufe an der Börse getätigt, wofür der betrügerische Vermögensverwalter schließlich 1 Mio. € Kommissionsgebühren abrechnete.
Nicht immer sind die Fälle jedoch so eindeutig. Hinreichende Beweise für eine Anklage sind vom Geschädigten oft schwer zu erbringen, denn der Vermögensverwalter wird natürlich auf seinen Ermessensspielraum und ggf. auf ein sehr volatiles Börsenumfeld, das unter Risikoaspekten diverse Transaktionen zur Vermögenssicherung sinnvoll erscheinen ließ, verweisen. Deshalb ist es besser, die Vermögensanlage entweder selbst in die Hände zu nehmen, oder den Vermögensverwalter sehr stringent zu überwachen. Letzteres kann in einem größeren Unternehmen vermittels einer fallweisen Prüfung durch die Interne Revision oder durch den Controller geschehen, in kleineren Unternehmen sollten zumindest die Buchhaltung bzw. der Unternehmer selbst entsprechend sensibilisiert sein.

2.4.2.2. Prophylaxe bzw. Gegenmaßnahmen

Es gibt einige Indizien für Churning, die auch über Kennziffern erfassbar sind. Dies sind insbesondere:

- der *Umsatzquotient (Q)*; dieser errechnet sich aus den Gesamtkosten der erworbenen Finanzanlagen dividiert durch das angelegte Vermögen. Ist Q =1 , ist das betreffende Vermögen durch einen Kauf angelegt worden. Um so höher die Spekulationsbereitschaft des Anlegers, um so höher wird Q sein. Doch liegt Q jahresbezogen bei 5 oder höher, gibt es einen begründeten Verdacht auf Churning, denn der Depotgewinn wird dann i.R. nur bei sehr guter Börsenentwicklung die Maklergebühren decken können. Dies macht die zweite Kennziffer noch deutlicher.
- *Break-even-Kennzahl (BEKZ)*; diese zeigt, um wie viel Prozent sich der Wert des eingesetzten Kapitals vermehren muss, um nach Abzug der Verwaltungsgebühren einen Gewinn auszuweisen und errechnet sich: Q x 2[168] x Gebührensatz Vermögensverwaltung (in %)[169] also z.B. bei einem Umsatzquotienten von 5 pro Jahr und 2,5 % Maklergebühr zu :

168 Multiplikation mit 2 um An- und Verkauf, die bei Umschichtungstransaktionen ja zwangskorrespondieren und i.R. doppelte Gebühren verursachen, zu berücksichtigen.

169 Man kann diese Kennzahl auf einen beliebigen Abrechnungszeitraum beziehen, allerdings ist es zur Vergleichbarmachung mit anderen Kennziffern sinnvoll, einen Jahreszeitraum zu wählen.

5x2x2,5 % = 25 % , d.h. das Depot muss einen jährlichen Wertzuwachs von 25% erzielen, um allein die Maklergebühr zu erwirtschaften. Selbst wenn man steuerliche Belastungen ausklammert und nur geringe sonstige Vermögensverwaltungskosten anfallen, dürfte es in vielen Fällen schwierig sein, mit dem Beispiel-Depot noch einen Anlegergewinn zu erzielen. Bei Q=10 ergäbe sich eine BEKZ von 50%, hier sollten die Alarmglocken beim Anleger schrillen!

- *„Commission-to-Equity"-Verhältnis*, also das Verhältnis der gesamten Maklergebühr (pro Jahr) im Vergleich zur Anlagesumme. In einem nicht spekulativ anlegendem Depot sollte man an Churning denken, wenn im Jahr mehr als 15% der Anlagesumme für Maklerprovisionen aufgewendet werden, da es im normalen Börsengeschäft eher selten ist, dass ein Depot deutlich höhere Jahresgewinne erwirtschaftet.[170]

Weitere Indizien:

- *In-and-out-Trading:* erworbene Wertpapiere werden nach kurzer Zeit wieder verkauft, obwohl sich weder der Kurs signifikant verändert hat, noch wichtige Ad hoc-Meldungen etc. bekannt wurden. Besonders verdächtig ist es, wenn ein- und derselbe Aktientitel mehrfach erworben und wieder verkauft wird.
- *Provisionsabhängige Maklervergütung*: Übermäßiges Depotumschichten wird oft auch dadurch gefördert, dass Depots durch Vermögensverwaltungsgesellschaften geführt werden, deren Mitarbeiter bestimmte Mindestumsätze erwirtschaften müssen oder an der Maklerprovision beteiligt sind. Derartige Vertragskonstruktionen sollten sehr kritisch geprüft werden, da sie immer den Keim von Betrugsversuchen bergen.
- *Kontobeherrschung*; also unkontrollierte Zugriffsmöglichkeiten des Maklers auf das Anlegerdepot. Häufig argumentiert der beauftrage Vermögensverwalter diesbezüglich, dass er ggf. schnell auf Marktentwicklungen reagieren möchte und deshalb einen ungehinderten Kontenzugriff benötigt. Wenn man als Einzelperson oder Firma solch einem Konstrukt zustimmt, sollte immer bedacht sein, dass dies dann zumindest eine regelmäßige Konten- und Depotüberwachung und möglichst auch klare Vertragsvereinbarungen zu Transaktionsrisiken und ggf. genehmigungspflichtigen Geschäften (z.B. Genehmigung aller Transaktionen über 500.000 € durch die Geschäftsführung oder den Controller etc.) erfordert, um unangenehmen vermögensgefährdenden Überraschungen vorzubeugen.

---

[170] Für Börsentermingeschäfte gelten natürlich höhere Werte, aber auch hier sollte Alarm ausgelöst werden, wenn monatlich über 17% Spesen anfallen (Vgl. hierzu beispielsweise http://finanzen.focus.msn.de/D/DA/DAG02)

Ähnlich wie das Churning funktioniert das *Burning*, bei dem das Geld des Kunden durch permanente Käufe und Verkäufe „verbrannt" wird. Ziel ist auch hier die Erzielung möglichst hoher Provisionen durch Vermögensverwalter.
Analog funktionieren zwei weitere betrügerische Handlungsweisen von Vermögensverwaltern: Das Scalping und das Frontrunning. Seit kurzem kommt das Pumping als Internet-typische Betrugsmethode hinzu.

Scalping ist ein aus dem amerikanischen Anlagerecht kommender Begriff („Skalpieren des Anlegers"). Hierbei manipuliert der Vermögensverwalter den Markt und verschafft sich Gewinne mit eigenen Wertpapiertransaktionen, indem er z.B. Wertpapiere des Anlegers billig verkauft und für sein eigenes Depot erwirbt, wenn er durch Insiderkenntnisse weiß, dass deren Wert bald steigt.
Eine Spielart des Scalping ist das *betrügerische Übernahmeangebot* von Aktien, das unter Ausnutzung gängiger Marktmechanismen auf die Arglosigkeit von Anlegern setzt. So wird z.B. ein Übernahmeangebot für Aktien lanciert, das oft 30% und mehr unter deren Börsenkurs liegt. Vorzugsweise werden dazu Aktien ausgewählt, die nur an ausländischen Börsen notiert sind und deren Kurse eine negative Entwicklung aufweisen. Bei dieser Masche helfen sogar die Banken und Discount-Broker noch unfreiwillig mit, denn die Depotbank leitet im Bundesanzeiger publizierte Übernahmeofferten an alle Kunden weiter, welche die betreffende Aktie im Bestand haben. So wird der Anschein eines offiziellen Angebotes erweckt und die Investoren werden leicht zu Opfern eines Graumarkthais, der diese billig erworbenen Aktien dann immer noch schnell mit Gewinn verkaufen kann.
In einer weiteren Variante werden den Anteilseignern kein Bargeld, sondern Aktien einer anderen Gesellschaft angeboten. Das sind jedoch meist Anteilsscheine von nur im Telefon- oder Internethandel notierten Gesellschaften oder von Unternehmen mit geringer Marktkapitalisierung, deren Kurse zuvor in die Höhe getrieben wurden. Damit erhalten die geprellten Anleger statt ihrer verkauften - oft sehr liquiden und dadurch volatilen - Aktien nur illiquide und überteuerte Wertpapiere, deren Wert bei einem Verkaufsversuch dann schnell um 40 oder mehr Prozent einbricht, so dass die gutgläubigen Investoren dann auf einem Packen wertlosem Papier sitzen .

Ähnlich funktioniert *Frontrunning*. Hierbei lehnt sich ein Vermögensverwalter an die Kundenaufträge an. Dabei nutzt er die Kenntnis von Großorders oder von einem Kauf- oder Verkaufsauftrag seines Kunden für Papiere mit geringem Handelsvolumen, die den Kurs beeinflussen werden. Ehe er den Auftrag ausführt, kauft oder verkauft er Papiere auf eigene Rechnung. Dabei profitiert er von der anschließenden Kursveränderung, schädigt seinen Kunden aber auch, weil seine eigene Transaktion den Kurs beeinflusst.

Beide Handlungsweisen sind mindestens als Untreuehandlungen zu betrachten, oft jedoch nur schwer nachzuweisen.
Anlegern kann diesbezüglich nur zur großen Sorgfalt bei der Auswahl des Vermögensverwalters und intensiver zeitnaher Kontrolle der vorgenommenen Transaktionen - wofür man durchaus gut die umfangreichen Informationen, die im Internet verfügbar sind, nutzen sollte - geraten werden.

In letzter Zeit entwickelt sich der in einschlägigen Kreisen als *Pumping* bezeichnete Online-Betrug mit Aktienkursen zu einer zunehmend beliebten, weil relativ risikolosen Methode. Auch dies ist letztlich nur die modernisierte Adaption einer alten Vorgehensweise. Kriminelle kaufen billige Aktien eines niedrig bewerteten Unternehmens und verbreiten unter Deckadressen in diesbezüglichen Internetforen und allgemein über das Internet falsche Geschäftsinformationen, spekulative Gewinnaussichten u.dgl. um den Kurs nach oben zu treiben um dann die zuvor billig erworbenen Aktien zum überhöhten Preis zu vertreiben.
In diesem Bereich bewegen sich auch immer wieder Anleger, die den Versprechungen von Anlagevermittlern am sogenannten grauen Kapitalmarkt der *Venture-Capital-Szene* aufsitzen. Waren Risiko-Kapitalgeschäfte lange Zeit eine Domäne von Großanlegern, gibt es hier mittlerweile auch viele Angebote für kleinere Anlagebeträge. Auch in diesem Bereich lockt oft die Möglichkeit der Vervielfachung des Einsatzes in wenigen Monaten bei der drohenden Gefahr des Totalverlusts, denn nur ca. 30% der Venture-Capitalbeteiligungen sind gewinnbringend. Die Kontrolle der Investitionen und der Kapitalflüsse bereitet im Verlustfall i.R. grosse Probleme; bisher ist es kaum gelungen, gerichtsverwertbar nachzuweisen, dass eine mit Venture-Capital gepumpte Firma absichtlich in die Insolvenz manövriert wurde und das investierte Kapital auf Umwegen den Initiatoren von Venture-Capital-Fonds zufloss.
Auch hier dürfte sich oft ein kritischer Blick aufs Unternehmen bzw. den ausgewählten Fonds, seine Geschäftssituation und sein Umfeld als sinnvoll erweisen und ggf. zur Vorsicht raten.

2.4.3. Warentermingeschäfte

2.4.3.1. Begehensweise

Warentermingeschäfte sind seit jeher auch eine Spielweise krimineller Abzocker. Derartige Geschäft, bei denen Waren verbindlich zu einem bestimmten Preis zu einem zukünftigen Termin ge- oder verkauft werden sind unbedingt, d.h. der Kunde ist verpflichtet, die georderten Waren am Ende der Laufzeit zu kaufen oder zu verkaufen. Dies ist der Unterschied zu Optionen, bei denen er nur das Recht, jedoch nicht die Pflicht zum Vollzug des Geschäfts hat.
Warentermingeschäfte unterliegen seit der 6. KWG-Novelle der BaFin-Aufsicht, sind also eigentlich nicht mehr dem grauen Kapitalmarkt zuzuordnen, doch

tummeln sich noch immer kriminelle Anbieter in diesen Gefilden. Während Churning - also das Platzieren von Kundenaufträgen gegen überhöhte Gebühren - zurückgegangen ist, ist die Masche, unerfahrene Anleger mit überdurchschnittlichen Renditeversprechen und phantasievollen Geschichten (z.B. dass die Kaffeernte in Brasilien wegen zu erwartender Fröste großteils vernichtet würde, was zu enormen Preissteigerungen bei Kaffe führen werde, so dass es sich lohnen sollte jetzt rechtzeitig in Kaffe zu investieren) zu ködern und ohne reale Geldanlage mit dem übergebenen Geld zu verschwinden, bzw. dessen Totalverlust auf Risiko des Anlegers vorzuspiegeln („ ... leider gab es keinen starken Frost ...") unverändert erfolgreich[171].
Zielgruppe sind insbesondere kleine Gewerbetreibende und selbständige Handwerker, die sich von versprochenen hohen Renditen blenden lassen und nicht selten auch Schwarzgeld anlegen, was eine spätere Anzeige fast unmöglich macht.

2.4.3.2. Prophylaxe bzw. Gegenmaßnahmen

Prinzipiell sind Warentermingeschäfte als Anlage nur für diejenigen Anleger geeignet, die sich das Risiko eines Totalverlustes der angelegten Gelder leisten können und wollen.
Dabei sollten allerdings der Anbieter bzw. Vermittler des Geschäfts genau so kritisch überprüft werden, wie die zugrundeliegenden Märkte, was einiges an Fachwissen erfordert.
Vorsichtig und gewarnt sollte der Anleger besonders bei folgenden Situationen sein:

- Beschränkung der Produktofferte auf ausländische Terminbörsen
- Unaufgeforderte telefonische Akquisitionsbemühungen
- Zusicherung oder Vermittlung des Eindrucks weitgehender Sicherheit der Anlage und schneller hoher Renditequoten bzw. Ertragsgarantien
- Verschweigen bzw. Herunterspielen von Anlagerisiken
- Vertrauensheischendes und kompetenzvorspiegelndes Auftreten unter phantasievollen Firmennamen (häufig mit Sitz im Ausland)
- Schwer verifizierbare Handy- bzw. e-Mailadressen ausländischen Ursprungs

Gegebenenfalls sollte nachgefragt werden, ob ein Geschäft über eine deutsche Warenterminbörse - wie z.B. die 1998 eröffnete Warenterminbörse in Hannover - möglich ist. Um sich vor dubiosen Anbietern zu schützen, stellen deutsche Warenterminbörsen strenge Anforderungen an die bei ihnen zugelassenen Händler.

---

[171] In einschlägigen Kreisen spricht man diesbezüglich gern von der „Schweinslederbörse" (als Synonym fürs eigene Portemonnaie) in die das Geld der Anleger verschwindet.

2.4.4. Bankgarantiegeschäfte

2.4.4.1. Begehensweise

Bankgarantien sind bedingte oder unbedingte Zahlungszusagen einer Bank, die gegen Entgelt abgegeben werden. Eingesetzt werden die Garantien vielfältig, z.B. als Sicherheitsleistung anstelle einer Kaution - hier zumeist in Form einer Bankbürgschaft - oder im Außenhandelsgeschäft in Form eines Akkreditivs. Anbieter des Grauen Kapitalmarktes behaupten nun, dass Bankgarantien gehandelt werden. Es existiere ein Markt für Garantien bzw. Schuldverschreibungen „erstklassiger" Banken, auf dem sich US-Banken kurzfristig refinanzierten. Zugangsberechtigt zu diesem Markt seien Banken sowie internationale und staatliche Institutionen. Um den Eindruck von Seriosität zu suggerieren, werden zahlreiche Fachbegriffe aus der Bankenwelt angewandt. Typisch ist, dass mit dem im Bankgeschäft verwendeten Begriff „Standby Letters of Credits" für Bankgarantien zur Absicherung eines Geschäfts sehr phantasievoll umgegangen wird. So wird behauptet, dass diese Bankbürgschaften in Stückelungen von 10 Mio. USD an Finanzhäuser gegeben würden. Betrügerische Anlagegesellschaften unter oft klangvollen Phantasienamen sammeln nun kleinere Summen in einem Pool, bis dieser Mindestbetrag erreicht ist. Die Renditen, die versprochen werden, betragen bis zu 150 Prozent in einem Jahr. Gern wird behauptet, dieser Markt habe ein Volumen von über 5.000 Mia USD.[172]

Teilweise wird auch der Anschein erweckt, dass es sich bei diesen vermeintlichen Bankgarantiegeschäften um eine Art Asset-backed-Securities (ABS), also mit Vermögensgegenständen besicherte Wertpapiere handelt. Doch während Banken mittels ABS ihre Kreditforderungen als sehr spezielles und durchaus kompliziertes Finanzprodukt handelbar machen, ist der Markt für Bankgarantien nur ein Phantommarkt, da reine Bankgarantien von ihrer Natur her gar nicht handelbar sind. Nach ihrer rechtlichen Konstruktion können diese Sicherheiten nämlich nur zusammen mit der durch sie abgesicherten Forderung übertragen werden, nicht aber als eigenständiges Wertpapier.

Die eingezahlten Mittel verschwinden in den Taschen der danach meist nicht mehr auffindbaren Anbieter, die oft mit verschleierten, aber am Ende exotischen Adressen in Steuerparadiesen auftreten.

2.4.4.2. Prophylaxe bzw. Gegenmaßnahmen

Auch wenn das Angebot in seriösen Zeitungen als Anzeige erscheint, sollte man mit etwas betriebswirtschaftlichen Grundwissen die Falle schnell erkennen.

Für den Anleger sind die verwendeten Pseudobegriffe ein erstes Merkmal, um derartige Geschäfte zu identifizieren. Typische Formulierungen sind *Top Bank* oder

---

[172] Vgl. http://www.Anlagebetrug_jpb_15.09.2005 S. 3

Prime World Bank, *„Divisible, Assignable and Transferable Letter of Credit"* (teilbares, abtretbares und übertragbares Akkreditiv), *AAA-Zerobond*, *Bank to Bank Transactions* oder auch für den eher bodenständigen Anleger versprochene *„Bankgarantie auf Kapital und Ertrag"*.
Man sollte es sich einprägen: Bankgarantien sind kein Handelsgut in der freien Wirtschaft - auch nicht heimlich oder im Ausland!

Übrigens ist auch bei echten ABS-Angeboten[173] zu bedenken, dass dieser Markt im Zusammenhang mit der Immobilienkrise in den USA, deren unheilvolle Auswirkungen im Spätsommer 2007 bis hin zur Sachsen LB reichten, deutlich gemacht hat, wie riskant derartige Geschäfte selbst für Banken sind[174].

2.4.5. Grundschuldbrief-Trading

2.4.5.1. Begehensweise

Ein den Bankgarantiegeschäften ähnlicher, jedoch für die Opfer u.U. noch stärker vermögensgefährdender Betrugsansatz ist der Einstieg in den Handel mit Grundschuldbriefen, der auch für verschuldete Unternehmen einen scheinbaren Ausweg aus Liquiditätsproblemen verspricht.
Schon mehrfach warnten Notarkammern vor Anlagevermittlern, die Immobilien- oder Grundstückseigentümern traumhafte Renditen versprechen und das Ganze ohne Einsatz von Geld und ohne Risiko. Die Anleger müssen dem Vermittler nur einen Grundschuldbrief, der bei einem Notar oder einer Bank hinterlegt werden soll, eine notariell beglaubigte Kopie des Briefs, einen Grundbuchauszug und ein Wertgutachten aushändigen. Mit diesen Unterlagen als Sicherheit werden dann angeblich zinsgünstige Kredite aufgenommen und die Gelder Gewinn bringend investiert. Am Ertrag ist der Anleger beteiligt. Phantastische Gewinne von bis zu vier Prozent Zinsen pro Woche werden versprochen.
Nun gibt es zwei Möglichkeiten: Im günstigsten Fall hört der Anleger nichts mehr vom Vermittler und trägt nur die Kosten für das - oft ebenfalls von diesem vermittelte - Wertgutachten. Im ungünstigeren Fall lässt sich der Abzocker eine Vollmacht erteilen, um angeblich das Papier bei einer amerikanischen oder Schweizer Bank gewinnträchtig zu beleihen. Tatsächlich sind die Täter mit der Vollmacht rechtlich in der Lage, den Grundschuldbrief bei der Hinterlegungsstelle abzuholen und für ihre Zwecke zu missbrauchen. Der Immobilienbesitzer weiß dann nicht, wer sein Wertpapier hält, welche Geschäfte damit gemacht werden, und wer sein Eigentum in Anspruch nehmen kann. Das große Geld wird abgezockt, wenn mit dem Grundschuldbrief Kredite zu Gunsten des betrügerischen Anlegers, aber zu Lasten des Investors besorgt werden. Wenn diese nicht

---

173 Vgl. Schmeisser/Leonhard „Asset-Back-Securities-Transaktionen als Finanzierungsalternative für den deutschen Mittelstand" , München 2006

174 Vgl. „Leverages Buyouts und Finanzstabilität" , EZB-Monatsbericht August 2007, S.108

zurückgezahlt werden, was bei den kriminellen Aktivitäten ja die Regel ist, wird sich die Bank beim Schuldbrief-Eigentümer (ggf. per Zwangsvollstreckung) schadlos halten. Es hat schon Fälle gegeben, dass Hausbesitzer ihre schuldenfreie Immobilie auf diese Art und Weise nochmals abzahlen mussten.

2.4.5.2. Prophylaxe bzw. Gegenmaßnahmen

Die simple Frage, die sich jeder Anleger stellen sollte, lautet: Warum machen die Anbieter dieses todsichre Geschäft nicht selbst und bieten es statt dessen in der Zeitung an?
Allerdings sollte man nicht unterschätzen, dass Finanzbetrüger, kommt es zum persönlichen Kontakt, ihre Kunden oft durch teure Statussymbole beeindrucken. Teure Uhren gehören dabei genauso zum Standardrepertoire wie große Limousinen , wobei der kritische Anleger immer bedenken sollte, dass die Rolex nur geliehen und der prestigeträchtige Fuhrpark einfach geleast sein kann.
Typisch für die meisten kriminellen Angebote ist auch hier das beeindrucken sollende Finanzkauderwelsch, die Unverbindlichkeit der Aussagen zur konkreten Anlagepolitik und vor allem das Versprechen phantastischer Renditen innerhalb kurzer Zeit. Oft hilft schon, wenn man die versprochenen Wochenzinsen aufs Jahr hochrechnet und sich dann überlegt, welches legale Geschäft Jahreszinsen von über 200 % zu erwirtschaften in der Lage ist.

2.4.6. Depositendarlehen

2.4.6.1. Begehensweise

Eine noch stärker als beim Grundschuldbrief-Trading Liquiditätsprobleme von Einzelpersonen oder Unternehmen ausnutzende Betrugsform ist das kriminelle Angebot von Depositendarlehen oder zins- und tilgungsfreien Krediten (Roll over). Auch hierbei werden existierende Bankangebote verfremdet und letztlich zu betrügerischen Diebstahlshandlungen ausgenutzt.
Unterschiedlich ausgestaltete und verzinste Kredit- und Darlehensvergaben von Dispositions- über Kontokorrent- bis hin zu diversen Konsumentenkrediten oder Bauspardarlehen gehören zum normalen Kerngeschäft von Banken. Keine seriöse Bank wird jedoch Depositendarlehen anbieten.
Um solch ein Darlehen zu bekommen, zahlt der Kreditnehmer zuerst einen bestimmten Prozentsatz (meist 10 - 30 %) der gewünschten Kreditsumme als Eigenkapital bei dem Anbieter ein. Der vorab eingezahlte Betrag soll durch besonders günstige Anlageformen die Tilgung von Darlehen und Zinsen erwirtschaften, so dass angeblich bei späterer Zahlung des Darlehens keine Rückzahlungen anfallen. Der Vermittler verschwindet schließlich ohne Kreditauszahlung mit der Einlage.

Eine besondere Variante hiervon ist die Kreditvermittlung, bei der im Voraus ein Spesenersatz für Aufwendungen bei Schätzungen, der Einholung von Auskünften, Bearbeitungskosten etc. verlangt wird. Zu einer Kreditzuteilung kommt es aufgrund von Ausflüchten jedoch zumeist nicht, z.B. wegen mangelnder Bonität oder unrichtiger Selbstauskunft. Ziel der Vermittler ist von vornherein nur die Vereinnahmung der Spesen. Diese Vorgehensweise ist mit dem Begriff *Kreditvermittlungsbetrug* gut beschrieben.
Auf dem Privatsektor hat sich analog zur geschilderten Vorgehensweise in den letzten Jahren der Betrug mit Schuldenberatungen entwickelt. Unter dem Vorwand, hochverschuldeten Privatpersonen bei der Regulierung ihrer schwierigen Finanzsituation bzw. der Beantragung und Abwicklung einer Privatinsolvenz zu helfen, werden von oft dubiosen Schuldenhilfevereinen, aber auch durch seriös erscheinenden Rechtsberatern nicht selten hohe Bearbeitungs- und Beratungskosten verlangt, so dass man durchaus von der „Schuldenfalle Schuldnerberater" sprechen kann.

Eine weiter Variante, die sich zur Plausibilitätsbegründung gern an marketingstrategisch bedingte zinslose Kreditgewährung im Versand-, Auto- oder Möbelhandelssektor anlehnt, ansonsten jedoch analoge Betrugsabsichten wie bei Depositendarlehen verfolgt, ist das Angebot zins- und tilgungsfreier Kredite, die ebenfalls gegen eine Vorauszahlung gewährt werden sollen.
Teilweise treten auch weitere Betrugsvariationen hiervon auf. So werden etwa Kreditvergabeversprechen an den Erwerb von Finanzanlagen (z.B. Fonds) oder den Kauf von Wohneigentum gekoppelt, über die eine „steuerfreie Tilgung der Kredite" finanziert werden soll. Ziel des Täters ist es hier, die Vermittlungsgebühr für oft wenig werthaltige Anlagen einzustreichen, während der geprellte Käufer in eine noch größere Kreditfalle geraten ist.
Die Stiftung Warentest beklagt allerdings schon seit einigen Jahren, dass auch Kreditinstitute und Bausparkassen verstärkt auf dem grauen Kapitalmarkt aktiv sind. So wird nicht nur die Finanzierung von Eigentumswohnungen als Kapitalanlage angeboten, sondern derartige Wohnungen werden auch über Tochterfirmen vertrieben. Mit Begriffen wie „bankgeprüft" werden für den Anleger nur schwer durchschaubare Kompaktangebote vermittelt[175]. Dieser fühlt sich häufig sicher, weil der Vermittler den Antrag für den Bankkredit für die Finanzierung der Anteile am Immobilienfonds gleich dabei hat. Gerät solch ein Fonds dann in eine finanzielle Schieflage, verweisen Banken oft darauf, mit dem Finanzvertrieb nichts zu tun zu haben, was formell auch stimmen mag, den Anleger aber benachteiligt zurücklässt. Auch hier kann nur zu sehr kritischer Prüfung der oft schillernden Angebote geraten werden.

[175] Vgl. Metzger,O.H. „Warentest warnt vor grauem Kapitalmarkt" LVZ v. 11.08.2006, S. 8

2.4.6.2. Prophylaxe bzw. Gegenmaßnahmen

Folgende Indizien sprechen für Betrugsabsichten derartiger Angebote:

- Kredite werden häufig in Zeitungen mit Hilfe von Kleinanzeigen angeboten.
- Die Anlageformen werden ebenso wenig genannt wie die Banken, die das Darlehen gewähren sollen.
- Der Interessierte muss hellhörig werden, wenn innerhalb von relativ kurzer Zeit Renditen erzielt werden sollen, die 70 - 90 % der Kreditsumme ausmachen. Der Anleger muss sich dabei klar sein, dass es eine kalkulatorisch bedingte Differenz von Schuld- und Guthabenzinsen gibt.

Wenn bereits Vorauszahlungen getätigt wurden und sich der Empfänger nicht mehr meldet bzw. verifizieren lässt, ist schnelles Handeln (Anzeige) geboten, da jede Zeitverzögerung die Chancen des oder der Täter, Gelder zu verschieben und Spuren zu verwischen erhöht.
Leider verhindert das Konglomerat aus verzweifelter Hoffnung auf finanzielle Sanierung, Scham der Abgezockten und Häme der Nichtbetroffenen auch in diesem Fall meist ein prophylaktisches gerichtliches Vorgehen. Einen kleinen Baustein gegen diese Form wirtschaftskrimineller Handlungen liefert ein Unterlassungsurteil des LG Schwerin, das es einer Bau- und Immobiliengesellschaft verbietet für zins- und tilgungsfreie Darlehen zu werben, wenn von den Darlehensnehmern vor Auszahlung ein Eigenkapitaleinsatz bzw. die Zahlung von Gebühren verlangt wird.[176]
Bevor man in die „Schuldenfalle Schuldnerberater" tappt, sollte beacht werden, dass bei einer Schuldenhöhe unter 20.000 € i.R. keine Privatinsolvenz angemeldet werden muss. Hier ist ein außergerichtliches Vergleichsverfahren zur Schuldenbereinigung in Zusammenarbeit mit den Gläubigern sinnvoller, vor allem um einen Schufa-Eintrag zu vermeiden, der eine Privatperson de jure schnell geschäftsunfähig machen kann. Seriöse Schuldenberater sind auch daran zu erkennen, dass kostenfreie Erstberatungen inkl. Unterlagensichtung, Komplettbetreuung und schriftliche Vergütungsvereinbarung angeboten werden. Referenz- und Angebotsvergleiche vor Vertragsabschluß sollten selbstverständlich sein.

2.4.7. Cash-back-Modelle und Domizilgesellschaften

2.4.7.1. Begehensweise

Beide Betrugsmodelle setzten auf die Gier von Geldanlegern und insbesondere darauf, dass das Zauberwort „Steuerersparnis" oft alle Zweifel ausschaltet.

---

[176] LG Schwerin, AZ 20108/95

Cash-Back-Modelle zielen auf einen Immobilienerwerb mit Kapitalrückfluss und damit primär auf Privatanleger. Noch immer stellt der Immobilienerwerb für viele Haushalte eines der größten Sparziele insbesondere im Hinblick auf die Altersvorsorge dar. Da meist nicht genügend Kapital sofort verfügbar ist, wird der Immobilienerwerb in der Regel mit einer Finanzierung in Verbindung stehen. Allerdings sollte beim Erwerb von Immobilien mindestens ein Drittel des notwendigen Kapitals als Eigenkapital zur Verfügung stehen, um die monatlichen Belastungen in einem vertretbaren und finanzierbaren Rahmen zu halten. Cash-Back-Modelle unseriöser Anbieter weichen von dieser Faustregel ab und locken mit Mietgewinnen. Anleger sollen demnach ohne Eigenkapital eine vermietete Wohnung erwerben und später selbst nutzen oder mit Gewinn verkaufen können.

Finanziert werden soll der Erwerb nach Aussagen der betrügerischen Anlageberater über die Steuerersparnisse, die angeblich durch zahlreiche Abschreibungsmöglichkeiten entstehen. Voraussetzung für die Zusage eines derartigen Kredites sei lediglich ein gesichertes Einkommen, dessen Höhe oft gar nicht kritisch hinterfragt oder sogar mit gefälschten Bonitätsnachweisen (gefälschte Verdienstbescheinigungen, Steuerbescheide oder Bilanzen, die potentielle Opfer in den Täterkreis ziehen und so spätere Klagen unglaubwürdig machen) manipuliert wird[177], denn die angebotenen Immobilien sollen ja schnell (und möglichst überteuert) verkauft werden, wodurch der Vermittler hohe Provisionen erhält. Damit werden ungeeignete Objekte an hierfür ungeeignete Eigentümer verkauft. Einen Boom erlebten derartige Geschäfte in Deutschland insbesondere nach 1995 in den neuen Bundesländern und 2005 vor dem Wegfall der Eigenheimzulage.

Den Anlegern fallen die Probleme spätestens dann auf, wenn die Steuerabschreibungen - so diese überhaupt voll genutzt werden können - wegfallen, im Angebot nicht kalkulierte Kosten für Instandhaltung entstehen, oder wenn unerwartete Ereignisse zu finanziellen Engpässen führen. Da die Mieteinnahmen die Kosten für Zins und Tilgung regelmäßig nicht decken, kommt es im Ergebnis oftmals zu einer Überschuldung der Anleger.

Ähnlich ist die Situation beim betrügerischen Angebot von Immobilienaktien.

Mit welcher Dreistigkeit hier teilweise vorgegangen wird, soll am Beispiel der seit Herbst 2003 insolventen Düsseldorfer Aufina Holding AG - einer Firma, die unter wechselnden Namen innerhalb von gut vier Jahren etwa 40 Millionen Euro Anlegergelder einsammelte, die wohl als Verlust abgeschrieben werden müssen, gezeigt werden[178].

Die Unternehmensgründer Frank Burtelt und Rainer Möller nutzten Anfang 1999 die damalige Börseneuphorie und begannen mit Telefonverkäufern Aktien

---

177 Vgl. Bericht des LKA Baden-Württemberg zu Kick-Back-Finanzierungsmodellen , publiziert unter: http://www.lka-bw.de/jahresberichte/jb2002

178 Vgl. Hetzer/Palan „Todsichres Geschäft“ Manager-Magazin 2/2004 S. 86f.

ihrer nicht börsennotierten Immobiliengesellschaft zu verkaufen. Ihren Kunden machten sie die Papiere auf zweierlei Art schmackhaft. Zum einen würden die Aktien des Unternehmens, das damals noch als Rhein Grund Capital (RGC) firmierte, mit der angeblich kurz bevorstehenden Börseneinführung massiv an Wert gewinnen. Zum anderen seien Immobilienfirmen konservative Substanzwerte - ein Verlust praktisch ausgeschlossen. Den Durchbruch schafften Burtelt und Möller im Sommer 2001. Nachdem sie sich 25 Prozent des alteingesessenen Maklerverbundes Aufina GmbH gesichert hatten, konnten sie nun den Namen der bundesweit bekannten Marke annehmen. Fast noch wichtiger aber war, dass sich die von RGC in Aufina Holding AG umbenannte Firma mit einem Partner der alten Aufina GmbH schmücken konnte: der Commerzbank, obwohl diese mit der neuen Firma nichts zu tun hatte. Damit erhielten die vorgenommenen Transaktionen den Anschein der Seriosität. Danach pushten die beiden Unternehmer ihre Papiere mit einem Strom guter Nachrichten. So, wie es viele Firmen der New Economy damals machten. Die Tochterfirma sollte mit dem schnellen Kauf und Verkauf von Immobilien jährliche Renditen von 50 Prozent und mehr erzielen können; die Tageszeitung „Die Welt“ schrieb vom „Day-Trader unter den Immobilien-Aktiengesellschaften“, Zudem wurden Geschäfte mit renommierten Adressen wie dem Versicherungskonzern Axa vermeldet. Letztlich unrealistische Versprechen, denn der Deal mit der Axa platzte. Statt der versprochenen Gewinne häufte die Aufina Holding hohe Verluste an. Das Geld der Anleger wurde offenbar zum großen Teil für wirtschaftlich unrentable Projekte und zur Finanzierung der Telefonwerbung verbraucht. Um im Frühjahr 2003 die drohende Pleite abzuwenden und den zwischenzeitlich schleppenden Vertrieb der eigenen Papiere noch einmal anzukurbeln, wurde die Aufina Holding als Übernahmeziel der Mörfeldener Beteiligungsfirma GB/AG und des einstigen Venture-Capital-Unternehmens Gold-Zack ins Spiel gebracht. Beide Projekte scheiterten, wenige Wochen darauf kam das Ende. Die Aktien sind heute faktisch wertlos.

Ebenfalls mit hohen steuerfreien Renditen locken *Domizilgesellschaften*. Besonders in den Wochenendausgaben überregionaler Tageszeitungen werden oft die Gründung oder Übernahme von Gesellschaften in steuerlich attraktiven Staaten angeboten (sogenannte Domizilgesellschaften). Zweck dieser Unternehmen ist es weniger, Geschäfte zu tätigen, sondern in erster Linie Steuern zu sparen. Zudem kann durch Zwischenschalten solcher Unternehmen die persönliche Haftung beschränkt oder ausgeschlossen werden. Dadurch werden solche Angebote oft auch für kleine und mittelständische Unternehmen interessant, die sich dadurch u.U. Steuerspareffekte versprechen.
Allerdings sollte auch hierbei immer bedacht werden, dass sich der Deal meist nur für den Anbieter bzw. Vermittler auszahlt.

Gewiss sind Gründung oder Kauf solcher Firmenmäntel (zum Beispiel in der Form einer Limited Company) schon für wenige tausend Euro möglich, im Schnitt sind allerdings tatsächlich fünf- bis zehntausend Euro einschließlich Adresse und Briefkasten im Steuerparadies aufzuwenden. Zusätzlich fallen auch noch laufende Kosten in Höhe von mehreren hundert Euro jährlich an, die oft an dubiose Vermittler zu zahlen sind. Zudem tritt der gewünschte Steuerspareffekt kaum oder nur bei Hinzuziehung teurer Berater für rechtlich schwer zu beurteilende Konstrukte und hohe Gewinnsummen ein und insbesondere Einzelunternehmer sollten bedenken, dass die Nichtangabe von Erträgen ausländischer Gesellschaften sehr schnell als Steuerhinterziehung belangt werden kann. Anlagen in diesem Bereich sind als hochriskant und wenig rentierlich zu bezeichnen.

2.4.7.2. Prophylaxe bzw. Gegenmaßnahmen

Beide Betrugsmodelle kann man an ihren fast identischen Werbemethoden erkennen, die sich von klassischen Drückermethoden zwar stilistisch, aber kaum inhaltlich unterscheiden. Wurden potentielle Anlegererst einmal per Reaktion auf eine der vielen regelmäßig in durchaus renommierten Zeitschriften erscheinenden Annoncen geködert, wird ihnen bezugnehmend auf die Abneigung, ihr Geld beim Fiskus abzuliefern, suggeriert, es gäbe fast ungeahnte Möglichkeiten, ihr Geld steuervermeidend und gewinnbringend anzulegen. Wurde das Anlegerinteresse durch offerierte Fantasiegewinne und den Steuerspartrieb erst einmal geweckt, werden dann bald Anteile an Wohnparks, Büro- und Einkaufszentren als vermeintlich renditeträchtige Anlage angepriesen, so wie zur Jahrtausendwende auf analoge Weise Aktien noch nicht börsennotierter Start-up-Unternehmen als Anlagegeheimtipp offeriert wurden, deren Wert sich heute meist nahe Null bewegt.
Die Methoden sind immer die gleichen. Unrentable Investitionsobjekte werden mit Hilfe des Steuerbonus schöngerechnet, bis in den Prognoserechnungen der Verkaufsprospekte die gewünschte Rendite erscheint.
In den meisten Fällen würde kritisches Denken und Nachfragen potentielle Investoren vor Verlusten warnen.
Im geschilderten Fall der Aufina Holding AG hätten die Investoren schon gewarnt sein müssen, wenn sie die AG-Bilanzen und Prospekte aufmerksam gelesen hätten. Die Unterlagen, die sich jeder Interessent vor der Zeichnung beschaffen konnte, wiesen stets hohe Verluste aus. Von konkreten Immobiliengeschäften war kaum die Rede, die fantastischen Gewinnprognosen wurden allein aus unverbindlichen Beispielrechnungen abgeleitet. Eine Anfrage bei der Commerzbank hätte genügt, um festzustellen, dass die Bank mit dem Düsseldorfer Aufina-Zweig nichts zu tun hat. Ein Anruf bei der ursprünglichen Aufina GmbH in Wiesbaden wäre ausreichend gewesen, um zu erfahren, dass Burtelt und Möller die Marke Aufina lediglich aufgrund eines Lizenzvertrags nutzten. Zu denken

geben müssen hätte auch der Zustand der als mögliche Fusionspartner angekündigten Firmen. Sowohl die Gold-Zack AG als auch die GB/AG steckten damals selbst in massiven wirtschaftlichen Schwierigkeiten.
Die Alarmglocken hätten bei den Aktionären spätestens schrillen müssen, als sich Burtelt und Möller als Immobilien-Day-Trader feiern ließen. Eine solche Strategie ist zum Scheitern verurteilt, da die für einen Grundstücksan- und -verkauf fälligen Notarkosten und Grunderwerbsteuern meist viel zu hoch sind, um innerhalb kurzer Zeit Gewinne erzielen zu können.

Mit besonderer Finesse bearbeiten die Finanzjongleure gut verdienende Freiberufler und Akademiker. Leute also, die überzeugt sind, niemals in die Hände von Abzockern zu fallen. Wortreich umgarnen sie ihre Klientel, loben kritische Einwände, pflegen Eitelkeiten, tun alles, damit sich die Kundschaft sicher fühlt und die Prüfung der Angebote unterlässt. Hat das Opfer erst einmal angebissen, wird der Druck spürbar erhöht. Das Angebot sei einmalig, man müsse schnell handeln, weil es solche Konditionen nur für ganz kurze Zeit gebe. Überhaupt wäre es blanke Dummheit, ein solches Angebot sausen zu lassen.
Besonders einfach machen es Anleger diesen Betrügern, wenn sie in diesen Deals eigenes Schwarzgeld anlegen. Beim Scheitern unterbleibt die Anzeige schon allein aus diesem Grund und die Untersuchungs- und Strafverfolgungsbehörden erfahren nicht einmal von derartigen Geschäften. Auch vor Gerichten finden die Täter dann manchmal gnädige Richter, wirken die Geprellten doch leicht wie „betrogene Betrüger“.
Besonders typisch für diese Situation sind auch diverse - oft sehr dubiose - Geldvermehrungsangebote aus der „Graumarktwundertüte“, die dennoch immer wieder Interessenten finden.

2.4.8. Wundersame Renditeversprechen für naive Anleger

2.4.8.1. Arten und Begehensweisen

Opfer derartiger Straftaten sind zum einen gewiss Anleger, die sich in einer komfortablen wirtschaftlichen Situation befinden, also getätigte Gewinne weiter vermehren oder Schwarzgeld anlegen wollen, aber es können auch naive, wirtschaftlich weniger versierte oder in wirtschaftlichen Nöten befindliche Anleger sein, die sich eine Verbesserung ihrer wirtschaftlichen Situation versprechen. Letzteres trifft nicht selten auch auf kleinere Unternehmer bzw. Unternehmen zu.
Typisch für betrügerische Transaktionen – bei denen der potentielle Betrüger oft der Geprellte ist – sind die Straftaten der sog. „*Nigeria-Connection*“, die auch heute noch - inzwischen oft übers Internet - ihre Opfer finden, weil sie den Trick jedes erfolgreichen Betrügers anwenden: Die Gier des Opfers zu wecken.

Das Strickmuster ist (mit oft phantasievollen Abweichungen von der zu transferierenden Erbschaft bis hin zur Anlage von aus der DDR angeblich ins Ausland verschobenen Devisen) immer das gleiche: Privatpersonen, aber auch Unternehmen werden per Telefon oder e-Mail kontaktiert und gebeten, beim Transfer von Geldern aus Nigeria nach Deutschland zu helfen, indem sie dafür ihre Konten bereitstellen. Dafür wird ihnen oft eine (natürlich steuerfreie) Provision in Millionenhöhe versprochen. Wenn das Opfer angebissen hat, wird es dann gebeten, z.B. zur „Absicherung des Geschäfts" oder zur kurzfristigen Zwischenfinanzierung „erforderlicher Bestechungsgelder für den Zoll" schnell mal 15.000 - 200.000 € auf ein „Treuhandkonto" in Belize oder auf den Cayman-Inseln zu überweisen. Dann lassen die angeblichen Geldgeber nichts mehr von sich hören – und das investierte Geld ist auch weg. Sollte es sich dabei noch um Schwarzgeld handeln, unterbleibt meist jede Anzeige und der Fall wird nie bekannt.
Teilweise wird auch um die Ausstellung fingierter Rechnungen, die Überlassung von Blanko-Geschäftspapieren oder Vorablieferung für in Aussicht gestellte Provisionen bzw. Geschäftsabschlüsse gebeten. Dies dient nicht selten dann zum Erschleichen von Exportsubventionen oder Devisenzuweisungen und kann leicht zur Erpressbarkeit bzw. strafrechtlichen Verantwortlichkeit des Ausstellers bzw. Versenders der Papiere führen.
Eine modifizierte Form der alten „Nigeria-Briefe" sind Internet-Angebote, mit denen „Repräsentanten in Europa" zur Abwicklung von Zahlungsvorgängen gegen hohe Provisionen angeworben werden. Die kriminellen Angriffe zielen zum einen auf das Erlangen von Originaldaten (der künftige „Repräsentant einer internationalen Firma" wird aufgefordert, persönliche Daten, wie Alter, Geburtstag, Arbeitsstelle und Position im Unternehmen sowie eine Kopie seines Reisepasses oder Führerscheins zu übersenden). Diese Daten können zu mannigfaltigen betrügerischen Zwecken, z.B. für Scheingeschäfte oder zur Dokumentenfälschung verwendet werden. Andererseits wird der „Repräsentant" in einen Vertrag gedrängt, mit dem er sich verpflichtet, den Betrag eingehender Schecks sofort (also noch vor Gutschrift auf dem eigenen Konto) auf ein anderes Fremdkonto zu überweisen. Nachdem diese Zwischenfinanzierung (meist mit kleineren Summen) die ersten Male gut funktioniert hat und so Vertrauen hergestellt wurde, kommen dann plötzlich mehrere hohe Schecks, ungedeckt, wie sich beim Versuch der Einlösung herausstellt doch das eigene Geld ist schon unwiederbringlich weitergeleitet und damit verloren[179]. Eine weitere Spielart ist natürlich auch die Nutzung derartiger Repräsentantenkonten zur Geldwäsche.

Eine in jüngerer Zeit verstärkt auftretende Version betrügerischer Transaktionen und eine moderne Erscheinungsform der international organisierten Kriminalität

[179] Vgl. o.V. „Neuer Trick der Nigeria-Connection" CD-Sicherheitsmanagement Heft 2/2006, S. 46

ist der „Rip-Deal". Der Begriff leitet sich aus den englischen Wörtern *to rip* (entreissen) und *deal* (Geschäft) ab. Hierbei handelt es sich im Kern um Geldwechselbetrug mittels angeblich lukrativer Devisentauschgeschäfte. Dem Opfer wird bei der Geldübergabe auf teils sehr phantasievolle, aber teils auch durchaus brutale Art und Weise das Geld abgenommen.
Die Opfer werden aufgrund von Verkaufsangeboten (z.B. Immobilien, Fahrzeuge, Schmuck, Kunstgegenständen oder auch Firmenbeteiligungen), die vermuten lassen, dass die Opfer über Geldwerte verfügen bzw. Geld benötigen, von den Betrügern kontaktiert. Typisch ist dann, dass vorzugsweise ein Treffen im Ausland vereinbart wird, bei dem sich die Täter bestenfalls am Rande für das inserierte Angebot interessieren, jedoch das Gespräch sehr schnell in Richtung Geldwechsel und Bargeldtransaktionen gebracht wird. Im luxuriösen Ambiente von Grand Hotels bieten die Täter, die sich auch schon mal als arabische Scheichs ausgeben, mit akademischen Titeln schmücken oder zur Legendenbildung gegenüber den Opfern Visitenkarten mit dem Namen real existierender Banken oder Firmen nutzen, Bargeldtransaktionen mit bis zu 30%igem Gewinn (z.B. Euro im Tausch gegen Schweizer Franken) an. Das für sie ungünstige Geschäft wird mit der illegalen Herkunft der Devisen begründet.
Eine weitere Version - die vor allem auf kleine und mittelständische Unternehmer zielt - ist das Angebot eines „internationalen Kredits" zu besonders günstigen Konditionen, wofür allerdings die Hinterlegung einer bestimmten Bargeldsumme bei einer Bank oder einem Notar im Ausland verlangt wird. Täter treten hierbei dann gern als Vermittler auf; Kontakte mit Vermittler bzw. angeblichen Investor laufen meist nur über ausländische Handy-Nummern.[180]
Wenn das Opfer bei einem späteren Treffen dann seinen Koffer mit echtem Bargeld dabeihat, bringen sich die Täter mit diversen Tricks, die von raffinierten Geldkoffer-Umtauschaktionen bis hin zum Raub reichen, in dessen Besitz. Das Opfer bekommt bei diesem Deal neben wertlosen falschen Visitenkarten und nicht mehr erreichbaren Handynummern meist nur Falschgeld oder mit echten Geldscheinen präparierte Papierbündel - und riskiert bei Anzeige u.U. eine Strafverfolgung wegen des Versuchs der Geldwäsche oder wegen Verstoßes gegen landesspezifische Devisengesetze etc.
Dies ist wohl auch ein Grund dafür, dass in diesem Kriminalitätssektor von einer hohen Dunkelziffer auszugehen ist. Die 1.600 Fälle mit einer Schadenssumme von über 65 Mio. €, die lt. Statistik des LKA Bayern von 2000 - 2005 in Deutschland registriert wurden[181], zeigen dennoch, dass potentielle Opfer misstrauisch und vorsichtig sein sollten.
Die Maschen, potentielle vermögende Oper zu finden, werden ständig aktualisiert. In letzter Zeit ist zu beobachten, dass versucht wird Anleger mit „Irak-

[180] Dahinter verbergen sich meist Handys mit nicht registrierten Prepaid-Karten und Aliasnamen.
[181] Vgl. http://www.polizei-ravensburg.com/ripdeal/libi.htm

Fonds", die auf den Wiederaufbau des Landes, vermeintliche neue Ölquellen etc. spekulieren, zu locken. Auch die Steuerpläne der Bundesregierung dienen regelmäßig als Aufhänger, um wenig seriöse „Steuervermeidungsanlagen" zu offerieren.

Nicht so stark mit Strafbarkeitsrisiken bewehrt, aber oft auch betrügerisch angelegt, sind andere scheinbar todsichere Anlageformen, wie z.B. die Anlage in Rohdiamanten oder Beteiligungssparpläne über Treuhänder.
Beteiligungssparpläne sind ein durchaus übliches Bankprodukt. Für die regelmäßige Einzahlung meist geringer Beträge werden dem Anleger Beteiligungen an diversen Produkten angeboten, wie z.B. an Immobilien, Fonds oder an Unternehmen. Bekanntes Beispiel im Privatbereich sind hier die vermögenswirksamen Sparpläne mit Aktienfonds.
Bei *betrügerischen Beteiligungssparplänen* gibt es mehrere Ausprägungen. Zum einen gibt es Pläne, denen durchaus eine konkrete Unternehmensbeteiligung zugrunde liegt. Die gesamte Anlage wie auch die versprochene mehrstellige Rendite sind jedoch hochspekulativ wobei dies dem Anleger oft verschwiegen oder im Prospekt durch positive Formulierungen verdeckt wird. Zudem wird die letztlich erzielte Realrendite wird oft noch durch hohe Gebühren bzw. ungünstige Wechselkursentwicklungen weiter verringert. Zum anderen gibt es Angebote, bei denen außer wohlklingenden Versprechungen und grandiosen Zukunftsvisionen bzw. fiktiven Erfolgsrechnungen weder ein realistisches unternehmerisches Konzept noch Bilanzen der Initiatoren vorhanden sind. Häufig handelt es sich hierbei um sogenannte „Blind Pools", d.h., der Anleger weiß nicht, wie und in welcher Höhe seine Gelder konkret investiert werden. In vielen Fällen handelt es sich von vornherein um modifizierte Schneeballsysteme, bei denen ausgeschüttete Anfangsgewinne aus den Einzahlungen weiterer Anleger finanziert werden und die Initiatoren bestenfalls auf hochspekulative Anlagen setzten, wenn sie nicht ohnehin bald mit dem eingesammelten Geld verschwinden.

Beispiele für derartige betrügerische Transaktionen gibt es immer wieder:
Seit Anfang der neunziger Jahre lockte das Frankfurter Unternehmen *Phoenix Kapitaldienst GmbH* vorwiegend per Telefon Anleger mit hohen Renditen. Die Spezialität der Firma war der Optionshandel an Terminbörsen und der Vertrieb fondsähnlicher Finanzanlagenkonstruktionen. Rund 30.000 Anleger zahlten auf das Terminmarkt-Treuhandkonto „Phoenix Managed Account" etwa 800 Mio. € ein, verführt von einer gut zehn Jahre aufsteigend ausgewiesenen Wertentwicklungskurve und wurden am Ende um rund 300 Millionen geprellt. Am 14.März 2005 zeigte der Phoenix-Kapitaldienst bei der Bafin seine Überschuldung an, worauf die Behörde sofort den Geschäftsbetrieb untersagte und einen Insolvenzverwalter berief. Die Staatsanwaltschaft Frankfurt nahm zudem gegen den langjährigen Chefhändler und Prokuristen der Firma Ermittlungen wegen des Ver-

dachts auf Anlagebetrug auf. Insgesamt sind etwa 600 Millionen Euro in unklaren Transaktionen verschwunden. Der Schaden lässt sich nur bedingt schätzen, da Scheingewinne ausgewiesen und Kontounterlagen gefälscht wurden. Hinzu kommt, dass keine kundenbezogenen Einzelkonten geführt wurden, so dass die Feststellung von Aussonderungsansprüchen aus Treuhandkonten sehr schwierig ist. Erst dann jedoch, wenn bei jedem Geschädigten die Einzahlungssumme und die darauf anzurechnenden Geschäfte ermittelt sind, ist mit einer (zumindest teilweisen) Entschädigung durch die Entschädigungseinrichtung der Wertpapierhandelsunternehmen (EdW) in Berlin, deren Mitglied Phoenix war, zu rechnen, die tätig werden muss, nachdem die Bafin den Entschädigungsfall festgestellt hat.

Ob es sich im Phoenix-Fall um reine Wirtschaftskriminalität oder auch sehr leichtfertigen Umgang mit anvertrautem Geld handelt, konnte auch das Landgericht Frankfurt/M., das im Juli 2006 den ehemaligen Phoenix-Prokuristen wegen schweren Betrugs und Urkundenfälschung zu 7 Jahren und vier Monaten Gefängnis verurteilte, nur bedingt klären. Die Beweisführung war, wie oft im Graumarktbereich sehr schwierig. Gelder wurden mehrfach umgeschichtet und über Londoner Finanzhändler und den inzwischen ebenfalls insolventen amerikanischen Skandalbroker Recto bewegt, Scheingewinne wurden ausgewiesen und z.T. wohl auch an ins System eingebundene „Off-shore-Firmen" ausbezahlt. Buchführungsunterlagen wurden geschreddert. Die mitangeklagte Geschäftsführerin und frühere Chefsekretärin des 2004 mit seinem Flugzeug abgestürzten ehemaligen Firmeninhabers Dieter Breitkreuz wurde zwar vom Vorwurf des Betruges freigesprochen, erhielt jedoch eine Haftstrafe von 2 Jahren und drei Monaten wegen Untreue, da sie kurz vor dem Firmenzusammenbruch noch mehr als eine Million Euro aus der Firmenkasse an befreundete Anleger verteilt hatte.

Versagt hat offenbar auch wieder das Kontrollsystem. Bei der Prüfung des Londoner Brokerkontos der Phoenix Kapitaldienst GmbH hätte dem Wirtschaftsprüfer zumindest auffallen müssen, dass nur auf diesem Konto ungewöhnliche Gewinne ausgewiesen wurden, deren marktunübliche Höhe sich von anderen Konten auffällig unterschied und eine genauere Prüfung erfordert hätte. Zumal es empirisch belegt ist, dass in dem Segment Options and Futures per Saldo Gewinne unmöglich sind.[182] Überhaupt war in den Prüfberichten von Gewinnen und grossen Geldflüssen die Rede, die es real wohl niemals gegeben hatte. Der vorsitzende Richter übte deshalb auch schwere Kritik an der Finanzaufsicht und dem zuständigen Wirtschaftsprüfer, der „gegen alle Regeln seiner Zunft verstoßen" habe.[183]

---

182 Zusammenfassende und laufend aktualisierte Darstellung der Entwicklungen um Phoenix Kapitaldienst GmbH: www.e-d-w.de/Phoenix/Phoenix-Sachstand.html

183 Frankfurter Rundschau online v. 12.07.2006 (www.fr-aktuell.de)

Nachdem das LG Frankfurt/M. Anfang November 2007 den Insolvenzplan nicht bestätigte, wird wohl der BGH über die Entschädigung der Gläubiger entscheiden müssen.

Besonders effektvoll und mit hoher krimineller Energie inszenierte beispielsweise auch der im Frühjahr 2003 vom Hamburger Landgericht wegen Betrugs in 52 Fällen zu sechs Jahren und neun Monaten Haft verurteilte *Jürgen Harksen* seine vermeintliche wirtschaftliche Potenz. Von einem Steuerbescheid über knapp 100 Mio Euro, den Harksen vorgelegt haben soll, zeigte sich wohl sogar Dieter Bohlen beeindruckt. Der Diplomkaufmann und „Modern Talking"-Gründer vertraute Harksen 1,5 Millionen Euro vermutlich mit dem Hintergedanken an, dass einer, der so viel Steuern zahlt, erfolgreich sein muss. Bohlen wartet angeblich bis heute auf sein Geld, wie viele andere auch. Insgesamt kassierte Harksen mindestens 14 Millionen Euro bei reichen Hanseaten ab - etwa für ein frei ersponnenes Ölförderungsprojekt.[184]

Die Liste der Beispiele ließe sich beliebig aktualisiert fortsetzen.
Ende November 2005 durchsuchten 100 Fahnder die Geschäftsräume der *DABAG-Deutsche Anlage- und Beteiligungs-AG* in Coesfeld. Umfangreiches Beweismaterial wurde sichergestellt, die Geschäftsführer verhaftet. Verdächtigt des Millionenbetrugs. Rund 16.000 Kleinaktionäre wurden geködert, in einen Fonds für Venture Capital zu investieren. Die Anlagegelder sollten in junge, forschungsintensive start up- Unternehmen der Biotechnologie, Medizin und der IT fließen. Wenn diese Unternehmen wirtschaftlichen Erfolg haben, so das Versprechen, steige der Wert der Beteiligung um ein Vielfaches. Allerdings wurde zunächst einmal Geld für die Fonds-Geschäftsführung einbehalten; 12% gleich zu Beginn und dann jährlich nochmals 3%. Die Geschäftsführer haben so vermutlich nicht nur ihrer aufwendigen Lebensstil finanziert, sondern einen Großteil der vereinnahmten Gelder in Luxus-Yachten und Geschenke an Freunde investiert. Ob und wie viel Mittel überhaupt bestimmungsgerecht angelegt wurden, werden nun die Gerichte in wohl langwierigen Ermittlungen klären müssen.

Als für die *Wohnungsbaugesellschaft Leipzig-West AG (WBG)* Anfang September 2006 das Insolvenzverfahren eröffnet wurde, ist klar, dass ca. 47.000 Forderungen gutgläubiger Anleger, die von hohen Zinsen gelockt in Inhaber-Teilschuldverschreibungen des Unternehmens investierten, kaum bedient werden können. Etwa 350 Millionen Euro versickerten in einem Geflecht von 40-50 Firmen um die WBG und die diese beherrschende Düsseldorfer DM-Beteiligungen AG. Das Deutschen Institut für Anlegerschutz (DIAS) sprach diesbezüglich vom größten Anlegerskandal der deutschen Nachkriegsgeschich-

---

184 Vgl. Hetzer/Palan. „Todsichres Geschäft" - In: Manager-Magazin 2/2004 , S. 86f.

te.[185] Im Oktober 2006 erhob die Leipziger Staatsanwaltschaft gegen den früheren WBG-Vorstandsvorsitzenden und den Mehrheitseigner der Muttergesellschaft J.S.Immobilienbeteiligungen sowie DM-Beteiligungen AG Anklage wegen schweren Betruges in 4858 Fällen und Insolvenzverschleppung.[186] Noch 2006 emittierte die WBG Schuldverschreibungen über 26,6 Mio. Euro, obwohl die Angeklagten wussten, dass kein Geld für Zinsen oder Rückzahlungen mehr vorhanden war.[187] Die verschwundenen Millionen wurden vermutlich über ein globales Geldwäsche-Netzwerk ins Ausland verschoben. Die Geprellten sind vor allem tausende Kleinanleger. Ein Ende des 2007 wegen Verfahrensfehlern unterbrochenen Prozesses ist gegenwärtig nicht in Sicht.

Die mit dem Anlegerschutzverbesserungsgesetz 2005 eingeführte Prospektpflicht für nicht in Wertpapieren verbriefte Unternehmensbeteiligungen führte übrigens 2006 zu einer Rekordwelle neuer Anlagebetrugsfälle. Unseriöse Anbieter lockten Anleger damit, dass Unternehmen und Angebote von der Bafin überprüft seien, was allerdings so nicht stimmt, denn die Bundesanstalt für Finanzdienstleistungsaufsicht prüft nur, ob Prospekte *formal* vollständig sind, nicht aber die Richtigkeit der Angaben.[188]
So geht das Geschäft mit betrügerischen Inhaberschuldverschreibungen zu Lasten geprellter Anleger munter weiter. Anfang Februar 2007 stellte die Düsseldorfer Kapitalanlagefirma *First Real Estate Grundbesitz GmbH (FRE)* Insolvenzantrag. Betroffen sind bundesweit 8.000 Anleger, die FRE 60 Mio. € anvertrauten. Die Düsseldorfer Staatsanwaltschaft ermittelt gegen die Firma übrigens schon seit 2005 wegen des dringenden Verdachts auf Kapitalanlagenbetrug.[189]

Insbesondere Freiberufler, aber auch Privatunternehmer bzw. Personengesellschaften werden oft mit um Steuerverschleierungseffekte angereicherten *Angeboten für „diskrete Geldanlagen"* nicht allein durch hohe Renditeversprechen, sondern zusätzlich durch das Angebot von Zinszahlungen an Treuhänder und in jedem Wunschland geködert. Ein verführerisches, aber zugleich meist trügerisches Angebot für alle, die Schwarzgeld anlegen oder aus anderen Gründen Einkommen vor dem Fiskus verbergen möchten.
Eine relativ neue Form des Anlagebetrugs ist das Angebot sogenannter *atypisch stiller Beteiligungen.* Hier wird der Anleger meist bei einem angeblich werthaltigen Immobilienprojekt (z.B. Büro- oder Einkaufszentren) faktisch zum Mitunternehmer mit vollem Risiko für den angelegten Betrag. Die Verträge haben oft

---

185 Pressemittellung des DIAS v. 21.07.2006 elektronisch veröffentlicht unter: www.dias-ev/pressemit.php?newsid=41
186 Vgl. Döring,F. „Geldwäsche in großen Stil" , Leipziger Volkszeitung v. 18.11.06 , S. 15
187 Vgl. Döring,F. "WBG-Chefs drohen bis zu 15 Jahre Haft" , LVZ v. 13.02.07 , S. 15
188 Pressemittellung des DIAS v. 28.12.2006 (www.dias-ev/pressemit.php?newsid=55)
189 Staatsanwaltschaft Düsseldorf Az.: 130 Js 44/05

lange Laufzeiten bis zu 40 Jahren und ein vorzeitiger Ausstieg ist (zumindest bei schlechtem Gesamtverlauf) kaum möglich. Der hauptsächliche Anlageköder ist, dass Investoren ihre Anfangsverluste steuerlich geltend machen können. Dass damit suggeriert wird, diese Anlageform werde vom Staat steuerlich gefördert, wiegt manchen Anleger in trügerischer Sicherheit.

Besonders Privatanleger glauben noch immer, Diamanten seien eine sichere Geldanlage. Deshalb sind sie ein beliebtes Mittel für dubiose Anbieter, um naive Geldanleger relativ straflos prellen zu können. Der *Diamantenhandel* ist jedoch ein Profihandel. Rohdiamanten werden auf dem Weltmarkt unter Experten gehandelt und sind als Kapitalanlage für den „normalen" Privatanleger ungeeignet. Kleinanlegern fehlt zumeist das nötige Know-how, preisbestimmende Abweichungen und Fehler in Farbe, Reinheit und Schliff zu erkennen. Diamanten werden jedoch immer wieder als krisensichere Anlageform angepriesen und den Kunden oft zu überhöhten Preisen verkauft. Dazu werden Zertifikate ausgegeben, die angeblich die Qualität des Steines beweisen sollen, tatsächlich jedoch lediglich Hinweise auf die Merkmale der Steine enthalten. Unter Verweis auf derartige dem Kunden ausgehändigte Nachweise (aus denen Experten durchaus Mängel und Wertminderungen herauslesen können) exculpieren sich die betrügerischen Händler oft sogar bei Gerichtsprozessen.
Eine relativ neue, den Anlagebetrug mit Diamanten erweiternde Masche wird gegenwärtig übers Internet verbreitet. Über Internetseiten oder e-Mail werden in Klarsichtfolie eingeschweißte Diamanten zum Kauf angeboten. Per relativ preisgünstigen Lockangebot werden Kunden geködert, z.B. einen Diamanten zu 500 € zu erwerben, der dann nach einiger Zeit von der (seriös auftretenden) Anbieterfirma für 700 E oder mehr zurückgenommen wird. Das Spiel wiederholt sich mit einem Diamanten für z.B. 5.000 €. Die Gier beim Kunden steigt und seine Kritikfähigkeit sinkt. Wenn schließlich ein Diamant für 50.000 € oder mehr angeboten wird, rechnen Anleger dann natürlich mit hohem Gewinn, um nach einiger Zeit informiert zu werden, dass „der Markt für Anlagediamanten leider zusammengebrochen" sei. Die Firma verschwindet vom Markt. Der Kunde hat dann zwar noch den Diamanten (den er zum Erhalt der Rückverkaufsoption vertragsgemäß nicht aus seiner Folie für genauere Prüfungen entnehmen durfte), doch dieser stellt sich dann regelmäßig als minderwertiges Exemplar heraus, das den gezahlten Kaufpreis nicht wert ist. Derartige Firmen können mit wechselnden Namen die gleiche Masche oft lange betreiben, da es sich bei den Opfern häufig um Schwarzgeldanleger bzw. Steuerflüchtlinge handelt, so dass Anzeigen meist unterbleiben.

Gern bieten dubiose Anlageberater Einzelpersonen oder Firmen „P-Bonds" oder Reg.S-Aktienanlagen an. Beide Angebote sind wenig seriös und bestenfalls für Börsen-Zocker aber nicht als seriöse Wertanlage geeignet.

P-Bonds stehen für „Premium Saving Bonds" (PSB). Hierunter versteht man in Großbritannien aufgelegte Mini-Staatsanleihen mit dem Nennwert von einem Pfund. Es erfolgt hier keine Verzinsung, sondern eine Verlosung der als Zins vorgesehenen Summe unter allen Inhabern der Papiere. Im Endeffekt handelt es sich demnach um ein Lotterielos. Anlagebetrüger offerieren diese Papiere als „generös verzinste Staatsanleihe", in dem sie die Gewinnwahrscheinlichkeit als Berechnungsbasis einer fiktiven Verzinsung nehmen und die P-Bonds so als sichere und gut verzinste Anlage darstellen.
Regulation S (Kurzform: Reg.S) ist eine besondere Form der amerikanischen Aktienemission. Ein Gesetz aus dem Jahr 1990 gibt Unternehmen die Möglichkeit, ihr Eigenkapital durch Privatplatzierungen von Aktien bei Nichtamerikanern zu erhöhen - mit geringeren Kosten als sonst üblich. Und zwar deshalb nur bei Nichtamerikanern, weil diese Emissionsform sich nicht mit den amerikanischen Anlegerschutzvorschriften der SEC vereinbaren lässt.
Im Gegensatz zu einer normalen Aktienplatzierung, bei der die Registrierung mehrere Monate dauert und zahlreiche Unternehmensdaten publiziert werden müssen, können nach Reg.S ausgegebene Wertpapiere schneller und mit geringeren Veröffentlichungspflichten an Anleger verkauft werden. Diesen Kostenvorteil geben die Unternehmen in der Regel durch einen Rabatt an die Anleger weiter - bei Neuemissionen durch einen geringeren Einführungskurs, bei einer Kapitalerhöhung durch einen Abschlag auf den Börsenkurs. Dafür darf der Anleger die Aktien frühestens nach 40 Tagen verkaufen.
Diese gesetzliche Regelung ist durchaus sinnvoll, ermöglicht sie es doch kleineren Unternehmen, günstig an Risikokapital zu kommen. Leider haben auch die Akteure des grauen Kapitalmarkts das interessante Geschäft entdeckt. Die Möglichkeiten, Anleger mit Reg.S-Papieren abzuzocken, sind groß und kaum nachzuweisen.
So geben manche Vermittler den Kursrabatt, der bis zu 40 Prozent betragen kann, nicht an die Anleger weiter - eine Praxis, die auch in den USA nicht strafbar ist.
Größer ist jedoch der Schaden durch Kursmanipulationen: Aktienemissionen nach Reg.S werden meist von sehr kleinen Unternehmen begeben (so genannte Penny Stocks). Unter den rund 30.000 Aktien, die am amerikanischen Freiverkehrsmarkt NASDAQ gehandelt werden oder nur im OTC-Bulletin Board (also im ausserbörslichen Handel) notiert sind, gibt es viele, deren Kurse schon mittels weniger tausend Dollar Ordervolumen erheblich manipuliert werden können. Kostet ein Papier beispielsweise nur 0,50 Dollar, reicht bereits ein Anstieg um einen halben Dollar für einen Gewinn von 100 Prozent. Bei einer Aktie, die hingegen 50 Dollar kostet, macht der gleiche absolute Zuwachs gerade einmal ein Prozent aus. Der Börsenwert des Unternehmens beträgt teilweise nur vier bis fünf Millionen Dollar. Die Brokerfirma kauft dann nahezu alle ausstehenden Aktien auf. Nennt sie den Großteil der Titel ihr Eigen, sinkt das Angebot zu-

nehmend, da nur noch wenige Papiere frei verfügbar sind. Nun reicht bereits die geringste Nachfrage (und somit der Einsatz einiger hunderttausend Dollar), um den Kurs in fast beliebige Höhen zu treiben - was die Abzocker auch praktizieren. Notieren die Anteilscheine dann bei beispielsweise bei fünf Dollar, beginnt die zweite Phase des betrügerischen Plans. Jetzt werden die Aktien zum scheinbar niedrigen Preis von z.B. drei Dollar mit einer reißerischen Story an Privatanleger abgesetzt. Geschickte Verkäufer setzen so innerhalb weniger Monate alle Wertpapiere des Unternehmens ab. Trotz des niedrigen Kurses lohnt sich das Geschäft für den Broker. Denn die meisten Papiere hat er weit unter einem Dollar eingekauft. Hinzu kommt, dass sich die Spesen bei amerikanischen Wertpapieren vor allem nach der Stückzahl und nicht dem Transaktionsvolumen berechnen. Dies bedeutet, dass vor allem bei Titeln mit einem niedrigen Kurs der prozentuale Spesenanteil kräftig steigt. Für Aktien, die nur zwei oder drei Dollar das Stück kosten, fallen so durchaus mehr als fünf Prozent Gebühren an. Diese müssen erst einmal durch Kursgewinne verdient werden.
Den Betrugsopfern gehen meist erst dann die Augen auf, wenn sie ihre Aktien verkaufen wollen. Dann findet sich nämlich meist kein Käufer, da die Nachfrage für die nahezu wertlosen Papiere fehlt. Folglich stürzt der Kurs in die Tiefe. Die Graumarkthaie haben also gleich zwei Mal verdient: Zum einen an der satten Provision und zum anderen am kräftigen Anstieg der manipulierten Aktien.
Der betrogene Anleger hat nur die Wahl, mit hohem Verlust zu verkaufen oder darauf zu hoffen, dass der Kurs eines Tages einmal steigt- vielleicht durch eine weitere Aktienemission nach Regulation S.

2.4.8.2. Prophylaxe bzw. Gegenmaßnahmen

Während man bei Transaktionsangeboten, die dem der Nigeria-Connection ähneln, auch wenn einige nun schon aus anderen Weltgegenden kommen, nur raten kann, nicht darauf einzugehen, scheinen Anlagearten, wie z.B. hochrentierliche Beteiligungssparpläne bzw. Beteiligungen über Treuhänder oder atypisch stille Beteiligungen durchaus interessante Geldanlageformen zu sein, aber es sei immer bedacht, dass

- sich deutsche Anleger bei Nichtdeklaration derartiger Einkünfte diverser Steuerstraftaten schuldig machen können
- solche Angebote sehr kritisch betrachtet werden sollten, wenn Zinsen erst bei Vertragsende ausgezahlt bzw. thesauriert werden, weil Rückzahlungstermine so lange hinausgeschoben werden, während das angelegte Geld schon verschwunden sein kann und mit wachsender Zeit die Chancen, das angelegte Geld ggf. auf dem Klagewege noch zurückholen zu können, immer geringer werden
- Anlagen oder Zinszahlungen über Treuhänder nur Sicherheit suggerieren, denn ein Treuhänder muss nicht per se im Anlegersinne handeln. Seine

Aufgaben sind in oft komplizierten Treuhandverträgen festgelegt, die ihn von aller Haftung freistellen. Oft führt er auch nur Buch über die Zahlungseingänge. Alarmglocken sollten vor allem dann schrillen, wenn es sich um Treuhandgesellschaften auf karibischen Inseln handelt. Nicht selten findet man beim genauen Hinschauen da nur einen Briefkasten an einer Wellblechhütte.

- atypisch stille Beteiligungen keiner staatlichen Aufsicht unterliegen und deshalb dem grauen Kapitalmarkt zuzurechnen sind, ein vorzeitiger Ausstieg aus den meist geschlossenen Fondsprojekten kaum möglich ist und bei einer Projektpleite Totalverlust droht.

Das Angebot von Diamanten als Geldanlage sollten Anleger übrigens generell ablehnen, wenn sie nicht Experten auf diesem Gebiet sind. Es gibt keine seriösen Anbieter, die unerfahrenen Privatpersonen Diamanten als Kapitalanlage vermitteln.

Die Phantasie betrügerischer Abzocker am grauen Markt ist fast unendlich - und man kann ihnen oft gar keine kriminellen Machenschaften nachweisen, denn die Geschäfte sind zwar hochriskant, aber letztlich legal, so wie jeder mündige Anleger sein Geld an Spielbanken einsetzen, oder auch im Ofen verbrennen kann.
Ein abschließendes Beispiel eines recht seriös erscheinenden Anlageangebots möge dies illustrieren:
Angebot: Vermögensverwaltung über eigenes Depotkonto bei einem Broker in Vancouver; Disagio fünf Prozent, Gewinnbeteiligung 15 Prozent.
Kritische Beurteilung: Das Angebot wirkt auf den ersten Blick sehr fair, die Abwicklung über ein Einzelkonto auf den Namen des Kunden bei einem ausländischen Broker ist immer vorteilhaft. Auch die Gebühren halten sich in einem vertretbaren Rahmen.
Was bei näheren Durchsehen aber deutlich - und vom Anbieter im Prospekt auch nicht vertuscht - wird: Die Gelder sollen überwiegend an der Vancouver Stock Exchange angelegt werden. Diese Börse wird in Brokerkreisen nur Wildwestbörse genannt, da hier ausgesprochen viele kleine Werte gehandelt werden, bei denen Kurs-Manipulationen an der Tagesordnung sind. Der deutsche Kunde hat keine Möglichkeit, sich anderweitig über die Entwicklung seiner Aktien zu informieren.
Interessant: Die Werbeanzeigen der vermittelnden Vermögensverwaltung zeigen einen Mann, der sich einen Trommelrevolver an die Schläfe hält - hoffentlich ist das nicht der betroffene Anleger!

Mittels diverser Geldvermehrungsversprechen, wie angeblich „todsicheren" Termingeschäften, erfolgversprechenden Immobilienanteilen an Bürogebäuden oder Einkaufszentren während der Euphorie des Aufbaus Ost, Medien- oder

Windkraftfonds, Fremdwährungsanleihen oder Venture-Capital-Beteiligungen haben dubiose Vermittler und oft mit großen Namen auftretende betrügerische Finanzanlagegesellschaften vertrauensselige Kapitalanleger auch in den letzten Jahren immer wieder getäuscht und oft finanziell schwer geschädigt. Ob das von BKA und Anlegerschützern geschätzte jährliche Betrugsvolumen von 40 Milliarden Euro in diesem Bereich richtig ist, lässt sich schwer verifizieren, nur wenige große Fälle kommen zur Anzeige und noch weniger werden in Anbetracht der Spezifik der Materie gerichtsverwertbar; wobei Täterverurteilungen noch lange nicht bedeutet, dass geprellte Anleger auch ihr verlorenes Geld zurückerhalten.
Potentiellen Anlegern ist nur zu raten, Chancen und Risiken sehr kritisch abzuwägen und diverse Warnsignale zu beachten.
Oft kann es schon sinnvoll sein, die Monatsberichte der Deutschen Bundesbank oder der Europäischen Zentralbank (EZB) einzusehen, in denen detailliert und statistisch exakt belegt auch über aktuelle Entwicklungen und Zinssätze an den Anleihemärkten berichtet wird. So wird schnell deutlich, dass z.B. Renditen langfristiger Staatsanleihen im Euro-Raum in den letzten Jahren zwischen 3 und 3,7 % und in den USA zwischen 4,3 und 4,7 % pendelten oder die Schätzung der langfristigen Tagesgeldzinssätze bis 2015 im Euro-Währungsgebiet bei unter 4,5% liegt[190]. Solche Daten sollten als fundierte Benchmark-Werte zur Beurteilung dubioser Rendite-Versprechen herangezogen werden.
Sinnvoll kann es auch sein, die diesbezügliche Warnliste der Stiftung Warentest[191] zur Entscheidungsfindung vor einer Finanzanlage abzurufen. Diese monatlich aktualisierte Liste zeigt, welche Geldanlageangebote, Anbieter und Vermittlungsfirmen innerhalb der letzten zwei Jahre negativ in Erscheinung getreten sind.

Teilweise verweisen Anlagebetrüger zur Untermauerung ihrer hohen Renditeangebote auf die „Investition in Hedgefonds". Hedgefonds sind oft durchaus seriöse Finanzanlageinstrumente, deren Hauptmerkmal Kauf und Leerverkauf von Aktien ist mit dem Ziel, das Risiko marktweiter Kursschwankungen weitgehend auszuschalten bzw. gewinnwirksam auszunutzen[192]. Wenn die Anlage in Hedgefonds nicht nur betrügerisch vorgegaukelt wird, können entsprechende Anlagestrategien durchaus höhere Renditen ermöglichen. Jedoch sei auch hier das Risiko bedacht, das im wesentlichen darin besteht, dass derartige Fonds - infolge ihres Firmensitzes - oft nur lockeren Regulierungs- und Kontrollgesetzen unterworfen („offshore-Firmensitz"), Anlagerisiko- und Gebührenstrukturen schwer

190 Vgl. Europäische Zentralbank , Monatsbericht Januar 2006, S. 25 f. ; Frankfurt/M. 2006
191 www.stiftung-warentest.de
192 eine solche Risikoabsicherung wird im englischen als *Hedging* bezeichnet

überschaubar sind.[193] Auch für derartige Anlagen gilt: Soviel als möglich Informationen einholen und diese kritisch bewerten.
Im EU-Raum gibt es in letzter Zeit zunehmende Bestrebungen, auch auf Hedgefonds, die strengeren EU-Regularien für Investmentfonds anzuwenden, die vor allem auch vermittelnde Banken zu einer diesbezüglichen Risikoüberwachung verpflichten[194]. Insofern ist das Tätigen derartiger Finanzinvestitionen über vertrauenswürdige Banken ein weiterer Schritt zur Risikominimierung des Anlegers.

2.4.9. Allgemeine Warnsignale für Anlagebetrug

Anlagenbetrug wird immer mehr zu einer Form der international organisierten Kriminalität. Der Sitz der Betrugsfirmen befindet sich deshalb auch oft in exotischen Gegenden, doch auch scheinbar seriöse Finanzanlagevermittler aus dem EU-Raum können sich als schwarze Schafe entpuppen.

Zur Anbahnung und Abwicklung der Geschäfte wird vorzugsweise das Telefon benutzt, so dass häufig dokumentierte Spuren fehlen.
Solche Angebote, die mit hohen Renditen locken (z.B. Warentermingeschäfte), sollten - wie auch nicht börsennotierte Wertpapiere unbekannter Firmen - mit großer Skepsis betrachtet werden. Zudem ist zu beachten, dass bei erfolgreichen derartigen Geschäften auch die Gefahr von Steuerstraftaten besteht, wenn derartige Spekulationsgewinne (selbst wenn diese - durch angebliche "sofortige Wiederanlage" - nicht als Geldauszahlung realisiert wurden) gegenüber dem Fiskus nicht angegeben und versteuert werden.

Allgemein haben dubiose Angebote meist vier Dinge gemeinsam:

- Sie folgen oft den in der Finanzpresse gerade als aktuell und werthaltig empfohlenen Anlagetrends
- Es wird mit exorbitant hohen Renditen bzw. Steuervergünstigungen gelockt
- Es wird in wirtschaftlich sehr riskante bzw. schöngerechnete Projekte investiert
- Es werden - in Vorgriff auf versprochene hohe Gewinne - hohe Agios bzw. Gebühren (oft im Voraus) fällig, die letztlich die Rendite mindern

Es gibt weitere detaillierte Warnsignale, die im konkreten Fall nicht alle auftreten müssen, deren Häufung jedoch die Anlegerbedenken erhöhen und gezielte

[193] Vgl. EZB „Hedgefonds: Entwicklungen und wirtschaftspolitische Implikationen" - In: EZB-Monatsbericht Januar 2006 S. 72 ; Frankfurt/M. 2006
[194] ebenda S. 81 ff.

Nachfragen auslösen bzw. dazu führen sollten, das hohe Risiko geplanter Finanzgeschäfte zu erkennen. Diese Warnsignale betreffen:

- Die Geschäftsanbahnung
- Die Anlageobjekte
- Die Anlage- bzw. Vermittlungsfirmen
- Die Vertragsunterlagen
- Die Geschäftsabwicklung

Bei der *Geschäftsanbahnung* sind Warnsignale insbesondere, wenn

- Angebote relativ anonym und unerwünscht bzw. unaufgefordert über Telefon, E-Mail-Werbung oder Internet-Link herangetragen werden
- Zeitdruck aufgebaut wird, indem auf eine „einmalige“ bzw. „nur kurze Zeit bestehende Chance“, eine besondere Marktsituation oder „Insider-Informationen“ verwiesen wird.
- der Anbieter bzw. Vermittler sehr schnell Geldüberweisungen, im Einzelfall sogar Verrechnungsschecks oder Bargeld verlangt
- Kreditaufnahmen empfohlen werden, weil die zu erzielende Rendite angeblich wesentlich höher sei, als die zu zahlenden Kreditzinsen.
- relativ unverblümt damit geworben wird, dass Schwarzgeld diskret angelegt (und damit gewaschen) werden kann. Hier wird nicht nur zu einer Steuer-Straftat ermuntert, sondern der Geldanleger wird damit aus dieser Situation heraus erpressbar.
- Schulungen als Mitarbeiter bzw. Werber für das offerierte Anlageprodukt angeboten werden. Hinter solchen Offerten stecken nicht selten Schneeballsysteme, bei denen die anfänglichen Provisionen aus den Schulungsgebühren neugeworbener Interessenten finanziert werden.

Bezüglich der *Anlageobjekte* sollte als Warnsignal wirken, wenn

- eine hohe Rendite bei kleinem Risiko versprochen wird. Rendite und Risiko bedingen sich jedoch wechselseitig, d.h. je höher die avisierte Rendite, desto höher das einzugehende Risiko! Analoges gilt für das Versprechen sicherer Gewinne bei Wertpapieren.
- es unklar bleibt, wo und wie Gelder investiert werden sollen; das Anlageobjekt nicht verifizier- bzw. überprüfbar ist. So ist die angebotene Immobilie z.B. nur als Computeranimation zu besichtigen oder die als Kapitalanlage gedachten Rohdiamanten sind eingeschweisst und dürfen auch nicht zur Probe entnommen werden.
- die angebotenen Investitionen wirtschaftlich nicht schlüssig sind (z.B. der angebliche Handel mit Bankgarantien oder „sich selbst tilgende Kredite“) bzw. nicht tragfähig scheinen (z.B. vage Verweise auf ökologischen Nutzen oder Steuerersparnisse).

- avisierte hohe Rendite mit der Involvierung in Geldwäschegeschäfte erklärt wird.

Bei *Anlage- und Vermittlungsfirmen* sollte Misstrauen angebracht sein, wenn

- eine ausländische Kapitalgesellschaft als Anbieter oder Vermittler auftritt. So können eine im US-Bundessstaat Delaware oder auf diversen Karibikinseln gegründete Corporation (Corp.) oder eine Liechtensteiner Aktiengesellschaft, aber auch eine britische Limited (Ltd.), die dortigen Rechtsregelungen unterliegen, oft für wenige hundert Euro gekauft bzw. gegründet werden und verbreiten nicht selten nur den Anschein der Seriosität. Typisch auch, dass derartige Unternehmen oft nur über einen Büroservice oder ein Postfach bzw. eine web-site erreichbar sind (Briefkastenfirmen).
- die Gesellschaft nicht selbst in Deutschland tätig, sondern hier nur durch einen Agenten (Generalvertrieb, Repräsentanten etc.) vertreten ist und es keine verifizierbare Bankverbindung mit einer deutschen Bank angibt.
- die Finanzanlagefirma erst seit kurzem tätig bzw. noch in Gründung ist.
- die Finanzanlagefirma als Broker auftritt, jedoch bei der zuständigen Börsenaufsichtsbehörde nicht registriert ist. So muss z.B. jeder amerikanische Broker bei der SEC registriert sein. Analoges gilt für das Betreiben von Bankgeschäften - wie etwa das Entgegennehmen von Einlagen, das in Deutschland eine Genehmigung durch die Bafin[195] erfordert
- Anbieter bzw. Vermittler unter einer Firmenbezeichnung auftreten, die leicht mit einer bekannten bzw. renommierten Firma zu verwechseln ist, ohne dass eine Beziehung zu dieser besteht.

Die *Vertragsunterlagen* sollten Misstrauen wecken, wenn

- es Divergenzen zwischen (mündlichen oder allgemein beworbenen) Gewinnzusagen und den schriftlichen Vertragsunterlagen gibt.
- Rechte und Pflichten der Vertragsparteien, der Umfang erteilter Handlungsvollmachten und die Organisation von Transaktionen unklar formuliert sind.
- Verträge und Risikohinweise nicht in Deutsch vorliegen oder mündlich darauf hingewiesen wird, dass es sich bei Risikohinweisen in den schriftlichen Unterlagen um formaljuristische Formulierungen handle, die nicht von Bedeutung seien, „weil das Geschäft risikolos“ sei.
- die vorgelegten Verträge nicht nach deutschen, sondern nach - möglicherweise unbekanntem - ausländischem Recht (z.B. kanadischen Recht für eine Euro-Anleihe oder dem Recht der British Virgin Islands für einen

---

[195] Bundesanstalt für Finanzdienstleistungsaufsicht, (vgl. www.bafin.de)

Vermögensverwaltungsvertrag) formuliert sind bzw. der Gerichtsstand im Ausland vereinbart wird.

- keine Registrierung in dem Staat nachgewiesen wird, nach dessen Recht Finanzanlagen angeboten werden. So ist z.B. ein US-Wertpapier, das nicht nach dem Securities Excange Act registriert ist, kaum weiterzuverkaufen.

Eine *wenig seriöse und möglicherweise dolose Geschäftsabwicklung* ist zu vermuten, wenn

- bei Börsengeschäften keine originalen Broker-Belege, sondern nur Kopien oder von der Vermittlerfirma gefertigte Eigenbelege übersandt werden.
- Börsengeschäfte nicht auf ein namensgebundenes Einzelkonto, sondern über ein Sammelkonto abgewickelt werden, das mannigfaltige Manipulationsmöglichkeiten zu Ungunsten der Anleger zulässt.
- die Finanzanlagefirma keine detaillierten und verständlichen Kontoauszüge bzw. Abrechnungen liefert; die Ein- und Auszahlungen nicht über Konten einer deutschen Bank, sondern in bar oder per Verrechnungsscheck erfolgen.
- fällige Auszahlungen über länger Zeit verschleppt werden (z.B. wegen angeblicher Banküberweisungsprobleme) oder aggressiv versucht wird, eine sofortige Wideranlage anstehender Auszahlungen zu erreichen.
- in den Anlageabrechnungen die Kosten bzw. Provisionen / Courtagen nicht ersichtlich sind, oder sich nicht einzelnen Transaktionen zuordnen lassen.
- für die Mittelverwendungskontrolle kein deutschem Recht unterstehender Beauftragter (z.B. Wirtschaftsprüfer, Notar) oder lediglich ein dubioser Treuhänder verantwortlich ist, der von der Anlagefirma eingesetzt wurde und evtl. nur das Ein- und Auszahlungskonto, aber nicht das eigentliche Geschäft überwacht.

Besonders im Bereich der Vermögensverwaltung kleiner und mittelständischer Unternehmen ist es wichtig, dass eine klare Geschäftspolitik formuliert wird, die eindeutige Weisungen für Anlagengeschäfte und deren Überwachung enthält. Insbesondere sollten alle getätigten Geschäfte buchhalterisch erfasst werden, so dass Geschäft und Gegengeschäft revisionsfähig sind.

Auch derivative Finanzinstrumente wie Termingeschäfte, Swaps und Optionen sind im Grunde wirtschaftlich sinnvolle Gestaltungen zur Absicherung von Geschäftsrisiken, die jedoch eindeutig den Grundgeschäften zugeordnet und risikobezogen überwacht werden müssen.

2.5. Umweltdelikte

2.5.1. Umweltschutz erfordert ganzheitliche Überwachungsansätze

Bei Umweltstraftaten sind Unternehmen der landläufigen Meinung nach meist Täter. Doch manchmal ist das Unternehmen dabei zugleich Opfer eigenen Unwissens, der Fahrlässigkeit oder des Mutwillens seiner Angestellten, vor denen es sich schützen muss und kann.

Das deutsche Recht hat für den Bereich des Umweltschutzes bezogen auf Unternehmen einen verschuldungsunabhängigen Haftungsansatz festgelegt, der die strikte Einhaltung aller relevanten Umweltschutznormen als faktisch einzige Exculpierungsmöglichkeit erfordert. Insofern geht es für die Unternehmen nicht nur um die Verhinderung aktiv ausgeübter umweltkrimineller Handlungen, sondern um die prophylaktische gesetzesäquivalente Ausgestaltung aller Betriebsprozesse und Produkte, so dass durch die Unternehmenstätigkeit keine negativen Auswirkungen auf Mensch und Umwelt und somit auch keine finanziellen, imagebezogenen oder sonstigen Schäden fürs Unternehmen entstehen.

Es wäre wenig zielführend, anhand einiger ausgewählter Fallbeispiele (von fahrlässig verursachten Tankerhavarien mit gravierenden Umweltfolgen über von Unternehmensmitarbeitern aus Bequemlichkeit verursachten Schadstoffeinleitungen in Flüsse bis hin zu illegalen Gefahrguttransport-, Abfallverschiebungs- und Müllbeseitigungsskandalen vermittels dubioser Scheinfirmen oder Auslandspartner) Begehensweisen von Umweltkriminalität zu schildern. Dies vor allem deshalb, weil der interne Prophylaxeansatz hierfür letztlich der gleiche wie bei allgemeiner Top-Management- bzw. Mitarbeiterkriminalität ist.[196] Wirklich problemadäquat und gesetzeskonform jedoch ist hier nur ein Compliance-bezogener Ansatz, in dessen Mittelpunkt die Überprüfung des unternehmensinternen Umweltmanagements steht.

2.5.2. Begehungsweisen - gesetzlich reglementiert

Das Gesetzeskorsett, das die Öffentlichkeit vor Umweltschäden durch Unternehmen schützen soll ist in Deutschland relativ eng.

So gilt z.B. seit 1990 das Umwelthaftungsgesetz[197], in dessen Mittelpunkt das Gefahrenpotential bestimmter - durchaus erlaubter - Anlagen, Produkte oder Verkehrsmittel oder die Gefährdung von Medien (z.B. Wasser, Boden oder Luft) und der damit verbundene notwendige Schutz Dritter stehen.

Die Voraussetzung, dass ein Unternehmen nach § 1 dieses Gesetzes für schädliche Umwelteinwirkungen haftbar gemacht werden kann, ist allein das Betreiben

[196] Vgl. Abschnitt 2.7.

[197] siehe Umwelthaftungsgesetz (UmweltHG) vom 10.12.1990 (BGBl. I S. 2634) , zuletzt aktualisiert durch das Zuständigkeitsänderungsgesetz vom 19.04.2006 (BGBl I 2006 S. 866)

einer diese Umweltbeeinträchtigungen verursachenden Anlage, unabhängig davon, ob den Betreiber der Anlage ein Verschulden trifft oder nicht, ob es sich um Schäden aus Störfällen oder aus dem rechtmäßigem Normalbetrieb handelt. Damit hat sich der Gesetzgeber endgültig von den früher in der zivilrechtlichen Haftung nahezu ausschließlich geltenden Grundsätzen der Verschuldenshaftung abgewandt. An die Stelle der Haftbarmachung aufgrund fahrlässigen oder vorsätzlichen Verhaltens (Verschulden), tritt die Haftung aufgrund der Verursachung eines Schadensachverhaltes - im Falle der Ursachenvermutung nach § 6 Umwelthaftungsgesetz auch *ohne konkreten Verursachernachweis.*[198]
Die Ursachenvermutung geht hierbei davon aus, dass der Schaden durch eine Anlage verursacht ist, wenn diese nach den Gegebenheiten des einzelnen Falles dazu "geeignet war". Der Nachweis, dass ein Schaden tatsächlich von einer bestimmten Anlage verursacht wurde, entfällt widerlegbar.
Das Gesetz setzt somit zwar eine Vermutung anstelle der nachgewiesenen Kausalität, der Anlageninhaber hat jedoch die Möglichkeit, durch Darlegung und Beweis der Einhaltung seiner besonderen Betriebspflichten[199] die Vermutung im Sinne des § 6 Abs.2 UmweltHG zu entkräften. Die Anforderungen an eine solche "Vermutungswiderlegung" sind jedoch sehr hoch und können letztlich nur durch eine lückenlose Darstellung des ordnungsgemäßen, die besonderen Betriebspflichten berücksichtigenden Verfahrens erfüllt werden, was nicht zuletzt z.B. den Nachweis eines effizienten im Rahmen des Öko-Auditing überwachten internen Umweltmanagementsystems gem. Umweltauditgesetz (UAG)[200] erfordern kann.

Das Umweltstrafrecht schließlich hat die Aufgabe, die Umwelt - und damit letztlich den Menschen - in Form ihrer verschiedenen Medien (Wasser, Luft, Boden) und Erscheinungsformen (Fauna und Flora) gegen menschliche Angriffe zu schützen.
Straftaten, als schwere durch Gesetzesverletzungen verursachte Verletzungen geschützter Rechtsgüter werden grundsätzlich von Amts wegen verfolgt. Die wichtigsten umweltstrafrechtlich relevanten Bestimmungen sind im Strafgesetzbuch (StGB) im Abschnitt "Straftaten gegen die Umwelt" §§ 324-330 enthal-

---

198 Vgl. Landsberg, G./Lülling, W. „Umwelthaftungsrecht - Kommentar" Köln - Stuttgart 1991, S. 4 f.

199 Gem. § 6 Abs. 3 des UmweltHG sind besondere Betriebspflichten "...solche, die sich aus verwaltungsrechtlichen Zulassungen, Auflagen und vollziehbaren Anordnungen von Rechtsvorschriften ergeben, soweit sie die Verhinderung von solchen Umwelteinwirkungen bezwecken, die für die Verursachung des Schadens in Betracht kommen".

200 Vgl. Gesetz zur Ausführung der Verordnung (EG) Nr. 761/2001 des Europäischen Parlaments und des Rates v. 19.03.2001 über die freiwillige Beteiligung von Organisationen an einem Gemeinschaftssystem für das Umweltmanagement und die Umweltbetriebsprüfung (EMAS) v. 04.09.2002 (BGBl. I 2002 S. 3)

ten.[201] Mit der Einfügung dieses 28. Abschnitts durch das Gesetz zur Bekämpfung der Umweltkriminalität[202] signalisierte der Gesetzgeber 1980, dass Umweltverschmutzung auch in Deutschland nicht mehr länger als "Kavaliersdelikt" angesehen wird. Die PKS weist einen eigenständigen Abschnitt „Umweltkriminalität" aus, indem seit Jahren der unerlaubte Umgang mit gefährlichen Abfällen (§ 326 StGB) und die Gewässerverunreinigung (§ 324 StGB) Spitzenplätze einnehmen

Auch das zum 1.November 1994 in Kraft getretene Zweite Gesetz zur Bekämpfung der Umweltkriminalität, das vor allem Luft- und Bodenverschmutzungen noch stärker als zuvor ahnden soll, verschärfte das Umweltstrafrecht weiter[203]. Für Unternehmen besonders interessant sind die §§ 326-330a, nach denen schon schädigungsgeeignete oder konkrete Gefährdungshandlungen unter Strafe gestellt sind, auch wenn noch gar kein Schaden eingetreten ist.

Die Strafbarkeit entfällt nur, wenn der Unternehmer im Rahmen einer verwaltungsrechtlichen Erlaubnis handelt und nachweisen kann, dass er sich in vollem Umfange im genehmigten Rahmen bewegte, was am besten durch entsprechende Aufzeichnungen z.B. über Ergebnisse der internen Umweltbetriebsprüfung, deren Durchführung in der Verantwortung des Managements liegt, nachgewiesen werden kann.

2.5.3. Prophylaxe bzw. Gegenmaßnahmen

Der Gesetzgeber hat in diversen Einzelregelungen eine ganze Reihe von betrieblichen Beauftragten (von Abfall- über Immissionsschutz-, Gefahrgut-, Gewässerschutz- bis Störfallbeauftragten) vorgeschrieben, die wichtige Detailaufgaben des Umweltschutzmanagements erfüllen. Zur umfassenden Risikobeurteilung und -prophylaxe wie auch zur Aufdeckung umweltkrimineller Handlungen erscheinen diese Funktionen jedoch nur bedingt geeignet. Hier sollte idealerweise die Interne Revision - sowohl im Vorfeld als auch in Ergänzung bzw. Nachbearbeitung vom Umweltbetriebsprüfungen nach UAG - tätig werden. Im Mittelpunkt diesbezüglicher Prüfungen steht das „Umweltschutz- oder Öko-IKS" des Unternehmens. Dieses lässt sich definieren als:

Die Gesamtheit aller den Arbeitsabläufen im Unternehmen direkt vor- oder nachgelagerten bzw. integrierten organisatorischen und technischen Maßnahmen und personellen Verantwortlichkeitsregelungen, die dazu dienen, Umwelt-

---

201 Weitere umweltspezifische Strafvorschriften finden sich im Abschnitt "Gemeingefährliche Straftaten", insbesondere in den §§ 310 b bis 311 e und § 319StGB, sowie in speziellen Paragraphen z.B. des Pflanzenschutz-, Tierseuchen- oder des Gentechnikgesetzes

202 siehe BGBl I 1980 S. 373

203 Zweites Gesetz zur Bekämpfung der Umweltkriminalität (31.StÄndG - 2. UKG) v. 27.06.1994 , BGBL I 1994 S. 1440

schutzerfordernisse durchzusetzen und Umweltschäden zu vermeiden bzw. zu minimieren.

Im wesentlichen wird dieses speziell umweltmanagmentbezogene interne Kontrollsystem verwirklicht durch:

- betriebsablaufintegrierte Umweltschutzkontrollen vermittels *technischer* Überwachungs- oder Alarmeinrichtungen u.dgl. bzw. *organisatorischer* Maßnahmen (z.B. Arbeitsablaufregelungen oder -pläne, Funktions-, Qualifikations- und Ausbildungspläne, Havarieanweisungen, Verantwortlichkeitsregelungen)
- einschlägige Kontrolltätigkeiten der Führungskräfte und insbesondere der speziell qualifizierten und verantwortlichen Umweltschutzbeauftragten des Unternehmens

Es geht darum, die Ordnungsmäßigkeit bezüglich der Einhaltung aller gesetzlich (und ggf. auch unternehmensintern) festgelegten Umweltschutzvorschriften zu überwachen, die Kontrollen, die diese Ordnungsmäßigkeit sichern sollen, fallweise zu prüfen, d.h. auf ihre Funktionsfähigkeit und ggf. auf ihre Wirtschaftlichkeit hin zu beurteilen; nicht aber selbst im Detail zu kontrollieren, ob diese oder jene Umweltschutznorm eingehalten wird. Letzteres ist Aufgabe der gesetzlich zu installierenden Umweltschutzbeauftragten.

Auch deshalb sind derartige „Öko-Auditings“ bei der Internen Revision am sinnvollsten angebunden!

Abb. 4 Funktionsweise des Öko-Auditing

Öko-IKS

⇙ ⇙ ⇘ ⇘

technische organisatorische Kontrollmechanismen ⇓ | diverse Umweltschutz-Beauftragte ⇓ | Störfallbeauftragter ⇓

Kontrollen des laufenden Prozesses auf Einhaltung von Umweltschutzvorgaben	Kontrolle der Sicherheitstechnik

⇑ ⇑

Fallweise Prüfungen, ob Kontrollen ordnungsgemäß durchgeführt werden

⇧

Öko-Auditing durch Interne Revision

Das Öko-IKS ist das wohl wesentlichste Prüfungsobjekt des Öko-Auditing. Prinzipiell sollte nach seiner Prüfung auf folgende Fragen Antwort gegeben werden können:

Ist im Unternehmen ein den gesetzlichen Anforderungen entsprechendes Öko-IKS installiert ?
Um dies beurteilen zu können, muss der Prüfer die für das Unternehmen zutreffenden einschlägigen Regelungen kennen und mit dem vorgefundenen und dokumentierten Öko-IKS vergleichen.
Zu beachten ist hierbei, dass es sich um einen doppelten Soll-Ist-Vergleich handelt, da weder das dokumentierte, noch das vorgefundene Kontrollsystem den gesetzlichen Anforderungen entsprechen müssen, aber auch zwischen Dokumentation und Istzustand durchaus Unterschiede auftreten können, die erst bei einer intensiven Prüfung sichtbar werden.
Deshalb sollte diesbezüglich insbesondere geprüft werden, ob
- das Umweltschutz- und -kontrollsystem des Unternehmens exakt dokumentiert ist und fallweise aktualisiert wird
- technische Kontrolleinrichtungen durch regelmäßige dokumentierte Wartung und Pflege funktionsfähig gehalten werden
- umweltschutzbezogene Arbeitsanweisungen, Vorschriften u.ä. bekannt sind und auch eingehalten werden[204]

Ist das dokumentierte Öko-IKS ausreichend und effektiv ?
Diese Frage zielt vor allem auf Verbesserungsmöglichkeiten, wobei besonders über die gesetzlichen Mindeststandards hinausgehende Festlegungen angestrebt werden sollten.
Beachtet sollte zudem werden, dass auch Umweltschutzmaßnahmen unter ökonomischen Aspekten zu organisieren und kontrollieren sind, also ein sinnvolles Aufwand-Nutzen-Verhältnis anzustreben ist.
Deshalb sollte diesbezüglich insbesondere geprüft werden, ob
- die im Soll vorgesehenen Kontrollen ausreichend sind
- diese Kontrollen auch permanent durchgeführt werden, wobei EDV-interne Kontrollen oftmals wirkungsvoller als "manuelle" Kontrollen durch Mitarbeiter sind[205]
- weitere Kontrollen erforderlich/möglich/rationell sind

---

[204] anhand von Stichprobenprüfungen vor Ort, jedoch auch Störfallprotokollen u.dgl. prüfbar

[205] so könnte z.B. mittels vernetzter EDV-Datenbanksysteme, in die alle Gefahrgutstoffe eingespeichert werden und auf die Programme für Auftragsbearbeitung und Transportraumdisposition zugreifen können, gewährleistet werden, dass derartige Stoffe nur mit spezieller Genehmigung und entsprechenden Transportpapieren freigegeben werden - Vgl. Euler,K.A. "Interne Kontrollen" (2.Auflage), Berlin 1992 , S. 37

Kommen alle Verantwortlichen ihren speziellen Kontrollverpflichtungen nach ?
Das Öko-IKS ist in deutschen Unternehmen durch gesetzliche Regelungen nicht nur weitgehend instrumentalisiert, sondern auch personalisiert. Damit wird die Überprüfung einfacher, da das Vorhandensein spezieller Umweltschutzbeauftragter und ihre Aufgabenrealisierung verifiziert werden können.
Geprüft werden sollte besonders, ob

- die Zuständigkeiten aller leitenden, ausführenden und überwachenden Mitarbeiter, die betriebliche Umweltschutzmaßnahmen beeinflussen, klar festgelegt sind und eingehalten werden
- die diversen Beauftragten ihre Aufgaben wahrnehmen können (also hinreichend von der Unternehmensleitung unterstützt werden)
- und wie die einzelnen Umweltschutzbeauftragten und zuständigen sonstigen Verantwortlichen ihre Aufgaben wahrnehmen, wobei auch der reibungslose Informationsfluss zum Management und zwischen den Bereichen bzw. Verantwortlichen geprüft werden sollte

Erfolgt die Produktion unter Beachtung des Umweltschutzes ?
Die Produktion ist natürlich der Schwerpunktbereich, in dem vor allem durch Emissionen und sonstige Folgen des Anlagenbetriebes die Umwelt beeinträchtigt wird. Deshalb ist besonders hier zu prüfen, ob sämtliche einschlägigen gesetzlichen Regelungen betreffend Immissions-, Abfallbeseitigungs- und Wasserreinhaltungsvorschriften inklusive diesbezüglicher technischer, organisatorischer und personeller Kontrollen eingehalten werden und zudem alle erforderlichen Genehmigungen zum Betrieb und ggf. für Veränderungen der Anlagen (wozu auch Stillegungen gehören) vorliegen.
Da das gesetzliche Regelungsgeflecht in Deutschland hier sehr dicht ist, kommt es vor allem darauf an, die *aktuellen* Vorschriften zu kennen und zur Grundlage entsprechender Prüfungen zu machen.
Besonders zu prüfen ist, ob

- ein internes Öko-Kontrollsystem mit eindeutigen und klaren Verantwortlichkeitsregelungen existiert und effizient arbeitet
- alle geltenden aktuellen gesetzlichen Regelungen den Verantwortlichen bekannt sind (funktionierender Änderungsdienst erforderlich!) und eingehalten werden
- insbesondere alle gesetzlich vorgeschriebene Messungen, Serviceüberprüfungen und prophylaktischen Reparaturen der unternehmenszugehörigen Anlagen inklusive darüber erforderlicher Nachweisführung und Berichterstattungen ordnungsgemäß geregelt sind und durchgeführt werden
- die zur Unternehmensleitung und zur Produktionssteuerung erforderlichen Informationen über den Produktionsinput (nach Menge, Qualität und besonders beachtenswerten Eigenschaften der Rohstoffe bzw. Materialien) sowie den Produktionsoutput (nach Menge, Gefährlichkeit, Lagerungs-, Transport- und

Verpackungskonsequenzen bzw. Entsorgungsproblemen) zeitnah und entscheidungsrelevant aufbereitet vorliegen und entsprechend genutzt werden
- jederzeit die Produktionssicherheit bzw. hinreichender Schutz vor Störfällen und ihren Auswirkungen auf die Umwelt gegeben sind

Um ein möglichst vollständiges Bild des Umweltmanagementsystems zu erhalten, sind alle diesbezüglichen Unterlagen zu erfassen und aufzubereiten, vor Ort durch Befragungen und Inaugenscheinnahme zu verifizieren und die technischen Einrichtungen zu inspizieren.
Nur so ist ein Eindruck zu gewinnen, ob

- vom Management verfasste Unterlagen zur Durchsetzung von Umweltschutzanforderungen umfassend aktuellen rechtlichen Regelungen entsprechen, kontrollfähig ausgestaltet und geeignet sind, die Mitarbeiter zu ihrer (kreativen / eigenverantwortlichen) Umsetzung anzuregen
- dem Management und nachgeordneten Verantwortungsträgern zur Verfügung stehende interne und externe Unterlagen (z.B. Genehmigungen, Gesetzestexte, Lage- und Störfallpläne) ausreichend und aktuell sind
- im Unternehmen erstellte Unterlagen bezüglich Umweltschutz (z.B. Berichte, Meldungen, Anträge) vollständig und ordnungsgemäß sind und - so sie nach außen gehen - den Anforderungen und Erwartungen der Adressaten genügen
- Management, Verantwortungsträger und Mitarbeiter gewillt und in der Lage sind, den entsprechenden Anforderungen Genüge zu tun
- technische Einrichtungen (z.B. zur Luft-, Abwasser- und Bodenreinhaltung sowie zur Entsorgung anfallender Reststoffe und Abfälle sowie zur Emissionsmessung etc.) in ordnungsgemäßen Zustand und funktionsfähig sind.

Als Prüfungsschwerpunkte, bei deren vertiefter Prüfung man ggf. auch auf entsprechende Checklisten[206] zurückgreifen sollte, empfehlen sich zudem:

- die Produktionsfolge ***Abfall*** mit den Schwerpunkten des *Anfalls* von Abfällen bzw. Reststoffen, der *Behandlung* von Abfällen bzw. Reststoffen (Lagerung, Entsorgung durch Dienstleister etc.) und deren *Folgen* (Boden- oder Grundwasserkontaminationen durch Altlasten, Störfälle etc.) unter dem Aspekt der Rückstellungsbildung und Sanierungsplanung sowie des *Recyclings* von Abfällen durch geeignete Maßnahmen und Produktgestaltung sowie geschlossene Stoffkreisläufe etc. und der *Vermeidung* von Abfällen durch gezielte Rohstoff- und Technologieauswahl sowie Produktgestaltung.
- die Produktionsfolge ***Abwasser*** mit den Schwerpunkten *Wasserverwendung* (z.B. als Kühl-, Prozess- oder Reaktionswasser), *Abwasserentstehung* und

[206] siehe hierzu insbes. IIR (Hrsg.) „Revision des Umweltmanagements“ , Berlin 2005, S.15 f.

Möglichkeiten der *Abwasserreduzierung* durch Sparsamkeit, Kreisläufe, zusätzliche Filterung und Mehrfachnutzung, Wärmerückgewinnung u.dgl.

- die Produktionsfolge ***Abluft*** mit den Schwerpunkten *Art, Menge und Emissionsklasse (*unter Beachtung der Einhaltung und exakten Dokumentation der MAK- bzw. TRK-Werte[207], Toxizitätsmerkmalen etc.) sowie der Abluftreduzierung durch Filterung, Kreislauftechnologien, Havarieplanungen und entsprechenden Eingriffsmöglichkeiten des Immissionsschutzbeauftragten bei Grenzwertüberschreitung

Es ist übrigens ein Trugschluss, zu meinen, dass all diese Dinge im wesentlichen große Unternehmen betreffen, denn:

- Umweltverschmutzung geht nicht allein von großen Industrieanlagen aus; auch kleine und mittlere Anlagen und Unternehmen verursachen einen Teil der Verschmutzung und Abfälle, vor allem dann, wenn für sie weniger strenge Auflagen angewandt werden, als für Großunternehmen.
- Viele kleine Unternehmen leben von Aufträgen großer Firmen, die verpflichtet sein werden auf umweltschonende Produktion und umweltgerechte Zulieferprodukte zu bestehen, um Produkthaftungsrisiken auszuschließen und Kriterien für absatzfördernde EG-Umweltzertifikate zu erfüllen.
- Im Wettbewerb um an Umweltschutzmaßnahmen gebundene Subventionen u.dgl. können es sich kleine und mittelständische Unternehmen kaum leisten, ihren größeren Wettbewerbern gegenüber im Nachteil zu sein. Überhaupt sollte immer bedacht sein, dass die nachweisliche (z.B. durch EMAS-Zertifikat bestätigte) Einhaltung von Umweltschutzanforderungen - nicht zuletzt durch die wieder aufgelebten Diskussionen um Klimawandel etc. - von Kunden durch bewusste Kaufentscheidungen für derartige Produzenten belohnt wird und sich so neue Absatzchancen eröffnen können. Im Gegensatz können bekanntgewordene Umweltstraftaten wie auch umweltschädliche Produktion das Unternehmensimage ggf. nachhaltig zerstören, was sich auf den Absatz sehr negativ auswirken kann.
- Umweltkriminalität, die sich letztlich in Missachtung bzw. vertuschter Umgehung diesbezüglicher Vorschriften reflektiert, ist nicht nur ein Problem großer, sondern durchaus auch kleinerer Unternehmen, wobei die interne Prophylaxe bzw. Aufklärung bei diesen allerdings teilweise noch zu wünschen übrig lässt; nicht zuletzt, weil es an Compliance-Bewusstsein und diesbezüglicher interner Überwachung mangelt!

---

[207] MAK: Maximale Arbeitsplatzkonzentration ; TRK: Technische Richtkonzentrationen

2.6. Korruption

2.6.1. Der Januskopf der Korruption

Der Begriff Korruption hat wie so viele Wirtschaftsbegriffe lateinische Wurzeln. *Corrumpere* lässt sich übersetzen mit bestechen, aber auch verderben oder vernichten und diese Worte umschreiben recht zutreffend, worum es aus volkswirtschaftlicher Sicht geht, obwohl viele Unternehmen noch immer eher die wirtschaftlichen Chance einschlägiger Handlungen sehen mögen.
Korruption wird in vielen Kriminalstatistiken als von der Wirtschaftskriminalität getrennte Straftat ausgewiesen. Dies mag delikthistorisch oder forensisch begründet sein, ist aber wenig logisch, denn die meisten aufgedeckten Korruptionshandlungen wurden von Unternehmen (primär Bestechungshandlungen) bzw. Unternehmensmitarbeitern (primär Bestechlichkeit), also im Rahmen wirtschaftlicher Betätigung begangen. Insofern gehören die meisten Korruptionsdelikte inhaltlich zur Wirtschaftskriminalität und sollen deshalb auch in diesem Rahmen betrachtet werden.
Da es immer (zwischen)menschlicher Aktivitäten bedarf, lässt sich Korruption relativ allgemein als Missbrauch von anvertrauter Macht zum privaten Nutzen definieren.
Im Bundeslagebild Korruption des BKA von 2006[208] wird Korruption umfassender definiert als *Missbrauch eines öffentlichen Amtes, einer Funktion in der Wirtschaft oder eines politischen Mandats*

- zugunsten eines anderen auf dessen Veranlassung oder Eigeninitiative
- zur Erlangung eines Vorteils für sich oder einen Dritten
- mit Eintritt oder in Erwartung des Eintritts eines Schadens oder Nachteils
  - für die Allgemeinheit oder
  - für ein Unternehmen

Der Blick in die Geschichte der Menschheit lehrt, dass sich Korruption mit dem Entstehen staatlicher Gemeinwesen und der Herausbildung der dafür nötigen Bürokratie entwickelte. Schon in den altorientalischen Stadtstaaten bekam man die Genehmigung zum Betreiben einer Schankwirtschaft oder auch nur zum Betreten der befestigten Stadt oft nur durch Bestechung des zuständigen Entscheidungsträgers.
Die Wirtschaft war seit Anbeginn mit Korruption konfrontiert und auch deutsche Unternehmen waren hier oft eher in der Täter-, denn der Opferrolle, denn Bestechung von Entscheidungsträgern in Politik, Wirtschaft und öffentlicher Verwaltung zur Erlangung von Genehmigungen oder anderen Vorteilen und zur Förderung des eigenen Umsatzes galt als unternehmerisch clever und wur-

[208] Bundeskriminalamt „Bundeslagebild Korruption 2006“ , August 2007 , S. 2

de lange Zeit durch die Möglichkeit der steuerlichen Absetzung damit verbundener Aufwendungen legitimiert.
In den letzten Jahren kam es - zumindest seitens der entwickelten westlichen Industrieländer - bezüglich der Verurteilung korruptiver Handlungen nicht nur in der Politik, sondern auch in der Wirtschaft zu einem beachtlichen Wertewandel[209], der (in Anbetracht diffiziler Marktzugangsprobleme insbesondere in Entwicklungsländern) zwar wohl noch lange nicht abgeschlossen, aber in seinen Auswirkungen auch in den Unternehmen zunehmend zu beachten ist.
Weswegen und wie kam es dazu? Allmählich setzt sich die Erkenntnis durch, dass die scheinbare „Win-Win-Situation", bei der der Bestechende durch Vorteilsgewährung (z.B. Geldzahlungen) an den Bestochenen selbst einen Vorteil (z.B. einen lukrativen Auftrag) erhält eben nicht nur Gewinner, sondern auch Opfer bzw. Nachteile mit sich bringt.
Je nach Begehensweise, Zielrichtung und Tatbeteiligten hat Korruption nämlich einen - u.U. recht hohen - politischen, volks- und betriebswirtschaftlichen sowie sozialen Preis:

- *Korruption von Politikern führt zu Politikverdrossenheit und Bedrohung der Demokratie!* Käuflichkeit politischer Entscheidungen, politische Gesetzesbeugung, um Unternehmen Sonderrechte einzuräumen (z.B. kriminelle Kartellbildung bei Müllverbrennung oder im Baugewerbe) führen zu Legitimitätsverlust der staatlichen Ordnung, zu Rechtsunsicherheit und Vertrauensverlust bei den Wählern.
- *Korruption gefährdet den Wettbewerb!* Wirtschaftliche Entscheidungen (Absatz, Beschaffung, Investitionen etc.) werden durch Korruptionseinflüsse nicht mehr nach Effizienzkriterien getroffen. Volkswirtschaftlich führt dies teilweise zu überteuerten steuerfinanzierten Fehlinvestitionen und Wachstumsverlusten. Betriebswirtschaftlich geraten integre Firmen unter unlauteren Wettbewerbsdruck und ggf. in Existenzgefahr.
- *Korruption gefährdet die betriebliche Innovationsfähigkeit!* Sowohl in Täter- als auch in Opferunternehmen von Korruption leiden die Initiative der verantwortlichen Mitarbeiter (z.B. in Absatz oder Beschaffung aber auch in der Forschung und Entwicklung) nach optimalen Lösungen zu suchen. Bei Bekannt werden von Korruptionsvorwürfen kann auch das Markenimage und Käufervertrauen leiden.
- *Korruption führt zur sozialen Polarisierung!* Hierbei sind zwei Aspekte relevant: (1) Korruptionsaufwendungen werden letztendlich über den Preis erhaltener Aufträge verrechnet, den im Bereich öffentlicher Aufträge alle Steuerzahler und in der Privatwirtschaft der Käufer entrichtet, während Korruptionsgewinne i.R. privat vereinnahmt werden.

[209] Vgl. auch Schlussbericht der Enquete Kommission des deutschen Bundestages über Globalisierung der Weltwirtschaft vom 12.06.2006 (BT-Drucksache 14/9200)

(2) Wenn das Vertrauen in Recht und Gesetz sinkt, schwindet seitens der Wirtschaft schnell auch die Bereitschaft zu Investitionen. Zudem verstärkt sich bei der Bevölkerung die latente Bereitschaft zu kriminellen Handlungen, vor allem, wenn das Gefälle zwischen Arm und Reich wächst (z.B. durch stärkere Staatsverschuldung, Unternehmensschließungen etc.)

Insbesondere in den USA setzte sich nach 1990 - auch gefördert durch Aktivitäten nichtstaatlicher Organisationen, wie z.B. Transparency International - zunehmend der Gedanke der Bekämpfung der Korruption in der Wirtschaft durch[210]. So wurde insbesondere auf Ebene der OECD ein Übereinkommen über die Bekämpfung der Bestechung ausländischer Amtsträger im internationalen Geschäftsverkehr beschlossen[211], das seit 1999 auch in Deutschland in Kraft ist[212]. Durch die §§ 1-3 IntBestG wurde die Strafbarkeit über das EU-BestG[213] hinaus auch auf Bestechungen ausländischer Amtsträger einschließlich fremdstaatlicher Parlamentarier in Nicht-EU-Staaten ausgedehnt, wobei die Bestimmungen des EUBestG und des IntBestG unabhängig vom Recht des Tatorts gelten; d.h. Bestechung ist nach deutschem Recht strafbar, auch wenn sie im „Tatstaat" nicht verfolgt wird.

Korruption wird nicht nur zunehmend international moralisch geächtet, sondern korruptive Handlungen sind auch national immer öfter strafbewehrt. In Deutschland sind insbesondere folgende Delikte strafbewehrt:

- Vorteilsannahme (§ 331 StGB)
- Vorteilsgewährung (§ 333 StGB)
- Bestechlichkeit (§ 332 StGB)
- Bestechung (§ 334 StGB)
- Bestechlichkeit und Bestechung im geschäftlichen Verkehr (§ 299 StGB[214])
- Wettbewerbsbeschränkende Absprachen bei Ausschreibungen (§ 298 StGB)
- Abgeordneten- bzw. Wählerbestechung (§§ 108 a und 108 b StGB)

---

[210] Vgl. auch United Nations Office on Drugs and Crime (UNODC) "Anti-Corruption Toolkit", New York 2002

[211] OECD-Konvention v. 21.11.1997

[212] Gesetz zu dem Übereinkommen v.17.12.1997 über die Bekämpfung der Bestechung ausländischer Amtsträger im internationalen Geschäftsverkehr (IntBestG - BGBl 1998 II S. 2327)

[213] siehe BGBl 1998 II S. 2340

[214] Nach § 299 Abs. 3 macht sich auch derjenige strafbar, der Angestelltenbestechung im ausländischen Wettbewerb begeht.

Zu beachten sind auch steuerrechtliche Regelungen, wonach

- gemäss § 4 Abs. 5 Nr. 10 EStG seit dem Steuerentlastungsgesetz 1999/2000/2002 der Abzug von „Schmiergeldzahlungen" auch jenseits der Landesgrenzen unzulässig ist.
- Gerichte und Verwaltungsbehörden, wenn sie in der Buchführung Anhaltspunkte für Steuerstraftaten finden, gem. § 116 AO die Finanzbehörden verständigen müssen (wobei allerdings nicht eigenständige detaillierte Ermittlungen verlangt werden)
- Das Steuergeheimnis gem. § 30 AO diesbezüglich nicht gilt (§ 30 Abs. 4 und 5 b)

2.6.2. Arten und Begehungsweisen

Obwohl Fachleute beklagen, dass sich ein Großteil der Korruption - insbesondere wenn es um im Wirtschaftsbereich verbreitete organisierte Kriminalität geht[215] - konspirativ im Verborgenen abspielt und deshalb aktenkundig gewordene Fälle auch hier nur die Spitze des Eisbergs und oft nur relativ dilettantische Vorgehensweisen widerspiegeln, lassen auch die aufgedeckten Begehensweisen durchaus interessante und praktikable Ansätze für prüfende und prophylaktische Aktivitäten in Unternehmen erkennen.

Die Begehensweisen sind mannigfaltig, man kann kaum eine Zeitung aufschlagen, ohne von neuen Fällen zu lesen, wobei meist nur grosse Korruptionsfälle, oder solche, die bekannte Unternehmen betreffen (wie z.B. der ReWe-Bestechungsfall, in dem der ehemalige Vorstand Berninghaus 2004 für die Annahme illegaler Provisionen in Millionenhöhe verurteilt wurde oder die VW-Korruptionsaffaire, die Europas grössten Autokonzern 2005 erschütterte) im Fokus der Öffentlichkeit stehen. Eine kleine Auswahl pressebekannter Fälle aus dem Jahr 2006:

- Im April geriet ein hochrangiger Mitarbeiter der Bundesaufsichtsanstalt für Finanzdienstleistungen (Bafin) ins Visier des Bundesrechnungshofes und dann der Staatsanwaltschaft. Wegen der Veruntreuung von 6,4 Millionen € wurden der für den IT-Bereich der Bafin verantwortliche Gruppenleiter und der Inhaber einer IT-Consulting-Firma verhaftet. Diese Firma wurde auf Betreiben des Gruppenleiters gegründet, um über Scheinrechnungen für nicht erbrachte Lieferungen unter Aushebelung des Vier-Augen-Prinzips Haushaltmittel in sein Privatvermögen umzuleiten.[216] Der

---

[215] zur Diskussion um den Begriff der „organisierten Kriminalität" Vgl. Albecht,/Kilchling „Trends und Entwicklungen in der deutschsprachigen Rechtsstrafsachenforschung im Bereich des Strafrechts seit Beginn der Neunzigerjahre" BKA, Wiesbaden 2007

[216] Vgl. Manager-Magazin.de v. 19.04.2006 u. Spiegel-Online.de v. 20.04.2006

geständige Gruppenleiter im Rang eines Regierungsdirektors, der sich zuvor durch gefälschte Qualifikationsnachweise auch Beamtenlaufbahn und Bafin-Tätigkeit erschlichen hatte, wurde im Juli 2007 von der Wirtschaftsstrafkammer des Landgerichts Bonn zu einer sechsjährigen Haftstrafe verurteilt.[217]

- Im Juni wurden im Auftrag der Hamburger Staatsanwaltschaft 116 Durchsuchungsbeschlüsse in 14 Bundesländern vollstreckt. Ziel war die Aufklärung von 250 Bestechungsvorwürfen. Im Mittelpunkt der Ermittlungen standen Mitarbeiter des niederländischen Philips-Konzerns, die offenbar mit Sachgeschenken wie Hotelaufenthalten, hochwertigen Uhren, Anzügen oder Tankgutscheinen an Einkäufer von Elektronik-Ketten Verkäufe ihrer Produkte ankurbeln wollten.
- Im Juli geriet der VW-Konzern in die Schlagzeilen. Im Zusammenhang mit der Korruptionsaffäre um den französischen Autozulieferer Faurecia wurden zwei Einkaufsmanager von VW und einer von Audi unter dem Vorwurf verhaftet, seit 8 Jahren ca. 800.000 € Betechungsgelder pro Jahr kassiert zu haben, damit Faurecia bei Aufträgen bevorzugt wurde. Im August wurde ein vierter VW-Manager verhaftet, dem von der Staatsanwaltschaft vorgeworfen wird, als Einkäufer von Seat zwischen 2002 und 2005 ebenfalls rund 160.000 € Bestechungsgelder kassiert zu haben.[218]
- Im August wurde eine Korruptionsaffäre um das Einrichtungshaus Ikea bekannt. Die Frankfurter Staatsanwaltschaft ermittelt wegen des Verdachts der Bestechlichkeit gegen sieben Mitarbeiter der Bauabteilung des Möbelmultis sowie gegen 44 Mitarbeiter von Bau- und Handwerksfirmen wegen Verdachts der Bestechung und des Betrugs.
- Ebenfalls im August gestand Ex-Vorstandsmitglied Andreas v. Zitzewitz im Infineon-Korruptionsprozess die Annahme von Bestechungsgeldern, mit denen sein Wohlverhalten von einem Organisator des Motorsport-Sponsoring der Firma erkauft wurde.
- Im Oktober wurde ein ehemaliger Bauleiter von DaimlerChrysler vom Amtsgericht Stuttgart wegen Bestechlichkeit verurteilt. Er hatte einem Geschäftspartner Aufträge versorgt und dafür 170.000 € Schmiergeld erhalten.
- Im November wurden die Vorwürfe gegen Manager und Geschäftsführer kommunaler Konzerne in Leipzig immer inhaltsschwerer, für die Abwicklung milliardenschwerer Leasing-Geschäfte mit US-Partnern umfängliche private Sachgeschenke bzw. geldwerte Vorteile wie Luxusuhren für 15.000 € und Urlaubsaufenthalte in Dubai erhalten zu haben. Die Ermittlungen von Staatsanwaltschaft und sächsischer Anti-Korruptionseinheit

[217] Göggelmann,U. „Die fetten Jahre sind vorbei“ FTD v. 05.07.07 , S. 18
[218] Vgl. Spiller/Fischer „Korruptionsaffäre erfasst Faurecia-Chef“ FTD v. 26.07.06 , S. 2

INES wegen Verdachts der Bestechlichkeit gestalten sich gegen eine Mauer des Schweigens und Vertuschens sehr schwierig.

Diese Aufzählung lässt sich für 2007 nahtlos fortsetzen:

- Ende Januar teilte die Staatsanwaltschaft Chemnitz mit, dass beim Ausbau der A 72 zwischen Chemnitz und Hof mit Hilfe von Mitarbeitern sächsischer Baubehörden, der Strabag und des bundeseigenen Bauträgers Deges ca. 27 Mio € veruntreut wurden. Bei einer Großrazzia in Sachsen, Hessen und Berlin wurden Wohnungen und Büros von 25 Beschuldigten, denen die Staatsanwaltschaft die Bildung einer kriminellen Vereinigung, Untreue, Betrug und Bestechung vorwirft, durchsucht und 3.500 Aktenordner sowie rund 200 elektronische Datenträger beschlagnahmt, was die umfassende Aufklärung zu einem langwierigen Prozess machen dürfte. Offenbar wurden Subunternehmen bei der Auftragsvergabe bevorzugt, die ihre Dumpingpreise dadurch ermöglichten, dass kaum Löhne und SV-Beiträge gezahlt, dafür aber immer wieder Insolvenzen zwecks Entlastung von Zahlungsverpflichtungen und Vereinnahmung von Insolvenzgeldern angemeldet und Neugründungen - oft mit dem alten Personal - getätigt wurden. Schmiergelder wurden auch über fiktive Rechnungen für nicht erbrachte, aber von korrupten Kontrolleuren der Bauaufsichtsbehörden bestätigte Leistungen refinanziert.[219]
- Mitte Februar wurden zwei ehemalige Manager des Luft- und Raumfahrtkonzerns EADS und ein früherer Bereichsleiter der EADS-Tochter Airbus wegen Bestechlichkeit und schwerer Untreue vom Landgericht München verurteilt. Mitangeklagt wegen Bestechung ist auch der Gesellschafter einer Auftragnehmer-Firma, der für erhaltene Aufträge zur Digitalisierung technischer Handbücher für den Kampfjet Tornado siebenstellige Schmiergelder an o.g. Manager bezahlt (und diese dann in die Preise eingerechnet) hat. EADS entstand so ein Schaden von rund 2
- Mitte März begann mit einem Geständnis des angeklagten Ex-Geschäftsführers der Deka-Bank vor dem Landgericht Frankfurt/M. der erste Prozess zu einem umfangreichen Korruptionsskandal in der Immobilienbranche, bei dem seit 2003 bundesweit gegen über 500 Beschuldigte wegen Bestechung, Bestechlichkeit und Geldwäsche ermittelt wird. Der Angeklagte soll zwischen 1999 und 2003 Bestechungsgelder in Höhe von 470.000 € dafür, dass er einen Architekten und eine Baufirma mit Insiderinformationen zu Auftragsvergabeverfahren versorgte, angenommen haben. Insgesamt sind diesbezüglich noch etwa 80 Verfahren gegen Mana-

[219] FAZ v. 1.2.2006 S. 1
[220] FTD v. 19.02.2007 (www.ftd.de/politik/deutschland/163474.html)

ger eines Baukonzerns, Fondsmanager, Architekten, Makler und Projektentwickler anhängig, die Bau, Kauf und Verkauf großer Objekte untereinander abgesprochen haben sollen, wobei offenbar Bestechungsgelder von ca. 15 Mio. € quer durch Europa geflossen sind. [221]

- Mitte Mai durchsuchte die Polizei Wohnungen und Büros mehrerer VW-Mitarbeiter in Niedersachsen, Bayern und Frankreich, die unter Verdacht stehen, vom Geschäftsführer eines Automobilzulieferers bestochen worden sind und stellte umfangreiches Beweismaterial sicher.[222]
- Anfang Juni wurde in München ein früherer BMW-Einkaufsmitarbeiter wegen Bestechlichkeit im geschäftlichen Verkehr angeklagt, weil er vom Autoinnenausstatter Faurecia Bestechungsgelder für die Vermittlung von Aufträgen angenommen haben soll[223]
- Mitte Juli wurde ein ehemaliger Gruppenleiter Einkauf im BMW-Werk Spartanburg (USA) vom Münchner Landgericht wegen Bestechlichkeit zu 2 Jahren und 9 Monaten Haft verurteilt. Er hatte gestanden, von 2003 bis 2005 von vier Zuliefererfirmen rund 500.000 € als Gegenleistung für die Vergabe von Aufträgen erpresst zu haben. In einem zweiten Prozess wurde der Geschäftsführer einer BMW-Zulieferfirma wegen Bestechung eines in einem anderem Prozess bereits abgeurteilten BMW-Mangers verurteilt, der für 278.000 USD den Zuschlag für die Lieferug von Sitzbezügen im Gesamtauftragsvolumen von 3,1 Milliarden € vergab.[224]
- Mitte August wurden im Auftrag der Staatsanwaltschaft Wuppertal diverse Büros der Sparte Energieerzeugung des Siemens-Konzerns durchsucht. Siemens-Mitarbeiter sollen einen EU-Projektmanager in Belgrad bestochen haben.
- Anfang September erhob die Frankfurter Staatsanwaltschaft in der Ikea-Korruptionsaffäre die erste Anklage gegen einen Bauleiter, dem Untreue zum Nachteil von Ikea in 48 Fällen vorgeworfen wird. Von 2002 bis 2005 soll der Beschuldigte gegen Geld- und Sachleistungen von ca.700.000 € überhöhte Rechnungen zweier Baufirmen als ordnungsgemäß bestätigt haben[225]. Bereits seit 2006 wird gegen weitere 7 ehemalige Mitarbeiter der Ikea-Bauabteilung wegen des Verdachts der Bestechlichkeit und gegen 44 Mitarbeiter von Bau- und Handwerksfirmen wegen Verdachts der Bestechung und des Betruges ermittelt [226].

---

[221] Manger-Magazin v. 19.3.07 www.manager-magazin.de/koepfe/artikel/0,2828,472573,00.html

[222] FTD v. 10.05.2007 www.ftd.de/unternehmen/autoindustrie/198264.html

[223] focus-online v. 09.06.07 www.focus.de/finanzen/news/faurencia-affaere_aid_62846.html

[224] SZ München v. 19.07.2007 www.sueddeutsche.de/muenchen/artikel/362/124183.html

[225] Der Tagesspiegel vom 07.09.2007 www.tagesspiegel.de/wirtschaft/Unternehmen-Ikea-Korruption;art129,2374881

[226] FinanzNachrichten.de v. 27.08.2006 www.finanznachrichten.de/p.asp?id=6902913

Wenn man sich die hier knapp geschilderten und ähnliche Fälle der letzten Jahre ansieht, kristallisieren sich typische Fallkonstruktionen heraus, die sich ins grobe Schema Unternehmen als Opfer bzw. als Täter bringen lassen, allerdings in praxi oft miteinander verflochten und vermengt auftreten.

1. Unternehmen als *Opfer* von Korruption: Typisch hierfür ist die Annahme von Bestechungsgeldern für die Vergabe von Aufträgen, aber auch Betrug vermittels fiktiver bzw. überhöhter Rechnungen. Vorteilsnehmer sind meist Entscheidungsträger auf allen Ebenen des Unternehmens. Geschädigte sind primär betroffene Unternehmen. Unternehmensintern können derartige Untreuehandlungen insbesondere durch entsprechende Überwachungssysteme bekämpft werden.
2. Unternehmen als *Täter*: Typisch hierfür ist die Bestechung von Entscheidungsträgern auf allen Ebenen (wirtschaftlich wie politisch) zur Erlangung primär wirtschaftlicher Vorteile. Unternehmen treten hier als Vorteilsgeber und -nehmer gleichzeitig auf. Geschädigte sind andere Unternehmen bzw. die Gesamtwirtschaft und nach Aufdeckung auch das Täterunternehmen bei Verurteilung bzw. Imageverlust als Rechtsbrecher. Unternehmensintern sollten Korruptionsaktivitäten deshalb durch Ethik-Richtlinien geächtet und durch management auditing verhindert werden.

Zur Illustration seien noch einige typische Fallkonstellationen kurz dargestellt, bei denen sich ***Unternehmen eher in der Opferrolle*** befinden.

Bestechungsvorbereitung:
Durch Vertreter eines Lieferanten/Auftragnehmers werden einem Entscheidungsträger aktiv konkrete materielle Zuwendungen mit der Bedingung angeboten, hierdurch Auftragsvergaben oder Preisgestaltung (z.B. bei Ausschreibungen) im Sinne des Vorteilsgebers zu beeinflussen. Teilweise wird hierbei auch sehr subtil vorgegangen, indem der Aufbau einer persönlichen (freundschaftlichen) Beziehung zu Entscheidungsträgern, beginnend mit zunächst unbedeutenden Geschenken, Einladungen etc. zur Erzielung von Abhängigkeiten und zur Senkung der Hemmschwelle für die Annahme größerer und damit verpflichtender Zuwendungen erfolgt.
Bestechungsannahme:
Nicht immer sind Korrumpierte „ahnungslose Opfer“. Teilweise werden von verantwortlichen Mitarbeitern auch Bestechungszahlungen für eine Auftragsvergabe eingefordert, z.B. als Kick-Back-Zahlung bei Kreditvermittlung. Es kommt immer wieder vor, dass verantwortliche Sachbearbeiter von Banken von freiberuflichen Kreditvermittlern für die reibungslose Bereitstellung bzw. Abwicklung vermittelter Kredite Zuwendungen erhalten bzw. sogar einfordern.

Teilweise kommt es sogar zur Teilung der Prämie, die von der Bank für die Kreditvermittlung gezahlt wird. Oder als Kick-Back-Zahlung bei Immobiliengeschäften. Hierbei vereinbaren Käufer und Verkäufer einen überhöhten Kaufpreis für eine Immobilie, deren Kauf durch einen Bankkredit finanziert wird. Nach erfolgter Kaufpreiszahlung erhält der Käufer einen Teil des Kaufpreises zurück und generiert hierdurch Liquidität. Bestechung ist dann im Spiel, wenn Bankmitarbeiter für die Gewährung des ungerechtfertigt hohen Kredits Zuwendungen kassieren. Das Risiko für die Bank liegt in der zu geringen Werthaltigkeit der beliehenen Immobilie.
Ausstellung fiktiver, bzw. überhöhter Rechnungen:
Wenn es Mitarbeitern möglich ist, den Eingang von Material bzw. die Erbringung von Leistungen durch Dritte unkontrolliert zahlungsauslösend zu bestätigen, kommt es immer wieder vor, dass z.B. mit Lieferanten die Ausstellung von Rechnungen über Lieferungen oder Leistungen vereinbart werden, die nicht oder nicht in der angegebenen Höhe erfolgten. Während der Schaden fürs Unternehmen im Bereich normaler Büromateriallieferungen etc. infolge von Budgetierungen meist überschaubar bleibt, kann durch Einschaltung von Scheinfirmen und über Investitionsvorhaben durchaus relativ hoher Schaden entstehen, wie das Bafin-Beispiel vorn zeigt. Noch höherer Schaden entsteht dann, wenn auf analoge Art jedoch höherer Ebene Geldzahlungen für Berateraufträge erfolgen. Bei hinreichender krimineller Energie wird ggf. viel Geld für einige bedruckte Seiten bezahlt, deren realer Nutzen für den Auftraggeber nur bedingt gegeben sein mag.

Über ***Unternehmen in der Täterrolle*** wird erst seit relativ kurzer Zeit und nicht selten auch mit einem gewissen Verständnis für wirtschaftliche Zwänge gesprochen.
Ein typisches aktuelles Beispiel sind die Korruptionsvorwürfe gegen den Elektrokonzern Siemens. Im Dezember 2006 wurden sechs ehemalige bzw. aktive leitende Mitarbeiter aus der Sparte Telekommunikation unter dem Vorwurf festgenommen, ca. 200 Millionen Euro in schwarze Kassen gelenkt und damit ein weltweites Schmiergeldsystem zur Akquise von Aufträgen aufgebaut zu haben. Zwei der Manager legten bereits umfassende Geständnisse ab, aus denen hervorgeht, dass schwarze Kassen in Liechtenstein, der Schweiz und Österreich sowie mittels Scheinfirmen in den USA und auf den Virgin Islands angelegt wurden. Solche „Kriegskassen" werden oft (buchhalterisch korrekt und deshalb schwer auffindbar) über Scheinrechnungen ausländischer Tochterunternehmen gespeist. Bislang gilt als relativ sicher, dass die Telekomsparte einen Vertragsabschluß mit der Cyprus Telecommunication Authority durch Bestechungsgelder unterstützt hat. Siemens wurde bereits mehrfach mit Bestechungsvorwürfen konfrontiert. So wurden im Juli 2006 zwei Manager in Mailand verurteilt, die 6 Mio. € Schmiergeld gezahlt hatten, um vom staatlichen italienischen Energie-

konzern Enel den Auftrag zur Lieferung von 12 Gasturbinen zu bekommen. Die Richter verurteilten den Konzern zur Zahlung eines Schadensersatzes in Höhe des Schmiergeldes an den italienischen Fiskus.[227] Dieser Korruptionsfall in der Siemens-Kraftwerksparte hatte auch in Deutschland vor dem Landgericht in Darmstadt ein juristisches Nachspiel und löste umfangreiche internen Korruptionsermittlungen aus. Eine von Siemens beauftragte US-Rechtsanwaltskanzlei deckte im Sommer 2007 dubiose Zahlungen von mehr als einer Milliarde Euro auf. Allein in der Kraftwerkssparte sollen dreistellige Millionenbeträge über ausländische Konten aus dem Konzern seit den 90er Jahren in schwarze Kassen geschleust worden sein. Auch in der Siemens-Kommunikationssparte stießen die Anwälte auf dubiose Geldflüsse von über einer Milliarde Euro, wobei Transaktionen bis Anfang der 90er Jahre zurückverfolgt werden konnten[228]. Der Siemens-Aufsichtsrat will nun prüfen lassen, wieso der zuständigen Wirtschaftsprüfungsgesellschaft diese Zahlungen nicht aufgefallen sind[229] Die Ermittlungen der Münchner Staatsanwaltschaft in dieser Korruptionsaffäre wurden Anfang Oktober 2007 allerdings gegen eine gerichtlich verhängte Geldbuße von 201 Mio € eingestellt.[230] Bei internen Ermittlungen des Konzerns wurden bis November 2007 insgesamt Zahlungen in Höhe von 1,3 Mrd. € gefunden, die als Beraterentgelte oder Barauszahlungen verbucht, vermutlich jedoch in schwarzen Kassen gelandet sind.[231]

Der Korruptionsexperte Wolfgang Schaupensteiner, der als Oberstaatsanwalt in Frankfurt seit Ende der achtziger Jahre mit der Verfolgung hunderter Korruptionsfälle befasst war, verweist darauf, dass Unternehmen zur Erlangung von Milliardenaufträgen oft Bestechungsgelder zwischen 3-5 % des Auftragsvolumens zahlen.[232] Auch schwarze Kassen werden nach seiner Meinung in grossen Konzernen kaum ohne Wissen des Top-Managements eingerichtet. Hierzu passt die Aussage eines der Beschuldigten im Siemens-Fall, dass auch die Compliance-Abteilung schon 2002 über die Existenz der Schwarzgeldkonten unterrichtet gewesen sei.

Der Ende März 2007 in München unter dem Verdacht der Untreue festgenommene Siemens-Zentralvorstand Feldmayer wirkt in Anbetracht der umfassenden Korruptionsvorwürfe gegen den Konzern fast wie ein kleines Licht. Hauptvor-

---

227 Vgl. Frenkel,R./Gehrmann,W. „Rädchen im gut geschmierten Getriebe" , Die Zeit Nr. 50 v. 7.12.2006

228 Fromm,T. „Hinweise auf weitere Fälle im Siemens-Skandal" , FTD v. 13.08.2007 S. 7

229 Vgl. SPIEGEL ONLINE v. 21.09.07 (www.spiegel.de/wirtschaft/0,1518,507018,00.html)

230 Vgl. Fromm,T./Wilke,K./Lachmann,J. „Siemens zahlt 210 Mio Euro Strafe" FTD v. 5.10.2007 elektronisch veröffentl. unter: www.ftd.de/unternehmen/ industrie/ 261461.html

231 Vgl. FTD v. 9.11.2007 , S. 3

232 Vgl. Röttger,M. „Korruption kostet Steuerzahler Milliarden" Hamburger Abendblatt v. 21.04.2006

wurf der Staatsanwaltschaft ist, dass der Konzernmanager über Jahre hinweg eine arbeitgeberfreundliche Arbeitnehmerorganisation verdeckt mitfinanziert haben soll, insbesondere durch Zahlungen in Höhe von ca. 14 Mio. € an einen ehemaligen Betriebsrat für angebliche Beratungsleistungen.[233]

Besonders korruptionsgefährdet ist das Baugewerbe. Dies zum einen infolge des großen Wettbewerbsdrucks und zum anderen weil Schmiergelder relativ unauffällig vermittels überhöhter, aber schwer kontrollierbarer Abrechnungen und versteckter Qualitätsminderung von Bauleistungen refinanziert werden können und das Geflecht von Auftragnehmern, Subunternehmern, Maklern, Gutachtern etc., die evtl. alle von Bestechungen profitieren könnten, nur schwer durchschau- und prüfbar ist. Deshalb schätzt der Korruptionsexperte von Transparency International auch, dass 90-95% aller Korruptionsfälle auf deutschen Baustellen unentdeckt bleiben. Der dadurch entstehende Schaden ist auf 5 Milliarden € zu beziffern[234].
Aus forensischen Ermittlungen ergeben sich allgemein Bestechungssätze zur Erlangung von Aufträgen, die durchschnittlich zwischen 2 und 4% des Auftragwertes liegen, aber z.B. für (margenstärkere) IT-Dienstleistungen auch schon mal zwischen 5 - 10% betragen können.[235]

Da gezahlte Bestechungsgelder aus Tätersicht nur dann ökonomisch sinnvoll eingesetzt sind, wenn diese mittels überhöher Auftragsabrechnungen wieder verdient werden, entsteht dem geschädigten Auftraggeber mindestens ein Schaden in Höhe der Korruptionszuwendungen. In der Regel ist der Schaden jedoch höher, da Bestechungen in der Regel als Barzahlungen erfolgen, was auf Geberseite die Notwendigkeit schafft, Bargeld aus dem eigenen Wirtschaftskreislauf abzuzweigen, was - falls nicht mit schwarzen Kassen gearbeitet wird - Mittelentnahme aus versteuerten Einkommen und insofern (bei einer Steuerlast von ca. 50%) die Entnahme der doppelten Zuwendungssumme bedeutet. Wenn täterseitig dann noch, wie oft üblich ein (privat vereinnahmter) Extra-Profit in gleicher Höhe angestrebt wird, wird der düpierte Auftraggeber ggf. sogar um den vierfachen Bestechungsbetrag geschädigt.[236]

Dass Korruption auch ein EU-Problem ist, verdeutlicht schlaglichtartig eine Großrazzia belgischer Ermittlungsbehörden gegen EU-Beamte. Ende März 2007 durchsuchten über 150 Polizisten in viel Ländern rund 30 Büros, darunter Räume der EU-Komission in Brüssel wegen des Verdachts auf Unregelmäßigkeiten

---

233 Jakin,P. „Siemens-Vorstand Feldmayer verhaftet" Financial Times Deutschland elektronisch veröffentlicht unter: www.ftd.de/unternehmen/industrie/178900.html
234 Interview mit Peter v. Blomberg in der LVZ v. 01.02.2007 , S. 4
235 Odenthal,R. „Kriminalität am Arbeitsplatz" Wiesbaden 2005 , S. 60
236 Salvenmoser,S. „Schaden feststellen und ausgleichen" ZIR 1/2007 , S. 3

bei der Beschaffung von Immobilien und zugehöriger Sicherheitstechnik für EU-Vertretungen. Eine Brüsseler Untersuchungsrichterin ermittelt übrigens seit 2005 wegen des Verdachts auf Korruption bei EU-Kommissionsbeamten. Dabei geht es um mögliche Verstöße gegen Vorschriften zur öffentlichen Ausschreibung, Bildung einer kriminellen Vereinigung, Verletzung des Berufsgeheimnisses und Dokumentenfälschungen in die auch Manager beauftragter Unternehmen verwickelt sind.[237]

2.6.3. Prophylaxe bzw. Gegenmaßnahmen

Um Gegenmaßnahmen zu entwickeln ist es sinnvoll, sich eingangs mit den Motiven der Täter zu befassen. Prinzipiell sind diese zwar die gleichen, wie sie bei fast allen wirtschaftskriminellen Handlungen aufzufinden sind, also Anreiz, Gelegenheit und kriminelle Energie bzw. Selbstrechtfertigung der Tat[238], aber für den Korruptionsbereich kommen einige spezifische Motivlagen hinzu.

Motive aus Sicht des *Zuwendungsgebers* (Bestechenden) sind vor allem:

- die Generierung von Aufträgen
- wachsende Risikobereitschaft durch zunehmenden Vertriebsdruck
- Geltungsbedürfnis gegenüber Vorgesetzten und Kollegen[239]
- die Sicherstellung einer reibungslosen Auftragsabwicklung
- das beschleunigte oder rechtswidrige Erlangen von Genehmigungen, Konzessionen, Fördermitteln etc.
- die Vermeidung bzw. positive Beeinflussung von externen Kontrollen
- das Beschaffen von Insiderinformationen aus Konkurrenzunternehmen oder Behörden (z.B. über Wettbewerberangebote bei Ausschreibungen)
- die Schaffung persönlicher Abhängigkeiten zur Beeinflussung von Entscheidungsträgern bei Vertragspartnern und Behörden zwecks Erlangung persönlicher Vorteile (Karriere, Tandiemen) auch vermittels des Erreichens einer unternehmensbezogenen Lageverbesserung

Natürlich sind die Motive nicht immer per se kriminell. Wenn z.B. ein Bauauftrag oder dessen Bezahlung von bestimmten Genehmigungen, Registereintragungen etc. abhängt, diese wiederum durch Überlastung des zuständigen Bearbeiters lange auf sich warten lassen, aber für das insolvenzgefährdete Bauunter-

---

[237] Proissel,W./Schmidt,F. „Großrazzia bei EU-Beamten" FTD v. 28.03.07 elektronisch veröffentlicht unter: www.ftd.de/politik/europa/179329.html

[238] Vgl. Hecker,A./Gundel,S./Füss,R. „Korruption-Ursachen,Formen und Konsequenzen" ZIR 2/2006 , S. 47

[239] Insbesondere durch Vertriebsdruck und Geltungsbedürfnis werden teilweise auch Mitarbeiter auf unteren Beschaffungs- oder Vertriebsebenen zu Bestechungshandlungen animiert, die dann teilweise durch Kick-Back-Transaktionen finanziert werden.

nehmen existenznotwendig sind, liegt die Überlegung nahe, den Sachbearbeiter zu schmieren, um eine schnellere Bearbeitung zu erreichen. Bei allem Verständnis für das konkrete Dilemma bleibt auch dies Korruption, nicht zuletzt, weil auf diese Weise oft auch aktive Bestechungsforderungen oder Folgeabhängigkeiten ausgelöst werden.

Das Hauptmotiv aus Sicht des *Zuwendungsempfängers* (Bestochenen) ist in erster Linie persönliche Bereicherungsabsicht, die wiederum einer Vielzahl (ggf. aufklärungsrelevanter) Ursachen - von schwierigen finanziellen Verhältnissen über Geltungs- oder Geldverschwendungssucht bis hin zur Habgier - geschuldet sein kann. Hinzu kommen oft noch

- Illoyalität und fehlendes Unrechtsbewusstsein
- Charakterliche Labilität oder Gutgläubigkeit bzw. Sorglosigkeit
- Gleichgültigkeit gegenüber dem Unternehmen bzw. dem Eigentum des Arbeitgebers
- Unzufriedenheit gegenüber dem Arbeitgeber
- hohe kriminelle Energie
- unübersichtliche Unternehmens- und Prozessstrukturen
- Überwachungsmängel
- Geringes Strafmass ohne Abschreckungspotential

Bezieht man sich auf die aktenkundig gewordenen Fälle, sind die Zuwendungsempfänger überwiegend in der öffentlichen Verwaltung und nur zu einem geringen Teil (ca. 10%) in der Privatwirtschaft zu suchen, während die Vorteilsgeber überwiegend in privatwirtschaftlichen Unternehmen beschäftigt sind[240]. Meist handelt es sich um leitende Angestellte oder Firmeninhaber. Diese Bild dürfte jedoch verzerrt sein, da privatwirtschaftliche Unternehmen Korruption aus Imagegründen selten zur Anzeige bringen und eher intern per Entlassung oder Versetzung klären. Insofern kommt Antikorruptionsmaßnahmen im Bereich der öffentlichen Verwaltung gewiss hohe Bedeutung zu, ohne dass die Wichtigkeit derartiger Aktivitäten - die sich im grundlegenden Ansatz in beiden Bereichen nicht unterscheiden - vor allem in grösseren privatwirtschaftlichen Unternehmen unterschätzt werden sollte.

Die unternehmensinterne Bekämpfung der Korruption ist letztlich nur durch Fokussierung auf die Begehensweisen und damit die Täter möglich. Hierbei sind zwei potentielle Tätergruppen zu unterscheiden:

➢ Mitarbeiter mit ausführenden Tätigkeiten. In diesem Bereich kann Korruption durch organisatorische Massnahmen, klare Verantwortungs- und

[240] Vgl. Hecker,A./Gundel,S./Füss,R. „Korruption-Ursachen, Formen und Konsequenzen" ZIR 2/2006 , S.47 u. FN 10

Überwachungsregelungen und flankierend durch eindeutige, vom Management klar kommunizierte und „gelebte" Antikorruptionsregelungen recht gut prophylaktisch verhindert bzw. zeitnahe aufgedeckt werden.
- Manager (bzw. Firmeninhaber) und leitende Mitarbeiter die die Macht besitzen, Überwachungsmaßnahmen zu umgehen bzw. zu ignorieren. In diesem Bereich greifen häufig nur externe rechtliche Regelungen, zunehmend allerdings in Grossunternehmen auch selbstverpflichtende „Code of Ethics" u.ä.

Für ***Mitarbeiterkorruption***, die schwerpunktmässig Vorteilsannahme und seltener Bestechung als Helfershelfer des Managements beinhaltet, gibt es sensible Bereiche, in denen Korruption häufig angesiedelt ist. In der öffentlichen Verwaltung sind dies insbesondere der Genehmigungs-, der Leistungs- und der Kontrollbereich sowie die interne Beschaffung. Als besonders gefährdet erweisen sich die Planung, Ausschreibung, Vergabe, Abnahme und Abrechnung von Leistungen (bes. Bauleistungen), die Verlagerung (oft als freihändige oder beschränkte Vergabe) von Aufträgen an Dritte (z.B. Planungsbüros), Bereiche, in denen Leistungen überwacht, bestätigt, sachlich und rechnerisch richtig bescheinigt werden und die Durchführung von Kontrollen (von Bau- bis Veterinärüberwachungen).[241]

Bei privatwirtschaftlichen Unternehmen ist vor allem der Beschaffungs- und Vertriebsbereich korruptionsgefährdet, dazu die Vertragskontrolle, z.B. bei Stundenlohnarbeiten durch Fremdfirmen, Werkstatt- und Bauhofabrechnungen aber auch Bereiche mit Zugang zu vertraulichen Informationen betreffs F/E oder Kundenstamm (bes. Gefährdung durch Wirtschaftsspionage).
Zur Bekämpfung sind vor allem Organisatorische und mitarbeiterbezogene Maßnahmen inklusive diesbezüglicher Prüfungen sinnvoll.

Zu *organisatorischen* Maßnahmen zählen insbesondere:
- Erarbeitung und verbindliche Festlegung des Beschaffungsprozesses (Regelungen zur Auftragsvergabe) inklusive detaillierter Dokumentationsvorschriften zur Begründung der getroffenen Auswahlentscheidung
- Soweit als möglich Einrichtung zentraler Auftragsvergabestellen (bes. für Routineprozesse) zur Bündelung der Zuständigkeiten
- Erstellung verbindlicher Kriterien für die Auswahl und Überprüfung (insbes. neuer) Lieferanten bzw. Dienstleister
- Formulierung klarer Anforderungen an die von Anbietern einzufordernden Leistungsbeschreibungen

[241] Vgl. Stierle,J. „Frühwarnsysteme zum Erkennen von Korruptionsrisiken" ZIR 3/2006 , S. 113 f.

- Einführung einer strikten Funktionstrennung zwischen Auftragsvergabe (Bestellung), Wareneingangskontrolle (Lieferschein- und Rechnungsprüfung) sowie der Zahlungsfreigabe
- Fallweise Personalrotation der im Beschaffungsprozess tätigen Mitarbeiter bzw. wenigstens der „Kontrollmitarbeiter“ bei Anwendung des Vier-Augen-Prinzips zur Vermeidung zu enger langfristiger Vertrauensverhältnisse

Zu *mitarbeiterbezogenen* Maßnahmen zählen insbesondere:

- Sorgfältige Personalauswahl für besonders korruptionsgefährdete Bereiche (Arbeitszeugnisse und Lebenslauf kritisch prüfen und ggf. hinterfragen)
- Implementierung verbindlicher und eindeutiger Verhaltensrichtlinien für alle Mitarbeiter, die unmissverständlich jede Annahme von Zuwendungen untersagt bzw. eindeutige Unwesentlichkeitsgrenzen inklusive klare Meldeverpflichtungen für Vorteilsannahmen bzw. Kenntniserlangung hiervon definiert. Vom Mitarbeiter schriftlich bestätigte (arbeitsrechtliche) Verpflichtung, diese Verhaltensrichtlinien einzuhalten.
- Durchführung regelmäßiger diesbezüglicher sensibilisierender Schulungen bzw. Workshops von Mitarbeitern unter Einbeziehung von Führungskräften, wobei nicht nur Wert auf die Erklärung von Verboten, sondern ebenso auf die Darstellung von Verhaltensstrategien[242] gelegt werden sollte
- Schaffung von Möglichkeiten vertraulicher interner Anzeige/Behandlung von Korruptionsverdacht (Korruptionsbeauftragter oder unabhängiger Ombudsmann, Einrichtung von Whistleblowing-Prozeduren)
- Konsequente Durchführung aller arbeits-, zivil- und strafrechtlichen Maßnahmen bei nachgewiesener Korruption
- Schaffung eines positiven Arbeitsklimas durch angemessene (leistungsbezogene) Entlohnung und Berücksichtigung von Mitarbeiterbefindlichkeiten[243], da mit steigender Entfremdung vom Arbeitgeber erfahrungsgemäß die Hemmschwelle für Straftaten zu Lasten des Unternehmens sinkt

Im Fokus von *Prüfungen* - insbesondere durch die Interne Revision - sollte im wesentlichen die konsequente Umsetzung o.g. Maßnahmen und die Aktualität bzw. Angemessenheit der Präventionsmaßnahmen stehen, was auch fallweise Schwachstellen- bzw. Gefährdungsanalysen erfordert.

---

[242] z.B. wie sich ein Sachbearbeiter verhalten sollte, wenn er „zufällig“ von einem Lieferanten in einer Bar getroffen und zu einem Drink eingeladen wird oder zu einer privaten Party etc.

[243] Vgl. Stierle,J. „Korruptionscontrolling durch wirksame Identifizierungspolitik“ ZIR 6/2006, S. 248

Als Indizien für Korruptionsgefährdung könnte z.B. gelten, wenn

- sich einzelne Tätigkeitsbereiche abschotten und kaum Informationen über Aktivitäten nach außen dringen (Verdacht der Bildung krimineller Netzwerke bzw. Seilschaften)
- Mitarbeiter bestimmte Arbeiten immer an sich ziehen, sich hierfür als unabkömmlich darstellen (ggf. sogar auf Urlaub verzichten)
- Beschwerden dort, wo es üblich ist (bes. im Kontrollsektor) völlig ausbleiben
- Eingangsstempel bzw. Umschläge/Anschreiben bei Angeboten zu Ausschreibungen fehlen (deuten auf Pseudo- oder persönlich übergebene Angebote hin)
- bestimmte (häufig regionale oder langjährige) Anbieter gehäuft bei der Auftragsvergabe bevorzugt werden
- Vergleichsangebote für übergebene Aufträge fehlen
- Erteilte Aufträge gesplittet werden (z.B. um Kontrollroutinen auslösende Wertgrenzen zu umgehen)
- Unterlagen intransparent oder sehr unübersichtlich geführt sind,
- Kontrollunterschriften unleserlich sind, fehlen oder immer die gleiche Person unterschreibt (ggf. Berechtigung und Qualifikation überprüfen)
- Entscheidungsträger ein besonders Interesse für bestimmte Unternehmen zeigen, ständig deren Qualität, Leistungsbereitschaft, Zuverlässigkeit etc. betonen; vielleicht sogar Nebentätigkeiten für diese Unternehmen ausführen, den Inhaber offensichtlich gut kennen etc.
- bei der Planung und Abrechnung von Verträgen bei bestimmten Unternehmen immer Diskrepanzen auftreten (z.B. Scheinpositionen, Maß- oder Rechenfehler)
- Gerüchte oder anonyme Anzeigen auf Unregelmäßigkeiten bei einzelnen Mitarbeitern hindeuten
- bei einzelnen Mitarbeitern persönliche Finanzprobleme (z.B Gehaltspfändungen) oder ein aufwändiger Lebensstil, der in keinem Verhältnis zum im Unternehmen erzielten Einkommen steht, auffallen

Es ist hierbei immer zu bedenken, dass die Maßnahmen zur Korruptionsbekämpfung - die ja letztlich auch Maßnahmen des Risikomanagements sind - möglichst exakt auf die konkrete Unternehmenssituation zugeschnitten sein müssen, um effektiv wirksam zu werden.
Wenn zwar ein umfangreicher Code of Ethics erarbeitet, dieser den Mitarbeitern aber nicht praxisnahe erläutert und in der täglichen Arbeit auch von den leitenden Mitarbeitern stetig umgesetzt wird, ist dieser ebenso wirkungslos, wie ausgeklügelte Verfahrensanweisungen, an die sich keiner hält oder detaillierte Auftragsvergabedokumentationen, die nicht regelmäßig überprüft werden.

Managerkorruption, die schwerpunktmässig Vorteilsgewährung für Externe und seltener unmittelbare Vorteilsannahme beinhaltet, kann letztlich neben Rechtsregelungen, die auf dieser Ebene jedoch nur bedingt prophylaktisch wirken, nur über freiwillige Selbstverpflichtungen zur Einhaltung eines Code of Ethics bekämpft werden. So wie die Verantwortung für eine wirksame Korruptionsbekämpfung primär in der Zuständigkeit des Top-Managements liegt, muss dieses im Rahmen seiner Vorbildfunktion natürlich auch selbst angemessen handeln!

Hierzu gehören zum einen die

- Vereinbarung von Vertragsstrafen für Absprachen bei der Auftragsvergabe
- konsequente Trennung von auffällig gewordenen Vertragspartnern
- Durchsetzung aller zivilrechtlichen Schadensersatzansprüche aus Korruptionshandlungen

aber zum anderen noch vielmehr die

- Publizierung der Selbstverpflichtung des Unternehmens seitens der Geschäftsleitung zu einer aktiven Korruptionsbekämpfung
- Vereinbarung von Disziplinarstrafen für Manager beim Verstoß hiergegen
- Formulierung diesbezüglicher Prüfungsrechte und -pflichten für die Interne Revision

Im Fokus letztgenannter Prüfungen sollten spezielle dem management auditing[244] zuzuordnende Prüfungsschwerpunkte stehen.
Zwar ist es wenig sinnvoll und in praxi kaum realisierbar, die Geschäftsführung insgesamt und speziell die einzelnen Managementleistungen oder den Führungsstil einer internen Prüfung zu unterziehen, jedoch ist die *Ordnungsmäßigkeit der Geschäftsführung* durchaus prüfbar. Hierzu hat der Revisor sein Augenmerk im wesentlichen zu richten auf:

- Die Übereinstimmung des Handelns des Managements mit externen und internen Regelungen (d.h. es geht um Compliance-Fragen der Einhaltung von Regelungen des StGB, Ausschreibungsordnungen bis hin zu Geschäftsordnungen, Vergabevorschriften etc.)[245]
- Leitungsentscheidungen und ihr Zustandekommen bzw. ihre Umsetzung (ein Anfang wäre die Prüfung der Umsetzung der Anti-Korruptions-Richtlinien eines Mutter- bei seinen Tochterunternehmen durch die Konzernrevision)

---

[244] Erläuterung: Gegenstand der Management- oder Geschäftsführungsprüfung ist die Ordnungsmäßigkeit und Zweckmäßigkeit von Leitungsentscheidungen auf allen Ebenen. Dies Prüfung erfolgt in Anlehnung an den durchs KonTraG neugefassten § 317 HGB und zielt auf die Durchsetzung einer ordnungsgemäßen Geschäftsführung.

[245] Vgl. auch Hauschka/Greeve „Compliance und Korruptionsprävention" BB 4/2007, S. 165

Indizien für korruptive Geschäftsführungspraktiken sind z.B.:

- Anti-Korruptionsordnungen u.ä. sind nicht bekannt bzw. liegen nur in veralteten Fassungen vor oder werden offen als unrealistisch abgelehnt
- Ermessensentscheidungen sind nicht nachvollziehbar und nicht in den Akten dokumentiert (z.B. Anweisung von Beraterhonoraren zur möglichen Tarnung von Schmiergeldzahlungen)
- Unklarheiten bzw. Lücken in der Aktenführung (fehlende Ausgabebelege oder dubiose Eigenbelege können auf verdeckte Vorteilszuwendungen oder Auffüllung schwarzer Kassen hindeuten)
- nachlässige Rechnungs- oder Leistungskontrolle, mangelnde Fachaufsicht von Führungskräften können korruptiven Handeln von Mitarbeitern Vorschub leisten, aber auch Unklarheiten der Aktenführung kaschieren
- Aufträge werden überdurchschnittlich oft über freihändige Vergaben und nicht mittels öffentlicher Ausschreibung hereingeholt
- einzelne Linienmanager holen überdurchschnittlich viele Aufträge fürs Unternehmen herein
- Hinweise von Untergebenen, die ins Korruptionsgeflecht verstrickt wurden und deshalb meist anonym erfolgen (Untersuchungen müssen hier sehr vorsichtig erfolgen, um nicht Verleumdungen aufzusitzen oder selbst diverse Rechtsbrüche zu begehen)

Korruption wird von vielen Unternehmen noch immer als Einzelfall der Untreue eines oder weniger Mitarbeiter wahrgenommen. Aber in vielen Bereichen ist Korruption zu einem strukturellen Wirtschaftsproblem geworden.
Schwierig ist die Verhinderung von korruptiven Handlungen durch Unternehmen in Deutschland nicht nur, weil sich diese zunehmend konspirativ abspielen, sondern auch, weil bislang nur Angestellte und deren Beauftragte, nicht jedoch juristische Personen wie Unternehmen belangt werden können. Auch Freiberufler und Einzelunternehmer können zwar wegen Bestechung, aber nicht wegen Bestechlichkeit belangt werden.
Insbesondere das fehlende Unternehmensstrafrecht aber auch unverändert virulente Korruption in grossen Ländern wie China, Indien und Russland, erschweren die Umsetzung von antikorruptiven Ethik-Richtlinien etc. für weltweit operierende Unternehmen wegen der damit verbundenen - zumindest kurzfristigen - Wettbewerbsnachteile nicht unwesentlich[246].

Eine Steigerung korruptiver Handlungen von Unternehmen ist zweifelsohne die verbotene Kartellbildung, die oft nicht nur nationalen, sondern sogar internationalen Wettbewerb mit dem Ziel der Erzielung von Extragewinnen durch Preis-

---

[246] Vgl. auch Brooks,J.P. „Wider die Korruption oder wie viel ist Unternehmen ihr guter Ruf wert?" BB 4/2007 , S. 1

treiberei ausschaltet. Im Februar 2007 verhängte die EU-Kommission bislang beispiellose Strafen in der Gesamthöhe von 992 Mio. € gegen ein Kartell von großen Fahrstuhl- und Rolltreppenherstellern (Otis, Schindler, Kone und ThyssenKrupp, das als „Wiederholungstäter“ mit 479 Mio € die höchste bislang gegen ein einzelnes Unternehmen verhängte Strafe zahlen muss) wegen der Aufteilung von Aufträgen zwischen 1995 und 2004 mittels wettbewerbswidriger Preisabsprachen.[247]

Insbesondere die umfänglichen image- und vermögensschädigenden Folgen von Korruptionsvorwürfen gegen Unternehmen führen neben den Haftungsgefahren aus dem Umweltrecht zunehmend zur Schaffung unternehmensinterner *Corporate Compliance-Strukturen*, die oft durch „Chief Corporate Compliance Officers“ als Leiter entsprechender Stabsorgane des Vorstands personalisiert werden. So holte sich z.B. die Deutsche Bahn Mitte 2007 den bekannten Oberstaatsanwalt und Antikorruptionsspezialisten Schaupensteiner auf diese Position.[248]

Der Begriff Corporate Compliance, der zu einem betriebswirtschaftlichen Trendwort mutiert, ist eng mit den Corporate Governance-Grundsätzen verbunden, die quasi die unternehmensintern einzuhaltenden bzw. umzusetzenden Standards vorgeben. Da sich diese Standards bzw. Gesetzesregelungen nicht nur auf interne Kriminalitäts- und Korruptionsbekämpfung, Datenschutzregelungen u.ä., sondern auch auf technische Gefährdungen (z.B. Anlagen-, Produkt- und Umweltsicherheit) beziehen[249], kann eine eigenständige Struktureinheit, die diesbezügliche Überwachungen durchführt, sinnvoll sein - vor allem dann, wenn dadurch das Augenmerk des Managements stärker auf einschlägige Risiken gelenkt wird.
Hierzu muss diese Stabsabteilung allerdings analog zur Internen Revision weitgehend unabhängig und eigenverantwortlich agieren können. Im Bereich der Prophylaxe gegen Korruption und andere Formen der Wirtschaftskriminalität sollte eine enge Zusammenarbeit mit der Internen Revision erfolgen.

---

[247] Vgl. EU verhängt Rekordstrafe gegen ThyssenKrupp , Financial Times Deutschland vom 21.02.2007, elektronisch publ. unter: www.ftd.de/unternehmen/industrie/164203.html

[248] Vgl. Campos Nave,J.A. „Chief Corporate Compliance Officer - Werbewirksame Mogelpackung oder Garant einer effektiven Corporate Governance?“ BB 31/2007 , S. 1

[249] Vgl. z.B. Bayer AG, „Corporate Compliance-Programm“ (elektronisch veröffentlicht unter: www.bayer.de/Corporate-Compliance.aspx)

2.7. Interne Vermögensdelikte

2.7.1. Vorbemerkung

Natürlich gibt es die Delikte, bei denen externe Täter mit Brachialgewalt in ein Unternehmen einbrechen, Dinge entwenden und oft relativ große Folgeschäden anrichten und es gibt Delikte, wo Mitarbeiter oder Kunden Vermögensgegenstände des Unternehmens entwenden. Das erstgenannte ist Raub und das andere Diebstahl und beide Begehensweisen sind so alt wie die menschliche Zivilisation. Gegen Raub muss sich ein Unternehmen durch Sicherheitstechnik, Wachkräfte etc. sichern. Hierauf detailliert einzugehen, ist nicht Gegenstand dieser Betrachtung.

Schutz gegen Diebstahl ist oft komplizierter, geht es hierbei doch nicht nur um Kunden- sondern auch um Mitarbeiterkriminalität, die nicht nur auf unteren Prozess- sondern auch auf oberen Leitungsebenen angesiedelt sein kann.

Die Schäden, die deutsche Unternehmen durch Mitarbeiter erleiden, wenn diese Geld, Sachwerte oder Informationen stehlen, schätzt der Kreditversicherer Euler Hermes nach Hochrechnungen auf Basis der PKS-Zahlen für 2006 auf ca. 4 Milliarden Euro[250]. Auffällig ist hierbei, dass die Anzahl relativ kleiner Delikte in mittelständischen Firmen kontinuierlich steigt, während die Anzahl wertmäßig größerer Delikte in Großunternehmen tendenziell zurückgehen. Ein Hinweis auf das Funktionieren interner Überwachungssysteme.

Unternehmen machten weltweit die Erfahrung, dass die Hälfte der enttarnten Wirtschaftsstraftäter aus dem eigenen Unternehmen stammen; davon fast ein Viertel aus dem Top-Management[251].

2.7.2. Wenn das Top-Management kriminell wird

2.7.2.1. Begehungsweisen

Dass produzierende Unternehmen einzig zum Zwecke des Anlegerbetrugs gegründet werden, ist eher die Ausnahme. Für solche Zwecke eignen sich reine Finanzanlageunternehmen, die potentielle Opfer mit Traumrenditen ködern, wesentlich besser. Aber Produktions- bzw. Dienstleistungsunternehmen, geraten häufig durch zu schnelles Wachstum in Turbulenzen. Solche gefährdeten Unternehmen sind häufig nur anfangs oder gar nicht organisch gewachsen und streben ein schnelleres Wachstum als die Wettbewerber an. Besonders in der Phase des „Neuen Marktes“ war es typisch, dass Spitzenpositionen mit Leuten besetzt wurden, die schon in anderen Unternehmen dank Spürsinns und guter Rhetorik

---

250 Hofmann,K. „Wirtschaftskriminalität im Mittelstand nimmt weiter zu“ elektronisch veröffentlicht unter: www.it-business.de/themenkanaele/management/allgemein/articles/69989

251 Bussmann,K.D./Nestler,C./Salvenmoser,S. „Wirtschaftskriminalität 2007“ Frankfurt/M u. Halle 2007, S. 39 f.

gewaltige Mengen Geldes erwirtschaftet hatten, wobei es oft um reine Bewertungseffekte (meist Aktienkurssteigerungen) ging.
Gemessen wird dann das Vorwärtskommen des Unternehmens primär an der Wachstumsrate und an der Marktpräsenz. Gern gesehen sind sich ständig beschleunigende Wachstumsraten, unmutig wird bei Finanzanalysten reagiert, wenn die Marktposition hinter Rang 3 fällt, vor allem, wenn sich dies dann noch in einem schlechteren Bilanzrating reflektiert.
Finanziert wird dies alles überwiegend mit Fremdmitteln, denn Aktionäre und Bilanzanalysten sehen Aktienwertminderungen nach Akquisitionen nicht gern und das Top-Management favorisiert den Hebeleffekt, der eine überproportional steigende Rendite der Eigenmittel gewährt, wenn die Gesamtrendite über der Verzinsung der Fremdmittel gehalten werden kann. Die Eigenkapitalrendite gilt nämlich oft als Maßstab für Manager-Gratifikationen.
Das rasche Unternehmenswachstum birgt den Keim des Absturzes schon in sich, wenn Top-Manager gierig werden. Das Unternehmen, dem alles zu gelingen scheint, findet den Gefallen der Börsenanalysten und Anleger solange das Tempo gehalten oder forciert wird. Zu den großen unternehmerischen Verdiensten kommt für die Spitzenmanager das enorme persönliche Verdienen. Dies führt dann leicht dazu, dass sich eine persönliche Gefallsucht entwickelt, die Kritik nicht mehr erträgt und unbequeme Mahner aus der näheren Umgebung verdrängt. Zudem entstehen wachsende persönliche finanzielle Ansprüche - ja eine Gier nach Reichtum, der die Gefahr inhärent ist, moralische und auch strafrechtliche Maßstäbe irgendwann zu missachten.
Durch die Fremdfinanzierung von Firmenübernahmen und weltweite Expansion verliert das Unternehmen jedoch schnell finanziellen Spielraum. Es wird abhängig von Fremdkapitalgebern und Ratingagenturen, die durch immer neue positive Nachrichten bei Laune gehalten werden müssen. Wenn die Märkte enger werden, entstehen oft Absatz- und damit Umsatzprobleme. Das Ende der Aufschwungsperiode ist meist da, wenn die liquiden Mittel knapp werden.
Da die Finanzmärkte Unternehmen, bei denen Finanzierungsprobleme sichtbar werden, nicht selten gnadenlos durch verschlechterte Ratings und damit große Probleme bei der Beschaffung neuen Geldes abstrafen, beginnen spätestens jetzt die Manipulationen der Rechnungslegung. Es wird mit zeitlichen und sachlichen Abgrenzungen jongliert, hoffnungsvoll und sehr positiv bewertet und der Goodwill als werthaltig eingestuft, auch wenn sich dahinter eben kein verwertbarer Vermögensgegenstand verbirgt. Umsätze und Gewinne werden - nicht selten zwischen Mutter- und Tochterfirmen im Konzern - hin- und hergeschoben und so aufgebläht.
Liquiditätsmangel führt bei gierig gewordenen Vorständen oder auch Unternehmenschefs häufig auch zu einem gewissen Realitätsverlust. Der Diskussion mit Banken weicht man aus, indem immer neue gewinnoptimierte Businesspläne vorgelegt werden. Jeder Warner wird als Verräter an der Firmenzukunft darge-

stellt. Als Verrat wird auch gewertet, wenn die Banken, denen man doch soviel zu verdienen gegeben hat, jetzt neue Kredite verweigern. Der Selbstschutz der Spitzenmanager bestimmt zunehmend deren Handeln, Vorsicht und Gläubigerschutz werden kaum mehr beachtet. Helden der Fusionen und Akquisitionen entpuppen sich als operative Scharlatane, denen es nicht gelingt, aus den laufenden Geschäften Gewinne zu erwirtschaften.
Erkennbar wird dies spätestens daran, dass sich der CFO um Beschönigungen bemüht oder für Einzelbuchungen Gutachten bestellt. Und so werden aus Beschönigungen - ohne dass dies im Einzelfall immer so gewollt ist - dann irgendwann vielleicht auch Fälschungen, damit sich das Unternehmen als produktiv, wirtschaftlich, rentabel und liquide präsentiert, auch wenn dies nicht mehr so ist, eben weil die Top-Manger oft hieran gemessen und entlohnt werden.

Insbesondere die in den letzten Jahren aufgedeckten grossen Fälle der Bilanzmanipulation[252] stellen nicht nur eine neue Dimension bezüglich der verursachten Schadenshöhe und der volkswirtschaftlichen Auswirkungen dar, sondern auch eine bislang so noch nicht beobachtete Form krimineller Handlungsweisen von Top-Managern, teilweise unterstützt von Wirtschaftsprüfern.
Das Entstehen von *Top-Management-Fraud*, also doloser Handlungen des Managements zur Erzielung eigener Vorteile durch Bilanzmanipulationen zu Lasten von Gläubigern und Kapitalanlegern scheint, wenn man die bekanntgewordenen Szenarien der einschlägigen Fälle betrachtet, einem bestimmten Regelmuster zu folgen, aus dem sich letztlich auch diesbezügliche Frühwarnindikatoren ableiten lassen sollten.
Typisch für die Begehensweisen, für die sich die Bezeichnung „Top-Management-Fraud“ herausgebildet hat, ist:[253]

- Handelnde Personen sind Spitzenmanager wie Vorstandsvorsitzender (CEO) , Finanzvorstand (CFO) oder die gesamte Spitze der Geschäftsleitung und manchmal auch Hauptgesellschafter.
- Diese nutzen ihre Machposition aus, um Manipulationen anzuweisen.
- Buchführung und Bilanzen werden mit hoher krimineller Energie gefälscht, teilweise werden Belege direkt oder indirekt über verschachtelte Unternehmensbeteiligungen manipuliert.[254]
- Geschädigte sind primär Aktionäre, Anleger und Gläubiger.

---

252 Vgl. Abs. 2.1.

253 Vgl. Schruff,W. „Zur Aufdeckung von Top-Management-Fraud durch den Wirtschaftsprüfer im Rahmen der Jahresabschlussprüfung“ Die Wirtschaftsprüfung 56 (2003) 17, S. 901

254 z.B. wurden die Parmalat-Bilanzprobleme offensichtlich, nachdem sich bei der Parmalat-Tochter Bonlat - einem Tochterunternehmen von Parmalat Austria, das über ein Enkelunternehmen auf den Niederländischen Antillen kontrolliert wurde - ein angebliches Guthaben über 3,9 Mrd. € bei der Bank of America als gefälschter Nachweis herausgestellt hatte

- Teilweise werden die Fälschungen durch Wirtschaftsprüfer, die dem Top-Management durch Prüfungs- bzw. Beratungsaufträge verpflichtet sind, gedeckt.

Das Vertrauen der Kapitalmärkte in die Verlässlichkeit der Jahreabschluss- bzw. Quartals-Rechenschaftslegung und auch in die Qualität und Sicherheit der Jahresabschlussprüfung wird durch derartige Betrugsfälle natürlich nachhaltig erschüttert.
Dies wird nicht zuletzt auf Hauptversammlungen deutlich. Die Aktionärstreffen, deren Diskussionen sich früher meist nur an der Höhe der Dividende entzündeten, gleichen heute nicht selten stundenlangen Kreuzverhören, auf denen sich die Vorstände oft gegen massive Vorwürfe der Aktionäre wehren müssen. Das Misstrauen gegen Vorstand und Aufsichtsrat sitzt tief. Dies hat auch negative Auswirkungen auf den Börsenhandel und damit die gesamte Wirtschaft.
Hinzu kommt ein nicht zu unterschätzendes unternehmensinternes Risiko: Wenn das Top-Management mit kriminellen Machenschaften Schlagzeilen macht, betrachten dies nicht selten auch Mitarbeiter als Freibrief für eigene kriminelle Handlungen und schädigen ihr Unternehmen durch Diebstahl, Betrug, Unterschlagungen oder Veruntreuungen[255].

2.7.2.2. Prophylaxe bzw. Gegenmaßnahmen

Die nach jedem größeren Bilanzskandal wiederauflebenden Diskussionen um eine verbesserte Corporate Governance als Mittel auch zur Bekämpfung von Top-Management-Fraud, die 2002 in den USA zum kontroll- und haftungsverschärfenden Sarbanes-Oxley-Act und in Deutschland in Weiterentwicklung von KonTraG und TransPuG zum Deutsche Corporate Governance Kodex (DCKG) und zum Abschlussprüfer-Aufsichtsgesetz führte[256], orientiert immer wieder darauf, dass in den Unternehmen eine umfassende, ausgewogene, angemessene und wirksame Überwachungskultur entwickelt und gepflegt werden muss[257] und zeigt zugleich, wie schwierig deren Durchsetzung im kriminellen Einzelfall gegenüber dem Top-Management zu sein scheint. Interessanterweise sind Bilanzmanipulationen bislang auch schon in allen Rechnungslegungssystemen, ob nach HGB, US-GAAP oder IAF/IFRS organisiert, aufgetreten. Dies zeigt, dass letztlich jedes Rechnungslegungssystem gegen Top-Management-Fraud , zumal

[255] Die Hermes Kreditversicherung AG erwartet bis Ende 2007 ca. 1,1 Mio. aktenkundige Fälle von Betrug, Untreue und Unterschlagung in deutschen Unternehmen. Ca. 40% der geschätzten Schadenssumme von rund 4 Mrd. € sollen durch Mitarbeitern verursacht werden. Vgl. www.eulerhermes.com/ger/ger/press/news-0070607-001.html
[256] Abschlussprüfer-Aufsichtsgesetz (APAG; ab 1.5.2006 in Kraft) Vgl. BGBl I Nr. 76/2004
[257] Vgl. Lück,W. „Risiko- und Chancen-Management im Unternehmen" BB 33/2004 , S. 1

wenn durch Wirtschaftsprüfer gedeckt, machtlos ist.[258] Die Ordnungsmäßigkeit der Rechnungslegung hängt also weniger von den angewandten Standards, sondern mehr von deren Kontrollumfeld ab. Insofern sind alle diesbezüglichen externen und internen Überwachungsansätze - vom „10-Punkte-Programm der Bundesregierung zur Stärkung der Unternehmensintegrität und des Anlegerschutzes“ über das APAG und das Bilanzkontrollgesetz bis hin zur Nutzung von COSO I und II[259] zur Qualifizierung der Ausgestaltung und Prüfung des unternehmensinternen Kontrollsystems - unbedingt zu begrüssen. Hierzu zählen auch aktuelle Überlegungen zur Erkennung wirtschaftskrimineller Handlungen im Rahmen einer risikoorientierten Jahresabschlussprüfung[260].
Es würde jedoch den Rahmen dieser Ausführungen sprengen, auf die Problematik der externen Bekämpfung von Top-Management Fraud, wozu auch Anforderungen an den Abschlussprüfer und dessen Überwachung, denkbare Erweiterung strafrechtlicher Regelungen u.dgl. zählen, näher einzugehen.
In der Folge sollen deshalb nur einige praktikable Ansätze *interner* Prophylaxe bzw. Gegenmaßnahmen betrachtet werden.

Hierbei ist bezüglich Top-Management-Fraud von folgenden indikativen Prämissen auszugehen:

- Die Hauptverantwortung für die Vermeidung und Aufdeckung von Fraud liegt beim Vorstand, wird also bestenfalls nur noch auf dem Papier bzw. untere Ebenen beschränkt realisiert.
- Der Täterkreis ist weitgehend abgeschottet, beschränkt sich auf oft nur wenige Manager (und Helfer), was Whistleblowing einerseits begünstigt, andererseits wegen fehlender Ansprechpartner und bestehender Vertuschungsmöglichkeiten erschwert.
- Das IKS greift gegenüber dem Management oft nicht, obwohl Spuren von Transaktionen (z.B. in der Buchführung und in Belegen) existent bleiben
- Die Interne Revision wird faktisch ausgeschaltet (z.B. durch Outsourcing) oder durch unmittelbare Eingriffe des Top-Managements in den Prüfungsplan

258 Vgl. Peemöller,V.H./Hofmann,S. „Bilanzskandale“ , Berlin 2005 , S. 221

259 Das Committee of Sponsoring Organizations (COSO) der Treadway-Commission veröffentlichte 1992 „Internal Control Integrated Framework“, auch als COSO-IC-Modell oder COSO I bezeichnet. Da Unternehmen mannigfaltigen Risiken ausgesetzt sind, die ihre Existenz und damit das Kapital der Anleger gefährden können, wurde das COSO-IC-Modell 2004 um diesbezügliche Risikoaspekte bzw. -prüfungsansätze erweitert. Es entstand COSO-Enterprise Risk Management (COSO II). Vgl.u.a. Janke,G. „Das COSO-ERM-Modell ZRFG 3/2007 , S. 115 f.

260 Vgl. Berndt/Jeker „Fraud Detection im Rahmen der Abschlussprüfung“ Betriebsberater 48/2007 , S. 2615 f.

Folgende Symptome deuten auf Top-Management-Fraud (vor allem in Form von Bilanzdelikten) hin[261]:

- *Das Top-Management wird von einer Person (z.B. Gründer und Mehrheitsaktionär) beherrscht und autokratisch geführt*: Der Managementstil ist dominant und aggressiv, Mitarbeiter werden eingeschüchtert; die wirtschaftliche Situation der Top-Manager ist eng an den Erfolg des Unternehmens gebunden; Mitarbeiter haben keine Möglichkeit, sich bei Verdacht auf Unregelmäßigkeiten der Unternehmensführung an unternehmensverbundene neutrale Personen (z.B. Ombudsmann) zu wenden.
- *Das IKS ist mangelhaft*: Kontrollinstanzen sind kaum vorhanden; Zugriffsberechtigungen zu IT-Programmen und Daten sind mangelhaft bzw. gar nicht definiert, oder beliebig nutzbar; Verantwortlichkeiten sind kaum oder fokussiert auf das Top-Management geregelt.
- *Vorgeschriebene Überwachungssysteme arbeiten mangelhaft*: Die Interne Revision wird vom Top-Management unangemessen beeinflusst bzw. in ihrer Tätigkeit behindert (z.B. durch Verhinderung bestimmter Prüfungen); Aufsichtsrat (bzw. Prüfungsausschuss) sind nicht unabhängig vom Vorstand und zeigen wenig Interesse an Problemen der Rechnungslegung und Prüfung.
- *Es gibt Unregelmäßigkeiten in der Buchführung*: Geschäftsvorfälle werden nur unvollständig bzw. nicht zeitnahe verbucht; Buchungsunterlagen sind unvollständig, es gibt Geschäftsvorfälle ohne Buchungsbelege oder Salden ohne Bestätigung, Belege sind ungewöhnlich (z.B. handschriftlich, Fax- oder Fotokopien), Bestätigungsanfragen bleiben ohne Antwort; Buchungen über z.T. hohe Beträge erfolgen zu ungewöhnlichen Zeiten (z.B. nachts oder am Wochenende) durch nicht mit der Buchhaltung betraute Personen auf ungewöhnliche Konten; Zahlungen über runde Beträge, für nicht exakt spezifizierte Dienstleistungen oder Darlehen lassen Scheingeschäfte vermuten, analog Zahlungen an ausländische Empfängeradressen, die nicht mit den Lieferantenadressen übereinstimmen; es gibt außergewöhnliche Barzahlungen ohne angemessen verifizierbaren Nachweis des Zahlungsgrundes, oft von CEO oder CFO direkt angewiesen.

Diese Symptome wird ein qualifizierter und unvoreingenommener Abschlussprüfer - der Prüfungssituation entsprechend jedoch häufig erst zu spät - bemerken und sollte deshalb vor allem ein guter Interner Revisor möglichst zeitnahe erkennen und angemessen reagieren.
Als Gegenmaßnahmen sollten analog zur internen Korruptionsbekämpfung auch hier Ethik-Richtlinien seitens des Managements aufgestellt werden, die natürlich

[261] Vgl. bes. IDW-PS 210 u. 261, ISA 240 sowie Peemöller,V.H./Hofmann,S. „Bilanzskandale", Berlin 2005 , S. 221

nur sinnvoll sind, wenn sie auch in praktisches Handeln umgesetzt werden.[262] Deshalb muss dies auch fallweise und planmäßig durch management auditing überwacht werden. Es darf im Unternehmen prinzipiell keine prüfungsfreien Räume geben - auch nicht beim Top Management!
Dies erfordert unbedingt die Bereitschaft des Top-Managements, das management auditing aktiv zu unterstützen. Für den Abschlussprüfer ist das erkennbare Fehlen dieser Bereitschaft ein erstes Indiz für mögliche Unregelmäßigkeiten.
Prüfungen der Internen Revision im Rahmen des management auditing, die sich auf die Bestätigung einer ordnungsgemäßen Geschäftsführung und die Verhinderung vom Top-Management-Fraud richten, sollten sich - ausgehend von der Vorstandsverpflichtung gem. § 91 Abs. 2 AktG - vor allem beziehen auf

- *die Geschäftsführungsorganisation*, also die ordnungsgemäße und kompetente Besetzung der Führungspositionen, die nachvollziehbare und transparente Aufteilung von Geschäftsbereichen im Vorstand, die Regelungen zur Zusammenarbeit mit leitenden Mitarbeitern, die Transparenz von Hierarchien inklusive entsprechender Kontrollregelungen[263]
- *die Geschäftsführungstätigkeit*, insbesondere die Beachtung von Gesetz, Satzung und Geschäftsordnungen, Einhaltung diverser Compliance-Anforderungen, Einhaltung vorgegebener bzw. beschlossener Verfahren zur Entscheidungsfindung (z.B. Verfahren der Investitionsrechnung, Balanced Scorecard etc.), Praktizierung des Vier-Augen-Prinzips mit dokumentierten Verantwortlichkeitsregelungen)
- *das Geschäftsführungsinstrumentarium*, also das Vorhandensein transparenter Planungsunterlagen, protokollierter Vorstandsbeschlüsse für wichtige Entscheidungen und vor allem eines effizienten IKS[264]

Wenn die Interne Revision in ihrer Arbeit durch das Top Management nicht unterstützt, sondern im Gegenteil (massiv) behindert wird, werden o.g. Prüfungen nicht möglich oder kaum aussagefähig sein. In diesem Fall sollte sich die Interne Revision durch protokollarische Vermerke, Management-Letter etc. gegenüber späteren (strafrechtlichen) Mitwirkungsvorwürfen absichern.[265] Diese Situation kann beim klassischen deutschen Unternehmensüberwachungssystem eher auftreten, als bei einer dem Audit Committee des amerikanischen Bord of Directors unterstellten Internen Revision, ist allerdings - wie die Praxis zeigt - auch dort nicht auszuschließen.

---

262 Vgl. KPMG „Anti Fraud Management - Best Practice der Prävention gegen Wirtschaftskriminalität“ 2006, S. 14

263 Beachtung finden sollte hierbei auch IDW-PS 261 v. 06.09.2006 TZ 14

264 Vgl. hierzu IDW-PS 261 v. 06.09.2006 TZ 19 - 24 u. 29 -34

265 Vgl. auch Deutsches Institut für Interne Revision e.V (IIR). „Grundlagen der Internen Revision“ (autorisierte Übersetzung der „Basics of Internal Auditing“ des IIA) , Frankfurt/M. 2007 - IIA-Attribute-Standard 1110.A1

2.7.3. Mitarbeiterkriminalität
2.7.3.1. Begehungsweisen

Zwar sind Top-Manger auch Mitarbeiter des Unternehmen, doch sind die Möglichkeiten eines nicht in den obersten Führungseben angesiedelten Mitarbeiters, das Unternehmensvermögen zu schädigen, in der Regel weitaus geringer, deshalb jedoch nicht unbedingt unbedeutend.
Die Spanne der „gewöhnlichen Mitarbeiterkriminalität" reicht vom Entwenden von Büromaterial für den Privatverbrauch über den Zeitdiebstahl durch Surfen im Internet während der Arbeitszeit bis hin zu umfassenden Belegmanipulationen mit hohen Vermögensverlusten fürs Unternehmen. Speziell der Einzelhandel ist nicht nur durch Ladendiebe, sondern auch durch Mitarbeiterdiebstähle gefährdet, wobei Fachleute davon ausgehen, dass ein diebischer Mitarbeiter durchschnittlich zehn mal soviel Schaden anrichtet, wie ein Ladendieb[266]. Auch die bereits behandelten Korruptionsdelikte (besonders Vorteilsannahme) und eher der Wirtschaftsspionage zuzurechnende und deshalb im 3. Kapitel behandelte Weitergabe von Insiderinformationen könnten abstrakt der Mitarbeiterkriminalität zugeordnet werden.
Seit 2003 registrieren deutsche Ermittlungsbehörden pro Jahr sogenannte Vertrauensschäden (Betrug, Untreue und Unterschlagung) in Milliardenhöhe. Für 2005 ergaben sich so Vermögensschäden von ca. 6 Mia €. Nach Schätzungen der Euler Hermes Kreditversicherung werden von diesen Schäden ca. 40 - 60 % durch eigene Mitarbeiter verursacht.[267]In anonymen Umfragen gaben 50% der befragten Unternehmensmitarbeiter an, dass sie Firmeneigentum entwenden.[268] Selbst wenn sich dahinter viele Bagatellfälle verbergen dürften, ist die Tendenz Besorgnis erregend.
Durch Mitarbeiterkriminalität ist jedes Unternehmen gefährdet. In Großunternehmen sind zwar oft umfangreiche IKS eingerichtet, doch sind diese infolge hoher Komplexität nicht immer effizient. Entstehen durch Umstrukturierungen Sicherheitslücken, bleiben diese oft unentdeckt. Die Anonymität umfangreicher Hierarchien begünstigt oft Untreuehandlungen.
In kleinen und mittelständischen Unternehmen herrscht zwar oft noch eine persönlichere Arbeitsatmosphäre, doch werden Mitarbeiter oft auch sehr flexibel in mehreren Funktionen eingesetzt und erhalten so Einblicke in vertrauliche administrative Prozesse und Kenntnisse, die bei krimineller Energie Fehlverhalten fördern können. Außerdem wirken wenig ausgeprägte Kontrollen tatbegünstigend.

---

266 Vgl. Lemke,H.G. „Diebstahlverhütung im Einzel- und Fachhandel",Düsseldorf 2003,S. 17
267 Vgl. Euler Hermes Kreditversicherung „Informationen zur Vertrauensschadenversicherung" S. 3 elektronisch veröffentlicht unter: www.eulerhermes.com
268 Vgl. ebenda S. 4

Die Begehensweisen sind so differenziert, wie die Täter. Zur Illustration seien nur einige als typisch anzusehende Fälle (anonymisiert) kurz umrissen, in denen wohl viele betroffene Unternehmen bekannte Begehensweisen und Schwachstellen wiedererkennen dürften:

Warenschwund auf der Autobahn:

Waren werden heute oft über weite Strecken durch halb Europa transportiert und manchmal kommen beim Empfänger weniger Waren an, als bestellt und nachweislich eingeladen wurden. Zur Tatausführung bedarf es nur der Möglichkeit des Fahrers, unbeobachtet an die Ladung zu gelangen. Das Hauptproblem ist die schlüssige Beweisführung der Tatbegehung, da zumindest theoretisch Möglichkeiten für Fremddiebstahl von der Beladung über den Transportweg bis zur Entladung bestehen. Im konkreten Fall manipulierte der Fahrer die Verplombung der Ladung und lud einen Teil der Ware unterwegs in einer angemieteten Garage zwecks Weiterverkauf auf eigene Rechnung um, was nur mittels umfangreiche Observation durch Privatermittler beweisbar war.[269]

Lagerdiebstahl von klassisch bis modern:

Meist schrillen die Alarmsirenen beim Management in Handelsunternehmen, wenn die Inventurminusdifferenzen überproportional ansteigen. Doch es sind nicht immer nur Kundendiebstähle. Mitarbeiter - und manchmal auch Anlieferer - die Schwachstellen gut kennen, greifen auch zu. Die Tatausführung ist oft relativ trivial. So werden Waren während der Geschäftsöffnungszeiten über Notausgänge, deren Versieglung unbemerkt beschädigt und damit unwirksam gemacht wurde, entwendet oder verschwinden gleich bei der Anlieferung, indem bereits angenommene Kartons oder Paletten in unübersichtlichen Lieferzonen wieder aufgeladen werden. Nicht selten werden auch Filialleiter kriminell. So nutzte z.B. ein Filialleiter seine Schlüsselgewalt und das Fehlen elektronischer Überwachungssysteme, um immer Sonntags Waren in größerer Menge aus einem Baumarktlager zu entwenden und zu Billigpreisen in seiner Garage an Bekannte zu verkaufen. In einem anderem Fall entwendete der Wachdienst bei seinen Kontrollgängen Waren; bei der niedrigen Entlohnung im Verhältnis zur erwarteten Integrität fast vorhersehbar.[270] Auch viele oft kaum kontrollierte Bau- und Instandhaltungslager mit wenig geregelten Zu- und Abgangsnachweisen verführen immer wieder zur „kostenlosen Selbstbedienung".

Ähnlich trivial funktionierte der Diebstahl von schokoladentafelgroßen Speicherplatten, die ein Teilzeitbeschäftigter 1995 in Einkaufsbeuteln aus einem HP-Lager entwendete. Bemerkenswert waren allerdings der Wert (während seiner halbjährlichen Beschäftigung entwendete der Täter 24.700 Speicherplatten im Gesamtwert von rund 25 Mio €) und die Vermarktung der Beute (hierzu gründete der Täter mit Komplizen ein weltweites Firmengeflecht, in dem die Speicher-

---

[269] Vgl. Eisenkolb,A./Müller-Dalhoff,G. „Tatort Betrieb" , Freiburg i.Br. 1999 , S. 18 ff.

[270] Vgl. Eisenkolb,A./Müller-Dalhoff,G. „Tatort Betrieb" , Freiburg i.Br. 1999 , S. 38 ff.

chips von den Leiterplatten abgelöst, in neue Produkte eingebaut und verkauft wurden). Das kriminell erlangte Geld wurde in Steueroasen von Lichtenstein bis Isle of Man, Rennboote, Leichtflugzeuge und Immobilien investiert.[271]

Selbstbedienung im Büro:

Auch Mitarbeiter, die nicht unmittelbar mit Warenbeständen in Berührung kommen, können sich bereichern; man denke nur an die Personalbearbeiterin eines großen Warenhauskonzerns, die ihre Position nutzte, um über mehrere Monate für rund 50.000 € persönliche Einkäufe über Personalnummern von Kollegen zu tätigen.

Der typische Fall sind allerdings *Scheinrechnungen* über real nie erfolgte Waren- oder Materiallieferungen, die oft nur als (gefälschte) Kopie vorliegen und dann auf ein Konto im Privatbereich bezahlt werden. Hierbei wird meist die mangelhafte Kontrollabstimmung mit dem Wareneingang bzw. der Rechnungsprüfung ausgenutzt. Varianten sind (teilweise zeitverzögerte) Doppelverbuchungen realer Rechnungen, um sich bei Kontrollen auf Fehlerfassungen herausreden zu können oder gefälschte Reklamationsgutschriften.

Schließlich ist der „alltägliche Diebstahl" im Büro durchaus ein nicht zu unterschätzender betriebswirtschaftlicher Kostenfaktor. Hierbei ist weniger an die Mitnahme von Kugelschreibern oder Kopierpapier aus der Firma gedacht, die durch Budgetierungen in den letzten Jahren ohnehin zunehmend erschwert wurden, sondern an moderne Formen des Zeitdiebstahls, wie dem privaten Surfen im Internet während der Arbeitszeit. Geht man einmal davon aus, dass ein Angestellter nur 2 Stunden pro Woche an seinem Arbeitsplatz privat im Internet surft (um schnell mal private e-Mails zu versenden, nach e-Bay-Angeboten, Wetter, Veranstaltungstipps oder neuen Spieledownloads zu schauen) und veranschlagt nur 25 € Arbeitskosten/Stunde, ergeben sich für 40 Kalenderwochen pro Jahr 2000 € Kosten pro Angestellten, die man mit der Anzahl Internet-tauglicher Arbeitsplätze im Unternehmen multiplizieren muss. Für die ca. 15 Millionen Internet-Arbeitsplätze in deutschen Unternehmen und Behörden ergibt diese Rechnung übrigens einen Verlust aus überbezahlter Arbeitszeit von 30 Milliarden Euro zu Lasten der diversen Arbeitgeber.

Das Geld „toter Seelen":

Es kommt immer wieder vor, dass aus verschiedensten Gründen Gelder auf Konten liegen, die nicht abgerufen werden, oder die für Personen bereitliegen, die nicht mehr empfangsberechtigt sind. Der Revisor spricht hier in Anlehnung an Gogol von „toten Seelen"[272]. Die Vorgehensweise ist meist recht trivial, aber wirkungsvoll wie bei dem LVA-Sachbearbeiter in Erfurt, der Versicherungskonten Verstorbener unter Umgehung des Vieraugenprinzips manipulierte, so dass auf deren Namen, jedoch auf Konten ihm nahestehender Personen weiterhin

[271] Vgl. Odenthal, R. „Kriminalität am Arbeitsplatz" , Wiesbaden 2005 , S. 18
[272] Gogol,N.W. „Die toten Seelen", St. Petersburg 1842

Renten überwiesen wurden. Der Täter, der so die öffentlichen Kassen um rund 100.000 € prellte, nutzte die mangelnde Wirksamkeit interner Kontrollinstanzen aus und umging auch die LVA-interne Prüfgrenze für Auszahlungen über 10.000 €. Der Betrug kam ans Tageslicht, weil bei Bankkontrollen wegen des Verdachts der Geldwäsche regelmäßige verdächtige Kontenbewegungen im Umfeld des Täters auffielen[273].

Gefährdet sind alle Bereiche, in denen Geldleistungen (wie z.B. Renten, Arbeitslosengeld oder Bafög) ohne Rechnungserstellung und Einzelquittungskontrolle ausgezahlt werden. Dies sind naturgemäß meist Behörden, aber auch Versicherungs- oder Versorgungsunternehmen können von analogen Fällen betroffen sein. So wurde Anfang 2007 eine Sachbearbeiterin der Kommunalen Wasserwerke Leipzig wegen schweren Betruges in 296 Fällen verurteilt weil sie allein zwischen 1994 - 2005 1,2 Mio. € unterschlagen hat. Als die Täterin bemerkte, dass Kunden Abrechnungsguthaben nicht anforderten überwies sie das Geld (Beträge zwischen 300 und 7.000 €) auf ihr Konto bzw. Konten der Verwandtschaft. Auch in diesem Fall kamen nicht vom unternehmensinternen Kontrollsystem, sondern von der Bank, der die regelmäßig eingehenden hohen Geldbeträge suspekt vorkamen, Verdachtshinweise, zu deren Aufklärung schließlich von Wirtschaftsprüfern 18.000 Kontenbewegungen und rund 40.000 Belege analysiert wurden.[274]

Bei Versicherungsunternehmen besteht vor allem die Gefahr, dass Außendienstmitarbeiter Schäden zugunsten Dritter falsch abrechnen, indem z.B. geringe Schäden höher bewertet oder für fiktive Schäden Geld gezahlt wird. Varianten sind Auszahlungen von Versicherungsleistungen auf das eigene Konto bzw. Kick-Back-Zahlungen von Begünstigten. Wenn der Täter innerhalb gesetzter Limite (z.B. bezüglich der Höhe der Schadensregulierung) bleibt, wird er das IKS meist gefahrlos unterlaufen können, zumal es sich meist um „Gefälligkeitsleistungen" im Verwandten- und Bekanntenkreis handelt.

Mitarbeiterkriminalität hat selbst in komplexen Erscheinungsformen einen einfachen Kern, nämlich das Ziel, Firmenvermögen in privaten Besitz zu transferieren und dies zur Vermeidung von Sanktionen zu vertuschen.

Dies erfolgt typischerweise vermittels direkter oder indirekter Diebstahlshandlungen, also z.B. direkt durch Entnahme von Geld aus der Kasse oder Entwendung von Lagermaterial oder indirekt durch Manipulation von Auszahlungsanweisungen oder Computerprogrammen zwecks Überweisung von Zahlungen auf Konten im persönlichen Verfügungsbereich. Oft wird die Tatausführung durch nicht vorhandene oder ineffiziente Kontrollen begünstigt, so dass das Fehlen

---

[273] Vgl. Kochinke,J. „LVA-Mitarbeiter manipuliert Konten Verstorbener" Leipziger Volkszeitung (LVZ) v. 25.10.2006 , S. 4

[274] Vgl. LVZ v. 23.01.2007 , S. 17

eines wirksamen IKS zumindest den Verdacht wirtschaftskrimineller Handlungen begründen sollte.
Um so engmaschiger Kontrollsysteme bzw. je exakter Bestände, Beleg- und Zahlungsflüsse überwacht sind, desto wichtiger sind für den Täter Vertuschungshandlungen. Gleichzeitig werden durch derartige Aktivitäten Gegebenheiten geschaffen, die von einem qualifizierten Prüfer als Indiz für mögliche Schwachstellen bzw. dolose Handlungen identifiziert werden können, wie z.B.[275].

- ***Intransparenz und Unordnung im Arbeitsbereich.*** Typisch hierfür sind, dass in Konten eine Vielzahl unübersichtlicher Buchungen erfolgten, Bestandsaufzeichnungen unexakt oder nicht aktuell, Originalunterlagen nicht auffindbar oder durch Kopien ersetzt, Ablagesysteme intransparent und als „Nebenbuchhaltung" (z.B. über Einkaufspreise oder gewährte Konditionen) außerhalb der EDV geführt sind, angeforderte Unterlagen nicht oder nur unvollständig bereitgestellt werden. Täter argumentieren diesbezüglich oft mit Arbeitsüberlastung, nehmen aber auch nie oder nur ganz kurz Urlaub, um keiner Vertretung Einblicke gewähren zu müssen.
- ***Missachtung bzw. Nichtvorhandensein von Sicherheitsbestimmungen für die Computernutzung.*** Die Praxis zeigt, dass es nicht in erster Linie kriminelle Programmierer oder Systemadministratoren sind, die dolose Handlungen begehen, sondern dass es sich meist um die Ausnutzung von Nachlässigkeiten bei der Kennwortbehandlung, fehlende Einschränkungen bei Zugriffsrechten und die einfache Ausnutzung der Multifunktionalität der EDV durch Anwender handelt. So sind das Einbuchen und Überweisen von Rechnungen oft nicht mehr zwangsläufig durch Kontrollen getrennt bzw. kann bei Kenntnis fremder Passwörter unter falscher Identität erfolgen; das klassische Vier-Augen-Prinzip wird so technisch ausgehebelt. Indizien, die auf die Möglichkeit derartiger Handlungen hindeuten sind das Fehlen bzw. die Unkenntnis von Regelungen ordnungsmäßiger IT-Anwendung bei Nutzern im Unternehmen. Die Manipulation von Input-Daten ist eine der einfachsten Formen der Computerkriminalität, wobei die Veränderung von Stammdaten (z.B. Kontoänderungen bei Todesfall, Anlegen fiktiver Mitarbeiter bzw. Kunden) nachhaltiger wirkt, aber auch leichter beweisbar ist, als einmalige Transaktionen (wie z.B. Doppelerfassung einer Rechnung oder einer Zahlungsanweisung).
- ***Täuschungshandlungen.*** Ist das Entwenden von Unternehmensvermögen infolge täterunabhängiger Aufzeichnungen erkennbar, muss der Täter Aufzeichnungen manipulieren, um Differenzen zu verschleiern. Typisch hierfür sind die *zeitverschobene Aktualisierung des Betriebsvermögens* (d.h. neue Vermögensgegenstände werden zwar bereits inventurmäßig erfasst, aber erst später auch in den Bestand eingebucht; oder bereits verbuchte Abgänge wer-

[275] Vgl. Odenthal, R. „Kriminalität am Arbeitsplatz" , Wiesbaden 2005 , S.23 f.

den nochmals bei der Inventur mitgezählt); *Belegfälschungen*[276] (insbesondere der Kaschierung von Fehlbeständen dient die Fälschung von Abgangsbelegen, wie Ausgangsrechnungen, Verderb- oder Schrottprotokollen) oder *Ausgleichbuchungen über Bestands- oder Erfolgskonten* (z.B. werden Eingangsrechnungen mehrfach eingebucht, bei Kontrollen als leicht korrigierbarer Fehler ausgebucht aber bei Nichtaufdeckung zugunsten des eigenen Kontos umgebucht oder diverse fiktive Aufwendungen auf Erfolgskonten verbucht, die sich dann bei mangelhafter Budgetüberwachung relativ leicht auf Privatkonten umleiten lassen).

- ***Schließlich muss der Täter auch ggf. seinen unangemessenen Reichtum vertuschen***, was manchmal nicht unproblematisch ist. Forensische Untersuchungen aufgedeckter Unterschlagungen zeigen immer wieder, dass kriminell gewordene Mitarbeiter wohl nur ganz selten im Verborgenen Werte anhäufen und mit krimineller Energie als Alterssicherung in off-shore-Anlagen in exotischen Ländern bunkern. Häufig wird also bei kriminellen Mitarbeitern in Form von Haus, Auto, Boot und exklusiven Reisen dann großer Wohlstand sichtbar, der sich aus der normalen Entlohnung nicht erklären lässt und meist sind die gewöhnlichen Erklärungen, wie Erbschaft, Lotto- oder Roulettegewinn im Nachhinein falsch. Bei allem Schutz der Privatsphäre sollten Unternehmen bei auffälligem Wohlstand einzelner Angestellter durchaus deren Arbeitsgebiet in den Fokus von Prüfungen nehmen.

2.7.3.2. Prophylaxe bzw. Gegenmaßnahmen

Es gibt immer mal wieder aus der Forensik resultierende Ansätze, den „untreuegefährdeten" Mitarbeiter schon bei Einstellung zu erkennen, daraus resultieren dann sog. Psychologische Integritätstests.[277] Doch forensische Untersuchungen zeigen auch, dass einerseits kein Test wirksam vor krimineller Energie schützt, weil sich Täter häufig verstellen und andererseits das alte Sprichwort: „Gelegenheit macht Diebe" sehr wahr ist, denn wenn die Gelegenheit, sich selbst zu bereichern auf eine geringe Entdeckungswahrscheinlichkeit der Tat infolge schwacher Überwachung (und evtl. auch noch auf eine geringe Strafbedrohung) treffen, bedarf es schon sehr prinzipienfester Charaktere, der Versuchung zu widerstehen.[278]

---

[276] Diesbezügliche Strafrechtsvorschriften: Urkundenfälschung § 267 StGB, Urkundenunterdrückung § 274 StGB, Fälschung beweiserheblicher Daten § 269 StGB

[277] Vgl. z.B. Wilmer,R./Hoffmann,J. „Auf der Suche nach der Privatmoral" CD Sicherheitsmanagement Nr. 2/2006 , S. 144 f.

[278] Ein gutes Beispiel mag das fast übliche „Schummeln" bei Reisekostenabrechnungen sein: hier wird schnell das Herausrechnen der Frühstückpauschale aus den Übernachtungskosten „vergessen" oder die Fahrtkilometer werden großzügig aufgerundet.

Eher erfolgversprechend erscheint die kritische Auswahl von Stellenbewerbern anhand ihrer Bewerbungsunterlagen. Immer wieder kommt es vor, dass Bewerber, die in anderen Unternehmen schon auffällig geworden sind (wie z.B. die weiter vorn erwähnte Personalsachbearbeiterin, die auf Kosten ihrer Kollegen einkaufte) ihre kriminelle Energie auch zur Erlangung eines neuen Jobs nutzen, indem sie sich auf entwendeten Briefbögen der Geschäftsführung ihres ehemaligen Unternehmens selbst positive Beurteilungen und beste Referenzen ausstellen. Um derartige Machenschaften zu verhindern, sollten in jedem Falle Originalzeugnisse eingesehen werden, weil sich Kopien (besonders betreffs akademischer Abschlüsse) schon zu oft als Fälschungen erwiesen haben.
Auch ist es sinnvoll, zumindest bei einem geplanten Einsatz des Bewerbers in sensiblen Bereichen, die vorgelegten Referenzen durch Rückfragen beim vorherigen Arbeitgeber zu verifizieren.
In Anbetracht der juristischen Probleme bei der Erstellung von Arbeitszeugnissen sind diese sehr genau zu analysieren und ggf. beim Aussteller zu hinterfragen. Sinnvoll ist es auch, ein ausführliches Einstellungsgespräch zu führen, in dem Lücken im Lebenslauf (resultierend z.B. aus nicht vorgelegten ungünstigen Zeugnissen), unklare persönliche Angaben (die Forensik zeigt, dass Kriminalitätsgefährdung oft in familiärer Vergangenheit wurzelt), abgeklopft werden. Fehlende Bankverbindungen und unklare Anschriften können auf Finanzprobleme und ehemalige Arbeitgeber oder Arbeitgeber des Partners, die Lieferanten oder Kunden des Unternehmens sind auf mögliche Interessenkonflikte (z.B. Spionage- oder Bestechungsgefahren) hindeuten. Der künftige Arbeitgeber sollte sich ggf. auch nicht scheuen, Kreditauskunfteien oder Personalvermittler (Angebot professioneller „Personal-Screenings“) u.ä. zu befragen, wenn der geplante Einsatz des Bewerbers dies angemessen erscheinen lässt.

Der Schutz gegen Lagerdiebstähle etc. ist vor allem Sache diverser technischer und personeller Sicherungssysteme (z.B. Wachschutzkontrollen, Schließ- und Alarmanlagen, Videoüberwachung, Plomben etc.), was nicht ausschließt, dass die Interne Revision im Rahmen der IKS-Prüfung deren Vorhandensein und Wirksamkeit beurteilt. Im Mittelpunkt der Prüfungen der Internen Revision zur Verhinderung von Mitarbeiterkriminalität steht allerdings das Rechnungswesen sowohl als Prüfungsgegenstand, als auch als Prüfungshilfsmittel.

Die Prüfung des Rechnungswesens und damit vor allem der Ordnungsmäßigkeit der Buchführung ist die klassische Aufgabe des Financial Auditing, das insbesondere durch die verschärften Anforderungen des Sarbanes-Oxley-Acts bzw. des Deutschen Corporate Governance Kodex für kapitalmarktorientierte Unternehmen wieder an Bedeutung gewonnen hat.

Bezüglich möglicher doloser Handlungen von Buchhaltungs-Mitarbeitern sollte der Revisor sein Augenmerk vor allem richten auf

- Korrekturbuchungen, da sich hier Schwarzgeschäfte verbergen können, vor allem wenn Liefervorgänge ohne Fakturierung ausgelöst werden.
- mehrfach vorkommende Belegnummern, die auf mögliche Doppelbuchungen und Doppelzahlungen hinweisen
- mehrfach vorkommende Konten für gleiche Zwecke, worunter die Transparenz leidet und Vertuschungen erleichtert werden
- Buchungen ohne Belegnummer bzw. Buchungstext, da dies auf fiktive Buchungen hindeutet, was auch für unklare Buchungstexte (wie Diverse, Storno, XXX etc.) gilt.
- Buchungen zu ungewöhnliche Zeiten (z.B. Feiertags oder am Wochenende), die auf dolose Vermögenstransfers oder andere Manipulationen hindeuten.
- Verbuchungen mittels neuer oder geschlossener Konten, die fiktive Vorgänge oder Vertuschungsbuchungen vermuten lassen.
- Geldbewegungen zwischen Firmen- und Privatkonten, die keine Lohn- bzw. Gehaltszahlungen sind, da es sich möglicherweise um dolose Vermögenstransfers handelt.
- Direktbuchungen der Abgänge von Geldkonten gegen Aufwandskonten, da es sich möglicherweise um vertuschte Vermögenstransfers handelt.
- ungewöhnliche Abgänge beim Sachanlagevermögen, hinter denen sich Bilanzbereinigungsversuche zur Vertuschung fiktiver Geschäfte verbergen können (z.B. Abschreibung nie vorhandener, aber bezahlter EDV-Programme).
- lange ausstehende Lieferungen, da vermutet werden kann, dass eine fiktive Rechnung bezahlt wurde.
- vorhandene technisch-organisatorische Absicherungen, wie verschließbare Belegablagen, funktionierende routinemäßige Daten- und Programmzugriffssicherung, sichere Aufbewahrung von Bargeld, Schecks und vertraulichen Informationen sowie von elektronischen Datenträgern in Tresoren; sichere Beseitigung vertraulicher Unterlagen in verschließbaren Entsorgungscontainern bzw. vermittels Reißwolf.

Ein funktionierendes, ordnungsgemäßes RW ist zugleich ein gutes Prüfungshilfsmittel für die Interne Revision, mit dessen Hilfe vor allem Schwachstellen und daraus resultierende dolose Handlungen im Einkauf, Vertrieb und Personalbereich aufgedeckt werden können.

Diesbezüglich sollte die Interne Revision insbesondere darauf achten, ob:

➢ Im Einkaufsbereich

- immer die gleichen Lieferanten bevorzugt werden bzw. Alternativangebote nicht nachweisbar sind, da sich dahinter Einkaufskorruption verbergen könnte.
- dubiose Lieferanten (ohne exakte Adresse und USt-Identifikation, mit dubiosen Telefon- und Kontonummern, die nicht zum angebenen Firmensitz passen etc.) existieren, da sich dahinter fiktive Lieferanten, manchmal auch die (Schein)firmen eigener Mitarbeiter verbergen könnten.
- runde Beträge oder auffällige Preisänderungen auffallen, da dies auf fiktive Zahlungen oder korruptive Preisabsprachen hindeutet.
- ungewöhnliche Zahlungen (sehr schnell oder ohne Skontoabzüge) angewiesen werden, was auf Vorteilsnahme hindeutet.
- Bestellungen bzw. Eingangsrechnungen oder Zahlungen gesplittet werden (häufig durch zeitnahe Kontakte zum gleichen Lieferanten nachweisbar), um Prüf- oder Genehmigungslimite zu umgehen.
- Eingangsrechnungen oder Zahlungsanweisungen ohne korrespondierenden Auftrag bzw. Erfüllungsnachweis vorliegen, da es sich hier meist um manipulierte (Zahlungs-)Vorgänge handelt (ggf. auch zur Schaffung „schwarzer Kassen")

➢ Im Vertriebsbereich

- „ruhende" Kundenkonten ohne Umsätze auffallen, da diese gern für Manipulationen (z.B. Gutschriften zu fiktiver Überweisungsbegründung) genutzt werden; analoges gilt für dubiose Kunden mit fehlenden Stammdaten (Anschriften, Telefon etc.) oder unterjährig geöffnete und bald wieder gelöschte Konten.
- bei Kundenkonten schnell ansteigende Zielverkäufe auffallen, die evtl. auf „Stoßbetrug" des Kunden hindeuten.
- Kunden ungewöhnliche Konditionen (z.B. hohe Rabatte oder lange Zahlungsfristen) erhalten, was auf möglicherweise korruptive Vertragsabsprachen hindeuten kann, die auch bei fehlenden Konditionseinträgen im Kundenkonto möglich sind.
- Lieferungen auch durch Kundenbestellungen begründet sind, weil über fiktive Lieferungen ggf. Inventurminusdifferenzen vertuscht werden sollen.
- Umsätze mit dubiosen Leistungen begründet werden, was evtl. auf die Auflösung „schwarzer Kassen" hindeutet.
- Kunden mit hoher Reklamationsquote auffallen, da über Gutschriften ggf. Vermögensabgänge verschleiert werden. Analoges gilt für Abschreibungen auf Forderungen.

- Im Personalbereich
  - alle Stammdaten pro Mitarbeiter (aktualisiert) erfasst sind, da ungewöhnliche oder fehlende Angaben (z.B. fehlende Tel.-Nr., exotische Bankverbindungen oder Anschriften) Problemmitarbeiter oder Betrugsversuche signalisieren können.
  - hohe Einmalzahlungen oder Mehrfachzahlungen auf das gleiche Konto auffallen, da dies Manipulationen vermuten lässt. Analoges gilt für Zahlungen an nicht oder nur mangelhaft erfasste Mitarbeiter (z.B. Aushilfskräfte).
  - Mitarbeiter mit ungewöhnlichen Arbeitszeiten (oft am Wochenende oder abends) oder mit hohen Urlaubsrückstellungen auffallen, denn beides kann auf Datenmanipulationen bzw. Vertuschungshandlungen mittels Kontrollumgehung hindeuten.
  - IT-Zugriffsrechte für ausgeschiedene Mitarbeiter gelöscht wurden, da andernfalls Fremdzugriffe bis hin zur Computerspionage möglich sind.

Ein gutes Hilfsmittel, um Schwachstellen, Risiken bzw. mögliche dolose Handlungen zu erkennen, ist auch die Nutzung der EDV. Häufig führen schon relativ einfache Auswertungsprogramme, die Möglichkeiten des multivalenten Massendatenvergleichs durch die IT nutzen, zu interessanten Erkenntnissen. So ist es heute relativ problemlos möglich, in kurzer Zeit zu überprüfen, ob Gehaltszahlungen mehrmals monatlich auf das gleiche Konto erfolgen (die typische Begehensweise bei der Nutzung „toter Seelen"), ob Lieferanten mit unterschiedlicher Firmierung gleiche Adressen, Bankverbindungen etc. aufweisen (um Ausschreibungen zu manipulieren oder Sperrungen zu umgehen) oder im Zahlungsverkehr auffällig viele Stornierungen bzw. Gutschriften, zeitlich nahe beieinander liegende Beträge, Doppelzahlungen, auffällig hohe oder gerundete Beträge auftreten.

Auch mehrfache Anmeldeversuche mit falschen Passwörtern für kritische Programme bzw. Dateien oder zu ungewöhnlichen Zeiten sollten registriert und ausgewertet werden, dies gilt auch für den routinemäßigen Abgleich von User-Logindaten mit Berechtigungen und dieser mit Personaldaten, wobei insbesondere auf die Aktualität der Berechtigungen geachtet werden sollte. In manchen Unternehmen sammeln Auszubildende allein dadurch, dass sie verschiedene Abteilungen durchlaufen diverse IT-Zugangsberechtigungen an, die bei hinreichender krimineller Energie zu hohen Schäden führen können, wenn diese nicht routinemäßig bei Verlassen der Abteilung storniert werden. Es ist auch sinnvoll, wenn der Revisor fallweise überprüft, ob es kurzfristig angelegte und bald wieder gelöschte Benutzer im System gibt, da sich dahinter manipulativ genutzte Scheinidentitäten verbergen könnten.

Zur analytischen Aufbereitung der internen Datenbestände zur Vereinfachung von Prüfungen wird immer häufiger Prüfsoftware eingesetzt, die es ermöglicht, mit großen Datenbeständen umzugehen, und Auffälligkeiten (von Wochenend-

und Feiertagsbuchungen über Stornoquoten bis hin zu Lücken in Belegnummern) herauszufiltern. Bekannt sind vor allem IDEA[279], ACL[280] und das in den USA populäre DATAS[281], doch gibt es noch eine ganze Reihe weiterer diesbezüglicher Programme.[282]

Ein weiteres Hilfsmittel, das analytische Prüfsoftware seit einiger Zeit erfolgreich nutzt, ist der Vergleich großer Datenbestände mit statistischen Mustern. Das gegenwärtig wohl bekannteste Verfahren beruht auf einem von Newcomb 1881 entdeckten und von Benford 1938 weiterentwickelten zahlentheoretischen Diagnoseverfahren zum Nachweis von Unregelmäßigkeiten in Massendaten (Newcomb-Benford-Gesetz[283]). Ausgehend von der Beobachtung, dass Logarithmentafeln bei kleinen Ziffern abgegriffener waren, als bei großen, ließ sich empirisch nachweisen, dass die Anfangsziffern von Zahlen nicht mit identischen Wahrscheinlichkeiten verteilt sind. So kommt die Ziffer 1 mit einer Wahrscheinlichkeit von 30,6% deutlich häufiger als die Ziffer 2 (18,5%) an der ersten Stelle einer Zahl innerhalb einer größeren statistischen Grundgesamtheit vor[284]. Es lässt sich mathematisch beweisen, dass die jeweilige Wahrscheinlichkeit einer logarithmischen Verteilung folgt. Umfangreiche wissenschaftliche Untersuchungen bewiesen, dass gefälschte Zahlen in ihrer Ziffernfolge von Newcomb-Benford-Regelverteilung abweichen und häufig eine Tendenz der Häufung bei mittleren Zahlen (bes. 4,5,6) zeigen. Derartige Abweichungen lassen daher auf Zahlenmanipulationen schließen. Der Einsatz forensische IT-Analyseprogramme bietet heute gute Möglichkeiten, die Schnelligkeit und Effizienz bei der Aufdeckung wirtschaftskrimineller Handlungen im Unternehmen zu steigern, allerdings sind neben den entsprechenden speziellen digitalen Ziffernanalyseprogrammen auch die nötige Methodenkompetenz erforderlich, die ggf. den fallweisen Einkauf derartiger Leistungen (z.B. von spezialisierten Wirtschaftsprüfern) sinnvoll macht, denn die Benford-Analyse führt nicht immer und überall zu den gewünschten Ergebnissen. Dies hängt mit den methodisch bedingten Anforderungen an die zu analysierenden Datenbestände zusammen. D.h. insbesondere, die Daten dürfen keine fest definierten Ober- oder Untergrenzen aufweisen (z.B. Schwellenpreise oder Minimalgebühren), sie sollten mehr kleinere als größere Vorgänge beinhalten und einer natürlichen Grundgesamtheit entsprechen (also keiner Ordnungssystematik z.B. nach Werthöhe unterliegen).

---

279 Interactive Data Extraction and Analysis

280 Audit Command Language

281 Digital Analysis Tests and Statistics

282 Vgl. www.forum-wirtschaftskriminalität.de

283 Vgl. Paulos,J.A. „Das einzig Gewisse ist das Ungewisse“ Frankfurt/New York 2004, S. 83

284 Vgl. Rafeld,H./Then Bergh,F.R. “Digitale Ziffernanalyse in deutschen Rechnungslegungsdaten” ZIR 1/2007 , S.26

Durch spezielle Formen von Mitarbeiterkriminalität ist insbesondere auch der Einzelhandel gefährdet. Vor allem über das Problem ***Mitarbeiterdiebstahl*** wird im Handel nur ungern gesprochen. Dabei belegen einschlägige Untersuchungen dass [285]:

- bis zu 40 % der Inventurminusdifferenzen im Handel durch eigene Mitarbeiter bzw. Aushilfspersonal verursacht werden
- die Hälfte davon im Kassenbereich entsteht.
- auch Aufsichtspersonal ist nicht vor Diebstählen bzw. Manipulationen gefeit ist.[286]

Es ist i.R. relativ schwierig, einen Mitarbeiter - der ja meist mit den Kontrollschwachstellen bestens vertraut ist - des Diebstahls zu überführen, denn dies erfordert oft aufwendige Überwachungsmaßnahmen (z.B. getarnte Videokameras oder Durchsuchungen), was nicht selten als Verstoß des Arbeitgebers gegen Persönlichkeitsrechte dann nicht gerichtsverwertbar ist.
Die meisten Manipulationen geschehen an der Kasse, z.B. durch

- „Falsches“ Eintippen von Beträgen (z.B. 4,90 statt 44,90 €) oder Kaufmengen (z.B. 1 Flasche Whisky statt 10) und spätere Entnahme der „erwirtschafteten Differenz“ oder ein Bekannter zahlt rechnungskonform weniger für die Ware
- Arbeiten mit offener Kassenschublade (um im geeigneten Moment Geld entnehmen zu können)
- Komplizenschaft zwischen Kassierer und Kunden (um diesem unterschlagenes Geld zu übergeben – „Mehr herausgeben“[287])
- Gewähren von unberechtigten Rabatten an Bekannte

Scannerkassen haben viele Begehensweisen erschwert oder unmöglich gemacht, dennoch ist die Kassenzone, wo am schnellsten Bargeld verschwinden kann, unverändert ein sensibler Bereich.
Regelmäßige Kassenüberwachungen sind eine Möglichkeit, Täter prophylaktisch zu verunsichern, da sie ständig mit einem Kassensturz inklusive Bonkontrolle rechnen müssen. Auch fallweise Testkäufe durch Überwachungspersonal aus der Zentrale können Schwachstellen aufdecken und ggf. unehrliche Mitarbeiter enttarnen. Sinnvoll ist es - auch zur Verhinderung von Raub - größere Kassenbestände durch zwischenzeitliche Entnahme zu vermeiden.

---

[285] Vgl. Lemke,H.G. „Diebstahlverhütung im Einzel- und Fachhandel“ Düsseldorf 2003 S. 17

[286] z.B. unterbezahlte Wachleute, die selbst Ware mitgehen lassen ; bzw. zur Erlangung von Prämien Kunden Waren in die Taschen manipulieren, um dann den „Ladendieb“ zu schnappen

[287] in Anlehnung an den früheren „Polizistenpfennig“; Ordnungshüter bezahlten in manchen Kneipen nur scheinbar, denn sie erhielten den vollen Betrag als Wechselgeld zurück - und ihren Schnaps obendrauf, was auch heute noch in „Kietzkneipen“ vorkommen soll.

Allerdings gehört zur Prophylaxe von Mitarbeiterkriminalität nicht nur die repressive Seite umfassender Überwachung, so wichtig diese auch ist.
Bereits der bekannte amerikanische Sozialkriminologe D.R.Cressey, der sich im Rahmen seiner Dissertation um 1940 mit den Ursachen der Wirtschaftskriminalität befasste, erkannte, dass nicht nur die Gelegenheit (fehlende Kontrollen, leichter Zugriff auf Vermögen etc.), sondern auch kriminelle Motivation (z.B. Geldgier) und individuelle Rechtfertigung (Gewissensberuhigung) gegeben sein müssen. Letztgenannte Aspekte haben eine erhebliche individuelle und soziale Komponente, an der Prophylaxemaßnahmen ansetzten können.

Der Mensch ist von seiner evolutionären Entwicklung her ein soziales Kleingruppenwesen, das sich in der Regel auch in vorhandene Gruppen einfügt und diesbezügliche notwendige Zwänge (z.B. in Form von Regeln oder Vorschriften) akzeptiert, vor allem dann wenn diese erklärt und nachvollziehbar sind. So wirtschaftlich sinnvoll Kompetenzbündlung und Arbeitsrationalisierung bis hin zum Outsourcing von Erfassungs- und Abrechnungsvorgängen sein mögen, so förderlich können diese für Anonymisierung der Arbeit und den Verlust sozialer Kontrolle mit der resultierenden Gefahr doloser Handlungen sein.
Die meisten Menschen benötigen zum Wohlbefinden zudem das Gefühl sozialer Zugehörigkeit, was erklärt, warum Betrugs- und Untreuehandlungen in eigentümergeleiteten kleinen und mittelständischen Unternehmen wesentlich seltener sind, als in relativ anonymen hierarchisch geleiteten Großunternehmen. In kleinen Unternehmen fühlen sich die Mitarbeiter weitaus enger mit dem Unternehmen verbunden. Diese Verbindung ist um so enger, je mehr die Mitarbeiter über gutes Betriebsklima, Entlohnungs- und Prämienprogramme u.ä. am wirtschaftlichen Erfolg partizipieren[288]. Großunternehmen, die sich vorrangig an shareholder value und externen Ratings ausrichten und Mitarbeiter als Verfügungsmasse zur Kostenminimierung sehen, produzieren dadurch ggf. die Rechtfertigung für dolose Handlungen bzw. mangelndes Unrechtsbewusstsein ihrer Mitarbeiter selbst[289]. Auch Top-Management-Fraud senkt natürlich die Hemmschwelle für Fehlverhalten nachgeordneter Mitarbeiter.

Es ist eine alte, triviale und in vielen Unternehmen leider fast vergessene Weisheit: Wo sich Manager und Mitarbeiter noch in die Augen sehen können, stimmt das Betriebsklima und wird die Gefahr von Mitarbeiterkriminalität wesentlich reduziert!

---

[288] Vgl. Wehling,J./Weiß,C. „Abwehr von Wirtschaftskriminalität und Korruption" , ZIR 3/2005 , S. 107

[289] Vgl. Bussmann,K.D. „Kriminalprävention durch Business Ethics" Zeitschrift für Wirtschafts- und Unternehmensethik Heft 1/2004 , S. 35 f.

2.8. Externe Vermögensdelikte

2.8.1. Gewerbliche Untreuehandlungen

2.8.1.1. Begehensweise

Bei Diebstahlshandlungen sehen sich Unternehmen meist als Opfer. Das ist in der Regel auch so, obwohl Unternehmen teilweise auch als Täter auftreten können. Dies betrifft insbesondere den wirtschaftskriminellen Bereich des Informationsdiebstahls, mit dem sich der Abschnitt 3.2.2.3.1. näher befasst, aber auch Betrugshandlungen bei denen Unternehmen als Täter andere Unternehmen eigennützig schädigen.
Der Fall des Geld- und Werttransportunternehmens HEROS hat die Aufmerksamkeit auf eine spezielle - insbesondere für große Filialhandelsunternehmen gefährliche - Facette der Wirtschaftskriminalität gelenkt, die zwischen Top-Mangement-Fraud und gewerblichen Untreuehandlungen einzuordnen ist, auch wenn sie strafrechtlich primär letzteren zugerechnet wird und ist quasi ein Paradebeispiel dafür, wie sich in einem kriminellen Unternehmen interne und externe Vermögensdelikte, Bestechung, Korruption und Diebstähle zu schwer aufklärbaren Konglomeraten vermischen.
Die 1978 gegründete Unternehmensgruppe Heros, deren Kunden zuletzt 85% aller Handelsketten in Deutschland waren, beschäftigte deutschlandweit an 44 Standorten ca. 5.000 Mitarbeiter. Vor der Insolvenz am 20. Februar 2006 wurden ca. 50% aller Bargeldtransporte in Deutschland (etwa 600 Mio. € pro Tag) von der Heros-Gruppe, zu der 27 Tochtergesellschaften gehörten, durchgeführt. Diese marktbeherrschende Stellung erreichte der das Unternehmen patriarchalisch führende Firmenchef Karl-Heinz Weis durch alle Mitbewerber gnadenlos unterbietende Dumpingpreise[290]. Da derartige Discountpreise (wie die Insolvenzverwalter im Nachhinein ermittelten) schon um 1996 gerade zur Deckung der Lohnkosten ausreichten, wurden auf Weisung des Firmenchefs von den Filialen eingesammelte Kundengelder teilweise abgezweigt, um eigene Liquiditätsengpässe zu beseitigen. Das fehlende Geld wurden dann aus den nächsten Geldtransporten um 1-2 Tage zeitverzögert eingezahlt, so dass diese Transaktion den Kunden kaum auffiel.[291] Auch die umfangreichen Geldflüsse und das Chaos der Euro-Umstellung 2002 wurde ausgenutzt, um durch verspätete Einzahlungsgutschriften Liquiditätsengpässe auszugleichen. Um weitere Geldmittel zu erschließen wurden Geldautomaten von Banken verspätet, mit geringeren Geldmengen und zuletzt teilweise gar nicht mehr aufgefüllt; Kundengelder wurden auch auf Tagesgeldkonten (manchmal bis 600 Mio. €) zwischengeparkt, wodurch beachtliche Zinseinnahmen erzielt wurden. Das System, immer weiter zunehmende Liquiditätsengpässe kurzfristig mit Kundengeldern zu stopfen, konnte nur durch

[290] Vgl. Glitza,K.H. „Heros-Die Wochen danach“ CD-Sicherheitsmanagement 2/2006 , S.14
[291] Vgl. WDR-markt v. 20.02.06 „Heros: Insolvenz nach Unterschlagung“ (www.wdr.de/tv/markt)

ständige Akquise von Neukunden (vermittels aggressiver Discountpreise) und Erweiterung des Geschäfts auch durch Aufkauf von Mitbewerbern funktionieren, was die Heros-Finanzsituation weiter verschlechterten. Das Schneeballsystem funktionierte solange, wie die Kundenunternehmen die Einzahlungsverspätungen tolerierten, was bei Unternehmen, die schnellere Bearbeitung anmahnten durch die Überweisung von Verzugszinsen oder direkt durch Bestechung des zuständigen Bearbeiters (so kassierte z.B. ein für die Überwachung des Cash-Managements bei Rewe zuständiger leitender Mitarbeiter eine halbe Million Euro und einen Geländewagen dafür, dass er verspätete Zahlungseingänge akzeptierte) erreicht wurde. Auch leitende Heros-Mitarbeiter profitierten von den immer undurchschaubarer werdenden Geldtransaktionen. So erpresste die Personalchefin der Heros-Tochter Nordcash, die hinter die betrügerischen Manipulationen gekommen war, Schweigegeld in Millionenhöhe und zweigte auch noch privat 10.000 € monatlich als „Überstundenvergütung" von den Geldströmen ab.[292] Im Februar 2007 wurde sie dafür wegen Erpressung, Unterschlagung und Beihilfe zur Unterschlagung vom Landgericht Mönchengladbach zu 6 Jahren Haft verurteilt. Im Januar 2007 wurde eine weitere frühere Prokuristin von Heros unter dem Vorwurf verhaftet, gemeinsam mit einer Kollegin 2,4 Mio. € in der Niederlassung Heide/S.H. unterschlagen zu haben. Wie leicht Unterschlagungen waren, wurde auch in Arbeitsgerichtsprozessen aktenkundig: Geldkassetten wurden danach ohne Quittung übergeben und in der Hartgeldzählanlage konnten von Mitarbeitern offenbar ganze Plastikeimer voll Münzen entwendet werden.[293]

Das Geldkarussell begann zu schleudern, als 2005 Lidl und Schlecker sowie Baumärkte und auch kleinere Handelsketten wegen sich häufender Einzahlungsverspätungen ihre Verträge kündigten und sich auch der Heros-Hauptversicherer, die Mannheimer Versicherung diesbezüglich äußerst besorgt zeigte.

Am 17. Februar 2006 durchsuchte die Polizei im Auftrag der Staatsanwaltschaft Mönchengladbach schließlich 25 Firmenstandorte und Privatwohnungen und beschlagnahmte umfangreiche Unterlagen. Der Firmenchef Weis und drei leitende Mitarbeiter wurden verhaftet. Kurz darauf meldete Heros Insolvenz an. Vor allem Heros-Kunden, die zwischen dem 10.- 17. Februar 2006 Gelder abholen ließen, wurden Opfer der Veruntreuungen, denn mit ihrem Geld wurden letztlich die Heros-Verbindlichkeiten beglichen, da sie die letzten Glieder in der nun gerissenen Kette waren[294].

Durch den Heros-Betrug wurden etwa1000 Unternehmen geschädigt und ca. 350 Mio. € unterschlagen. Zu den Geschädigten gehören auch Großunternehmen wie

---

[292] Ein folgenschwerer Fehler, der letztlich die staatsanwaltlichen Untersuchungen bei Heros auslöste, unterlief der Frau, als sie nach einem Einbruch in ihrer Privatwohnung angab, dass ihr 700.000 € gestohlen wurden, denn damit rief sie das Finanzamt auf den Plan.

[293] Vgl. Glitza,K.H. „Heros-Die Wochen danach" CD-Sicherheitsmanagement 2/2006 , S. 26

[294] Vgl. WDR-Wirtschaft v. 24.02.2006 (www.wdr.de/themen/wirtschaft/kriminalität/heros)

Rewe (über 160 Mio. €), Tengelmann (80 Mio. €) und EDEKA (ca. 30 Mio. €) sowie die Citybank (80 Mio. €), Deutsche Bank (26 Mio. €) und Commerzbank (18 Mio. €). Etwa 88 Millionen Euro sind bislang verschwunden, wurden zumindest teilweise offenbar ins Ausland und auf Konten von Familienangehörigen der angeklagten Manager transferiert.
Die Geschädigten werden wohl auf ihren Verlusten sitzen bleiben, denn diese sind nicht durch die Heros-Transportversicherung gedeckt, da das Geld nicht auf dem Transport, sondern bei der Weitervermittlung zwischen den Konten von Heros und denen des Kunden durch illegale Buchungen veruntreut wurde. Für Giralgeldverluste haftet jedoch die abgeschlossene Versicherung nicht.[295]
Im November 2006 wurden Weis und drei seiner engsten Mitarbeiter, die auch privat durch Geldausgaben im großen Stile auffielen, wegen gewerbsmäßiger Untreue und Insolvenzverschleppung angeklagt und Ende Mai 2007 vom Landgericht Hildesheim zu Haftstrafen zwischen sechseinhalb und zehn Jahren verurteilt. Das Unternehmen wurde nach seiner Insolvenz vom US-Investor Matlin-Patterson aufgekauft, firmiert nun als „SecurLog“ und bedient einen Großteil des alten Kundenstamms.

2.8.1.2. Prophylaxe bzw. Gegenmaßnahmen

Heros ist kein Einzelfall. Die angewandten kriminellen Tricks zur verschleierten Veruntreuung von Kundengeldern waren nicht neu und werden wohl auch weiter angewandt.
So wurde 2001 die Unterschlagung von 6,5 Mio. € durch die Regensburger Geldtransportfirma Krutina aktenkundig und deren Chef zu einer mehrjährigen Haftstrafe verurteilt. Krutina agierte seinerzeit als Subunternehmer für Heros, die nach dessen Insolvenz auch auf dem Bayerischen Markt Fuß fassen konnten.
Im Sommer 2005 geriet die inzwischen insolvente Lüdenscheider Geldtransportfirma Griffs Security GmbH ins Visier der Dortmunder Staatsanwaltschaft wegen auffälliger Verzögerungen bei der Einzahlung von Kundengeldern. Mit der gleichen Masche wie Heros wurden die Kunden um ca. 9 Mio. € geprellt.[296]
Nur wenige Monate nach Aufdeckung des Heros-Falls wurden Ende August 2006 drei Manager des Essener Geldstransport- und Sicherheitsunternehmens Arnolds Sicherheit GmbH (mit 2000 Mitarbeitern eines der größten deutschen Sicherheitsunternehmen) wegen des Verdachts der Veruntreuung von Firmengeldern in Höhe von rund 18,5 Mio. € nach Selbstanzeige festgenommen. Das

---

295 außerdem verweist die Mannheimer Versicherung auch auf arglistige Täuschung beim Vertragsabschluß 2001; „Man kann kein brennendes Haus versichern“ brachte der Versicherungssprecher das Problem auf den Punkt (Vgl. „Heros-Versicherer tritt vom Vertrag zurück“ LVZ v. 12.01.2007 , S. 11)

296 Vgl. WDR-Wirtschaft v. 01.03.2006 , Czaschke,W. „Heros war kein Einzelfall“ , publiziert unter: www.wdr.de/themen/ wirtschaft/kriminalität/heros

Geld wurde zum Stopfen von Finanzlücken des laufenden Unternehmensbetriebs genutzt.[297] Dieser war infolge wettbewerbsbedingter Dumpingpreise offenbar defizitär, wie das im September 2006 eröffnete Insolvenzverfahren belegt.
Kurz darauf begannen Ermittlungen der Staatsanwaltschaft Osnabrück gegen den Geschäftsführer des Geldtransportunternehmens GWS wegen vermutlicher Veruntreuung von 2 Mio. €, die wohl zur Behebung von Finanzierungsengpässen im Unternehmen verwendet wurden.
Unternehmen, die auf spezialisierte Geldtransportfirmen angewiesen sind, sind also sehr gut beraten, sorgfältig zu prüfen, wen sie beauftragen, ihre Gelder und Wertpapiere zu befördern.
Am Fall Heros lassen sich auch viele Fehler der Auftraggeber aufzeigen, die künftig vermieden werden sollten. Dass mit Heros einiges nicht stimmt hätte einem moderat misstrauischen Kunden schon daran auffallen müssen, dass das Unternehmen keine aktuellen Bilanzen veröffentlichte, ja deren Offenlegung bewusst und aktiv umging. So zahlte der (nunmehr ebenfalls angeklagte) Geschäftsführer der Heros-Tochter Nordcash noch im August 2005 ein Ordnungsgeld von 10.000 €, ohne die Bilanzen offenzulegen und auch in Hannover wurden lieber 55.000 € Ordnungsgeld gezahlt, als die Jahresabschlüsse eines anderen Tochterunternehmens beim Handelsregister offenzulegen. Bei den staatsanwaltlichen Untersuchungen wurden dann auch folgerichtig wenig aussagefähige und teilweise verfälschte Bilanzen gefunden, in denen z.B. Kundengelder auf Geschäfts- anstatt auf Treuhandkonten verbucht und als Umsatz bzw. Gewinn ausgewiesen wurden. Dass Kundengelder auf Heros-Firmenkonten bzw. Tagesgeldkonten eingebucht wurden, hätte auch den kontoführenden Banken auffallen und von diesen hinterfragt werden müssen.
Auch die als Straftat perfektionierten „Zähldifferenzen“ hätten im Einzelhandel auffallen müssen. Gerade bei kleineren Einzelhandelsfilialen wurden die eingelieferten Kassenbestände jedoch offenbar nicht immer mit den abgerechneten Zählergebnissen der Heros-Cash-Center verglichen, so dass dort ebenfalls Bargeld abgezweigt werden konnte.
Wenn man die Tatbegehungsweisen betrachtet, fällt die große Vertrauensseeligkeit der geprellten Kunden, aber auch eine gewisse „Geiz-ist-Geil-Mentalität“ auf. Gegen jede betriebswirtschaftliche Vernunft haben auch Großunternehmen und Banken offenbar geglaubt, man könne zu absoluten Discountpreisen hohe Sicherheit und Zuverlässigkeit bekommen und sei im worst case ja schließlich gut versichert.
Eigentlich hätte zumindest das Risikomanagement hier Alarm schlagen müssen, denn alle Risiken der Vergabe von Geldtransport- und -managementleistungen

[297] Vgl. www.netzeitung.de/wirtschaft/unternehmen/436506.html (Meldung v. 31.08.2006)

(einschließlich des diesbezüglichen Risikos ungenügender Versicherung) waren erkennbar.

Um analoge Schadensfälle zukünftig zu verhindern, sollten Unternehmen, die derartige Aufgaben als Fremdleistungen vergeben, sicherstellen, dass:

- Dienstleistungen in sensiblen bzw. wertintensiven Bereichen jährlich ausgeschrieben werden, wobei der künftige Partner umfänglich auf Eignung, Qualifikation, Leumund etc. überprüft wird (der Leistungspreis ist hierbei ein wichtiges, darf jedoch nicht das einzige Kriterium sein).
- die Bindung an einen einzigen Dienstleister möglichst vermieden werden sollte, um nicht zu grosse Abhängigkeiten zu generieren.
- Gewährleistungs- und Versicherungspflichten von Dienstleistern exakt vertraglich geregelt und ggf. unabhängig überprüft werden (z.B. ob eine angebliche Versicherung auch wirklich aktiv ist, da im Insolvenzfall des Dienstleisters dessen Gewährleistung meist ausfällt). Auch eine eigene Kunden-Vertrauensschaden-Versicherung sollte ggf. erwogen werden.
- keine Werttransporte ohne exakten Vertrag und Versicherung erfolgen.
- ausgelagertes Cash-Management stringent überwacht wird (z.B. durch Überwachung der Einzahlungs- und Überweisungslaufzeiten, Abstimmprüfungen der Geldmengen, kontinuierliche Kontenabgleiche) und diese Überwachung nicht bei nur einer Person konzentriert wird, bzw. Cash-Controller eine Rotationsfunktion ist, um Korruptionsgefahren zu bekämpfen.

Übrigens lauern vermögensschädigende Gefahren für Unternehmen auch in anderen Outsourcing-Bereichen. Großunternehmen wie Lufthansa, Bayer oder Siemens lagern inzwischen in Form des Business Process Outsourcing (BPO) auch spezialisierte und komplexe Geschäftsprozesse wie Schadensabrechnung bei Versicherungen oder IT-Services, aber auch Buchhaltung, Kostenrechnung oder Gehaltsabrechnung an externe Dienstleister aus[298]. Mittels derartiger Auslagerungen lassen sich - besonders wenn diese als sogenannte Offshore-BPO nach Indien oder Asien erfolgen - Verwaltungskosteneinsparungen von 20-50% erreichen, doch ergeben sich auch beachtliche Risiken. Diese bestehen insbesondere darin, dass Kompetenzen und Know-How verloren gehen und Betriebsgeheimnisse in falsche Hände geraten. Letztere Gefahr besteht insbesondere bei der Auslagerung von Forschung und Entwicklung, doch auch Informationen aus der Finanzbuchführung oder aus der Kostenrechnung können für Angriffe der Konkurrenzspionage interessant sein. Außerdem begibt sich ein Unternehmen beim Offshore-BPO ggf. in schwer kalkulierbare Abhängigkeitsrisiken vom

[298] Vgl. Klingbiel,N./Andreas,J. „Outsourcing im Rechnungswesen" ZFCM 1/2006 , S. 36 f.

technischen Funktionieren der IT und des Datenschutzes- bzw. -managements bei externen Partnerunternehmen.
Sollte sich ein Unternehmen für BPO entscheiden, so sollten im Vorfeld mindestens folgende Fragen zur Risikoreduzierung gestellt werden:

- Über welche Erfahrungen (und Referenzen) verfügt der Dienstleister bezüglich der outgesourcten Funktionen; wie ist seine wirtschaftliche Lage ?
- Wie sind die Mitarbeiter des Dienstleisters ausgebildet und werden diese regelmäßig weitergebildet ?
- Verfügt der Dienstleister über ausreichende technische, räumliche und personelle Kapazitäten ?
- Wie sind Erreichbarkeit und Ansprechbarkeit (auch bei Zeitunterschieden und technischen Problemen) sichergestellt ?
- Wie stellt der Dienstleister sicher, dass Daten des Auftraggebers vor Verlust, Beschädigung und unbefugtem Zugriff geschützt werden ?

Einige der möglichen Risken könne dadurch gemindert werden, dass Mitarbeiter des Dienstleisters vom Auftraggeber aus- und weitergebildet werden und sich der Auftraggeber durch Beteiligungen robuste Einfluss- und Überwachungsmöglichkeiten sichert, soweit dies nationales Recht zulässt.
Letztlich bleibt das Risiko des Informationsabflusses über elektronische Datenverarbeitung und -übermittlung, das auch im Inland besteht und vor allem durch ständig aktualisierte Datenschutztechniken reduziert werden kann, die der Dienstleister dann ebenso nutzen muss (was unbedingt vertraglich strafbewehrt vereinbart werden sollte) und das sehr ernstzunehmende Risiko des Know-how-Verlusts durch Wirtschaftsspionage. Letzteres Risiko ist bei Einschaltung externer und ausländischer Partner, denen zur Erfüllung ihrer Aufgaben zwangsläufig spezifisches Know-how zugänglich gemacht werden muss, natürlich höher, als wenn die gesamte Fertigungskette inklusive der diesbezüglichen Widerspiegelungsaktivitäten in Planung und Rechnungswesen unternehmensintern in Deutschland erfolgen würde.
Insofern sollte wohl auf die Auslagerung von Kernkompetenzen, wozu auch F&E gehört, tunlichst verzichtet und die Verarbeitung vertraulicher Daten auch unter Risiko- und Sicherheitsaspekten gründlich durchdacht werden.

2.8.2. Kundenkriminalität

2.8.2.1. Amateure, Profis und Insider - diverse Begehungsweisen

Ein Tatbestand, der zumindest im Einzelhandel oft relativ hohen Schaden verursacht, soll getrennt betrachtet werden, weil infolge der Spezifik der Tathandlungen sensibilisierte Mitarbeiter durchaus derartige Delikte verhindern bzw. eindämmen können und im Einzelfall auch eine Überwachung eigener betrügerischer Mitarbeiter angezeigt scheint. Es geht um eine in den letzten Jahren immer weiter verbreitete Spielart der Diebstahlskriminalität, die Ladendiebstähle!

Diebstahlsdelikte - die lt. PKS etwa 42% aller Straftaten in Deutschland ausmachen - betreffen besonders den Einzelhandel, denn etwa ein Drittel aller Diebstähle sind Ladendiebstähle. Allerdings sind diese nicht allein für die jährlichen Inventurminusdifferenzen (IMD) des Handels in Höhe von ca. 4 Milliarden € verantwortlich, die durchschnittlich bei 1,1% des Bruttoumsatzes liegen (mit Schwankungsbreiten von 0,8% im Lebensmittel-EH bis 1,5% im Textilhandel). Nach Angaben des Hauptverbands des Deutschen Einzelhandels (HDE) werden IMD (allerdings mit stark differierenden Anteilen je Branche) verursacht durch Kundendiebstähle (53%), Mitarbeiterdiebstähle (22%), Diebstähle durch Lieferanten und Servicepersonal (ca. 8%) und organisatorische bzw. buchungstechnische Mängel (17%)[299].

Laut PKS wurden 2006 rund 422.000 Ladendiebstähle angezeigt, das sind etwa 1.400 an jedem Verkaufstag und doch nur die „Spitze des Eisbergs", denn lt. Aussage des Hauptgeschäftsführers des HDE des wird höchstens jeder zwanzigste Ladendieb entdeckt und angezeigt[300]. Für den Einzelhandel ist Ladendiebstahl ein großes Problem. Auch 2006 belief sich der geschätzte Gesamtschaden auf über 2 Milliarden Euro[301] und der Handel gab für Präventionsmaßnahmen nochmals rund 1 Mrd. € aus[302], so dass sich die diesbezüglichen Gesamtkosten des Handels allein 2005 auf rund 3 Milliarden Euro summierten und die Rentabilität des Wirtschaftszweigs stark beeinträchtigten[303]
Ladendiebe stehlen vor allem als Kunden in den mittlerweile vorherrschenden Selbstbedienungsbereichen, wobei Gelegenheitsdiebe vor allem wenig gesicherte bzw. überwachte Waren stehlen, während bandenmäßig organisierter Diebstahl vor allem auf hochwertige Güter und Ablenkung des Verkaufspersonals setzt. In letzter Zeit deuten sich - vor allem im Bereich der Beschaffungskriminalität in Großstädten - eine wachsende Gewaltbereitschaft von Tätern bis hin zum Raub an. Ladendiebe gehen oft nach relativ trivialen Mustern vor, die den Mitarbeitern vor Ort jedoch bekannt sein sollten, um (prophylaktisch) Diebstähle zu verhindern.

---

299 HDE-Meldung v. 15.6.2005 , (www.einzelhandel.de/servlet/PB/menu/1048722)

300 Wenzel,H. „Eine halbe Million Ladendiebstähle 2005", HDE-Meldung v. 2.6.2006 , publiziert unter: www.einzelhandel.de/servlet/PB/menu/1048722

301 auch dem Staat entgehen durch Ladendiebstahl jährlich ca. 230 Mio € Mehrwertsteuereinnahmen

302 WELTOnline v. 12.06.2007 (www.welt.de/wirtschaft/article940021.html)

303 *Zur Veranschaulichung ein kleines Rechenbeispiel*: Bei einer Umsatzrendite von 2% realisiert ein Unternehmen bei 500 € Umsatz 10 € Gewinn; wenn nun nur Ware mit einem Preis von 10 € gestohlen wird, erfordert dies einen Zusatzumsatz von 500 € zum Verlustausgleich.

Insbesondere folgende Vorgehensweisen sind zu erwarten[304]**:**

- *Der gewöhnliche Diebstahl*: In 90% aller Fälle verschwindet Ware direkt in der Einkaufstasche oder im Rucksack, in großen Jackentaschen oder unter weiten Mänteln. Wenn Kunden trotz warmer Tage voluminöse Mäntel tragen, sollten Filialmitarbeiter schon mal genauer hinschauen.
- *Der Zwiebeltrick*: Im Textilbereich werden in der Umkleidekabine zu entwendende Textilien einfach unter eigene Bekleidungsstücke angezogen. Etiketten werden in der Kabine (z.B hinter den Spiegel) entsorgt.
- *Der Schwangerschaftstrick*: Dieser funktioniert ähnlich wie obiger Trick. Weibliche Ladendiebe täuschen manchmal eine Schwangerschaft vor, um unter weiter Bekleidung alle möglichen Waren zu verstecken. Schwierig aufzuklären! Einzige Möglichkeit: Die Betreffende in ein Gespräch zu verwickeln und ihr somit zu zeigen, dass sie bemerkt worden ist und sie dann gezielt beobachten.
- *Der Alt-gegen-Neu-Tausch*: Besonders im Schuh- , aber auch im Oberbekleidungshandel verlassen Täter mit neuen Schuhen an den Füßen oder einer teuren Lederjacke das Geschäft, während z.B. die alten Schuhe im Regal hinterlassen werden.
- *Der Gebrauchtwarentrick*: Neuware, die entwendet werden soll, wird präpariert, um den Eindruck zu erwecken, sie sei bereits ins Geschäft mitgebracht worden. So werden z.B. eine angebrochene Zigarettenschachtel, Feuerzeug, Brieftasche oder der Schlüsselbund in den Taschen einer gestohlenen Jacke deponiert.
- *Der Reklamationstrick*: Der Täter hat z.B. ein Buch oder eine CD gekauft und dadurch einen Kassenbon, mit dem er kurz darauf erneut im Geschäft auftaucht, die gleiche Ware nochmals aus dem Regal nimmt, doch diesmal, um sie „zurückzugeben" und das Geld wieder zu vereinnahmen.
- *Der Kassenbontrick*: Besonders bei Lebensmitteldiscountern lassen Kunden oft ihre Bons an der Kasse liegen. Mit solch einem Bon kann ein Trickdieb „einkaufen" gehen, indem er die dem Bon entsprechenden Waren aussucht, zur Tarnung der Aktion noch etwas Billiges kauft, das er „vorher vergessen hat" und an der Kasse dann nur noch die zusätzliche Ware bezahlt, während er den Kassenbon als Legitimation für die bereits erfolgte Bezahlung der anderen Waren vorlegt. Ein im Nachhinein nur mittels aufwendiger Observation zu beweisender Diebstahl eines Trick-Profis.
- *Der Mehrwertkauf*: Dieser Diebstahl funktioniert ebenfalls vor allem bei wenig überwachten Discountern. Der Dieb stattet von ihm gekaufte Artikel (z.B. Elektrogeräte) mit Zusatzartikeln aus (z.B. Glühbirnen, Kabeln

[304] vgl Lemke,H.-G. „Diebstahlsverhütung im Einzel- und Fachhandel" , Düsseldorf 2003, S. 22 f. und IHK Schwaben „Ladendiebstahl" Augsburg 2006

oder Batterien) die im Preis bzw. Lieferumfang nicht enthalten sind. Ein aufmerksamer Kassierer sollte diesen und die folgenden drei ähnlich funktionierenden Tricks erkennen.

- *Ineinanderpacken*: Hohlkörper, wie Abfalleimer, Plastikbehälter, Töpfe o.ä. werden mit Ware, die unbezahlt die Kasse passieren soll, aufgefüllt.
- *Übereinanderpacken*: Im Einkaufswagen steht z.B. ein schwerer Getränkekasten. Aufgrund seines Gewichts wird der Kasten oft nicht aufs Band gestellt. Aber so entgehen dem Kassenpersonal u.U. die flach unter dem Kasten liegenden Zeitschriften.
- *Umpacken*: An der Kasse bezahlt der Kunde eine kartonverpackte Flasche Olivenöl, im Karton befindet sich jedoch ein wesentlich teurerer Cognac. Analog funktioniert das Umwechseln von Preischildern bzw. -aufklebern bei Textilien oder Schuhen.
- *Der Kinderwagentrick*: Ein Kinderwagen ist ein gutes Vehikel, um eine relativ große Menge gestohlener Waren unbemerkt an der Kasse vorbei zu bringen und ermöglicht zudem die oft schwer zu wiederlegende Ausflucht „das hat wohl der Kleine eingesteckt".
- *Die Mitleidsnummer*: Täter spekulieren auch gern auf das soziale Empfinden und Mitleid, um genauere Kontrollen zu unterlaufen. Der junge Mann im Rollstuhl, die Mutter mit dem quengelnden Kleinkind, die Frau mit dem Arm in der Binde - wer kommt auf die Idee, das alle gut Diebesgut an der Kasse vorbeischmuggeln können. Oder die Kinder, die durchs Drehkreuz flitzen, den Mund noch schokoladenverschmiert, oder die „verwirrte" alte Dame, die ihre Geldbörse im Auto vergessen hat und schnell den Warenkorb mit hinausnimmt - kleine Warenverluste, die mit der Zeit zu großen Inventurminusdifferenzen kumulieren.
- *Der Trojanertrick:* Ein speziell präpariertes festes Behältnis (z.B. eine Tasche oder ein Karton) wird genutzt, um durch eine Bodenklappe unter dem Behältnis befindliche Ware zu stehlen. Dieser Trick ist - wie auch die folgenden - allerdings eher dem organisierten Ladendiebstahl, bei dem es die Täter auf höherwertige Waren abgesehen haben, zuzuordnen.
- *Der Ablenkungstrick:* Wenn mehrer Personen beim Ladendiebstahl zusammenarbeiten, ist dies die in unzähligen Versionen variierte Methode. Während eine oder mehrere Person die Aufmerksamkeit des Verkaufspersonals auf sich lenken, begehen in der Zwischenzeit die Komplizen den Ladendiebstahl. Das Ganze funktioniert analog, wenn nur ein Verkäufer und nur ein Täter vorhanden sind. Der Täter fragt nach einem Artikel, der nicht im Verkaufsraum, sondern im hinteren Geschäftsbereich oder auf Lager vorrätig ist. Wenn der Verkaufsraum so für eine kurze Zeit unbeaufsichtigt ist, hat der Täter leichtes Spiel, um andere Ware zu stehlen. Eine insbesondere im hochwertigen Fach-Einzelhandel (z.B. Juwelier) oft praktizierte Methode.

- *Der Geldtauschtrick:* Hierbei handelt es sich um eine Modifizierung des Ablenkungstricks, bei dem Kassiererinnen mit der Bitte um das Herausgeben speziell gestückelten Wechselgeldes, spezieller Scheine etc. so verwirrt werden, dass es den Tätern gelingt, mit Taschenspielertricks Teile des Kassenbestands unberechtigt an sich zu bringen.
- *Der Fehlalarmtrick*: Ein potentieller Ladendieb entfernt bei mit Ruhestromsicherungen geschützten Waren (z.B. Unterhaltungselektronik, Lederbekleidung etc.) an einem Artikel den Kontakt und löst so Alarm aus. Aus sicherer Entfernung beobachtet er, ob das Personal lediglich den Alarm ausschaltet oder auch die Kontakte kontrolliert. Falls der Alarm nur wieder angestellt wurde, ohne zu überprüfen, ob ein Kontakt an einem Artikel unterbrochen ist, kann die entsicherte Ware nun ohne Aufsehen vom Ladendieb entwendet werden. Varianten bestehen darin, dass der Täter mehrfach Fehlalarm auslöst, bis Verkaufsmitarbeiter den Alarm ganz stilllegen und somit den Diebstahl ermöglichen oder dass (vor allem durch Tätergruppen) bewusst Alarm ausgelöst wird, um die Aufmerksamkeit der Verkäufer von anderen Waren, die dann gestohlen werden, abzulenken.

Vorbeugung gegen Ladendiebstahl setzt primär auf Abschreckung. Der Ladendieb fürchtet - auch in Anbetracht der Rechtslage - vor allem die Beobachtung und Ergreifung auf frischer Tat. Die beste Prophylaxe ist deshalb noch immer ausreichend präsentes Verkaufspersonal! Abschreckend wirken auch Videokameras, Schwenkspiegel etc.
Nicht aus den Augen verlieren sollte man, dass auch *fremde Insider,* insbesondere Anlieferer, Servicepersonal (von Aushilfs- über Reinigungskräfte bis hin zum Wachschutz) kriminell handeln können.
Auch hier gilt der Grundsatz, dass es vor allem mangelnde Kontrollen, Unordnung und Unübersichtlichkeit sind, die tatbegünstigend wirken. Wenn bei Warenanlieferung nicht sofort von klar hierfür beauftragten eigenen Mitarbeitern die Vollständigkeit kontrolliert wird, kommen z.B. Anlieferungsfahrer vielleicht in Versuchung, nicht alle Paletten abzuladen. Wenn sich Anlieferpersonal frei und unbeobachtet im Lager bewegen kann, werden vielleicht einzelne Waren entwendet. Ähnliche Gefährdungen können von Reinigungspersonal (insbesondere bei unbekannten Aushilfen) ausgehen.

Wenn die Inventurminusdifferenzen im Lager stark ansteigen, kann es sinnvoll sein, auch mal bei eBay oder anderen elektronischen Handelsplattformen nachzuschauen, ob gestohlene Ware vielleicht dort angeboten wird. Einige große Filialketten haben hierfür inzwischen Spezialisten im Einsatz, die durchaus schon erfolgreich kriminell beschaffte Ware (z.T. noch in Originalverpackung und mit Etikett) aufgefunden haben.

2.8.2.2. Prophylaxe bzw. Gegenmaßnahmen

Um prophylaktisch gegen Ladendiebstahl tätig zu werden, sollte vor allem das Verkaufspersonal für bestimmte verdächtige Merkmale zur Identifizierung möglicher Ladendiebe sensibilisiert werden.
Die Statistik zeigt, dass die Altersgruppe von 21-39 Jahren am häufigsten als Ladendiebe aktenkundig wird, wobei allerdings in letzter Zeit männliche Jugendliche bis 21 Jahren zunehmend auffällig werden. Deren häufigstes Motiv ist das unbedingte Besitzenwollen, auch wenn das Geld für die erstrebten Waren (oft Technik) fehlt. Hier ist auch die Gefahr von Raubversuchen (z.B. gewalttätiges Durchbrechen der Kassenzone, Angriffe auf die Kasse) gegeben.
Ladendiebe sind meist besonders aktiv, wenn sie sich unbeobachtet fühlen. Das können sowohl die hektischen Geschäftsstunden mittags oder abends sein, als auch die ruhigen Zeiten, in denen die Aufmerksamkeit des Personals nachlässt. Massenandrang bei Neueröffnungen und Sonderaktionen aber auch unübersichtliche Bereiche sind bei Ladendieben besonders beliebt. Auch vor Feiertagen wie Weihnachten und Ostern ist die Diebstahlgefahr besonders groß. Die beste Prophylaxe ist deshalb neben technischen Sicherungs- und Überwachungsmaßnahmen (z.B. verdeckte RFID-Etiketten[305], Spiegel, Videokameras, ausreichende Beleuchtung) noch immer die Aufmerksamkeit des Personals (die dem Kunden möglichst auch durch Begrüßung bzw. Blickkontakt vermittelt werden sollte).
Ladendiebe können häufig an bestimmten Verhaltensweisen erkannt werden. *Hierzu gehören insbesondere:*

- unruhiges und misstrauisches Beobachten von Käufern und Verkäufern (der ehrliche Kunde interessiert sich primär für die Ware und nicht für sein Umfeld)
- Häufiger Wechsel des Standorts und Wiederkehren an einen Standort
- unentschlossen wirkendes Umherlaufen im Geschäft
- Langes, eingehendes Betrachten der Ware
- Interesse für die unterschiedlichsten Artikel, die in die Hand genommen, häufig aber auch wieder zurückgelegt werden (Zweck ist das Warten auf eine günstige Gelegenheit)

Wirken bei einem Diebstahl mehrere Personen zusammen, kann oft folgendes Verhalten beobachtet werden:

- Der Versuch, sich gegenseitig abzuschirmen
- Mindestens eine Person versucht, das Personal abzulenken
- Verständigung durch Zeichen; oft viel Gepäckstücke

---

305 RFID-Etiketten beinhalten Radio Frequency Identification-Chips, die das berührungslose elektronische Auslesen von Identifikationsinformationen, wie Preis und Artikelkennzeichnung, auf mehrere Meter Entfernung ermöglichen. So könnten z.B. Waren im Korb eingescannt, aber auch gestohlene Waren in der Kassenzone erkannt werden.

Die Sensibilisierung des Verkaufspersonals, auf mögliche Ladendiebe zu achten, sollte einhergehen mit der Motivierung, selbst Vorschläge zur Erschwerung von Diebstählen zu machen (z.B. Präsentation diebstahlsgefährdeter Ware an besser überwachbarer Stelle, Sicherheitsmaßnahmen in der Kassenzone, wie Vernichtung liegengebliebener Bons, Spiegel zur Wagenkontrolle etc.) und Prämienzahlung an die Mitarbeiter, wenn die Inventurminusdifferenzen am Quartals- oder Jahresende um einen vorher festgelegten Betrag gesunken sind.

Weitere Maßnahmen zur Vermeidung von Inventurdifferenzen sind

- aktenkundige Belehrung der Kassierer über Kassenanweisungen, in denen z.B. geregelt sein sollte, wie Fehlbons, Reklamationen und Storni zu behandeln sind, dass Kassenschubladen grundsätzlich geschlossen zu halten und die Kassen bei Abwesenheit zu blockieren sind, dass jeder Artikel einzeln zu scannen, geschlossene Behältnisse zu öffnen, Nachkäufe sofort zu registrieren sind etc.
- klare Regelungen zur Handhabung von Wechselgeld und zur sicheren Bargeldaufbewahrung sowie zum Geldtransport
- Büros, Warenlager und Außentüren sind grundsätzlich verschlossen und ggf. alarmgesichert und dürfen nur von Befugten betreten / geöffnet werden
- Lieferanten müssen sich beim Betreten der Geschäftsräume anmelden und dürfen sich nicht unbeobachtet außerhalb der zur Anlieferung nötigen Bereiche aufhalten
- die Warenannahme sollte in einem vom Lager getrennten Bereich erfolgen; Fehlmengen werden noch in Gegenwart des Fahrers aktenkundig reklamiert und bei beschädigten bzw. offenen Verpackungsstücken wird der gesamte Inhalt geprüft
- Warenbeschädigungen bzw. -verluste in Verkaufsräumen und Lager sind zeitnahe zu erfassen und zu registrieren
- Klare Regelungen für Personalverkäufe (fester Verschluss der Einkaufstüten zur Vermeidung zusätzlicher Einbringung gestohlener Waren; Bezahlung des „Pausenverzehrs“ etc.)
- zumindest in größeren Geschäften (bes. bei Warenhäusern) ist darauf zu achten, dass Mitarbeiter (auch Aushilfen und Reinigungspersonal etc.) ihre Arbeitsstelle nur über den Personalausgang verlassen, wo fallweise (zufallsgesteuerte) Taschenkontrollen erfolgen

Zur Prophylaxe gegen Diebstähle fremder Insider kann es schon hilfreich sein, Leergut und Altpapier etc. strikt getrennt von Warenbeständen aufzubewahren, die Verplombung von Außentüren stetig zu überwachen, im Lager möglichst keine angebrochenen Umverpackungen aufzubewahren und zu verhindern, dass Fahrzeuge direkt an den Lagerausgängen geparkt werden.

3. Neue Formen der Wirtschaftskriminalität

3.1. Vorbemerkung

Kaum ein Straftatenbereich entwickelt sich so dynamisch, wie die Wirtschaftskriminalität. Ursächlich dafür sind neben den hohen Gewinnpotentialen wohl auch die mannigfaltigen Möglichkeiten, Taten zu verschleiern und als Täter weitgehend anonym bzw. von fern zu agieren, die eine Strafverfolgung erschweren und so Täterrisiken minimieren. Viele altbekannte Betrugshandlungen, wie z.B. das Pumping von Aktienkursen oder Geldanlagebetrug kommen im IT-Zeitalter im neuen Gewand daher und die zunehmende weltweite Vernetzung von Computersystemen eröffnet zugleich neue Begehungsweisen der Computerkriminalität, die für Täter nicht zuletzt auch deshalb attraktiv sind, weil sie international handeln können, aber oft nur durch nicht immer den aktuellen Straftaten gewachsene nationale Strafverfolgungsbehörden bedroht sind.

Die zunehmende Verbreitung der IT in der gesamten Gesellschaft hat viele herkömmlichen Tatbegehensweisen modernisiert und erleichtert (z.B. krimineller Transfer von großen Giralgeldmengen anstelle der durch den Kasseninhalt limitierten Unterschlagung von Bargeld), neue Tatgelegenheiten (wie z.B. den Online-Datendiebstahl) geschaffen und den Computer inklusive seiner Informationsnetze als neues Zielobjekt und zugleich Waffe kriminellen Handelns erkannt. Insbesondere die organisierte Kriminalität hat sich schnell an die globalisierte IT-Welt angepasst.

Zugleich werden die für die Computerkriminalität typischen Vorgehensweisen auch immer mehr für die Wirtschaftsspionage genutzt. Dies geht inzwischen so weit, dass auf der Verfahrensebene kaum mehr zwischen Cybercrime und Cyberwar - im Sinne der Datenausspähung für Wirtschaftsspionage - unterschieden werden kann, vor allem, weil sich zunehmend auch Unternehmen zur Erlangung wirtschaftlicher Vorteile mannigfaltiger Methoden der elektronischen Datenausforschung von Mitbewerbern auf der ganzen Welt bedienen. Die von vielen - insbesondere kleinen und mittelständischen - Unternehmen leider auch heute noch unterschätzte Bedrohung durch Wirtschaftsspionage besteht immer seltener in Einbrüchen bei Nacht und Nebel in die Entwicklungsabteilung oder dem heimlichen Fotokopieren von Forschungsprotokollen durch bestochene Mitarbeiter oder fremde Spione. Heute sitzt der Angreifer oft sicher und unerkannt vor einem Computer im Ausland und lädt sich alle interessanten Daten nach Hacken des Firewalls herunter.

Deshalb sollen in diesem Kapitel sowohl die Computerkriminalität als auch die Wirtschaftsspionage soweit als möglich - insbesondere bezüglich zielführender Begehensweisen und Beispiele - als neue Wirtschaftskriminalitätsformen getrennt dargestellt werden, wobei immer zu bedenken ist, dass sich die Tatbegehensweisen und die Möglichkeiten, die Unternehmen zum individuellen prophylaktischen Schutz haben, zunehmend auf beide Phänomene erstrecken.

3.2. Computerkriminalität

3.2.1. Begriff und gesetzliche Regelungen

Computerkriminalität ist die moderne Hauptausprägung der Wirtschaftskriminalität, geschuldet der Tatsache, dass die rasant fortschreitende Computertechnologie ein kaum mehr abzuschätzendes Potential an Möglichkeiten zur Begehung von Wirtschaftsstraftaten und ständig neue unternehmensschädigende Begehungsweisen bietet.

Die IT kann im Kriminalitätsgeschehen verschiedenartige Funktionen erfüllen:

- Sie kann *Werkzeug* des Täters sein. Dazu zählen Fälle, bei denen der Täter die eigene EDV-Anlage nutzt, um Dritte zu schädigen oder Computer des Opfers vom Täter missbraucht werden, in der Regel, um sich zu Unrecht zu bereichern oder Daten zur Täuschung im Rechtsverkehr zu manipulieren.
- Sie kann *Zielobjekt* des Täters sein. Hierzu zählen alle Fälle der Computersabotage, aber auch die Fälle, in denen Informationen des Opfercomputers ausspioniert werden (besonders Informations- und Softwarediebstahl).
- Sie kann allerdings auch ein gutes und starkes *Hilfsmittel* zur Aufdeckung und Verhinderung wirtschaftskrimineller Angriffe sein (z.B. Firewalls)

Für Kriminalität im Zusammenhang mit Informations- und Kommunikationstechnologien finden sich Bezeichnungen wie IuK-Kriminalität, e-Fraud oder Cybercrime[306]; allgemeinverständlich und am meisten verwendet bleibt bislang jedoch der Begriff Computerkriminalität. Dieser findet auch in der deutschen PKS Verwendung und es werden darunter letztlich alle Sachverhalte verstanden, bei denen die EDV Tatmittel und/oder Tatobjekt ist.[307]

Mit dem zweiten Gesetz zur Bekämpfung der Wirtschaftskriminalität (2.WiKG)[308] wurden 1986 spezielle Tatbestände aus dem Bereich der Computerkriminalität in das StGB eingeführt. Im einzelnen sind dies:

- § 202a StGB Ausspähen von Daten
- § 263a StGB Computerbetrug
- § 269 StGB Fälschung beweiserheblicher Daten
- § 270 StGB Täuschung im Rechtsverkehr bei Datenverarbeitungsanlagen
- § 303a StGB Datenveränderung
- § 303b StGB Computersabotage

---

[306] Der Europarat bezeichnet in seiner Cybercrime-Konvention alle Straftaten, die unter Ausnutzung des Internets begangen werden, als Cyberkriminalität - Vgl. www.lexextrakt.de/glossar/Cyberkriminalitaet.php

[307] Vgl. BKA Polizeiliche Kriminalstatistik 2006 S. 18 u. 236

[308] BGBl. I, 1986, S. 721

Ergänzend wurde der Tatbestand des Verrats von Betriebs- und Geschäftsgeheimnissen in § 17 Abs. 2 UWG angepasst. Darüber hinaus ist mit Blick auf den Know How-Diebstahl im Softwarebereich auf die Strafvorschriften des § 106 UrhG hinzuweisen.

Einen zunehmenden Anstieg verzeichnet der Betrug mit Zugangsberechtigung zu Kommunikationsdiensten, der rechtlich i.R. unter § 263a StGB fällt, kriminalstatistisch jedoch eine eigene Schlüssel-Nr. erhielt (5197). Ursächlich hierfür sind besonders der Internetzugangsmissbrauch (Accountmissbrauch), die Umleitung des persönlichen Providerzugangs von Opfern auf einen Zugang mit erheblich höheren Verbindungskosten (z.B. 0190 oder 0900) zum Schaden des Kunden und mit der Überwindung von SIM-LOCK-Sperren zur illegalen Handy-Nutzung.[309]

Wegen der zunehmenden Bedeutung der Computerkriminalität wurde auch die EU diesbezüglich aktiv. Bedeutungsvoll sind vor allem das Übereinkommen des Europarats über Computerkriminalität[310] und der Rahmenbeschluss 2005/222/JI des EU-Rates über Angriffe auf Informationssysteme[311]. Diese Regelungen griff der deutsche Gesetzgeber mit dem 41. Strafrechtsänderungsgesetzes zur Bekämpfung der Computerkriminalität vom 07.08.2007[312] auf, wonach gemäss StGB künftig

- bereits der unbefugte Zugang zu besonders gesicherten Daten unter Überwindung von Sicherheitsvorkehrungen gem. § 202a unter Strafe gestellt wird. Damit wird klargestellt, dass Hacking strafbar ist.
- auch das unbefugte Abfangen von Daten aus einer nichtöffentlichen Datenübermittlung[313] oder aus der elektromagnetischen Abstrahlung einer DV-Anlage gem. § 202b strafbar ist. Der neue Paragraph setzt den Artikel 3 des Europarat-Übereinkommens um und soll ein strafrechtliches Gegenstück zum verbotenen Abhören und Aufzeichnen von Telefongesprächen schaffen.
- bereits Vorbereitungshandlungen zu Straftaten nach § 202a und b gemäß § 202c strafbedroht sind. Bereits derjenige, der solche Taten vorbereitet, indem er sogenannten Hacker-Tools herstellt, sich oder anderen verschafft bzw. weiterverbreitet, gilt künftig als Straftäter. Auch hier werden EU-

---

309 Lt. BKA-Statistik wurden 2006 hierzu 5.822 Fälle aktenkundig (2000: 2.198 Fälle)

310 Vgl. ETS-Nr. 185 , 2001

311 Vgl.ABl. EU Nr. L 69 S. 67, 2005

312 41. StrÄndG v. 7.8.2007 BGBl I 2007 Nr. 38

313 Bemerkung: Zur Auslegung des Begriffs „nichtöffentlich“ verweist die Gesetzesbegründung auf § 201 Abs. 2 StGB, In Strafprozessen werden sich hieran dennoch Auslegungsdiskussionen entzünden, wenn es z.B. um das Mitlesen unverschlüsselter e-Mails u.ä. geht; eindeutiger wäre wohl der Begriff *gesicherte* Datenübertragung gewesen.

Vorgaben übernommen, wobei besonders wichtig scheint, dass erstmals schon die Beschaffung und Verbreitung von Hackerprogrammen strafbewehrt ist.

- auch private EDV-Anlagen gem. § 303b gegen Computersabotage geschützt werden. Außerdem werden mit der Neufassung des Paragraphen Störungen der EDV durch unbefugtes Eingeben und Übermitteln von Daten unter Strafe gestellt. Hiermit sollen vor allem DoS[314]-Attacken erfasst werden, bei denen Täter Serverdienste durch Massenanfragen fremdkontrollierter Computer zum Absturz bringen um geschützte Daten zu erlangen oder Unternehmen zu erpressen.

Allerdings sind damit keinesfalls alle Gesetzeslücken geschlossen. So ermöglichen globale Informationsnetze neue Tatbegehungsweisen, die bislang vom Gesetzgeber noch nicht gesehen wurden und zudem nur schwer aufzudecken sind, wie z.B. die Möglichkeit, Ausfuhrbeschränkungen zu umgehen, wenn etwa embargobehinderte Unterlagen auf elektronischem Weg außer Landes geschafft werden. Auch Pishing wird gegenwärtig durch den § 202 c nur bedingt miterfasst.

Als man sich um 1975 zuerst in den USA und dann auch um 1980 in Deutschland mit der Problematik Computerkriminalität zu befassen begann, bestand vor allem die Furcht, dass Unterschlagungen durch Manipulationen von EDV-Anlagen und -programmen neue Dimensionen erreichen könnten, da manipulierte Programme deliktische Handlungen permanent ausführen[315]. Auch erwartete man Computersabotage direkt gegen die Maschine seitens frustrierter Mitarbeiter. Beides hat es damals bereits aktenkundig gegeben und gibt es wohl im Einzelfall auch heute noch. Doch hat sich die EDV gegen diese Bedrohungen als recht resistent erwiesen.

Wirtschaftlich gegenwärtig bedeutsam sind vor allem der Computerbetrug, bei dem sich Täter durch Täuschungshandlungen in IT-Bereich Vermögensvorteile verschaffen, das Ausspähen von Daten, das einerseits der Vorbereitung von Computerbetrugs- und -sabotagehandlungen dient und andererseits enge Bezüge zur Wirtschaftsspionage hat, das Manipulieren von Daten, um direkt oder indirekt Unternehmen zu schädigen sowie Delikte im Immaterialgüterrecht, wie die Verletzung von Urheberrechten durch software-Piraterie u.ä.

---

314 Denial-of-Service-Attacken, also z.B. das Bewirken von Serverblockaden bzw. -abstürzen durch massenhafte sinnlose Anfragen etc.

315 Vgl. eines der ersten diesbezüglichen Bücher jener Zeit: Fischer,T. „Computer-Kriminalität“, Bern 1979 , S. 14

3.2.2. Relevante Werkzeuge und Schwerpunkte

3.2.2.1. Vorbemerkung

Die Darstellungen zur Computerkriminalität folgen nur bedingt der PKS-Gliederung bzw. den gesetzlichen Regelungen, um sonst unvermeidliche und langweilende Redundanzen zu vermeiden, denn der Kriminalitätstrend geht weg vom isolierten Einzeltäter bzw. idealistischen Spass- oder Hass-Hacker hin zur organisierten Computerkriminalität mit immer stärker mafiösen Strukturen und klarer Wirtschaftsorientierung.
Dies hat zur Folge, dass bei Angriffen auf die Datenverarbeitung meist mehrere verkettete Delikte zugleich zielführend begangen werden. So werden z.B. Trojaner zum Ausspähen von Passwörtern und zugleich zum Erlangen der Kontrolle über einen Computer eingesetzt, um diesen in kriminelle Botnetze einzubinden, mit denen DoS-Attacken gegen Server organisiert werden, um z.B. illegal Kundendaten zu erlangen oder auch Serverbetreiber um Schutzgeld zu erpressen[316]. Das Ausspähen von Daten auf fremden Computern dient sowohl dem Computerbetrug, als auch der Computersabotage. Viren, Trojaner und Botnetze werden zunehmend als multivalent nutzbare kriminelle Werkzeuge gegen Computer, PDAs, Handys etc. eingesetzt. Täglich erscheinen im Internet tausende neuer Schadprogramme.
Als Träger krimineller Attacken im Internet werden immer öfter Spam-Mails[317] - insbesondere sogenannte UBEs[318], also e-Mails, die unverlangt an eine große Anzahl von Empfängern verschickt werden - verwendet.

Um so mehr man sich mit der Problematik befasst, um so verwirrender und undurchschaubarer scheint sie zu werden. Dennoch spiegeln auch Angriffe aus dem Internet letztlich oft nur traditionelle kriminelle Aktivitäten wider. Über den größten Teil der in Internet kursierenden und in IT-Systeme eingeschleusten Maleware[319] werden Vermögensdelikte begangen, die auf bekannte kriminelle Grundmuster zurückzuführen sind: Betrug und Täuschung zur kriminellen Erlangung persönlicher Vermögensvorteile.
Um sich davor schützen zu können, sollte man zuerst die wichtigsten Werkzeuge kennen, deren sich Täter im Zeitalter der Computerkriminalität bedienen.

---

316 61% aller DoS-Attaken liefen im 2. Halbjahr 2007 nach Symantec-Informationen gegen Unternehmen in den USA

317 Der Begriff ***Spam*** entstammt einem Sketch der englischen Comedy-Gruppe Monty Python, in dem dieser Begriff für Dosenfleisch (*Spiced Pork and Ham*) in 3 Minuten 120 mal fällt und jede Konversation unmöglich macht. Heute steht die Bezeichnung für diverse massenhaft verbreitete unerwünschte e-Mailzusendungen.

318 Unsolicited Bulk e-Mail (dt.: unverlangte Massen-E-Mail)

319 Oberbegriff für „bösartige Schadprogramme" wie z.B. Viren, Würmer und Trojaner

3.2.2.2. Die Werkzeuge

3.2.2.2.1. Viren und Würmer

„Ich heiße Creeper" meldete sich der erste Computervirus 1970 im von US-Militärs und Wissenschaftlern gemeinsam genutzten ARPNET, dem Vorläufer des Internets. Seitdem sind die kleinen Sabotageprogramme vom akademischen Scherz zu einer ernsthaften Bedrohung der IT und damit der ganzen Gesellschaft geworden. Definiert wird ein Computervirus als „eine nicht selbständige Programmroutine, die sich selbst reproduziert und dadurch vom Anwender nicht kontrollierbare Manipulationen in Systembereichen, an anderen Programmen oder deren Umgebung vornimmt"[320] Wegen der Reproduktionsmöglichkeit wurden diese Programme in Anlehnung an biologische Vorbilder als Viren bezeichnet. Sie bestehen i.R. aus einem:

- *Erkennungsteil*, der prüft, ob ein Computer bzw. Programm bereits infiziert ist
- *Reproduktionsteil*, der das Programm vervielfältigt
- *Schadensteil*, der die schädigenden (manchmal auch nur Aufmerksamkeit erregenden[321]) Funktionen enthält
- *Bedingungsteil*, der ggf. Schadensfunktionen zu einem bestimmten Zeitpunkt (z.B. Freitag, den 13.) auslöst
- *Tarnteil*, der den Virus vor Antivirenprogrammen verstecken soll

Viren lassen sich grob in sechs Arten unterteilen:

- *System- oder Bootviren*, die den Bootsektor von Datenträgern befallen und den vorhandenen Programmcode durch den eigenen ersetzen, so dass Schadprogramme gleich beim Start ausgeführt werden
- *Dateiviren*, die ihren eigenen Programmcode an ausführbare Dateien (z.B. .exe, .zip oder .dll) anhängen, damit beim Start einer infizierten Datei zuerst der Virus gestartet wird, sich vervielfältigen und weitere Dateien infizieren kann
- *Makroviren*, die sich leicht in mit weitverbreiteten Anwendungsprogrammen (z.B. MS Word oder Excel) erstellte Dateien einbetten lassen und sich üblicherweise per e-Mail verbreiten
- *Polymorphe Viren*, die sich bei jeder Infektion neu verschlüsseln, so dass sich das Erscheinungsbild ständig ändert, um das Schadprogramm vor Entdeckung zu schützen
- *Stealth-Viren*, die in der Lage sind, ihren Viruscode aus einer infizierten Datei zu entfernen, sobald diese von einem Antivirenprogramm analysiert wird und die Datei danach erneut zu infizieren

---

[320] siehe www.computerbetrug.de/viren-allgemeines.php

[321] so rieselten z.B. 1987 bei „Herbstlaub-Virus" Buchstaben über den Bildschirm

- *Multipartite Viren*, die in der Lage sind, verschiedene Dateien anzugreifen und die bislang bekannten Techniken kombinieren

Ein Computervirus benötigt immer eine „Wirtsdatei“[322], an die er angehangen wird, also z.B. PC-Spiele oder e-Mail-Anhänge, über die die tückischen Befehlsketten in den Computer gelangen. Dies unterscheidet ihn vom Computer-Wurm. *Computer-Würmer* sind Programme, die sich selbständig verbreiten, indem sie sich z.B. an sämtliche im Adressbuch befindlichen e-Mail-Adressen versenden, ansonsten sind sie faktisch mit Viren identisch. Diese Maleware-Spezies erhielt ihren Namen wegen ihrer Fähigkeit, wurmähnlich von Computer zu Computer weiterzukriechen. Würmer verbreiten sich vorwiegend unter Ausnutzung von Sicherheitslücken über Netzwerke oder e-Mails. Insbesondere durch Netzwerke und Spam-Mails ist eine schnelle Verbreitung von Computer zu Computer möglich, die zu hohen Schäden führen kann.
IT-Sicherheitsexperten erwarten allerdings, dass die Zahl der über e-Mail verbreiteten Schadprogramme abnimmt und Cyberkriminelle stattdessen die weltweite Popularität von Internet-Anwendungen und die zunehmende Interaktivität der web-Seiten nutzen. In dem Maße, wie Firewalls und ähnliche IT-Security-Lösungen den Angriff auf fremde PC erschweren, versuchen Kriminelle, Nutzer auf infizierte Webseiten zu locken, über die sich diese dann unbemerkt Viren und Würmer herabladen.[323] Das Internet ist inzwischen für Cyberkriminelle und -spione zum einfachsten Weg in fremde Unternehmen geworden. Wenn Mitarbeiter unbedacht und leichtsinnig Programme, Audio- und Videodateien herunterladen, laden sie oft auch diverse Spionageprogramme in den Firmencomputer.

3.2.2.2.2. Trojaner

In Anlehnung an das „Trojanische Pferd“ aus Homers Odyssee werden Programme, die vordergründig einen für den legitimen Computernutzer sinnvollen Zweck erfüllen, heimlich jedoch Funktionen zur Verfügung stellen bzw. autark ausführen, mit denen dieser Nutzer meist nicht einverstanden wäre , als Trojaner bezeichnet. Sie fallen nicht unter die traditionelle Virus-Definition, weil andere Programme oder Daten nicht infiziert werden. Derartige Trojaner werden vor allem eingesetzt, um Adress- und Passwortdateien an den Versender des Programms zu übermitteln oder auch, um den befallenen Computer aus der Ferne zu steuern - eine wichtige Voraussetzung zum Aufbau von Botnetzen.
Trojaner sind meist noch schwieriger zu erkennen als Viren, denn anscheinlich handelt es sich ja um ein nützliches Programm, das deshalb auch von Viren-

---

322 IT-Fachleute sprechen vom Virusdropper oder -injektor

323 2006 entdeckte allein die Computer-Sicherheitsfirma Sophos durchschnittlich 5.000 mit Schadcodes bestückter Webseiten pro Tag, wie im Sophos Security Threat Report 2007 nachzulesen ist (www.sophos.de)

scannern oft erst herausgefiltert wird, wenn seine Schädlichkeit enttarnt und deshalb die Programmcharakteristika ins Scanmuster aufgenommen sind. Prinzipiell gibt es zwei Arten von Trojanern:

- Solche, die autark im Computer agieren und die i.R. vom Benutzer installiert werden, der sich dadurch eine spezielle nützliche Funktion erwartet. Meist erfüllt der Trojaner auch diese Funktion, führt jedoch im Hintergrund seine Schadfunktion (z.B. Passwortausspähung) aus. Ein typisches Beispiel hierfür war das vor einigen Jahren von einem Schüler erstellte und im Internet veröffentliche Programm zur Passwortverwaltung, das sogar von mehreren Computerzeitschriften empfohlen und kostenlos verteilt wurde. Im Hintergrund las das Programm T-Online-Passwörter aus und verschickte sie an den Programmierer, der diese Trojanerfunktion (als Hinweis auf Softwaremängel in Standardprogrammen) später selbst offenbarte[324].
- Solche, die eine Verbindung zu einem Steuerrechner benötigen, um aktiv zu werden. Derartige Trojaner nutzen die Strukturen der Fernwartungstools, die in vielen Programmen installiert sind und nahezu jede Funktion am entfernten Rechner aufrufen und ausführen können. Die Installation derartiger Programme erfolgt zunehmend automatisiert beim Öffnen von e-Mail-Anhängen und wird vom Antivirenscanner häufig nicht erkannt. Der angerichtete Schaden kann sehr hoch sein. Anfänglich haben sogenannte Spass-Hacker meist nur die oft kaum verschlüsselten Internet-Zugangsdaten ausgeforscht und dann auf fremde Kosten gesurft. Doch seitdem sich eine regelrechte Cybermafia etabliert und teilweise Einzelhacker rekrutiert, hat sich das Ausforschen und manchmal auch Verändern von Geschäftsdaten zu einem lukrativen kriminellen Geschäft entwickelt. Trojaner sind hierfür sehr hilfreich, denn sie können sowohl Tastatureingaben mitschreiben, als auch beliebige Daten ausspähen oder verändern und vernetzte Rechner zu weltweiten kriminell nutzbaren ferngesteuerten Netzwerken verbinden. Fast täglich werden hierfür nutzbare neue Trojaner bekannt. So wurde beispielsweise vorm Valentinstag 2007 vor dem sich relativ schnell per Spam-Mail-Videoanhang verbreitenden Schadprogramm „TROJ_Small.EDW“ gewarnt, das als einer der ersten Trojaner in der Lage war, sich aktiv vor Entdeckung zu schützen und infizierte Computer mittels eines Peer-to-Peer-Netzwerks zu verbinden, über das dann weitere Maleware heruntergeladen wird. So entsteht quasi automatisiert ein großes Botnetz. Zur weiten Verbreitung solcher Schadprogramme kommen oft „social engineering“-Techniken unter Bezug auf aktuelle Ereignisse (z.B. Liebesbotschaften zum Valentinstag) zum Einsatz. Neuerdings gaukeln von der kriminellen Rock-Fis-Gruppe, die Pishing im grossen Stil betreibt, abgesandte Trojaner vor, ein You-Tube-Video von Freunden zu sein.

---

[324] Vgl. www.computerbetrug.de/trojaner-allgemeines.php

Über 70 Prozent der im 1. Halbjahr 2007 enttarnten Maleware waren Trojaner.[325] Trojaner treten häufig auch in Form sogenannter *Adware* auf, als Programme, die ohne Wissen des Nutzers in anderer Software enthalten und die meist der Präsentation von Webung (z.B. Pop-Ups) dienen, so jedoch oft auch persönliche Nutzerdaten ausspähen und an den Werbeversender zurückmailen. Insofern ist der Übergang zur *Spyware*, mit deren Hilfe Benutzeraktionen auf einem Computer (z.B. Tastatureingaben[326]) überwacht und Festplattenordner sowie Systemregistrierung des Computers[327] gescannt werden, fließend.
Im August 2007 wurde ein besonders ausgeklügelter Trojaner entdeckt, über den durch ausspionierte Zugänge zum Job-Portal „monster.com" in den USA persönliche Daten von mehreren hunderttausend Personen in unbefugte Hände gelangt sein könnten. Ende August wurde zudem bekannt, dass zahlreiche Computer der deutschen Regierung, insbesondere des Bundeskanzleramts, des Auswärtigen Amts sowie des Wirtschafts- und Forschungsministeriums durch Trojaner-Ausspähprogramme aus China angegriffen wurden[328]. Die Spähprogramme gelangten getarnt als Word- oder Power-Point-Datei in die Regierungscomputer. Analoge Angriffe chinesischer Hacker registrierten offenbar auch britische und US-amerikanische Regierungsbehörden[329].

3.2.2.2.3. Rootkits

Gegen Viren, Würmer und Trojaner wurden in den letzten Jahren immer perfektere Anti-Viren-Programme, die Maleware an ihren typischen Programmstrukturen erkennen und neutralisieren, entwickelt. Deshalb werden Schadprogramme zunehmend raffinierter über Dienstprogramme getarnt. Seit einiger Zeit kommen hierzu weiterentwickelte Trojaner, sogenannte Rootkits zum Einsatz. Der Begriff aus der Unix-Systemwelt steht für „Administratorenausrüstung", da Benutzer mit umfassenden Zugriffsrechten dort nicht als Administratoren, sondern als *Roots* bezeichnet werden. Die Hacker-Angriffe richten sich also direkt auf das (getarnte) Erlangen der Administratorenrechte über den angegriffenen Computer. Hierzu sind zwei Techniken nutzbar:

---

325 Vgl. 12. Internet Security Threat Report von Symantec v. 17.09.2007 www.symantec.com
326 Spyware, die sich auf Tastatureingaben protokolliert, wird auch als „Keylogger" bezeichnet
327 Mittels derartiger Maßnahmen versuchen auch große Softwareanbieter, Raubkopien ihrer Programme oder Lizenzverstöße aufzuspüren. Allerdings gelangen auf diesem geheimen Weg nicht selten auch die berüchtigten Dialer, die überteuerte Einwahlverbindungen aufbauen, auf den Computer.
328 Spiegel Online v. 26.08.2007 www.spiegel.de/politik/deutschland/0,1518,502076,00.html
329 SZ v. 05.09.2007 (https://ssl.sueddeutsche.de/ausland/artikel/750/131516/article.html)

- Gezielte Manipulation von Systemaufrufen, mit denen durch das Betriebssystem auf die Festplatte zugegriffen wird. Das Schadprogramm fängt diese Aufrufe zwischen Programm und Betriebssystem ab und kann diese beliebig verändern. Hierdurch kann die Funktionsweise von Programmen fremdgesteuert werden; z.B. ist es möglich Anfragen eines Virenscanners abzufangen, so das der Virus nicht erkannt wird.
- Manipulation von Systemstrukturen.[330] So können wichtige Systemdateien durch veränderte Duplikate ersetzt werden, die z.B. einen unregistrierten Fremdzugriff auf den Computer ermöglichen, wenn ein bestimmter Netzwerkport angesteuert wird (es öffnet sich quasi eine „Hintertür“), oder Betriebssystemdaten werden verändert, wodurch es möglich wird, ein Schadprogramm so zu verstecken, dass das Betriebssystem selbst dieses Programm vor Virensuchprogrammen schützt. Schon 2006 wurde ein BIOS-Rootkit bekannt, der selbst ein Formatieren der Festplatte überlebt.[331]

Wie jede Waffe können Rootkits sowohl zum Angriff als auch zur Verteidigung eingesetzt werden. So können beispielsweise entsprechend programmierte Schutz-Rootkots dafür sorgen, die unbemerkte Installation schädlicher Rootkits abzuwehren, was die Hersteller von Sicherheitssoftware auch nutzen.
Offenbar werden Rootkits aber auch von Herstellern zum Kopierschutz von CDs und Spielesoftware eingesetzt; so musste z.B. Sony BMG diverse Musik-CDs zurückrufen, nachdem bekannt wurde, dass sich deren Kopierschutz mit Rootkit-Methoden in Windows-Systemen einnistet.[332]

Einen perfekten Schutz gegen Maleware - vor allem wenn diese Rootkit-Techniken verwendet - gibt es wohl kaum. Um so wichtiger ist es, möglichst schon das Eindringen von Schadprogrammen in den Computer zu verhindern. Das Vorhandensein und das permanente Aktualisieren eines Firewalls sollten nicht nur privat, sondern vor allem auch für das Computersystem jedes Unternehmens Standard sein. Auch sollte vor allem am Firmencomputer immer überlegt werden, welche Internetverbindungen man aufbaut. Etwas mehr Misstrauen vor unbekannten Seiten und das Trennen des Computers vom Netz, wenn die Verbindung nicht erforderlich ist, ist oft ein einfacher, aber sehr sinnvoller Schutz!

Wenn man die Entwicklungen der Maleware von den ersten Viren bis hin zu sich täglich weiter spezialisierenden Rootkits betrachtet, stellt sich das Gefühl

---

330 Derartige Programme werden auch als Kernel-Rootkits bezeichnet, da sie Teile des Betriebssystemkerns durch eigene Codes ersetzten. Häufig werden diese als neue System-Treiber ausgewiesen (Kennung .sys)

331 Vgl. “BIOS could hide Rootkits “ (www.techweb.com/wire/security/177104842)

332 Vgl. http://de.wikipedia.org/wiki/Rootkit

ein, das alte Märchen um den Wettlauf von Hase und Igel in der Cyberversion zu erleben. Inwieweit hierbei Hackerszene und Antivirenprogrammanbieter interagieren, ist zunehmend schwerer zu beurteilen; doch aus alten Zeiten der Realwirtschaft ist bekannt, dass Glasermeister ihre Lehrlinge früher schon mal mit Steinen losschickten, um das Geschäft anzukurbeln.

3.2.2.2.4. Botnetze

Friedrich Fuchs[333] schaltet seinen Computer ein, um seine e-Mails zu lesen. Im Posteingang findet er eine Mail von seinem Freund Emil Eichhorn, der ihn bittet, doch mal die Fotos vom letzten Urlaub anzusehen. Da die Mail von einem Bekannten kommt, öffnet er ohne Misstrauen den Mailanhang. Es geschieht jedoch - nichts. Scheinbar, denn Herr Fuchs hat sich soeben unbemerkt einen Wurm auf seinen Computer geladen, der zuvor in den Computer von Emil Eichhorn gelangt war und sich über dessen Adressverzeichnis weiterversendet und der nun beginnt, eine Verbindung zum Computer von Mr. X aufzubauen. Hierfür nutzt er das auf allen netzfähigen Computern vorhandene IRC-Protokoll[334]. Auch alle anderen mit dem Wurm infizierten Computer nehmen bei Verbindung mit dem Internet Kontakt zum Mr.X-Computer (der irgendwo auf der Welt stehen kann) auf. Ist dies geschehen, kann Mr. X Befehle an die Computer senden und diese fernsteuern. Immer öfter werden so tausende Computer miteinander verbunden. Es entsteht ein Netzwerk aus ferngesteuerten Computern, aus Bots (abgeleitet vom Begriff Ro***bot***er): das Botnetz ist fertig.
Kriminelle Botnetze sind gegenwärtig wohl die größte - aber noch immer stark unterschätze - Gefahr, die Unternehmen aus dem Internet droht.
Die US-Sicherheitsfirma Commtouch schätzt in ihrem Spam-Report 2006 die weltweit täglich von Bot-Netz-Betreibern gekaperten PC auf 500.000.[335]
Symantec geht davon aus, dass 2007 etwa 7 % aller Computer weltweit durch Bot-Netze ferngesteuert wurden, die täglich bis zu 55 Millarden Spam-Mails versandten.[336]
Ein ungeschützter Rechner wird im Internet durchschnittlich innerhalb von 20 Minuten angegriffen. Die Angriffserkennung wird vor allem durch die Erhöhung der Verbindungsgeschwindigkeiten (Breitband etc.) erschwert , da der heimliche Aufbau von Internetverbindungen keine verräterische Verringerung der Verbindungsgeschwindigkeit (wie früher beim Modem) mehr bewirkt.

---

333 Namen fiktiv

334 IRC = Internet Relay Chat, ein System, mittels dessen Computernutzer weltweit in Echtzeit mittels Textnachrichten chatten können und mit dessen Hilfe Computer hierfür vernetzt werden.

335 Vgl. hierzu: www.commtouch.com/documents/commtouch_2006_spam_trends_year_of_the_zombies.pdf

336 Vgl. Spiegel-Online v. 31.05.2007 (www.spiegel.de/netzwelt/web/0,1518,485855,00.html)

Botnetze können zu verschiedensten kriminellen Aktivitäten missbraucht werden. Eine noch relativ harmlose Methode ist das Versenden von Spam-Mails, da so verschleiert werden kann, woher die Mails kommen, um Rechtsschritte dagegen zu erschweren.
Eine weitaus gefährlichere Angriffsform, für die Botnetze zunehmend genutzt werden, sind *DoS-Attacken*, bei denen zahllose ferngesteuerte Computer z.B. den Websurfer einer Firma angreifen und blockieren. Hierbei beginnen die Computer eines Botnets auf einen bestimmten Befehl hin, Anfragen an den attackierten Computer zu senden, bis dieser letztlich überlastet zusammenbricht.
Die potentielle Gefahr, die von derartigen Botnets ausgeht, wenn z.B. Internet-Verbindungsstrukturen, die schon heute das Rückgrat der Volkswirtschaft bilden, angegriffen und blockiert werden, beschäftigt seit 2004 auch die US-Sicherheitsbehörden. So wurde die Abteilung für Cybersicherheit im Ministerium für Heimatsicherheit ausgebaut und mit dem FBI vernetzt.
Auch die Zusammenarbeit mit der Global Infrastructure Alliance for Internet Safety (GIAIS), die an neuen technischen Standards arbeitet, um die Internet-Infrastruktur weniger anfällig für Botnetz-Angriffe zu machen, wird intensiviert.

3.2.2.3. Die Hauptbegehensweisen

3.2.2.3.1. Datenausspähung und Computersabotage

Das Ausspähen von Zugangsdaten, um unbefugt Kenntnis von geheimgehaltenen Informationen zu erlangen, ist nicht neu. Die Kenntnis des Tresorcodes verschaffte schon früher einem Einbrecher mühe- und oft auch spurloser Zugang zu Vermögensgegenständen, als der Schneidbrenner.
Die elektronisch verschlüsselten und geschützten Informationen in Computern erfordern, ermöglichen und erschweren es zugleich, sie auf elektronischem Weg unbefugt zu erlangen. Durch die Nutzung der EDV eröffnen sich völlig neue Wege für den Informationsdiebstahl. In Computerdateien gespeicherte Kalkulationen, Kundendaten, Lieferantenverzeichnisse oder Aufzeichnungen über Projekte und Technologien sind für Mitbewerber oft von großem Interesse.
Angebotsstrategien können unterlaufen oder Entwicklungskosten gespart werden. In Einzelfällen werden Konkurrenzunternehmen regelrecht vernichtet, indem Daten gestohlen, gezielt verfälscht und zurücküberspielt werden, so dass auf diesen manipulierten Daten beruhende Handlungen letztlich zum Konkurs führen. Das Problem ist, dass diese auch für die Wirtschaftsspionage typische Vorgehensweise kaum Spuren hinterlässt und nur schwer nachweisbar ist.
Standen zu Beginn des Computerzeitalters häufig noch Geltungsdrang und wohl auch ein gewisser Spaß- und Spieltrieb einzelner Computer-Hacker, Behörden, Einrichtungen und Unternehmen zu beweisen, dass ihre EDV-Sicherungssysteme zu durchbrechen sind, im Mittelpunkt, überwiegen heute wirtschaftli-

che Interessen. Das Ausspähen elektronisch gespeicherter bzw. übermittelter Informationen ist ein knallhartes kriminelles Geschäft geworden, bei dem Milliarden Euro verdient werden.
Anstelle einzelner Hacker, die mit dem „I love you"-Virus oder „Sasser" eher hobbymäßig Millionen Computer aus fast idealistischen Motiven (um bekannt zu werden bzw. zu zeigen, dass es möglich ist) lahm legten, attackieren heute Kriminelle Computer und Netze ganz gezielt, um Geld zu verdienen. Die Spanne reicht vom Raub von Online-Bankkonten über den Identitätsdiebstahl - bei dem persönlichen Daten (z.B. Zugangscodes für Internetdienste, Passwörter oder Kontennummern) ausgespäht und verkauft werden[337] - und der Verschlüsslung wichtiger Auftrags- oder Bearbeitungsdaten auf der Festplatte des Firmenrechners durch sogenannte Ransomware - kryptische Trojaner, deren Dechiffrierungscode nur gegen Zahlung eines Erpressungsgeldes freigegeben wird - bis hin zum elektronischen Ausspionieren von Firmeninterna, wie z.B. Forschungs- und Entwicklungsergebnissen.
Um zur Illustration nur einige wenige publizierte spektakuläre Fälle der letzten Jahre zu nennen: 2005 wurden in Brasilien wurden 85 Hacker verhaftet, die in das Computersystem einer Bank eingedrungen waren und 33 Mio. USD von Online-Konten abgezogen haben[338]. Ebenfalls in Brasilien wurden mehrere Hackergruppen ausgehoben, die mit gestohlenen Internetidentitäten in wenigen Monaten 50 bis 100 Mio. € erbeuteten und in Israel wurde ein IT-Experte verhaftet, der eine japanische Bank um fast 420 Mio. USD bestohlen hat.[339]
Durch die Kombination von Hacking und Pumping bereicherten sich osteuropäische Computerkriminelle in den USA. Die SEC deckte nach einem Jahr Beobachtung im März 2007 großangelegte Marktmanipulationen unter Nutzung ausgespähter Onlinebroking-Accounts auf. Mit diesen spekulierten die Täter auf fremden Namen in großem Stil an Warenterminbörsen und in Investmentfonds, lösten spekulative Kurserhöhungen aus, um dann durch schnelle Verkäufe von den Kursveränderungen zu Lasten anderer Anleger zu profitieren. Diese Marktmanipulationen wurden durch das Benutzen ausgeforschter IP-Adressen Unbeteiligter verschleiert. Die kriminell erlangten Gewinne in Höhe von 3 Mio. USD

[337] z.B. bieten Kriminelle über sog. „Underground Economy Server" von denen sich z.Z. über 50% in den USA befinden sensible Daten wie Kreditkarten-Nummern und PINs amerikanischer Banken an. Der Kaufpreis liegt zwischen 14-18 USD; Vgl. „Symantec IT Risk Management Report" 2007 (www.symantec.com/region/de/PressCenter/Threat Reports)

[338] Vgl. SPIEGEL ONLINE v. 13.12.2006 elektronisch veröffentlicht unter , www.spiegel.de/wirtschaft/0,1518,451990,00.html

[339] „Cyberkriminalität wird zum Milliardengeschäft" , Süddeutsche Zeitung vom 08.03.2006, elektronisch veröffentlicht unter: www.sueddeutsche.de/computer/ artikel/ 583/71512/ article.html

wurden auf 75 Konten des Brokerhauses Pinnacle Capital Markets, die über eine lettische Bank gehalten werden, entdeckt und auf Anzeige der SEC gesperrt.[340] Anfang September 2007 gelang dem BKA nach umfangreichen Ermittlungen mit der Festnahme von 10 Tatverdächtigen aus Deutschland, der Ukraine und Russland die Zerschlagung einer Bande von Internetbetrügern, die Kontendaten mittels Trojaner-Programmen - die über gefälschte E-Mail-Nachrichten (getarnt als wichtige Mitteilungen der Telekom, eBay, der GEZ oder des BKA) massenhaft versandt wurden - ausgespäht hatten[341]. Mit den erbeuteten Daten wurden Überweisungen von Geldbeträgen von Bankkonten der ahnungslosen Opfer auf Konten zuvor eigens als „Finanzagenten" angeworbener Mittelsmänner vorgenommen, die diese Geldbeträge (abzüglich einer Provision) dann nach Russland bzw. in die Ukraine überwiesen. Dort wurden die Geldbeträge über eine ausgeklügelte Kombination von Dienstleistern aus dem Bereich des electronic payment weitergeleitet und schließlich auf ausländische Konten überwiesen, die von den Tätern unter gefälschten Identitäten eröffnet wurden. Schließlich konnten die Täter an deutschen Geldautomaten wieder über das „gewaschene" Geld verfügen. Obwohl es der Staatsanwaltschaft Bonn und dem BKA gelang, in Zusammenarbeit mit deutschen Banken, einen Großteil der kriminellen Transaktionen zu unterbinden, wurden bislang über 100 Pishing-Fälle mit einem Gesamtschaden von 600.000 € aufgedeckt.

Insofern sind Datenausspähung, Computersabotage und Datenveränderung zwar getrennt betrachtbare Tatbegehungsweisen, jedoch eng zusammengehörige Delikte, die zum Erreichen krimineller Ziele häufig kombiniert eingesetzt werden. Mit Tatbegehungsbeispielen ließen sich Bände füllen, doch sollen in der Folge einige charakteristische Beispiele ausreichen, um den Leser für die typischen Begehungsweisen zu sensibilisieren.
Zum Ausspähen von Daten werden vor allem Pishing und Pharming sowie Trojaner eingesetzt.
Pishing ist ein englisches Kunstwort, das die Tatbegehungsweise, nämlich „Passwortfischen" umschreibt. Mittels massenhaft über das Internet an tausende Adressen versandten Spam-Mails versuchen Kriminelle, geheime persönliche Zugangsdaten zu erhalten. Empfänger erhalten z.B. eine E-Mail, die scheinbar von ihrer Bank kommt und dazu auffordert zwecks „Datenpflege" oder „Kontenklärung" ihre Kontonummer einzugeben. Der Link führt zu einer Webseite, die der Bankseite täuschend ähnlich sieht. Dort soll der Anwender seine Zugangsdaten für das Online-Banking (PIN bzw. TAN) in eine eingebettete Verknüpfung (Hyperlink) einzugeben. Da es sich bei der Seite jedoch um eine Fälschung handelt, landen die Daten nicht auf dem Server der Bank, sondern auf

---

340 Nakashima,E. „$3 Million Frozen in Cyber-Fraud Case" Washington Post v. 8.3.2007 S. DO 3

341 www.bka.de/pressemitteilungen/2007/pm070913.html

den Computern der Betrüger, die dann u.U. sehr schnell einen Zugriff aufs Onlinekonto des geprellten Absenders herstellen und dieses leeren oder für eigene Bezahlungen etc. nutzen. Waren diese Mails noch vor einiger Zeit relativ leicht schon wegen der oft merkwürdigen Wortwahl und des mangelhaften Deutschs als Fälschungen zu erkennen, haben die Betrüger inzwischen nicht nur sprachlich dazugelernt und ihre Methoden perfektioniert.
Die Anzahl gefälschter Bankwebseiten hat auch 2007 weiter zugenommen. So sind im Internet beispielsweise über 800 Domains rund um den Namen Citibank auffindbar, die mit diesem international tätigem Geldinstitut in keinerlei bestätigter Verbindung stehen und eine Nutzung durch Cyberkriminelle vermuten lassen.
Die Phantasie der Täter ist groß. Nachdem vor allem die Großbanken ihre Kunden massiv informierten, dass sie niemals per Internet vertrauliche Daten ungeschützt abfragen, verlegten sich die Pisher auf analoge Betätigungsfelder. Zunehmend wird nun versucht, Zugangsdaten von e-Mail-Konten, Auktionshäusern oder Online-Shops auszuspähen. Anfang März 2007 wurden z.B. unter der gefälschten Adresse „support@ paypal.com“ massenhaft e-Mails versandt, die Paypal-Nutzer aufforderten, wegen eines angeblichen Hackerangriffs chinesischer Krimineller gegen den PayPal-Server, das eigene Nutzerkonto zu überprüfen. Den Mails war ein Link zu einer inzwischen deaktivierten Website beigefügt, auf der sich ein gefälschter Login-Screen befand: eine typische Pishing-Falle, mit der arglosen Nutzern persönliche Zugangsdaten entlockt wurden.
Durchaus nicht nur für steuerpflichtige Privatpersonen, sondern auch für arglose kleinere Firmen gefährlich waren im Sommer 2007 angeblich vom BMWI stammende (jedoch über einen Server in den USA versandte) Pishing-Mails, in denen eine Steuerrückerstattung angekündigt wurde, zu deren Erhalt ein Formular auszufüllen war, das u.a. Konto- bzw. Kreditkartennummern abfragte.
Eine andere neue Pishing-Begehensweise, die eine Reaktion auf das durch die meisten Banken inzwischen eingeführte i-TAN-Verfahren ist, zielt auf die Erlangung der Telefonkennwörter von Nutzern, um damit Geldabschöpfungen von Konten tätigen zu können (Vishing[342]).
Spam-Mails für Pishing zu verwenden, erscheint nur auf den ersten Blick uneffektiv. Zwar beantworten heute nur noch relativ wenige Empfänger Spam-Mails. Doch wenn auch nur 1% auf eine Million Pishing-Mails antworten - deren Versand höchstens 300 USD kostet - haben die Täter bei geringem Entdeckungs- und Sanktionsrisiko 10.000 Kontenzugriffsmöglichkeiten.
Nach einer Untersuchung von Symantec, einem Anbieter von Sicherheitssoftware, betrug die Anzahl der weltweit entdeckten Pishing-Mails im 1.Halbjahr 2007 2,3 Mrd. - also durchschnittlich 12 Mio. pro Tag[343]

---

342 Vishing: ein Kunstwort, das auf die Begehensweise Bezug nimmt „Voice over IP-**Pishing**“.

343 Vgl. 12. Internet Security Threat Report von Symantec v. 17.09.2007 www.symantec.com

Vermittels Pishing können Kriminelle im Extremfall die komplette Online-Identität ihres Opfers übernehmen und so z.B. unter falschem Namen gestohlene Güter verkaufen oder Geldwäsche-Geschäfte abwickeln. Eine lukrative Geldquelle sind auch auf diesem Weg erlangte Original-Telefonnummern, e-Mail-Adressen, Geburtstagsdaten etc., die Pisher dann an Adresshändler verkaufen.
Auch deshalb gehen Interpol und Microsoft seit 2006 gemeinsam weltweit gegen Pishing vor. Insbesondere die Spurensicherung bei Pishing-Angriffen und die Kontrolle der Registrierung neuer Internet-Adressen (Domains) sollen verstärkt werden, um betrügerische Websites, die einen zum Verwechseln ähnlichen Namen, wie legale Unternehmen haben, so zu entdecken, bevor sie für Pishing-Aktionen benutzt werden.
Inzwischen haben sich weitere Computerschutz-Spezialisten der Problematik zugewandt. Die Internet Theat Database von Surfcontrol hat nach eigenen Angaben die umfassendste Übersicht schädlicher Pishing-Webseiten, die durch ein globales Content-Team in 20 Ländern ständig aktualisiert wird. Mit einer „Blacklist", die Zugriffe des Computers auf derartige Seiten verhindert, werden so Kundencomputer geschützt. Allerdings werden auch derartige Blocklisten inzwischen von professionellen Pishern umgangen, indem Original- oder „Einmal-Adressen" eingesetzt werden, deren Links jedoch letztlich alle auf einen bestimmten web-Surfer weitergeleitet werden.
Nach Untersuchungen des Antivirenunternehmens Symantec liegen übrigens 59% aller weltweit bekannten Pishing-Webseiten auf US-Servern und 47 % aller versandten Spam-Mails hatten ihren Ursprung in den USA.[344] Allerdings muss dies nicht bedeuten, dass sich auch die Spammer dort aufhalten, denn die meisten Massen-Spam-Mails werden inzwischen über mit polymorphen Schadprogrammen infizierte und so ferngesteuerte in Botnetze eingebundene Computer ahnungsloser Internetnutzer versandt.
Eine Weiterentwicklung des Pishing ist das *Pharming*. Hierbei wird der Kunde beim Eingeben der Internet-Adresse seiner Bank im Browser z.B. auf eine gefälschte Bankseite umgeleitet, was über einen Spam-Mail-Virus bewerkstelligt wird, der diese gefälschte Adresse beim erstmaligen Aufruf in den Browser kopiert. Jeder Online-Banking-Teilnehmer sollte sich deshalb vergewissern, dass er sich in einer geschützten Verbindung (kenntlich durch „https...") befindet und die Internetadresse seiner Bank *korrekt* wiedergegeben ist. Bereits geringe Abweichungen (wie z.B. Großschreibung einzelner Buchstaben oder Striche etc.) können auf gefälschte Web-Seiten hinweisen.
Pharming-Angriffe richten sich allerdings nicht nur auf das Ausspähen von Bankdaten. So wurde z.B. 2005 von der Sicherheitsfirma SaferSurf das weltweit verbreitete Schadprogramm „QaBar" enttarnt, das sich von einer Domain der Trade News Corporation auf der Karibikinsel Curacao aus installierte. Dieser

[344] Vgl. ebenda

Trojaner setzte die Sicherheitsstufe des Browsers auf „sehr niedrig" und änderte das Programm der Suchleiste des Internet Explorers, wodurch dieser sich beim Start immer wieder mit (kostenpflichtigen) Werbeseiten, die zur Versenderfirma gehörten, verband.

Pishing-Aktivitäten nehmen immer mehr zu. Zugleich haben die Täter ihre Methoden erweitert. So konnten schon 2006 Pishing-Attacken über e-Mail beobachtet werden, bei denen potentielle Opfer dazu verleitet werden sollten, ihre Kontendaten per Telefon durchzugeben. Eine neue Variante wurde auch mit dem Versand von SMS-Nachrichten beobachtet, wodurch die Empfänger zur unkritischen Anwahl einer bestimmten Computerseite animiert wurden, über die dann Maleware auf den Computer geschleust wurde. Die massiven und variantenreichen Pishing-Angriffe der letzten Zeit demonstrieren klar, dass es sich um hochprofessionelle auf Daten- und Geldraub orientierte kriminelle Attacken handelt.

Unternehmen werden durch Pishing auf zwei Arten bedroht:

- Zum einen verhalten sich Mitarbeiter (aber auch Geschäftsführer) kleinerer Unternehmen Pishing-Mails gegenüber in Unkenntnis der Gefahren und infolge des psychologischen Tricks eines in den Mails angegebenen sehr hohen Rechnungsbetrages etc. oft nicht anders als Privatpersonen, so dass der (häufig nur schwach geschützte) Firmencomputer Angriffsobjekt für Maleware wird oder die Betreffenden stolpern in die Falle des Bankzugangsdaten-Diebstahls mit allen negativen Folgen fürs Firmenkonto.
- Zum anderen werden insbesondere Banken und Finanzdienstleister, da sich hier unmittelbare Zugriffe zu Kundengeldern bieten, zunehmend aber auch Online-Anbieter, bei denen sich ausgeforschte Benutzeraccounts für Betrugshandlungen gegenüber anderen Nutzern missbrauchen lassen und somit immer mehr Anbieterfirmen von Waren und Dienstleistungen Opfer direkter und indirekter Angriffe.

Die negative Auswirkungen von Pishing-Angriffen auf die Geschäftstätigkeit betroffener Unternehmen sind nicht zu unterschätzen:

- durch Pishing werden etablierte Marken und deren Online-Angebote missbraucht und das Vertrauen der Kunden in den Anbieter untergraben
- rationelle Kommunikationswege (wie e-Mail) werden entwertet, wenn verunsicherte Kunden auch legitimen Benachrichtigungen nicht mehr trauen
- erfolgreiche Pishing-Attacken erfordern erhöhten Kundenbetreuungsaufwand z.B. durch Briefpost, persönliche Telefonate etc.
- der Kampf gegen Pishing erfordert ständig aktualisierte und damit kostspielige IT-Sicherheitsmassnahmen

- ggf. müssen Anbieter (besonders Banken) mit Schadenersatzforderungen ihrer Kunden rechnen, da diesbezügliche Sorgfaltspflichten rechtlich bislang nur bedingt geklärt sind

Pishing und Pharming zielen zwar vor allem auf den arglosen Online-Bankkunden, doch sollen durchaus auch schon kleinere Unternehmen in die Falle gelaufen sein, was infolge der trickreichen Psychologie der Internet-Angriffe nachvollziehbar ist. So wurden z.B. Anfang 2007 gefälschte BKA-Mails in Umlauf gebracht, die im Betreff auf ein anhängiges Ermittlungsverfahren gegen den Adressaten wegen des illegalen Herunterladens von Daten aus dem Internet verweisen. Der e-Mail-Anhang soll angeblich die Strafanzeige enthalten, die der Empfänger ausdrucken und mit einer Stellungsnahme zurückschicken soll. Natürlich ist im Anhang eine Schadsoftware verborgen.[345]

Anti-Virensoftware ist gegen Pishing-Attacken weitgehend machtlos. Wie gegen Trickbetrüger an der eigenen Haustür hilft hier nur gesundes Misstrauen, d.h. den eigenen Maileingang und Datenausgaben kritisch zu hinterfragen.
Um derartige Ausspähungsversuche zu erkennen und zu verhindern, sollten mindestens folgende einfachen Sicherheitsvorkehrungen beachtet werden:

- Wenn die Bankkorrespondenz bislang nicht über e-Mail lief, ist die Wahrscheinlichkeit sehr hoch, dass Mails der Bank gefälscht sind (ein kurzes Telefonat gibt schnell Aufschluss!)
- Im Mail eingebetteten Links sollte nicht vertraut werden; wenn z.B. ein e-Mail-Kontakt zur Bank aufgenommen werden soll, sollte die Adresse vorher verifiziert und möglichst per Hand eingegeben werden.
- Auch bei e-Mails, die als Benachrichtigungen der GEZ (mit einer hohen Gebührennachzahlungsforderung) oder des BKA (mit angedrohten Ermittlungen etc.) getarnt sind, sollte zuerst Ruhe bewahrt und keinesfalls sofort auf den Anhang geklickt werden, der das Schadprogramm enthält und dessen Öffnung ja Ziel des Angriffs ist.
- Auch wenn in Postzusendungen der Hausbank plötzlich auf eine neue web-Adresse verwiesen wird, kann deren Verifizierung durch persönlichen Kontakt sinnvoll sein; es könnte sich um einen etwas aufwändigeren Pishing-Versuch handeln. Überhaupt sollte die Versenderadresse genauer betrachtet werden, schon kleine Abweichungen von der bisher bekannten Absenderadresse deuten auf Fälschungen hin.

Während bei Pishing letztlich nur die alte Betrugsmasche der Bauernfängerei durch Vortäuschung falscher Tatsachen dem Internet-Zeitalter angepasst wurde,

---

345 Vgl. www.bka.de/pressemittelungen/2007/pm070131.html

handelt es sich beim Einsatz von *Trojanern* um die Anwendung echter Spyware, also um die Infiltrierung von Datenausspähprogrammen.
So wunderten sich Ende Februar 2007 unzählige Kunden über e-Mails mit angeblichen Rechnungen von Ikea, obwohl sie mit dem Möbelhaus gar nichts zu tun hatten. Im Anhang befand sich neben der gefälschten Rechnung ein Trojaner, der es nach Installation durch Öffnen des Anhangs ermöglichte, den angegriffenen Computer fernzusteuern und z.B. auch zum Versenden weiterer Spam-Mails zu missbrauchen. Analoge Angriffe erfolgten im März dann mit gefälschten Rechnungs-Mails des Quelle-Versandhauses. Im Sommer verschickten Cyberkriminelle zur Urlaubszeit Spam-Mails, die vermeintliche Grüsse enthielten. Mit der Betreffzeile „Sie haben eine Grusskarte von einem Freund erhalten" wurden Empfänger dazu gebracht, auf einen Link zu klicken, der dann zum Laden verdeckter Maleware führte. Die Täter versuchen so offenbar einen möglichst großen Kundenkreis anzusprechen.
Die Phantasie der Angreifer ist fast unerschöpflich, wenn es darum geht, Computernutzer zu bewegen, sich ungewollt Maleware herunterzuladen. So kursierten z.B. vor einiger Zeit vermeintliche e-Mails des Nachrichtenportals SPIEGEL ONLINE, die mit einer gefälschten Absenderadresse und einem Layout im Stile des Portals Empfänger dazu bewegen wollten, auf einen eingebetteten Link, der angeblich zu interessanten Spiegel-Artikeln führen sollte, zu klicken. Tatsächlich führten die Links zu einer manipulierten Webseite, über die Trojaner auf ungeschützte Computer geschleust wurden. Die gleiche Absicht verfolgten Millionen gefälschter und Anfang 2007 per e-Mail versandter Rechnungen des Internet-Providers 1&1 über immer 59,99 €, in deren Anhang sich eine Spyware befand, identifizierbar an der doppelten Dateiendung „.pdf.exe", aber beim ersten Angriff nur von der Hälfte der Virenscanner erkannt.
Gern bieten Betrüger auch „kostenfreie Demo-Versionen von Antispyware" oder „Universal-Crackerprogramme zum Umgehen von Kopiersperren" u.ä. an, die sich viele Anwender als vermeintlich hilfreiche Tools gern auf ihre Computer laden - inklusive der enthaltenen verborgenen Trojaner.
Besonders bösartig agiert der seit März 2007 bekannte Wurm „Atomix.C", der sich in Nachrichten des Internet Messengers MSN versteckt und z.B. durch Herunterladen einer Bildnachricht Computer infizieren kann. Danach erscheint dann eine Meldung, dass der Computer mit einem Schädling infiziert sei, was durch Anklicken eines angegebenen Links beseitigt werden könne. Reagiert der betroffene Nutzer wunschgemäß, lädt er sich auf diese Weise das aktuelle update des Wurms auf seinen Computer.
Die gleiche Masche nutzten kurz darauf gefälschte 1&1-Rechnungsmails, die im Anschreiben vor gefälschten Rechnungen warnten und die ihnen anhängende zip-Datei (die in Wirklichkeit einen Trojaner enthielt) als sicher suggerierten.

Derartige Angriffe zielen noch immer primär auf das Ausspähen zahlungsvorgangsrelevanter Daten, weil dadurch relativ direkt Geld gestohlen werden kann. Der wohl erste Online-Bankraub wurde 2004 in Deutschland bekannt, als es Tätern gelang, Zugriff auf ein fremdes Konto mittels Pharming über Einschleusung eines Trojaners in den Opfercomputer zu erlangen.[346] Als der Online-Bankkunde per Internet Explorer eine Überweisung vornahm brach die Verbindung zum Bank-Server nach TAN-Eingabe ab und ließ sich nicht wiederherstellen. Erst als der Kunde über einen anderen Browser seinen Kontostand überprüfte, stellte er fest, dass in der Zwischenzeit schon 6.800 € auf eine Bank in Riga überwiesen wurden.
Inzwischen haben die meisten Banken zusätzliche Sicherungsmaßnahmen ergriffen, so dass das Keylogging von TANs und PINs durch die Anwendung des iTAN-Verfahrens, bei dem eine von der Bank online abgeforderte TAN anzugeben ist, nur noch beim technisch relativ aufwendigen direkten Einloggen in eine bestehende Verbindung erfolgversprechend ist.
Allerdings haben auch kriminelle Hacker neue Methoden entwickelt. Mittels screen scaping, mit dem sich die Bewegungen des Mauszeigers auf dem Bildschirm verfolgen lassen und Trojanern, die quasi permanent den aktuellen Bildschirm fotografieren, werden die Eingaben in virtuelle Tastaturen ausgelesen. Dagegen ist Software zum Ausspähen von Tastatureingaben[347] oder zu deren Abhören über Mikrofon, wie sie 2005 an der University of California entwickelt wurde und das technisch mittlerweile relativ einfache Kopieren der Magnetstreifen von Kreditkarten[348] um die Duplikate missbräuchlich zu benutzen, schon fast Nostalgie zumal letzteres durch neue Chipkarten zumindest erschwert wird.

Mit zunehmender Absicherung des Online-Bankings verlagern sich die Angriffe zum einen auf innovative Bezahlverfahren, aber auch auf die Internet-Telefonie und Handys und zum anderen in Richtung des Ausspähens wichtiger Firmeninterna, um diese zur Unternehmenserpressung, zum Weiterverkauf an Wettbewerber oder im Bereich der Wirtschaftsspionage zu nutzen.

---

346 „Bankraub online", www.gmx.net/de/themen/computer/internet/news/431874.html

347 So entwickelte das in Bardonia im amerikanischen Bundessstaat N.Y. ansässige Unternehmen Codex data schon 2003 ein software-Programm, dass sich per E-Mail versenden ließ und nach eigenen Angaben unbemerkt jedwede Tastatureingabe von jedem beliebigen Rechner der Welt kopieren konnte. Das Programm nennt sich DIRT (Data Interception by Remote Transmission), benötigt nur 12 k Speicherplatz, konnte Firewalls umgehen und speicherte alle Taststureingaben eines Benutzers so lange, bis dieser mal wieder im Internet surft, um sie dann heimlich und unbemerkt an den Absender zu übertragen. Vgl. www.codedatasystems.com

348 Vgl. „Neuere Entwicklungen bei Zahlungskarten und innovativen elektronischen Bezahlverfahren", Monatsbericht der Bundesbank Dezember 2006 , S. 100

Die von den Banken geförderten und als rationell eingeschätzten innovativen Bezahlverfahren per Kartenzahlung, kontaktlosen Chipkarten etc.[349] ermöglichen auch neue Angriffe. So warnte der Bund der Sparer Anfang 2007 davor, dass ungeschützte drahtlose Internetverbindungen von Einzelhändlern zu ihrer Bank zum Ausspähen von Kunden-Kreditkartendaten genutzt werden, indem sich Kriminelle per Laptop in das Firmenfunknetz einloggen, das den Bezahlvorgang zwischen Kundenkasse und Bankrechner abwickelt.

Bislang war das Telefon gegen die Gefahren der Computerwelt immun, da Telefonnetze abgeschottet von anderen Netzen arbeiteten. Doch inzwischen nutzen viele Unternehmen wie auch Privatanwender die Möglichkeit der Telefonie über Internet (*Voice-over-IP*). Dadurch wird die preisgünstige Internet-Telefonie jedoch anfällig für alle vorgenannten Angriffsmöglichkeiten von Viren über Würmer bis hin zu DoS-Attacken. Das Bundesamt für Sicherheit in der Informationstechnik (BSI) hat in seiner Studie zur Sicherheit bei VoIP[350] 19 inzwischen bekannte Angriffsvarianten von Betriebsstörungen über Datenausspähung bzw. -manipulation bis hin zu fehlerhafter Gebührenerfassung aufgelistet. So versuchen z.B. Cyberkriminelle seit Sommer 2007, über die Internettelefonie-Software Skype einen Wurm auf fremden Computern zu installieren. Hierzu werden Nutzer über Hinweise auf angebliche Fotos von Freunden auf Links gelockt, die eine unbemerkte Malewareinstallation auslösen. Der Wurm deaktiviert Antivirenprogramme, verhindert das Herunterladen von Sicherheitsupdates, lädt einen Trojaner aus dem Internet nach, der persönliche Daten ausspioniert und verschickt sich selbst über die Skype-Kontakte des Anwenders weiter. Außerdem ist seit Oktober 2007 ein Trojaner im Skype-Netz unterwegs, der sich als „Skype-Defender-Programm“ ausgibt und Nutzer zur Eingabe von individuellen Nutzerdaten animiert, die an Cyberkriminelle weitergeleitet werden.
Analog zu Spam-Mails sind für Verbraucher die sogenannten *Spits* (Spam over Internet Telephony) lästig. Sprachcomputer können bis zu 1000 Werbebotschaften pro Minute an IP-Telefone absetzen.[351] Hierbei treten Unternehmen allerdings eher als Täter, denn als Opfer in Erscheinung, wobei es sich oft um dubiose Unternehmen, die in rechtlichen Marketing-Grauzonen operieren, handelt.

Handys werden immer mehr zu mobilen Alleskönnern, indem das PDA-Konzept Handy und Notebook verschmilzt und der Internetzugriff über UMTS beschleunigt wird. Dadurch werden Handys - analog zu Notebooks in WLAN-Verbindungen - zu idealen Angriffsobjekten auf die in ihnen gespeicherten Da-

---

349 Vgl. ebenda , S. 102

350 Vgl. www.bsi.bund.de/literat/studien/VoIP/index.htm

351 Diesbezüglich wird bereits an Spamfiltern für derartige Werbeanrufe gearbeitet, die Computerwerbung von menschlicher Sprache anhand der Regelmäßigkeit des Sprechmusters unterscheiden sollen.

ten und die Zugangsmöglichkeiten zu weiteren Computern, die nicht selten dann Firmencomputer und interne Netzwerke inklusive mannigfaltiger sensibler Daten sind. Logischerweise tauchten schon 2004 die ersten Trojaner für PDAs auf, die Fernzugriffe auf mobile Geräte ermöglichten. Insbesondere dadurch, dass viele Handys vermittels aktivierter Blutooth-Schnittstellen mit anderen Geräten kommunizieren können, entsteht auf Bahnhöfen oder Großveranstaltungen schnell ein weitläufiges Datenübertragungsnetz. Der Computerwurm Cabir untersucht beispielsweise die Umgebung bei eingeschalteter Blutooth-Schnittstelle nach anderen Blutooth-Geräten, an die er dann eine Kopie seines Programms versendet. Analog geht der Wurm Comwar vor, der sich über MMS-Nachrichten an die Telefonnummern im Adressbuch des befallenen Handys verbreitet. Die so massenhaft versandte Maleware erlaubt den Zugriff auf Smartphones, installiert neue Programme, kann Speicherkarten sperren oder manipulieren.[352]
Relativ harmlos ist es noch, wenn infizierte Handys automatisch teure Telefonnummern anrufen. Gefährlicher ist das Ausspähen von SMS-Nachrichten oder das Mithören von Handygesprächen, vor allem, wenn es sich um sensible Informationen im Firmenbereich handelt, die für Wirtschafts-spionage interessant sind. Gefahren für Unternehmenscomputernetzwerke ergeben sich insbesondere auch daraus, dass Handys noch kaum Antivirenschutz-Software nutzen, die Verbindung zu einem registrierten Firmenhandy vom Firmenserver aber als vertrauenswürdige Quelle zugelassen wird, über die Maleware ins System eindringen kann.

Das Ausspähen von Firmeninterna wie auch diverse Versuch, Unternehmen mittels Maleware und übers Internet zu erpressen, sind rechtlich dann primär dem Straftatbestand der *Computersabotage und Datenveränderung* zuzurechnen. Insbesondere das Stören einer fremden EDV-Anlage wie auch die Veränderung von Daten (also typische Maleware-Angriffsweisen) sind gemäss § 303a und b StGB strafbar.

Klassische Sabotagehandlungen gegen die EDV reichen von der Zerstörung des Inhalts von Magnetdatenträgern mit Magneten oder bewusst herbeigeführte Ablaufstörungen durch Eingabe von Stör- und Löschbefehlen, Stromunterbrechungen oder Überspannungen (z.B. durch E-Schockgeräte) und ähnlichem bis zur gewaltsamen Beschädigung von Anlagen und peripheren Geräten. Täter dieser „Maschinenstürmerei“ sind oft Mitarbeiter, die Probleme mit der EDV oder dem Unternehmen im allgemeinen haben, doch kann es sich auch um den Versuch von Spezialisten (Programmierer, Wartungstechniker usw.) handeln, ihre Unentbehrlichkeit zu beweisen und sich somit vor Entlassungen, z.B. im Rahmen des Outsourcing, zu schützen.

---

[352] Vgl. Löwer,C. „Der Virus kommt per SMS“ Handelsblatt v. 29.03.07 , S. 19

Doch die wirkliche Gefahr für Unternehmen geht von elektronischen Angriffen aus. Was als übermütige Spielerei jugendlicher Hacker mit dem Eindringen in Computer und der Veränderung von Daten, um den Angriff zu beweisen, begann und lange Zeit auch strafrechtlich als Kavaliersdelikt betrachtet wurde, ist heute zu einem Milliardengeschäft geworden, an dem Kriminelle und natürlich auch die Anbieter von Sicherheitssoftware verdienen.

Auch heute noch gibt es ab und zu relativ direkte Angriffe auf Computer und Datenleitungen, was vom brachialen Diebstahl des Computers bzw. der Festplatte bis hin zum geschickten Ablauschen der Datenübertragung geht. So erbeutete z.B. Ende 2006 ein technisch versierter Krimineller mit Hilfe eines handelsüblichen MP3-Players mehr als 200.000 Pfund von einer englischen Bank, indem er das Aufnahmegerät in die Telefonverbindung eines Bankautomaten einfügte, die Datenkommunikation zwischen Automaten und Bankserver aufzeichnete, später auf einem PC dekodierte und auf Smartcards schrieb, mit deren Hilfe er dann Geld abhob.[353]
Doch zur Computersabotage und Datenveränderung werden jetzt neben Viren und Würmern vor allem Trojaner und Rootkits genutzt, mit deren Hilfe massenhaft Spam-Mails versandt und vor allem Botnets aufgebaut werden.

Diese technischen Maßnahmen werden insbesondere für folgende computerkriminelle Begehensweisen genutzt:

- Ausspähen sensibler Daten, deren Nutzung direkt (z.B. durch Kontenzugriff) oder indirekt (z.B. durch Erpressung oder Verkauf) Gewinnmöglichkeiten verspricht
- Erpressung von Firmen durch unberechtigte Datenverschlüsselung im Computer oder durch DoS-Attacken
- Massenhafter Versand von Werbung von meist dubiosen ausländischen Anbietern, deren angegebene Links teils zu zweifelhaften Produktofferten (z.B. gefälschte Arzneimittel), zu teuren Telefonnummern oder auch zu gefährlicher Maleware führen und Firmenserver oft stark belasten.
- Aufbau von Botnetzen, die für mannigfaltige kriminelle Aktivitäten, insbesondere DoS-Attacken genutzt werden können.

Von welchen Schadprogrammen ein Computer befallen ist, können häufig erst Spezialisten feststellen. *Dass* er befallen ist, dafür gibt es einige Indizien, die Nutzer häufig selbst bemerken können. Dies sind z.B.:

- Ständige Versuche des Computers, nach Start von Windows oder im laufenden Betrieb eine Internetverbindung aufzubauen

---

[353] Vgl. „Bankautomat mit MP3-Player geknackt“ , WEB.DE-Meldung v. 17.11.2006 , publiziert unter: http://magazine.web.de/de/themen/computer

- Meldungen des Firewalls, dass öfters unbekannte Programme den Verbindungsaufbau zum Internet bzw. zu unbekannten Webseiten versuchen
- Änderung der Startseite des Browsers, plötzliches Anzeigen einer zusätzlichen Symbolleiste oder neuer Einträge im Favoritenordner, die nicht entfernt werden können oder beim nächsten Systemstart erneut auftauchen
- Umleitung von Seitenabfragen hin zu nicht gewünschten Seiten oder Erscheinen von Pop-Ups, die nichts mit der gewünschten Seite zu tun haben (z.B. pornografische Angebote)
- Pop-Ups, die sich selbst dann noch öffnen, wenn die Verbindung zum Internet abgeschaltet ist
- Plötzliche Werbeeinblendungen, die sich darauf beziehen, welche Seiten der Anwender in der Vergangenheit besucht hat
- Ungewöhnliche Systemabstürze bzw. relativ lange Reaktionszeiten des Computers, besonders beim Surfen im Internet
- Beim Defragmentieren der Festplatte als nichtdefragmentierbare „Kästchen" sichtbar werdende Programme in größerer Anzahl

„Die Anzahl der Angriffe auf die Online-Sicherheit, die daraus resultierenden Kosten und die Qualität der Angriffe steigen dramatisch an", sagte der Präsident des Bundesamts für Sicherheit in der Informationstechnik (BSI) auf dem European Security Awareness Day im Februar 2007 in Brüssel.[354] Computerkriminalität wird immer mehr zu einer Bedrohung für die ganze Gesellschaft, bei deren Bekämpfung auch *alle* Computernutzer mitwirken müssen. Hierzu gehört die Kooperation von Wirtschaft und Verwaltung zur Erhöhung der IT-Sicherheit ebenso wie die Umsetzung von Maßnahmen zum Schutz ihres PC durch Privatanwender.

So hat es schon Fälle gegeben, bei denen Hacker gezielt über einen auf dem Heimcomputer ahnungsloser Mitarbeiter installierten Trojaner und über das dort ebenfalls installierte Fernwartungstool in das gut gesicherte Firmennetzwerk gelangten und unter Ausnutzung der Administratorenrechte böswillig Daten veränderten, was die Unternehmen mehrtägig arbeitsunfähig machte. Was im Einzelfall das Werk böswilliger Hass-Hacker ist, wird immer mehr auch zu einer Spielart krimineller Angriffe gegen Unternehmen. Mittels in Computer und Firmennetze eingeschleuster „kryptischer Trojaner" werden relevante Daten (z.B. Auftragsinformationen oder Produktionsparameter) auf der Festplatte verschlüsselt oder anderweitig für den Zugriff gesperrt und der Dechiffrierungs- bzw. Zugriffscode erst nach Lösegeldzahlung übermittelt. Eine hochwirksame und (da übers Internet oft kaum verfolgbare) relativ gefahrlose neue Form spezieller

---

[354] „BSI-Präsident fordert stärkeres Bewusstsein für IT-Sicherheit" , elektronisch veröffentlicht unter: www.bsi.de/presse/pressinf/010307_itbewusstsein.htm

Geiselnahme, die für Unternehmen vor allem dann brisant ist, wenn diese Daten nicht zusätzlich extern gespeichert wurden.

Elektronische Schutzgelderpressung von Unternehmen, bei der die Möglichkeiten des Internets zunehmend auch von „klassischen" Kriminellen genutzt werden, die Botnets inzwischen sogar für Angriffe mieten können, wird zunehmend zu einer ernsthaften Gefahr vor allem für Dienstleister, deren Handels- und Informationsstrukturen zunehmen auf das Internet orientiert sind.
Anfänglich wurden DoS-Attacken seitens Unternehmen vor allem (verdeckt) durchgeführt, um die Server von Konkurrenten lahmzulegen und so eigene Wettbewerbsvorteile zu erlangen. So stoppte das FBI schon 2004 ein Botnetz, das der CIO eines kleinen Internet-Providers in Ohio bei Hackern gemietet hatte, um die Server von Konkurrenten anzugreifen und somit selbst mehr Kunden zu bekommen.[355] Dies und auch der Versuch, missliebige Wettbewerber zu schädigen, mag in Einzelfällen auch heute noch ein Motiv für derartige Angriffe sein, doch haben in den letzten Jahren vor allem direkte Erpressungen von Unternehmen, ihre Server anzugreifen, wenn kein „Schutzgeld" gezahlt wird, zugenommen. Um ihre Kunden nicht zu verunsichern, halten sich angegriffene Unternehmen mit Meldungen über Erpressungen und DoS-Attacken, vor allem, wenn das Ganze intern geregelt wurde und keine von außen erkennbaren Schäden hinterlässt, meist sehr zurück. Deshalb ist es schwer die Problematik mit aktuellen Beispielen zu illustrieren. Bekannt wurde aber z.B., dass zu Beginn der Fußball-Europameisterschaft 2004 mehrere Online-Wettbüros per e-Mail erpresst wurden. Die Agenturen sollten jeweils 15.000 USD zahlen, damit ihre Webseiten nicht per Spam angegriffen werden. Dass es nicht bei Drohungen blieb, beweist der Fall des Online-Wettbüros „mybet.com" mit Sitz in Malta. Mittels tausender Anfragen aus einem Botnet von Windows-Rechnern wurde der Server über 16 Stunden blockiert. Ein Server-Ausfall, der das ganze Wettbüro arbeitsunfähig macht, führt in Zeiten höher Wettbeteiligungen schnell zu hohen Einbußen, die weit über den Erpresserforderungen liegen, so dass wohl meist gezahlt wird, da die Abwehr derartigen Angriffe sehr schwierig und ein Auffinden und Verurteilen der im geschilderten Fall vermutlich aus Osteuropa operierenden Täter kaum möglich ist.
Auch der Großangriff am 6. Februar 2007 auf drei zentrale Großrechner in den USA, die Adress-Daten fürs Internet verwalten (Rootserver), die mittels Botnetz-Angriffen blockiert wurden und in der Folge 12 Stunden ausfielen, ist wohl den Themenkreisen Erpressung oder terroristische Attacke zuzuordnen.
Auch VoIP ermöglicht inzwischen gezielte DoS-Attacken, bei denen Telefonnetze (z.B. von Service-Unternehmen) mit tausenden nutzlosen Anrufen überlas-

[355] Vgl. Hellweg,E. „Angriff der ferngesteuerten Computer", elektronisch veröffentlicht unter: www.heise.de/tr/artikel/51686

tet werden, so dass legitime Anrufer nicht mehr durchkommen und den Opfer-Unternehmen so Aufträge entgehen.
Auch zum Ausspähen von Daten können Botnetze eingesetzt werden. So hatten z.B. Hacker schon Anfang 2000 durch geballte Anfragen die Computer von Amazon total blockiert. Dabei gelang es ihnen, wie erst später bekannt wurde, die Sicherheitssysteme des Servers zu knacken und eine große Menge von Kundenkreditkarten-Nummern aus den Computern zu fischen. So wurden dann u.U. Kunden, die nur einmal ein Buch bei Amazon gekauft hatten, damit überrascht, dass von ihren Kreditkartenkonten jede Menge Luxusgüter bezahlt wurden, die sie weder geordert noch erhalten hatten. Ein ähnlicher Angriff erfolgte im Herbst 2007 auf die Webseite des grossen deutschen Internet-Tickethändlers Kartenhaus, bei dem vermutlich ca. 66.000 Kundendaten ausgespäht wurden. Doch sind derartige Angriffe inzwischen eher die Handschrift von kleinkriminellen Banden, die so individuelle Vermögensumverteilung betreiben.

Die Zukunftsbedrohungen gehen vor allem von kriminellen Spam-Mails aus, die ähnlich wie die Algenpest im Meer die Weiten des Internet verseuchen.
Im Spam-Report 2006 der kalifornischen IT-Sicherheitsfirma Commtouch, der basierend auf der Echtzeit-Analyse von weltweit über 2 Milliarden e-Mails pro Woche erstellt wurde, ist nachzulesen, dass 2006 massiv der Aufbau fernsteuerbarer, zusammengeschalteter Botnetzwerke („Zombies“) für die Spamversendung vorangetrieben wurde.[356] Solche Botnets bestehen aus bis zu 200.000 einzelnen infizierten Computern. Meist handelt es sich dabei um schlecht geschützte PCs mit guter privater Internet-Anbindung (Breitbandanbindungen). Für kriminelle Angriffe stehen nach Commtouch-Schätzungen täglich bis zu 8 Mio. Computer mit unterschiedlichen IP-Adressen (was Identifizierungen und Blocklisten praktisch unmöglich macht) zur Verfügung. Ein typisches Botnetzwerk ist in der Lage, innerhalb von 2 Stunden bis zu 160 Mio. Spam-Mails zu versenden! Zombie-Rechner sind für 85% aller Spam-Sendungen im Internet verantwortlich. Mega-Spammer, wie der Ende April 2007 in den USA verhaftete Robert A. Soloway bringen es auf 500 Millionen e-Mails am Tag und der Spam-Versand wird dabei immer billiger. Der 27jährige Top-Spammer bot z.B. den Versand von 20 Millionen Werbemails über seine Zombie-Netzwerke für nur 495 USD an. So billig konnte er sein, weil ihn selbst der Versand ja faktisch nichts kostete, denn die Kosten trugen Millionen Besitzer virenverseuchter Computer in aller Welt.[357]
Zielgruppe sind vor allem Privatanwender, die mit dubiosen Werbeangeboten[358], aber auch Pishing-Mails überschüttet werden, weil Kriminelle sie als schwächstes Glied in der Sicherheitskette erkannt haben.

---

[356] Vgl. : www.commtouch.com/commtouch_2006_spam_trends_year_of_the_ zombies.pdf
[357] Vgl. Spiegel-Online v. 31.05.2007; www.spiegel.de/netzwelt/web/0,1518,485855,00.html
[358] auch bezeichnet als als UCE-Mails (Unsolicited Commercial-E-Mail)

So versenden Betrüger z.B. seit Anfang 2007 massenhaft Scam-Mails[359], die Empfänger dazu veranlassen sollen, in hochspekulative Aktien zu investieren. Hinter diesen „Insider-Tipps" stecken professionelle Betrügerbanden, die vor dem Mailversand eine hohe Anzahl der empfohlenen niedrig bewerteten Aktien gekauft haben.[360] Die Masche ist altbekannt: Wenn genügend Anleger auf diese Werbung hereinfallen und (die real meist kaum werthaltigen) Aktien ordern, steigt der Kurs an und verführt so zu weiteren Zukäufen unvorsichtiger Anleger. Ist der Kurs hoch genug, verkaufen die Betrüger ihre Aktien mit gutem Gewinn, während der Kurs dann meist schnell abstürzt.

Insofern sollte jeder Nutzer bedenken, dass das Internet nicht nur ein großartiges Informationsmedium ist, sondern auch ein Tummelplatz für moderne Rosstäuscher, Fälscher und Abzocker!

Doch diese Angriffe bedrohen auch Unternehmen. Ebay und PayPal blieben auch 2007 die beliebtesten Firmen-Scheinadressen für Betrugs- bzw. Pishing-Mails und konnten 50% aller Pishing-Versuche auf sich beziehen, aber auch überregionale Großbanken waren von Betrugsversuchen per Spam-Mails betroffen. Gefahren liegen hier vor allem im Imageverlust der angeblichen Mailversender und der Gefahr, dass sich Kunden von den Onlineangeboten abwenden, was für Auktionsplattformen das Aus und für Banken zumindest signifikant höheren Kundenbetreuungsaufwand bedeuten würde.

Hinzu kommt, dass der weltweite Spam-Anteil an den Gesamtnachrichten je nach Empfängergruppe 45-98% beträgt. Auch auf Firmenservern landen immer mehr Spam-Nachrichten, die zum einen die unternehmensinternen Netzwerke belasten und zum anderen das Unternehmen bei Fehlreaktionen von Mitarbeitern (z.B. dem Versuch, Mail-Links zu öffnen) durch Eindringen von Maleware ins eigene Computersystem gefährden können.
Außerdem beansprucht allein das Aussondern der Spam-Mails aus dem Posteingang einen zunehmenden Anteil der Arbeitszeit Verwaltungsangestellter am Computer und erhöht so die unproduktiven Verwaltungskosten[361].

---

359 Fachbezeichnung für „Spam-Mails mit Betrugsabsicht", auch als „Pump and Dump-Spam" bezeichnet

360 Vgl. Pressemeldung des Deutschen Instituts für Anlegerschutz v. 5.3.07 , elektronisch veröffentlicht unter: www.dias-ev.de/pressemit.php?newsid=58

361 Das BSI berechnet die mittelbaren Kosten des Produktivitätsausfalls für ein Großunternehmen bei 25.000 Spam-Mails pro Tag, deren manuelles Aussondern jeweils 10 Sekunden dauert für einen Personentagesatz von 500 € zu 1,6 Mio € pro Jahr (Vgl. Topf,J. e.a. „Antispam-Strategien" BSI, Bonn 2005, S. 34); zur unternehmensindividuellen Berechnung kann auch ein elektronischer *Spamkostenrechner* unter www.spamfree.de herangezogen werden.

Weitere Kosten entstehen

- für die Beschaffung und ständige Aktualisierung entsprechender Filtersoftware; wobei auch noch schwer schätzbare Nachfolgekosten durch fälschlich blockierte Nachrichten (z.B. Bestellungen oder Angebote, die den Empfänger nicht erreichen) entstehen können
- durch analoge Informationsverluste, wenn Mailbox und Server durch Spam blockiert sind
- durch Internet-Verbindungskosten; da Unternehmen wie auch Internet-Provider Leitungskosten nach übertragener Datenmenge bezahlen, entstehen auch Kosten für den empfangenen Spam
- analog durch kollateralen Spam, wenn das empfangende Computersystem die Spam-Mail automatisch annimmt und Unzustellbarkeits- oder Abwesenheitsnachrichten als Antwort versendet bzw. durch sogenannte Bounce-Mails, die den Absender informieren, dass Mails nicht zugestellt werden konnten und auch bei gefälschten Absenderadressen (z.B. bekannten Unternehmen) landen[362]

Der volkswirtschaftliche Schaden durch unerwünschte Spam-Mails wird weltweit auf ca. 25 Milliarden USD und allein für Deutschland auf 3,5 Milliarden € pro Jahr geschätzt.[363]

3.2.2.3.2. Computerbetrug

Mit § 263a StGB gilt seit über 20 Jahren eine Vorschrift, die den Computerbetrug dezidiert unter Strafe stellt, weil bis dahin nur der „normale" Betrug gem. § 263 StGB strafbar war, der die Fälle nicht erfasste, bei denen nicht ein Mensch, sondern ein Computerprogramm getäuscht wurde. Modernen Tatbegehensweisen entsprechend wurden unter dem Straftatbestand des Computerbetrugs alle Begehensweisen gefasst, bei denen Täter in der Absicht, sich oder einem Dritten einen rechtswidrigen Vermögensvorteil zu verschaffen, einen anderen durch eine Computermanipulation schädigt. Diesbezüglich werden vier strafbare Tathandlungen aufgeführt:

- Programm-Manipulationen
- Verwendung unrichtiger oder unvollständiger Daten
- unbefugtes Verwenden von Daten
- unbefugte Einwirkung auf die elektronische Datenverarbeitung

---

[362] Dies lässt sich auch für sog. *Bounce-Attacken* zum Blockieren von Unternehmensservern ausnutzen.

[363] Vgl. BSI-Pressemitteilung v. 01.03.2007 (elektronisch veröffentlicht unter www.bsi.de/presse/pressinf/010307 _ itbewusstsein.htm)

Hierunter fallen z.B. das Veranlassen unrichtiger Überweisungen oder der Missbrauch gebührenpflichtiger Telefonnummern, vor allem aber der Kreditkartenbetrug (lt. PKS: „Betrug mittels Debitkarten mit PIN"), der noch immer den Hauptteil aktenkundig gewordener Computerbetrugshandlungen ausmacht.
Allerdings sind die Grenzen fließend; bei vielen Tathandlungen ist der Computer zwar Tathilfsmittel, jedoch handelt es sich letztlich um klassische Betrugshandlungen, wie z.B. den Verkauf nicht existierender Ware über Online-Auktionshäuser, bei dem die Unredlichkeit des Verkäufers erst nach Bezahlung sichtbar wird.
Solche klassischen Betrugshandlungen, bei denen zum einen altbekannte Betrugsformen dem neuen Medium angepasst umgesetzt aber zum anderen entsprechend der nutzbaren Technik auch neue Tatvarianten kreiert werden, sind manchmal recht banal, oft aber durchaus phantasievoll.
52% aller Fälle, die unter der PKS-Kennung „Tatmittel Internet" aktenkundig wurden[364], entfallen auf den *Warenbetrug*. Hierbei geht es zum einen darum, dass Ware, die auf Internet-Auktionsplattformen erworden wurde, nicht oder mit Mängeln ausgeliefert wurde, zum anderen aber werden Kunden auch durch betrügerische Online-Shops geprellt. Da vor allem die großen Online-Auktionshäuser mittlerweile verschiedenste Sicherheitsstrukturen aufgebaut haben, um seriöse Kunden vor Betrügereien zu schützen, verlagern Täter ihre Aktivitäten zunehmend auf eigenständige Internet-Shops. Als Beispiel hierfür mag der von zwei Betrügern in Halle/Saale gegründeter Online-Shop dienen, gegen den seit 2006 ermittelt wird. Der Shop bot deutschlandweit preiswerte Digitalkameras, Handys und Computerzubehör gegen Vorauszahlung an. Über 500 Kunden zahlten, sahen jedoch nie die bestellt Ware. Kriminelle Profis gründen für derartige Betrügereien allerdings eher Firmen im Ausland, die nach relativ kurzer Zeit der Kundenabzocke dann wieder aufgelöst werden.
Wenn man bedenkt, dass nach Informationen des Bundesverbands Informationswirtschaft, Telekommunikation und neue Medien (Bitcom) in Jahre 2006 rund 31 Mio. Bundesbürger im Internet Waren im Wert von 40 Milliarden Euro kauften, wird die Größe des Marktes und seine Attraktivität für Betrüger deutlich. Dennoch soll auf diese Problematik, da sie primär den Privatkunden betrifft, nicht näher eingegangen werden.
Dies gilt analog für den *Kreditkartenbetrug*. Dieser macht zwar noch immer einen Großteil des aktenkundig gewordenen Computerbetrugs aus, was jedoch Inhalt und Gefahren der Computerkriminalität eher etwas verschleiert, denn der Computer ist hierbei zwar Tatwerkzeug, die Tat aber eine einfache Betrugshandlung. Auch in diesem Bereich haben sich die Tatbegehensweisen zunehmend den neuen technischen Möglichkeiten angepasst. Natürlich gibt es immer noch den vergesslichen Mitbürger, der sich seine Geheimzahl gleich auf der EC-Karte

[364] Vgl. BKA PKS 2006 S. 243

notiert und dann, wenn beides von einem Taschendieb gestohlen wird, das Nachsehen hat und auch heute soll es noch ab und zu farblich auf das Automatengehäuse abgestimmte unauffällige Minikameras geben, die mit Magneten am Geldautomatengehäuse über der Tastatur angebracht werden, um PINs auszuspähen.[365] Und schon klassisch, aber immer noch wirksam sind manipulierte Türöffner an Bankeingängen, durch die der Bankkunde zur Türöffnung aufgefordert wird, seine PIN einzugeben (was dann vor Gericht regelmäßig als Fahrlässigkeit gewertet wird). Doch inzwischen nutzen Täter auch immer mehr die Möglichkeiten des Internet zur Ausspähung zugriffsrelevanter Kontendaten. Was einst mit dem aufwendigen Anzapfen von Telefonverteilerkästen im Keller begann, um den Computer beim Online-Banking ablauschen und mit dem elektronischen Abhören drahtloser Computertastaturen, deren Befehle über einen externen Empfangscomputer entschlüsselt wurden, perfektioniert wurde, wird nunmehr von Rootkits und Trojanern erledigt.
Dies ist jedoch primär ein Problem der Banken und deren diesbezüglicher Sicherheitsstandards, die neben Delikten wie Unterschlagung (24% aller aktenkundigen Delikte in diesem Bereich), Geldwäsche (19%) und Falschbilanzierung (13%) stark durch Betrugsdelikte (36%) betroffen sind[366], was hier jedoch auch nicht vertiefend betrachtet werden soll.

Allerdings haben Internet-Betrüger auch *neue Methoden zur Kontenplünderung und Geldwäsche* entwickelt, die durchaus für Unternehmen gefährlich sind und deshalb hier kurz umrissen werden sollen. Die Tatbegehensweise lässt sich in etwa durch folgendes Muster beschreiben: Die Täter bestellen größere Mengen hochwertige Waren und leisten dafür Vorauszahlungen. Etwas später werden die Bestellungen storniert oder auf ein Minimum reduziert und die Vorauszahlung zurückverlangt. Das Ziel der Aktion ist die Geldwäsche, denn durch mehrfache Überweisungen lässt sich der Weg krimineller Gelder verschleiern. Dies wurde geraume Zeit durch die Anwerbung von Internet-Nutzern als „Finanzagenten" praktiziert, die gegen hohe Provisionsversprechen angestiftet wurden, auf ihrem Privatkonto eingegangene Überweisungen umgehend per Bargeld-Transfer ins Ausland weiterzuleiten. Das System funktionierte jedoch in Deutschland offenbar nicht gut, da die Überwachungsmaßnahmen der Banken gegen Geldwäsche wirksam waren und zudem arglose „Finanzagenten" oft auch noch von ihren kriminellen Auftraggebern geprellt wurden, indem sie zwar weisungsgemäß Zahlungsausgänge von ihrem Konto tätigten, jedoch auf die versprochenen Geldeingänge vergeblich warteten.

---

365 Das Bild dieser Minikamera wird dann per Funk zu einem in der Nähe parkenden Auto übertragen, in dem die Täter sitzen, die später dann die Kreditkarte stehlen.

366 PWC AG „Wirtschaftskriminalität bei Banken und Versicherungen - Tatort Deutschland" PWC & MLU Halle 2006 , S. 15

Deshalb verlagerten Kriminelle Ihren Tätigkeitsbereich zum einen auf betrügerische Scheingeschäfte mit Privatanbietern (z.B. Anzahlungen für teure Ferienwohnungen, Häuser, Autos etc.) und zum anderen auf Unternehmen.
Die Geldwäsche-Methode, oft daran erkennbar, dass das Konto, von dem Vorauszahlungen überwiesen wurden ein anderes ist, als das, an das die dann Rückzahlungen erfolgen sollen - wodurch sich das Unternehmen dann zumindest dem Verdacht aussetzt, an der Geldwäsche aktiv beteiligt zu sein, vor allem, wenn es sich um ausländische Konten handelt - wurde übrigens auch zur betrügerischen Unternehmensschädigung eingesetzt. Teilweise stammten die Vorauszahlungen nämlich von per Pishing ausgespähten Konten ahnungsloser Bankkunden, die nach Entdeckung des Schadens dann natürlich ihr Geld zurückverlangen. Wenn dieses Geld infolge Auftragsstornierung dann schon ins Ausland überweisen wurde, bleibt dem Händler ggf. der Schaden.
Diesbezüglich kann nur geraten werden, sich bei derartigen Geschäften Kunden genauer anzuschauen und Zahlungsmodalitäten wachsam und vorsichtig zu handhaben.
Analoges gilt für Kontakte mit *Escrow-Unternehmen.* Hierbei handelt es sich um Dienstleister, die als Mittler und Verwalter von Zahlungen vor allem bei Internetgeschäften auftreten, wo ein physischer Kontakt zwischen Verkäufer und Käufer nicht erforderlich ist. Das Escrow-Unternehmen verwahrt dabei Zahlungen von Käufern, bis die angekommene Ware ordnungsgemäß bei diesen angekommen ist. Derartige Treuhänder sind vor allem bei Privatkundengeschäften eine sinnvolle Einrichtung, um Internet-Betrügereien, bei denen Kunden für den Kauf von Waren zahlen, die dann nie geliefert werden, zu verhindern. Auch gewerbliche Firmen können mit Escrow-Unternehmen konfrontiert sein, wenn sie im Internet als Kunden auftreten. Hierbei sollte bedacht werden, dass neben seriösen Escrow-Anbietern auch eine große Zahl betrügerischer Escrow-Dienste im Internet agieren, die eingezahlte Gelder in die eigene Tasche stecken. Oft arbeiten Betrüger, die im Internet attraktive Schnäppchen anbieten, mit den falschen Escrow-Diensten zusammen, indem der Verkäufer (z.T. als Link in der Auftragsbestätigung) eine betrü-gerische Escrow-Seite empfiehlt. Diesbezüglich sollte vor Geschäftsabschluss überprüft werden, ob der gewählte Escrow-Anbieter eine verifizierbare Adresse und Telefonnummer hat (keine Bandansage!), ob eine individuelle Antwort auf ein diesbezügliches e-Mail erfolgt und ob er eine verifizierbare (möglichst deutsche) Unternehmens-Bankverbindung hat. Idealerweise sollte allerdings auf Rechnungszahlung bestanden werden.

Es gibt weitere - eigentlich altbekannte, jedoch neu im „Internet-Gewande" daherkommende - Betrügereien, vor denen insbesondere kleine und mittelständische Unternehmen, betroffen sein können.
Immer wieder werden Unternehmen Opfer des auch „Kölner Masche" genannten *Anzeigenschwindels* unter Vorspiegelung falscher Tatsachen. Typisch hier-

für der unaufgeforderte Vertreterbesuch bzw. Telefonanruf (sog. Kaltansprache) mit den Grundvarianten:

- „Sie haben uns einen Anzeigenauftrag erteilt. Bitte bestätigen Sie die Richtigkeit der Angaben (per vorbereitetem Formular, Fax etc)“
- „Wie ich schon mit Ihrem Geschäftsführer abgesprochen habe, erteilt das Unternehmen einen Anzeigenauftrag, bitte unterschreiben sie hier...“
- „Ihre Gemeinde hat uns beauftragt, den Firmeneintag in der Bürgerbroschüre / Ortstelefonbuch etc. zu aktualisieren ...“

Natürlich gibt es gar keinen Firmen-, Geschäftsführer- oder Gemeindeauftrag, doch die Unterschrift des angesprochenen Mitarbeiters - vor allem, wenn der Auftrag dann nicht umgehend und aktenkundig storniert wird - kann ausreichen, damit das Unternehmen dann u.U. für mehrere Jahre für ein überteuertes Inserat in einer unbeachteten Werbebroschüre bezahlt. Unternehmen können sich ggf. unter Bezugnahme auf ein BGB-Urteil v. 16.11.2007[367], das unerwünschte Telefonwerbung gegenüber Gewerbetreibenden verbietet, wehren, sollten aber vor allem vorsichtig bei Auftragsunterschriften u.ä. sein.

Diese Masche wurde ans Internetzeitalter in Form des *Adressbuchschwindels* angepasst, indem massenhaft Angebote für Dateieinträge in Branchenregister Telefonbücher etc. versandt werden. Die Angebotsformulare (teilweise auch als Rechnungen ausgestaltet, mit deren Bezahlung ein langfristiger Vertrag mit laufenden Zahlungsverpflichtungen zustande kommt) täuschen dabei eine bestehende Geschäftsbeziehung zu Adressaten vor.[368] Oft wird von „Ihrer Offerte“ oder „Ihrem Eintrag; Ident-Nr...“ gesprochen oder Bezug genommen auf Handelsregistereintragungen, Patentanmeldungen u.ä. In der Regel werden die Formulare an einem einzigen Tag bundesweit als UCE-Spam versandt.

Unternehmen, die Opfer derartiger Täuschungshandlungen geworden sind, haben rechtlich wenig Möglichkeiten, derartige Verträge anzufechten, wenn sie nicht sehr schnell reagieren und z.B. Überweisungen stornieren. Auch hier ist Prophylaxe, also das Sensibilisieren der zuständigen Sachbearbeiter gegen derartige betrügerische Angebote der kostengünstigste Weg. Informiert werden sollten allerdings ggf. auch IHK, Branchenverbände und die Staatsanwaltschaft, um Prophylaxe und Überwachung zu aktivieren.

Eine Spielart der eben beschriebenen Bauernfängerei sind *betrügerische Abmahnvereine*, die seit einigen Jahren ebenfalls das Medium Internet nutzen. Die Abzock-Ideen sind hierbei durchaus kreativ.

So staunte der Pfarrer einer kleinen thüringischen Gemeinde vor einigen Jahren nicht schlecht, als er Post von einem Nürnberger Rechtsanwalt erhielt, der ihn im Namen einer Lizenzvertriebsfirma wegen einer Patentverletzung abmahnte. In der Internetadresse der Superintendantur Altenburger Land sei nämlich ein

---

367 BGH-Urteil ZR 191/03

368 www.dsw-schutzverband.de/de/adressbuchschwindel

Kürzel aus Kfz-Kennzeichen (ABG) verwendet wurden und dies wäre laut Europäischer Patentschrift Nr. EP 1163612B1 nicht zulässig. Dafür sei ein Schadensersatz von pauschal 580 € plus Anwaltskosten in Höhe von 534,50 € zu zahlen und eine Unterlassungserklärung mit Strafandrohung von 20.000 € abzugeben. Der Pfarrer war nicht der einzige Empfänger eines solchen Schreibens. Auch Versicherungsagenturen, der Altenburger Wirtschaftsverein und der Kreisverband der mittelständischen Wirtschaft erhielten gleichlautende Abmahnschreiben. Ähnliche Schreiben, die offenbar gezielt an kleine Unternehmen versandt wurden, tauchten auch in Dresden, Braunschweig und Karlsruhe auf. Offenbar wurde die Abmahnaktion mit rund 6.000 bekannt gewordenen Schreiben bundesweit betrieben, wobei Großunternehmen, die gleiche Kürzel verwendeten, bezeichnenderweise nicht attackiert wurden.
Sowohl clevere Rechtsanwälte, aber auch Abzocker in rechtlichen Grauräumen haben das Internet als gute Informationsselektions- und Einnahmequelle entdeckt. Unter Bezugnahme auf §§ 8 und 13 des Gesetzes gegen den unlauteren Wettbewerb (UWG) wurden in den letzten Jahren zunehmend Abmahnvereine gegründet, deren Ziel das massenhafte Versenden wettbewerbsrechtlicher Abmahnungen an Gewerbetreibende direkt oder über Anwälte ist. Gegenstand der Abmahnungen sind meist relativ geringfügige, rechtlich umstrittene oder nur behauptete Verstöße gegen Wettbewerbs- oder Ordnungsvorschriften[369]. Zweck der Abmahnung ist die Geltendmachung der Abmahngebühr, oft inklusive Rechtsanwaltsgebühren und „Aufwandsentschädigungen" unter dem psychologischen Druck hoher Folgestrafgebühren. Ein derartiges Vorgehen wurde schon vor einigen Jahren vom BGH als rechtsmissbräuchlich gerügt. Betroffenen Unternehmen wird dringend geraten, das ganze ihrem Rechtsanwalt zu übergeben und außerdem IHK und Branchenverbände etc. zu kontaktieren, da sie häufig nicht allein betroffen sind.
Dass es sinnvoll ist, sich gegen derartige Praktiken zu wehren, zeigt der Erfolg massiver anwaltsgestützter Abwehrreaktionen bis hin zu „negativen Feststellungsklagen" wegen ungerechtfertigter Schutzrechtsverwarnungen im *ABG-Fall,* mit denen der Patentinhaber wohl nicht gerechnet hatte, denn der Einzelkaufmann zog danach seine Abmahnungen komplett zurück[370] und ist wohl noch lange mit der Bezahlung diverser Rechtsanwaltsgebühren beschäftigt.
Und es gibt auch erste Anklagen wegen *Abmahnbetrug*. So wurde gegen den Vorsitzenden des Vereins „Ehrlich währt am längsten" und seine Tochter von der Staatsanwaltschaft Oldenburg im März 2007 Anklage wegen gemeinschaftlichen Betrugs erhoben. Die Angeklagten hatten unter dem Deckmantel eines

[369] Neue Angriffsmöglichkeiten gegen Unternehmen ergeben sich z.B. aus der oft übersehenen (seit 1.1.2007 gültigen) HGB-Vorschrift, wonach alle e-Mails oder Faxe, die Geschäftsbriefe ersetzen, die gleichen Pflichtangaben wie Geschäftsbriefe enthalten müssen, wenn der Absender im Handelsregister eingetragen ist.
[370] Heise-News v. 2.12.03 (www.heise.de/newsticker/meldung/42549)

kleinen Schweizer Abmahnvereins in zahlreichen Fällen Abmahnungen an eBay-Anbieter versandt und Verstöße gegen Informationspflichten gerügt. Dafür hatten sie jeweils Abmahngebühren in Höhe von 146,16 € geltend gemacht. Nichtzahlungswillige wurden mit einer erhöhten Nachforderung und angedrohten Prozesskosten von 4.985 € unter Druck gesetzt. Nachdem hunderte Gewerbetreibende diesbezüglich Anzeige erstattet hatten, wurde der selbsternannte „Vereinspräsident", der sogar noch Abmahnschreiben verschickte, als er schon von den Betrugsvorwürfen wusste, wegen Wiederholungsgefahr verhaftet.[371]

Eine wesentlich modernere Form des Internetbetrugs ist der sogenannte *Klickbetrug*. Hierunter werden Betrugshandlungen verstanden, die primär auf pro angeklickte Werbungseinblendung bezahlte Werbungskosten (Pay per Click) abzielen. Es geht hier primär um kleine Textanzeigen auf den Seiten von Suchmaschinen wie z.B. Google oder Yahoo. Diese käuflichen Links ermöglichen es, Kunden genau dann mit Produktwerbung zu konfrontieren, wenn nach derartigen Produkten gesucht wird. Anders als bei klassischer Werbung zahlt der Anzeigenkunde nur, wenn Web-Nutzer die Anzeige zum Erlangen weiterer Informationen auch tatsächlich anklicken. Die jeweilige Werbeplattform kassiert also faktisch eine Vermittlungsprovision, die um so höher ist, je weiter oben in der Suchergebnisliste das Kundeninserat erscheint. Schlüsselworte wie „Kfz-Versicherung" kosten den Anbieter z.B. 7 €, „Malediven-Reisen" ca. 2 € *pro Klick*. In Anbetracht der zielgenauen Kundenwerbung hat sich Keyword Advertising, wie sich diese Internetwerbeform nennt, zu einem rasch wachsenden Geschäftsmodell, von dem Werbeplattformen wie auch Produktanbieter profitieren, entwickelt. Die Umsätze der auch „Sponsored Links" genannten Textreklame erreichten 2006 allein in Deutschland über 700 Mio. €. Weltweit rechnen Insider mit einem Markt von mehr als 10 Milliarden Euro in den nächsten Jahren.[372]
Allerdings ist die Gefahr durchaus groß, dass ein Teil der Gewinne auch durch Klickbetrug in kriminelle Kanäle umgeleitet wird. Prinzipiell gibt es zwei Zielrichtungen des Klickbetrugs:

- Verschaffen von Wettbewerbsvorteilen (z.B. durch Verursachen zusätzlicher Werbekosten für Konkurrenten, indem deren Links massenhaft aufgerufen, so das Werbebudget erschöpft und die Werbung folglich deaktiviert wird)
- Erschleichen von Leistungen (indem z.B. Werbeplattformen betrügerisch massenhaft auf eigene Links klicken, um mehr Werbeeinnahmen zu erzielen oder zur Erzielung eines indirekten Mehrverdienstes Anzeigen eines bestimmten Themenkreises massenhaft aufrufen, um den Klickpreis für bestimmte Schlüsselworte in die Höhe zu treiben).

[371] www.dsw-schutzverband.de/de/news/id=99&nb=1
[372] Vgl. Kuhn,T. „Betrüger entdecken Online-Werbung als neue Spielwiese" , WirtschaftsWoche 41/2006 , S. 128

Untersuchungen des US-Werbeberaters Click Forensic ergaben, dass im zweiten Quartal 2006 über 14 % der Klicks auf Online-Anzeigen in den USA von Scheininteressenten stammten. Tendenz steigend.
Handelte es sich Anfangs vor allem um relativ leicht aufspürbare Angriffe von Wettbewerbern, die Links der Konkurrenz so lange aufriefen, bis das jeweilige Werbekostenlimit aufgebraucht und der Link für den Tag abgeschaltet wurde, hat auch hier hat die Qualität krimineller Angriffe zugenommen.
Mit sogenannten Click-Bots, die ebenfalls zunehmend über Botnetze betrieben werden, wird es zunehmend einfacher, Klickbetrug in großen Stile zu begehen, durch Nachahmen menschlichen Surfverhaltens die Filtersysteme der Werbeplattformen zu umgehen und die Werbekunden beachtlich zu schädigen.
Außerdem bieten zunehmend auch betrügerische Werbeplattformen ihre Dienste für Anzeigenkunden an, deren Hauptzweck darin besteht gewerbliche Anbieter als Anzeigenkunden zu gewinnen und dann über Klickbetrug auszunehmen.

Unternehmen, die über Sponsored Links werben wollen, sollten folgendes bedenken:

- Große Internet-Suchdienste sind zwar teurer, als weniger bekannte Plattformen, bemühen sich jedoch mehr, ihre Kunden vor Klickbetrug zu schützen. Dies vor allem, nachdem Yahoo 2006 eine Sammelklage von Werbekunden wegen Untätigkeit gegen Klickbetrug gerade noch durch außergerichtlichen Vergleich beilegen konnte. Unbekanntere Anbieter sollten trotz oft geringerer Werbepreise vor Vertragsabschluss kritisch betrachtet werden.
- Wenn die Textanzeige ganz vorn steht, wird meist mit dem besten Werbeeffekt gerechnet, der dann auch am teuersten bezahlt wird. Unter Beachtung der Gesamtrisikolage kann es sinnvoll sein, an zweiter oder dritte Stelle zu stehen. Dies reduziert den Klickpreis und zugleich das Angriffsrisiko.
- Besonders stark beworbene „Modesuchworte“ sind teuer und werden am meisten angegriffen. Eine gute Werbestrategie kann auch mit weniger nachgefragten Keywords punkten und erreicht bei weniger Klicks oft interessiertere Nutzer.
- Wenn plötzlich viele Webseitenaufrufe zu ungewöhnlichen Zeiten und aus entfernten Ländern kommen, ist der Verdacht auf Klickbetrug gegeben und ggf. sollte die Werbekampagne aus dem Netz genommen werden.
- Bei Werbungen für hochpreisige Produkte (z.B. Luxusgüter oder exklusive Reiseangebote) kommt es noch immer vor, dass Wettbewerber versuchen, Konkurrenten durch Klickbetrug vom Markt zu drängen. Manchmal kommen Angriffe schon von Mitbewerbern, die auf der gleichen Werbeplattform aktiv sind. Dann sollte die Werbekontrolle der Plattform sich des Problems annehmen.

3.2.2.3.3. Softwarepiraterie

Der dritte Komplex wirtschaftlich bedeutsamer Straftaten im Internet sind Delikte im Immaterialgüterrecht, wie z.B. private und gewerbliche Verletzung von Urheberrechten im Rahmen der Software- und Musikpiraterie.
Nach den Regelungen des Urheberstrafrechts macht sich ein Täter gemäß §§ 2 und 106 Urheberrechtsgesetz (UrhG)[373] strafbar, wenn er ohne Einwilligung des Berechtigten ein Werk vervielfältigt, verbreitet oder öffentlich wiedergibt. Danach ist insbesondere das Kopieren von Software, Filmen oder Musikstücken ohne Einwilligung des Rechteinhabers nur in sehr engen Grenzen[374] zulässig. Auch in Deutschland hat sich das Kopieren von Musik-CDs und DVDs zu einer Art Volkssport entwickelt, da jeder PC über die erforderliche Technik verfügt. Nach Untersuchungen des Bundesverbandes der Phonographischen Wirtschaft wurden 2006 von ca. 31 Mio. Nutzern rund 766 Mio. CDs oder DVDs gebrannt, davon 70% Musikkopien.[375] Selbst wenn die Hälfte davon als eigene Sicherheitskopien Verwendung findet, ist es ein beachtlicher Marktanteil, der der Musikbranche so entgeht. Seitdem Internetverbindungen mit hinreichenden Bandbreiten und hohen Übertragungsgeschwindigkeiten verfügbar sind, ist jenseits materieller Datenträger, deren Weg noch verfolgt werden konnte, ein weiterer relativ anonymer logistischer Kanal entstanden, über den beliebige Software ohne großen Aufwand räumlich ungebunden verschickt werden kann. Eine einmal ins Internet gestellte Musikaufnahme ist faktisch unbegrenzt weltweit verfügbar. Damit wird zwar gewerblichen Raubkopien auf längere Sicht die Basis entzogen, allerdings wird der Preissenkungsdruck auf legale Anbieter ebenfalls grösser. Angebote für legale niederpreisige Musikdownloads sind wohl ein gängiger Weg, den neuen Herausforderungen zu begegnen.
Im Sektor der Raubkopien von Filmen, die durch neue optische Chipsets, wie sie von IBM Ende März 2007 vorgestellt wurden[376], durch Datenübertragungsraten von bis zu 160 GB/s zukünftig ebenfalls über Internetanschlüsse sekundenschnell möglich werden, sind Angebote wie „Video on demand" der adäquate Weg illegale Angebote zu bekämpfen. Auf diese Art wird auch das Angebot illegaler Internet-Seiten, über die Raubkopien heruntergeladen werden können, unattraktiv. So könnte der bislang größte Internet-Raubkopie-Prozeß in Deutschland, in dem Anfang 2007 drei Angeklagte Thüringer vorm Landgericht Mühlhausen zu umfangreichen Geld- und Bewährungsstrafen verurteilt wurden, vielleicht auch einer der letzten sein. Die drei Angeklagten hatten hunderte Kopien

---

373 BGBl I/2003 S. 1774 f.

374 z.B. Anfertigen von Sicherheitskopien gem. § 53 Abs. 1 UrhG

375 Pressemeldung des Bundesverbandes der Phonographischen Wirtschaft v. 13.03.07 publiziert unter: www.ifpi/de

376 Vgl. „Spielfilme in einer Sekunde" Handelsblatt v. 27.03.07 elektronisch veröffentlicht unter: www.handelsblatt.com/news/Technologie

von Filmen, Musikdateien und PC-Spielen illegal auf ihrer Internetseite gegen Gebühr zum Herunterladen angeboten. Von rund 15.000 Kunden vereinnahmten sie dafür 851.000 Euro.[377]
Hohe Verluste durch Raupkopien verzeichnen auch Software-Anbieter. Große Programmanbieter wie International Data Corp. und Business Software Alliance gehen davon aus, dass der Umsatz legal erworbener Programme in den nächsten Jahren auf 300 Milliarden USD ansteigen wird, zugleich wird jedoch mit einem Anstieg illegal genutzter software im Wert von 200 Milliarden USD gerechnet. IDC, der weltweit führende IT-Marktanalyst beziffert den Anteil unlizenziert eingesetzter IT-Programme 2006 auf 39,6 Mrd. USD.[378]
Fast die Hälfte der unrechtmäßig genutzten Programme läuft gegenwärtig noch auf Computern in der EU (besonders in Frankreich), den USA und Kanada. Zukünftig dürfte sich dieser Anteil allerdings stärker in Richtung Fernost und ehemalige GUS-Staaten verschieben. Zwar unternimmt insbesondere Russland einige Anstrengungen, illegale Software- und Raubkopien von Musik und Filmen zu unterbinden, doch noch immer sind über 80% der auf russischen Straßenmärkten billig verkauften software illegal kopiert.[379] Niedrige Einkommen stützen hier einen Markt mit attraktiven Gewinnspannen für Kriminelle.
Softwarepiraterie bezieht sich zum einen auf das illegale Kopieren und gewerbsmäßige Verbreiten von Computerspielen, was vor allem Privatnutzer betrifft, zum anderen auf das illegale Vertreiben von Anwendungssoftware für betriebliche Zwecke.
In der EU und im Bereich der Welthandelsorganisation WTO wird ernsthaft versucht, intensiv gegen Urheberrechtsverstöße, wie Softwarepiraterie als internetspezifische Form der Produktpiraterie vorzugehen. Insofern hängt der Erfolg von Bekämpfungsmaßnahmen vor allem auch davon ab, wie aufmerksam und nachhaltig Unternehmen ihr geistiges Eigentum schützen und dessen missbräuchliche und illegale Anwendung verfolgen (lassen). Während Großunternehmen wie Microsoft bei Urheberrechtsverletzungen auch international tätig werden und bei Lizenzierungsüberprüfungen manchmal auch in Grauzonen der Datenausspähung vorzudringen scheinen, scheuen kleinere Unternehmen häufig den Aufwand und sind insofern gefährdeter durch kriminelle Angriffe.
Vor allem kleine und mittelständische Unternehmen werden allerdings teilweise auch zu Tätern, was die Nutzung von billiger raubkopierter Software für eigene betriebliche Anwendungen betrifft. Hierzu zählt auch die nichtlizenzierte Mehrfachnutzung von Programmen etc. Insofern sollten Management und ggf. Interne Revision ihr Augenmerk auch auf diesen Problemkreis richten, um späteren Vermögensschäden durch Prozesse, Strafzahlungen etc. vorzubeugen.

---

377 Leipziger Volkszeitung v. 15.02.07 S. 4

378 Vgl. http ://w3.bsa.org/germany//piraterie/piraterie.cfm

379 Ballin,A. „Russlands halbherziger Kampf gegen Copyright-Piraten" Spiegel Online vom 17.03.2007 elektronisch publ. unter: www.spiegel.de/wirtschaft/ 0,1518,472224,00.html

3.2.3. Schadensumfangschätzungen und zukünftige Bedrohungen

Computerkriminalität wird in den entwickelten Industrieländern und von international tätigen Konzernen inzwischen als ernstzunehmende Gefahr wahrgenommen, wie diverse Befragungen und Studien großer internationaler Wirtschaftsprüfungsgesellschaften und IT-Sicherheitsunternehmen belegen.
Auch in Deutschland sind die aktenkundig gewordenen Fälle von Computerkriminalität seit ihrer erstmaligen Erfassung in der PKS 1987 von 3.592 Fällen auf 59.149 erfasste Fälle bei einer Aufklärungsquote von 47,1% im Jahr 2006 angestiegen.[380] Für 2006 registrierte das BKA auch mehr als 165.000 Fälle mit dem Tatmittel Internet - im Vergleich zum Vorjahr eine Steigerung um 40%.[381]
BKA-Experten verweisen diesbezüglich allerdings auch auf das erhebliche Dunkelfeld, weil die Bereitschaft geschädigter Unternehmen, durch Anzeige ein Strafverfahren in Gang zu bringen, äußerst gering scheint. Eine Umfrage der Arbeitsgemeinschaft für Sicherheit in der Wirtschaft (ASW) ergab, dass ca. 80% der befragten Unternehmen in den letzten Jahren Opfer von Internetkriminalität wurden, jedoch nur 11% Anzeige wegen Hacking oder Computersabotage stellten.[382] Die meisten Unternehmen zeigen offenbar nur solche Vorgänge der Polizei an, die sie selbst schon beweissicher recherchiert haben.
Offensichtlich wird nicht nur von Banken die Gefahr gesehen, dass durch die öffentliche Diskussion derartiger Fälle das Vertrauen der Kunden in bestimmte Produkte bzw. Technologien beeinträchtigt wird und natürlich scheut man meist auch die ggf. erforderliche Offenlegung von Firmeninterna. Nicht zuletzt deshalb entsteht so das verzerrte Bild, dass Computerkriminalität vor allem Computerbetrug mit entwendeten, ausgespähten oder gefälschten Scheck- und Kreditkarten ist, da derartige Delikte - die häufig eigentlich nur einfache Diebstahlsdelikte sind - am ehesten bekannt und verfolgt werden.
Das ist allerdings kein spezifisch deutsches, sondern ein internationales Problem. Insofern sind Befragungen und Studien zur Risikoeinschätzung und Schadenserwartung oft realitätsnäher, da Unternehmen bei anonymer Befragung eher ihnen bekannte (aber nicht aktenkundige) Fälle angeben bzw. extrapolieren.
So gehen nach der IBM-Umfrage 2006 - für die über 3.000 CIOs und IT-Verantwortliche in Unternehmen in 17 Ländern, davon in 8 EU-Staaten befragt wurden - 58% der befragten Unternehmen davon aus, dass ihnen durch die Computerkriminalität höhere Kosten entstehen, als durch die klassische physische Kriminalität. Kosten werden vor allem erwartet durch Umsatzeinbußen, den Verlust bestehender und potentieller Kunden sowie höhere Verwaltungskos-

---

380 Vgl. BKA PKS 2006 S. 236

381 Zierke,J. „Tatort Internet“ , Referat auf der BKA-Herbsttagung Nov. 2007, S. 5 elektronisch veröffentlicht unter: www.bka.de/kriminalwissenschaften/herbsttagung/2007

382 Vgl. v.Tiesenhausen,F. „Wirtschaft lässt Polizei bei IT-Kriminalität außen vor“ FTD v. 18.04.07 , S. 11

ten durch DoS-Attacken, Spam etc.[383] Andere Studien, wie z.B. die <kes>Mikrosoft-Sicherheitsstudien[384] oder diverse Computer-Sicherheitsstudien[385] kommen zu ähnlichen Ergebnissen. Leider betrachten die PWC[386]- und KPMG[387]-Studien zur Wirtschaftskriminalität die Computerkriminalität nicht dezidiert und differenzieren auch nicht nach konventionellem und Computerbetrug. Dadurch werden Unternehmen immer noch verleitet, sich in trügerischer Sicherheit zu wiegen und die Gefahren der Computerkriminalität zu unterschätzen. Bedenklich stimmen sollte in diesem Zusammenhang, dass 77% der befragten Unternehmen ihre eingesetzten Präventionsmaßnahmen für ausreichend halten, jedoch nur 18 Prozent die eigenen Kenntnisse wirtschaftskrimineller Handlungsmuster als gut einstufen. Es herrscht also ein eher blindes Vertrauen und ein großes Unwissen, wovor man sich wie genau schützen muss. Das ist so, als ob man mit einem Luftgewehr auf Büffeljagd geht.

Einer der Gründe für die oft ungenügende Umsetzung einer effektiven IT-Risikostrategie ist die unterschiedliche Einschätzung des Risikopotentials. So werden selbst innerhalb der IT-Abteilungen Risiken durchaus unterschiedlich eingestuft, wie eine weltweite Umfrage von Symantec bei IT-Verantwortlichen von 538 Unternehmen zeigt.[388] Während z.B. nur 8% der CIO[389] die Geschäftsprozesse als kritisch für das IT-Risiko ansehen, tun dies 22% der IT-Abteilungsleiter. Dafür stufen 23% der CIO, aber nur 16% der IT-Leiter die Konformität der IT mit Richtlinien (Compliance) als besonders kritisch ein. Hinzu kommt, dass IT-Spezialisten und Betriebswirte unter gleichen Begriffen, wie z.B. Ordnungsmäßigkeit der Buchführung, durchaus Unterschiedliches verstehen können.

Auch deshalb sehen viele Unternehmen als bedeutendsten Gefahrenbereich der IT noch immer Irrtum und Nachlässigkeit sowie kriminelle Aktivitäten eigener Mitarbeiter, weit vor Maleware-Angriffen. Dies mag bei vergangenheitsbezogener Betrachtung stimmen - vor allem, weil viele Schadprogramme noch immer durch Fehlreaktionen von Mitarbeitern in den Unternehmenscomputer gelangen und weil Informationen, die Unternehmen früher gesichert im Tresor aufbewahrten heute nicht selten relativ frei zugänglich im Firmennetzwerk kursieren, so

---

383 Vgl. www.ibm.com/news/ch/de/2006/03/13/13_a.html

384 Vgl. „Lagebericht zur Informationssicherheit" kes/Mikrosoft-Sicherheitsstudie 2004 , kes Heft 4/2004, S. 6f.

385 z.B. Sophos Security Threat Report 2007 www.sophos.de oder 12.Internet Security Threat Report von Symantec v. 17.09.2007 www.symantec.com

386 PWC/MLU Halle „Wirtschaftskriminalität 2007 - Internationale und deutsche Ergebnisse" Frankfurt/M. u. Halle 2007 sowie PWC/MLU Halle „Wirtschaftskriminalität bei Banken und Versicherungen - Tatort Deutschland 2006" Frankfurt/M. u. Halle 2006

387 KPMG „Studie 2006 zur Wirtschaftskriminalität in Deutschland"

388 Vgl. „Symantec IT Risk Management Report" 2007 , elektronisch veröffentlicht unter: www.symantec.com/region/de/PressCenter/Threat Reports.html

389 CIO: Chief Information Officer (Vorstandsmitglied für IT)

dass Industriespionage- und Untreuehandlungen leichter geworden sind - doch sollte dies nicht den Blick für die neuen Gefahren aus dem Netz verschleiern.
Insbesondere die kleinen und mittelständischen Unternehmen sind oft unsicher über die Angemessenheit ihres gegenwärtigen IT-Sicherheitsniveaus. Diese Unsicherheit ist auch begründet in der Komplexität des Themas, der hohen Geschwindigkeit der Technologieentwicklung und fehlenden Ressourcen. Neuer Sicherheitstechnologie wird oft mit Skepsis begegnet, auch im Bewusstsein, dass hundertprozentige Sicherheit bei vernetzter EDV nicht möglich und wirksame Schutzmaßnahmen zudem meist kostspielig sind.
Doch Maleware-, Hacker- und Spionageangriffe werden zunehmen, denn Cyber-Kriminalität wird immer mehr zum Milliardengeschäft, das nicht nur große, sondern ebenso kleinere Unternehmen bedroht.
Das organisierte Verbrechen hat sich schnell an die neue Internet-Welt angepasst und deren Möglichkeiten erkannt. Körperliche Gewalt wird immer mehr durch hoch entwickelte unsichtbare Waffen, wie Trojaner und Botnetze ersetzt. Statt durch einzeln isoliert arbeitende Hacker werden Firmen immer mehr durch cybermafiöse Strukturen - also organisierte kriminelle Banden, die Verbrechen wie Betrug, Erpressung und Diebstahl mit Hilfe von Computern und deren Vernetzung begehen - bedroht. Die Kriminellen bedienen sich hierbei immer öfter des Know-hows junger IT-Experten, aber auch ehemaliger erfahrener Hacker in einer Art „IT-Söldnertum". Wurden noch vor kurzem von einzelnen Hackern aufgebaute Bot-Netzwerke für den Spam-Versand angemietet[390], so lassen Cybercrime-Banden mittlerweile eigene widerstandsfähige Botnetze aufbauen, die Spam ganz gezielt auf einzelne Wirtschaftszweige ausrichten. Nach dem Geek-Spamming[391], das sich auf Adressaten aus der IT-Branche konzentrierte, sind vergleichbare Angriffe auf die Finanzindustrie unter dem Einsatz diesbezüglicher Schlüsselwörter (z.B. Bilanzanalyse oder Ad-hoc-Meldung) zu erwarten.
Die Produktion von Maleware ist inzwischen zu einer weltweit verteilten kriminellen Industrie geworden, die tausende Menschen beschäftigt und vermutlich Milliardenumsätze generiert. So sind z.B. für ein paar tausend Dollar auf dem kriminellen Graumarkt immer mehr „Spamming-Baukästen" und „Pishing-Kits" verfügbar, mit denen auch technisch weniger versierte Online-Kriminelle umgehen können. Vor allem das Pishing-Kit wird bereits von Online-Betrügern genutzt, um die vor kurzem noch selbst von IT-Spezialisten als technisch sehr schwierig und von Banken als unmöglich bezeichneten „Man-in-the-Middle"-Attacken durchzuführen. Betroffene Opfer kommunizieren zwar mit ihrer Bank-

---

390 bot der britische Hacker „iss" sein Botnetzwerk 2004 noch für 28.000 USD pro Monat oder 200 USD pro Stunde zum Spam-Versand an, so kostet z.B. der Versand von 20 Mio. Spam-Mails im Herbst 2007 nur noch 350 €

391 Spam-Mails, die sich direkt an IT-Spezialisten richten, wobei durch Schlüsselbegriffe mit EDV-Bezug der Eindruck vermittelt wird, dass die Mails wichtige Informationen enthalten, wodurch auch Spam-Filter getäuscht werden

Webseite, werden dabei in Echtzeit jedoch über eine gefälschte URL geleitet, die unter Kontrolle des Pishers steht, so dass dieser jede eingegebene Information (z.B. Kontendaten) abfangen und verändern kann. Durch das Universal-Kit werden derartige, von den Opfern kaum direkt bemerkbare Attacken zunehmen, da Kriminelle nicht für jede Aktion einen speziellen Angriff programmieren müssen[392]. Das multivalente Angriffe ermöglichende Toolkit *MPack* wird seit Sommer 2006 für 1.000 USD auf Untergrundservern in den USA angeboten.
Auch das Anmieten krimineller Botnetze in beliebigen Regionen der Welt ist heute kein Problem mehr. Auf Bestellung sind aus russischen IT-Labors auch Viren erhältlich, die für spezielle Einsatzzwecke (z.B. gezieltes Ausspähen oder Blockieren einzelner Computerdateien) anwendbar sind und die von Antivirenprogrammen häufig nicht erkannt werden[393]. Derartige Programme sind gegenwärtig vor allem aus Nicht-OECD-Ländern wie Russland und China relativ leicht erhältlich und werden zunehmend kommerzialisiert vertrieben. So berichtet das US-Security-Unternehmen MessageLabs, das z.B. Maleware wie Key Logger oder Rootkits zum Preis von 260 USD zu haben sind, das Autoupdate-Service, das die Schadprogramme immer auf dem neuesten Stand hält, dann jedoch 3.000 USD kostet.[394]
Von McAfee über MessageLabs, Symantec und Sophos bis zu den russischen Antiviren-Experten Kaspersky herrscht in diversen Studien Einigkeit darüber, dass die Bedrohungen von Unternehmen aus dem Internet zunehmen.

Hierbei werden vor allem fünf Bedrohungsszenarien gesehen:

- *Gezielte kriminelle Attacken auf ein Unternehmen oder eine Branche aus finanziellen Interessen*: Hierbei geht es vor allem um das Ausspähen wertvoller Kundendaten, um daraus geldwerte Vorteile zu ziehen, um die Bedrohung von Firmen durch DoS-Attacken oder Ransomware zwecks Gelderpressung und um die Marktbehinderung von Unternehmen durch Spam- und DoS-Attacken von Konkurrenten.
- *Wachsender Anteil an Spyware*: Angriffe durch Software, die Informationen über das Anwenderverhalten im Internet ohne Wissen der Nutzer sammelt und z.B. an Provider, Webseitenbetreiber oder Kriminelle weiterleitet, werden zunehmen und in den nächsten Jahren bis zu 50% der Unternehmen betreffen.
- *Identitätsdiebstahl*: Durch missbräuchlich erlangte persönliche Daten Dritter Betrugs- bzw. Diebstahlshandlungen zu begehen, zielt primär auf Privatnutzer des Internet, betrifft jedoch auch Unternehmen. Einerseits

392 Vgl. <kes>News „Universelles Pishing-Kit entdeckt" <kes> 2007/1 S. 110
393 Vgl. Meldung zur Cebit v. 17.03.07 http.//magazine.web.de/de/themen/digitale-welt/cebit/3764326
394 „Maleware im Abonnement", Meldung v. 27.02.07 elektronisch veröffentlicht unter: http://magazine.web.de/de/themen/digitale-welt

dadurch, dass besonders Banken hierdurch finanzielle und Imageschäden erleiden und andererseits dadurch, dass gestohlene Daten nicht selten zu Geldwäsche- und Betrugshandlungen unter Involvierung argloser Unternehmen eingesetzt werden, was ebenfalls zu Schäden führen kann.

- *Im Internet kursierende Maleware wird immer professioneller, komplexer und umfangreicher*: Dadurch, dass Schadprogramme aus finanziellen Interessen entwickelt und mit großem finanziellen Erfolg kriminell genutzt werden, kommen quasi minütlich neue Programme hinzu[395], die zur Abwehr und Umgehung diesbezüglicher Anti-Maleware-Programme immer ausgefeilter werden, besonders Rootkits werden zur Bedrohung.
- *Neben immer aggressiveren technischen Angriffen auf Computer und Netze bleiben die Gefahren menschlichen Fehlverhaltens hoch:* Zum einen führen Unwissen und Sorglosigkeit im Umgang mit erforderlichen Sicherheitsvorkehrungen immer wieder zum Bekanntwerden von Passwörtern oder zum Herunterladen von Maleware aus dem Internet, zum andern kommt es auch zu unternehmensinternen Angriffen, bei denen vor allem Mitarbeiter von Banken und Großunternehmen unter Ausnutzung von Schwachstellen der internen Antiviren- und Firewall-Lösungen aus unterschiedlichen kriminellen Beweggründen Maleware einschleusen und so teilweise hohe finanzielle Schäden verursachen. Insbesondere die menschliche Komponente von Sicherheitssystemen muss deshalb zukünftig wieder stärker beachtet werden.

Insgesamt ist in Zukunft eine wesentlich komplexere Bedrohung der Nutzer durch Computerkriminalität zu erwarten. Dies ergibt sich zum einen aus der immer stärkeren Einbindung von Computern ins Internet und der Konvergenz von Geräten, bei denen Computer immer mehr Funktionen übernehmen, wodurch z.B. Smartphones oder auch Autonavigationssysteme zu Angriffszielen werden können und zum anderen daraus, dass Maleware-Programmierer immer komplexere Programme zum Durchbrechen von Firewalls und Ausspähen von Daten einsetzen, bei denen die klassischen Unterschiede von Viren, Würmern, Trojanern und Spyware verwischt werden. Hinzu kommt, dass EDV-Programme bzw. -anwendungen mit immer mehr Funktionen ausgestattet werden, um die Möglichkeiten des Internet umfassend ausnutzen zu können. Zugleich geht der Trend dahin, die Handhabung für den Nutzer immer mehr zu vereinfachen, was schon beim MS-Internet Explorer immer erheblichere Eingriffe ins Betriebssystem mit sich brachte und diverse Schwachstellen und damit Angriffsmöglichkeiten generierte.

---

[395] So berichtete z.B. die finnische Firma F-Secure auf der Cebit 2007 von bis zu 40.000 Schadprogrammen, die täglich neu bekannt werden.

Der Präsident des BKA warnte auf einer Fachtagung zum Tatort Internet im November 2007 erneut eindringlich davor, die Bedrohung zu unterschätzen: Internetkriminelle können Tausende von Geschädigten mit einem Mausklick produzieren. Psychologische Hemmschwellen gibt es nicht mehr, denn die Opfer bleiben anonym.[396]

IT-Sicherheitsexperten sehen folgende Trends der Cyber-Kriminalität[397]:

- *Kombinierte Bedrohungen nehmen zu*: Während Spam, Trojaner und andere Maleware Internet-Alltag sind, agieren Angreifer zunehmend mehrgleisig, um die Kontrolle über fremde Computer zu erlangen, Daten auszuspähen und andere Attacken zu verüben. Trojaner und Viren werden sowohl zum Datenausspähen, als auch in Verbindung mit Rotkits zum Erzeugen von Zombie-Rechnern und Botnets genutzt.
- *Computerschadprogramme werden immer stärker modularisiert*: Computer werden zunächst mittels kleiner Programme (Downloader) infiziert, die dann weitere Schadfunktionen aus dem Internet nachladen. So können Schadprogramme aktualisiert und gegen Schutzprogramme besser immunisiert werden.
- *Botnetze werden kleiner, aber gefährlicher*: Wurden anfangs immer größere Botnetze aufgebaut, geht der Trend hin zu kleineren, aber flexibleren Botnets, die dadurch schwerer zu entdecken und zu zerschlagen sind, vor allem, wenn sie nur kurzzeitig für DDoS-Angriffe[398] zusammengeschaltet werden.
- *Bedrohung durch neue Spyware*: Eine Lücke im Sicherheitskonzept der Grafik-Engine von Windows ermöglichte 2006 das Entstehen einer neuen Generation von Spyware. Durch ein Downloaden von WMF-Bildern und später schon durch ein Öffnen der Webseite, die derartige Bilder einbindet bzw. der Dateivorschau wurde ein Schadcode aktiviert. Auch wenn diese Schwachstelle inzwischen geschlossen wurde, bleibt die Möglichkeit, durch den Besuch unbekannter Webseiten Schadsoftware herunterzuladen, virulent. Insbesondere die Gefahr von Cross-Site-Scripting-Attacken, bei denen Besucher einer vertrauenswürdigen Webseite durch Ausnutzung von Sicherheitslücken über Links auf malewareverseuchte

---

396 Zierke,J. „Tatort Internet“ , Referat auf der BKA-Herbsttagung Nov. 2007, S. 3 elektronisch veröffentlicht unter: www.bka.de/kriminalwissenschaften/herbsttagung/2007

397 Vgl. insbes. “CA 2007 Internet Threat Outlook” v. 19.02.2007 www.ca.com und „Symantec IT Risk Management Report“ 2007 www.symantec.com/region/de/PressCenter/Threat Reports.html sowie BSI “Die Lage der IT-Sicherheit in Deutschland 2007” Bonn 2007

398 Distributed Denial of Service (also „verteilter“ DoS-Angriff); häufig in Form sogenannter SYN-Floods, bei denen Netzwerkverbindungen zum Angriffsziel aufgebaut werden, deren Initialisierung nicht abgeschlossen wird, so dass das System für neue Verbindungen blockiert ist.

Webseiten umgeleitet werden, erfordert von Unternehmen die sorgfältige Überwachung ihrer Webpräsentationen[399].

- *Steigen wird die Bedrohung von Computern durch kernel-basierte Rootkits*: Waren Rootkits noch vor wenigen Jahren fast unbekannt, sind sie inzwischen zu einer gefährlichen, weil schwer erkennbaren Angriffswaffe geworden, da sich Schadprogramme im System verbergen und weitere Maleware (z.B. Keylogger oder Sniffer, die den Datenverkehr eines Netzwerks „ausschnüffeln") unbemerkt nachholen können.
- *Pishing wird cleverer*: Gefälschte Spam-Mails in schlechtem Deutsch mit der Aufforderung, zur Kontenüberprüfung die PIN einzugeben werden zunehmend durch „clevere Würmer", die sich schon beim Öffnen des Anhangs durch den neugierigen bzw. per professionell gefälschte Mails verunsicherten Empfänger in den Computer kopieren, abgelöst. Zudem ist mit einer neuen „Pishing-Ökonomie" zu rechnen; d.h. die Pisher werden neue Zielgruppen und Segmente, wie z.B. die Mitspieler von Gruppen-Onlinespielen, Besucher von Chatrooms oder virtueller Welten ins Visier nehmen und zudem neue Technologien entwickeln, um Antipishing-Lösungen auszuhebeln (z.B. Einmaladressen oder sogenanntes Domain-Kiting[400]).
- *Spam wird zunehmen*: Spam ist wegen seines geringen Aufwands im Verhältnis zum hohen kriminellen Nutzen und der grossen Anonymität und damit persönlichen Sicherheit der Täter eine weiter wachsende Plage. Eine neue Spam-Welle kündigte sich Ende 2007 mit Sprachwerbebotschaften im MP3 Format an. Massen-Spam, der über Spamming-Kits erstellt und Botnets versandt wird, ist billig und dürfte Kriminelle animieren, sich dieser Möglichkeit zum Versand von Trojanern zu bedienen. Insbesondere Grafiken, Bilder und Excel-Dateien passieren gegenwärtig weitgehend problemlos Anti-Spam-Filter. Die Dateien tragen außerdem oft Namen wie z.B. „investor-news.xls", um sachlogische Filter zu täuschen. Spam und Pishing wird vermittels SMS und MMS auch auf mobile Plattformen zugreifen und kann so durch Bluetooth-Technik wiederum Firmencomputer und -netzwerke gefährden.
- *Die Zielgerichtetheit von Angriffen wird steigen*: Kriminelle werden verstärkt Maleware nutzen, um sensible Unternehmensinformationen auszuspähen und geistiges Eigentum zu stehlen oder vermittels Drohung mit

[399] Die US-Sicherheitsfirma WhiteHat (www.withehatsec.com) warnte z.B. in einer Erklärung am 25.04.2007, dass über 80 Prozent der von ihr getesteten Webseiten massive Sicherheitsmängel auswiesen.

[400] Hierunter wird das maximal fünftägige Bestellen und Nutzen einer Internetdomain verstanden, die in dieser Zeit kostenlos genutzt und dann wieder zurückgegeben wird. Meist werden derartige Domains illegal als Zielseiten für Onlinewerbung, Spamversand oder Pishing benutzt

DoS-Attacken bzw. Ransomware Schutzgelder zu erpressen. Während ersteres vor allem in Richtung Computerspionage zielt, geht es bei letzterem um Erpressung unter den Bedingungen der Computerkriminalität. Insbesondere kleine und mittelständische Unternehmen, die oft die Gefahren der Computerkriminalität unterschätzen und sich noch kaum wirksam schützen, sind stark gefährdet[401].

- *Browserfunktionen zur Ausführung von aktiven Inhalten*[402] *werden zum zentralen Einfalltor für Computerschadprogramme.* Nicht nur dubiose, Internetseiten, die z.B. Erotik oder Spiele anbieten, sondern auch oft frequentierte Webserver mit unverdächtigen Inhalten werden von kriminellen Hackern leicht geknackt und als „Drive-By-Plattformen" zum verdeckten Einschleusen von Maleware allein beim Besuch der Seite missbraucht.
- *Schwachstellen von Browsern und Anwendungen werden zu neuen Angriffszielen*: In dem Maße, wie umfassende Sicherheitsmaßnahmen Angriffe erschweren, werden Cyberkriminelle Schwachstellen in Browsern und neuen Anwendungen ausnutzen. Viele aktuelle Web-2.0-Angebote bergen beachtliche Sicherheitslücken, deshalb sollten vertrauliche Dokumente nicht mit Office-Programmen im Netz bearbeitet werden; vor allem weil einige dieser Programme zugunsten einer höheren Arbeitsgeschwindigkeit auf eine sichere Übertragung z.B. per SSL-Verschlüsselung verzichten, wodurch der Datenstrom von Angreifern mitgelesen werden kann. Auch Datenspeicherung auf „Server-Festplatten" bei Providern ist unsicher und hackergefährdet. In den nächsten Jahren werden sich die Angriffe auf Microsoft Vista verlagern. Beispielsweise bieten das Teredo-Protokoll[403] und auch Vista-Applikationen von Drittanbietern aus gegenwärtiger Sicht diverse Angriffspunkte. Zunehmen dürfte auch wieder die Nutzung einer eigentlich alten Masche, die kostenlose Bereitstellung diverser Adware, z.B. kostenlose Anti-Spyware. Wenn Privatnutzer, aber auch kleine Firmen derartige Programme aus dem Internet herunterladen, um die Kosten vertrauenswürdiger lizensierter Programme zu sparen, laden sie damit dann oft zugleich Maleware auf ihren Rechner. Auch die steigende Akzeptanz von Virtualisierungssoftware wird zu neu-

---

[401] Wird z.B. auf Lösegeldforderungen für blockierte Daten eingegangen, ist oft ungewiss, ob die Täter wirklich den Schlüsselcode (den sie ja noch anderweitig verwenden können) freigeben und wenn doch verlangen die Kriminellen oft Kreditkartenzahlung und erhalten so noch mehr sensible Daten.

[402] d.h. auf der Internetseite nicht sichtbare Programmteile oder Skripte (z.B. JavaScript oder ActiveX)

[403] Die Teredo-Technologie ist ein von Microsoft entwickeltes Protokoll, das einen Datenaustausch zwischen verschiedenen Internetprotokollversionen ermöglicht, aber gegenwärtig von vielen Sicherheitsprogrammen noch nicht unterstützt wird. so dass Angriffe möglich werden.

en Angriffstechniken führen, um virtuelle Umgebungen (z.B. Bilder oder Animationen) für betrügerische Zwecke zu manipulieren.

- *Typosquatting auf Suchmaschinen als neuer Trend*: Auch Tippfehler bei Eingabe von Domainnamen bzw. bewusst provozierte Falscheingaben durch Anklicken ähnlich aussehender Begriffe in Suchmaschinen werden genutzt, um Internet-Nutzer auf schädliche Webseiten zu verlinken. Damit einher gehen oft die Manipulation der Ranglisten der Suchmaschinen und der Klick-Betrug in Anzeigen-Netzwerken.

Auch „virtuelle Welten", wie „Second Live" sind durch Computerkriminelle bedroht. Seit derartige 3-D-Plattformen durch Werbeaktivitäten realer Firmen kommerzialisiert wurden, sogar ein Tauschkurs für „Linden-Dollars" (L$) zu USD existiert[404], wird das ganze für kriminelle Aktivitäten von Identitätsübernahmen bis zur Geldwäsche vermittels Scheingewinnen in virtuellen Casinos etc. interessant. Angriffe über Trojaner oder Ransomware gegen Avatare und dort agierende Internet-Firmen sind wohl sogar einfacher als in der Realwelt.
Zu diesen aus der Sicht Ende 2006/Anfang 2007 abschätzbaren Bedrohungstrends dürften in immer kürzeren Intervallen neue Entwicklungen hinzukommen, da die Computerkriminalität, zumindest was die Methodenbasis betrifft, gegenwärtig die wohl dynamischste Kriminalitätsform ist.
So warnten beispielsweise Informatiker der Universität des Saarlands auf der Cebit im März 2007 davor, dass nicht nur manipulierte Programme, sondern auch harmlos erscheinende Textdokumente den Computer attackieren und so auch die bislang als sicher geltende elektronische Signatur unwirksam machen können. Durch Manipulation des Quellcodes der Textdatei können entsprechend programmierte Dokumente ggf. Dateien auf der Festplatte löschen und im Anhang einer Mail wird sogar ein pdf-Dokument auf verschiedenen Computern mit unterschiedlichen Inhalten angezeigt. So konnte selbst ein per elektronischer Signatur unterzeichneter Kaufvertrag, dessen nachträgliche elektronischer Veränderung eigentlich die Signatur hätte zerstören müssen, bereits vorher über den Quellcode so präpariert werden, dass das signierte Dokument auf verschiedenen Rechnern unterschiedliche Kaufpreise ausweist[405].

Der einfachste Schutz vor derartigen Manipulationen bleibt die Papierform mit Originalunterschriften auf jeder Kopie und ggf. der postalische Briefversand, wodurch Verfälschungen weitgehend ausgeschlossen, auf alle Fälle jedoch relativ gut verifizierbar werden.

---

[404] Dieser lag z.B. im April 2007 bei 300 L$= 1 USD, wobei L$ vor allem durch Kauf und Verkauf von Avataren (programmierten virtuellen Objekten in der 3-D-Welt), aber auch diverse Dienstleistungen bis hin zum Cyber-Sex verdient werden können.

[405] www.informatik-saarland.de

3.2.4. Prophylaxe bzw. Gegenmaßnahmen
3.2.4.1. Unternehmenssicherheit erfordert IT-Sicherheit

Den Vorständen bzw. Geschäftsführern von Kapitalgesellschaften ist es gesetzlich auferlegt, bei allen Aktivitäten der Unternehmensführung die Sorgfalt eines ordentlichen Geschäftsmannes walten zu lassen und somit das Unternehmen vor Risiken und Verlusten aller Art zu schützen[406]. Aber auch jenseits der umfangreichen Gesetzesnormen und Standards kann es nicht im Interesse des Managements und der Eigentümer von Unternehmen sein, wenn Unternehmensvermögen und Ertragslage durch interne Fehlhandlungen oder kriminelle Angriffe gefährdet werden. Die wachsende Abhängigkeit der Unternehmen von einer zuverlässig funktionierenden Informations- und Kommunikationstechnik und die Gefahr massiver wirtschaftlicher Schäden bei Angriffen hierauf machen es für jedes Unternehmen erforderlich, durch aktives IT-Sicherheitsmanagement diesbezügliche Schadensrisiken zu minimieren.
Die Verantwortung hierfür sollte prinzipiell beim Top-Management angesiedelt sein, was nicht ausschließt, dass diese dann zur technischen Umsetzung an die IT-Abteilung und zur Überwachung an die Interne Revision delegiert wird.
Die Verantwortung allein bei der IT-Abteilung zu lassen, erscheint der Bedeutung der Problematik für die Unternehmensexistenz nicht adäquat und wird das Dilemma zwischen Sicherheitsanforderungen und Bedienungskomfort bei knappen finanziellen Mitteln für die IT kaum lösen[407].

Die Sicherheit der EDV wird nie zum Nulltarif zu haben sein. Bei Unklarheiten, wie viel für eine sichere IT investiert werden sollte, können folgende *Fragen zur Risikoabschätzung* hilfreich sein:

- Welche Missbrauchsformen wären möglich, wenn vertrauliche Informationen des Unternehmens an Dritte gelangen würden? Wie hoch wäre der mögliche Schaden?
- Welche Konsequenzen hätte es, wenn wichtige Informationen - z.B. in Dateien, während einer Datenübertragung oder auf dem Server - verändert würden?
- Was würde geschehen, wenn im Unternehmen wichtige IT-Komponenten plötzlich ausfielen bzw. für einen längeren Zeitraum nicht nutzbar wären? Könnte die Arbeit fortgesetzt werden? Wie hoch wäre der mögliche Schaden?

Allein der mehrtägige Ausfall eines Hochregallagers im Handel oder der Transportlogistik bei Just-in-time-Produktion könnten beispielsweise zu mehreren

406 Vgl. insbesondere § 91 Abs. 2 und § 93 Abs. 1 AktG und § 43 Abs. 1 GmbHG
407 Vgl. Langrehr,D. „Wenn das Geld fehlt“ <kes> 2004 Nr. 6 , S. 6

Millionen Euro Umsatzeinbußen führen, mögliche Vertragsstrafen und Imageschäden noch gar nicht betrachtet.
Nachgewiesene IT-Sicherheit schafft auch Vertrauen bei Kunden und Geschäftspartnern und verbessert nicht zuletzt das Kreditrating bei Banken. Je mehr der Geschäftsbetrieb auf die Funktionsfähigkeit der technischen Infrastruktur angewiesen ist, desto stärker hängen das umsatzgenerierende Vertrauen der Geschäftspartner, der Gewinn und damit letztlich die Bonität und somit Kreditvergabe und -konditionen von einem ordnungsgemäßen IT-Sicherheitskonzept ab. Wer bei der IT-Sicherheit spart verliert also ggf. Kunden und zahlt höhere Kreditzinsen.
Zur Bekämpfung der Computerkriminalität sind insbesondere technische Maßnahmen, wie Antivirensoftware, Firewalls etc. unabdingbar. Allerdings ist zu beachten, dass diese in Anbetracht der sich ständig verändernden Maleware permanent aktualisiert werden müssen, da nur Abwehrprogramme , die auch die aktuellen Angriffsvarianten kennen und bekämpfen, einen möglichst guten Schutz bieten. Bedacht werden sollte bei der Projektierung und Beschaffung von Sicherheitssoftware auch, dass die Codes der Sicherheitsprogramme ebenfalls Angriffen ausgesetzt sind und Cyberkriminelle in allen Modulen von Sicherheitslösungen angreifbare Lücken suchen.[408] Ein guter Firewall, der auf einem unsicherem Betriebssystem läuft oder umgekehrt bieten deshalb keine Sicherheit. Es ist wenig hilfreich, eine Stahltür in eine Strohhütte einzubauen.

Das Eingehen auf spezifische programmtechnische Probleme und Möglichkeiten der Abwehr von Maleware kann und soll nicht Gegenstand der folgenden Darstellungen sein, würde dies doch den Umfang des Buches weit überschreiten.
Es geht in der Folge vor allem um *die* Komponenten der EDV-Sicherheit, die auch ohne spezielles IT-Fachwissen umgesetzt werden können, jedoch durchaus sinnvoll und wirksam sind. Es sollte im Unternehmen nie vergessen werden, dass Sicherheit quasi eine Kette ist, deren schwächstes Glied über die Sicherheit des Gesamtsystems entscheidet. Dieses schwächste Glied ist häufig der Mensch.

Vielleicht noch wichtiger als der Einsatz von Sicherheitssoftware zur Umsetzung eines wirksamen IT-Sicherheitskonzepts sind gesunder Menschenverstand, durchdachte organisatorische Regelungen und zuverlässige, gut geschulte Mitarbeiter, die selbständig und diszipliniert Sicherheitserfordernisse umsetzen. Es sind oft überraschend einfache organisatorische Maßnahmen und Regelungen und es ist die Aufklärung und Sensibilisierung der Mitarbeiter über Gefahren und ihre Vermeidung, die nicht selten relativ wenig kosten, das Unternehmen jedoch vor schweren Schäden durch Computerkriminalität bewahren können.

[408] So konnte z.B. Sophos im August 2007 durch ein Update Angriffe auf sein Antivirusprogramm stoppen, die dieses mittels E-Mail-Attacken in eine Endlosschleife schicken und so unwirksam machen konnten.

Beispielsweise ist es sehr sinnvoll, Mitarbeitern klare Richtlinien vorzugeben, wie sie sich bei Anfragen Externer im Spannungsfeld zwischen unbürokratischer Hilfsbereitschaft und misstrauischen Hinterfragen jeder Kontaktaufnahme verhalten sollen, damit sie nicht naiv sensible Daten ausplaudern, aber auch ehrlichen Kunden fundierte Antworten geben.

Das Bundesamt für Sicherheit in der Informationstechnik (BSI) sieht als häufigste Fehler und Versäumnisse bezüglich der IT-Sicherheitsstrategie von Unternehmen[409]:

- *IT-Sicherheit hat einen zu geringen Stellenwert.* Mangelnde Managementunterstützung, ungenügendes Wissen über Risikoaspekte und aktuelle Bedrohungen in Kombination mit knappen Budgets führen dazu, dass Sicherheitsanforderungen primär als Kostentreiber gesehen werden, was sich z.B. in der Anschaffung wenig sicherer Technik, aber auch ungenügender Umsetzung von Sicherheitsvorgaben in der Betriebspraxis zeigt.
- *Sicherheitsvorgaben sind nicht dokumentiert und werden nicht ausreichend kontrolliert.* Oft existieren zwar IT-Sicherheitsrichtlinien, sind aber zu abstrakt bzw. den Mitarbeitern nicht bekannt, was die Ahndung von Verstößen erschwert. Auch wird die Einhaltung der Richtlinien - besonders in kleineren Unternehmen - meist kaum kontrolliert. Dadurch werden Sicherheitsmaßnahmen aus Bequemlichkeit vernachlässigt (so werden z.B. vertrauliche Dokumente oder e-Mails nicht verschlüsselt, Passwörter nicht regelmäßig geändert oder anderen zugänglich gemacht, Datensicherungen erfolgen unregelmäßig oder fehlerhaft, Notebooks werden kaum gesichert, obwohl die Gefahr von Diebstählen und entsprechenden Datenverlusten bekannt ist).
- *Anwender und Administratoren sind mangelhaft geschult.* Die sich ständig wandelnden IT-Systeme und Bedrohungen erfordern kontinuierliche Weiterbildung der betroffenen Mitarbeiter. Leider sind Handbücher nicht immer vorhanden oder werden kaum gelesen, Schulungen werden besonders von kleinen Unternehmen meist nicht wahrgenommen, da sie als zu teuer empfunden werden und Mitarbeiter dadurch ausfallen. Das führt dann dazu, dass Mitarbeiter Bedrohungen gar nicht kennen, oft mit Administratorenrechten ausgestattet sind, ohne sich z.B. der Verantwortung bewusst zu sein, dass die beim Besuch einer Webseite oder beim Öffnen eines e-Mail-Anhangs unbeabsichtigt heruntergeladene Rootkit-Maleware so ebenfalls Administratorenrechte hat und leicht den kompletten Zugriff auf den Computer erlangen kann.[410] Überhaupt wird die Gefahr des e-Mail-Spams oft unterschätzt!

---

[409] BSI „Leitfaden IT-Sicherheit" 2006 , S. 13 f.

[410] www.bsi.de/Presse/Pressinf/050207

- *Interne Netze und Internet-Anbindungen sind unzureichend gesichert.* Oft sind unternehmensinterne drahtlose Netze (WLAN[411]) völlig ungesichert, wobei die Abstrahlung häufig über das Betriebsgelände hinausgeht und somit vertrauliche Daten durch Dritte problemlos ausgespäht werden können. Da das Intranet meist mit dem Internet verbunden ist, eröffnen sich ggf. für Fremde im Einzugskreis des WLAN sogar Internetzugänge auf Kosten des Unternehmens. Ein weiteres Problem ist, dass sensitive Daten oft nicht hinreichend vor Zugriffen abgeschottet werden, weil der Firewall gegenüber dem Internet auf zu geringe Sicherheit eingestellt, nicht ständig aktualisiert wird oder Computer mit sensiblen Daten ans Netz angeschlossen sind. Problematisch ist zudem das Fehlen aktualisierter Zugriffsberechtigungen, weil so diverse Datenzugriffe (manchmal sogar durch ausgeschiedene Mitarbeiter) ermöglicht werden.
- *IT-Systeme sind schlecht konfiguriert und gewartet.* Die meisten Sicherheitslücken entstehen nicht durch software- sondern durch Konfigurationsfehler. Wenn nur die in der Standortsoftware vorhandenen Sicherheitsfunktionen vollständig und richtig ausgenutzt würden, wären manche EDV-Risiken wesentlich geringer. Hier schafft Bequemlichkeit (z.B. bei der Passwortwahl oder der Vergabe von Zugriffsrechten) Kriminellen immer wieder Angriffspunkte. Hinzu kommt, dass Sicherheitsupdates häufig erst zeitverzögert eingespielt werden, so dass Angriffe bereits zwischenzeitlich unerkannt erfolgt sein können.
- *Mangelhafter Schutz der EDV vor Einbruch und Elementarschäden.* Räume und IT-Systeme werden vor allem in kleineren Unternehmen nur ungenügend gegen Einbruch, Diebstahl und Elementarschäden wie Brände oder Hochwasser geschützt. Unverschlossene oder nur schwach gesicherte Büros, aber auch im Auto zurückgelassene Notebooks oder PDAs bergen hohe Diebstahlsrisiken, wobei der Missbrauch vertraulicher Daten die wohl größte Gefahr darstellt. Immer wieder werden auf Flughäfen auch vergessene Laptops oder Handys gefunden. Sicherheitshalber sollten deshalb vertrauliche Daten immer verschlüsselt sein, wobei zu bedenken ist, dass ein bloßer Passwortschutz meist schon durch Direktzugriff auf die Festplatte ausgehebelt werden kann. Auch Brandschutzmaßnahmen, Schutz vor Wasserschäden und Sicherstellung der Stromversorgung (z.B. für Server) sollten als wichtiger Bestandteil der IT-Sicherheit verstanden werden.

Diese Probleme sind der Ausgangspunkt einer Organisations- bzw. mitarbeiterbezogenen „Human-based“ Verbesserung der IT-Sicherheit im Unternehmen als Prophylaxe gegen Computerkriminalität in Ergänzung der „Computer-based“

---

[411] WLAN: Wireless Local Area Network

Secutity-softwarelösungen. In den folgenden Abschnitten sollen diese mitarbeiterbezogenen Sicherheitsanforderungen und diesbezügliche Prüfungsansätze der Internen Revision noch etwas umfassender erläutert werden.

3.2.4.2. Kernpunkte der Gestaltung eines guten IT-Sicherheitskonzepts

Bei allen IT-Projekten sind frühzeitig Sicherheitsaspekte ins Kalkül zu ziehen, da spätere Projektänderungen bzw. Nachbesserungen oft sehr teuer werden. Vorausetzung ist die klare Definition und Unterstützung der Sicherheitsziele durch das Top-Mangement. Insbesondere neue Techniken sollten stets kritisch bezüglich eventueller Sicherheitsrisiken hinterfragt werden. Hilfreich ist die Orientierung an den 3 Grundwerten der IT-Sicherheit: *Vertraulichkeit* (kein Verlust von Daten), *Integrität* (Daten müssen vollständig und unverändert bleiben) und *Verfügbarkeit* (dem Benutzer stehen das IT-System und die gewünschten Daten zum geforderten Zeitpunkt zur Verfügung). Im einzelnen bedeutet dies:

- Der erste Schritt zur Festlegung von IT-Sicherheitszielen ist die Bestandsaufnahme
    - Welche Rahmenbedingungen (z.B. Gesetze, Verträge, Kundenanforderungen) sind zu beachten?
    - Welche Rolle spielt die IT-Sicherheit für das Unternehmen?
    - Was ist besonders zu schützen (z.B. Know-how; Betriebsgeheimnisse, personenbezogene Daten, IT-Systeme)?
    - Wie hoch sind die Risiken (Höhe möglicher Schadenfälle etc.)?
- Aus der Bestandsaufnahme sind konkrete Maßnahmen bzw. Handlungspläne unter Festlegung von Prioritäten (unter Beachtung des Kosten-Nutzen-Verhältnisses und der Realisierungsbedingungen) abzuleiten. Hierbei ist wichtig, dass:
    - festgelegt wird, ob Maßnahmen einmalig (z.B. Neuprojektierung) oder permanent (z.B. regelmäßige Updates) erfolgen sollen
    - Zuständigkeiten für Aufgabendurchführung und -kontrolle exakt geregelt werden; hierzu gehört auch die Festlegung des Personenkreises, für den bestimmte Sicherheitsrichtlinien gelten, Vertretungsregelungen etc.
    - umständliche oder praxisferne Sicherheitsvorgaben vermieden werden, da diese Nichtbeachtung oder Umgehungsversuche provozieren. In Zweifelsfall sollten Anforderungen reduziert, aber dann unbedingt streng deren Einhaltung überwacht werden.
    - vorhandene Arbeitsabläufe und diesbezügliche Sicherheitsrichtlinien regelmäßig hinsichtlich Zweckmäßigkeit und Aktualität

überprüft werden, wobei die Anregungen der betroffenen Mitarbeiter beachtet werden sollten.

- Alle bestehenden IT-Sicherheitsrichtlinien sollten schriftlich in einem Sicherheitskonzept dokumentiert werden[412], wobei sich eine dreistufige Darstellung bewährt hat, die ausgehend von den allgemeinen Zielen der IT-Sicherheit (Managementverantwortung, Vermögensschutz etc.) detaillierte Sicherheitsziele und zugehörige Maßnahmen (z.B. wöchentlicher Passwortwechsel, Berechtigungskonzepte, Vertraulichkeitsverpflichtungen etc.) auf einer zweiten Ebene vorgibt, die dann produktspezifisch (z.B. detaillierte Sicherheitseinstellungen bestimmter Firewalls) auf der dritten Stufe untersetzt werden. Dieses Konzept inklusive detaillierte Zuständigkeitsregelungen, Änderungen u.ä. muss den Mitarbeitern (aktenkundig) bekannt gemacht werden. Nur so sind Disziplinarmaßnahmen bei Verstößen juristisch durchsetzbar und Fahrlässigkeiten aus Unkenntnis vermeidbar. Mitarbeiter müssen z.B. interne und externe Ansprechpartner und deren Kompetenzen kennen, um bei Problemen schnell Hilfe zu erhalten, sich aber nicht durch Überredung oder Einschüchterung dazu verleiten zu lassen, etwa ihr Passwort oder andere vertrauliche Daten an Unberechtigte weiterzugeben.

Die Interne Revision sollte diesbezüglich insbesondere prüfen, ob

- das Top-Management IT-Sicherheitsziele festgelegt hat, ein dokumentiertes IT-Sicherheitskonzept vorliegt und den Mitarbeitern bekannt ist
- Sicherheitsanforderungen schon bei Projekten (z.B. Neuanschaffung von IT-Systemen, WLAN-Planungen, Outsourcing-Verträgen) berücksichtigt werden
- Sicherheitsmaßnahmen priorisiert und periodisiert festgelegt sind
- diesbezüglich Verantwortlichkeits- und Zuständigkeitsregelungen existieren, aktualisiert und bekannt sind

3.2.4.3. Umsetzung von Schutzmechanismen und Sicherheitsrichtlinien

EDV-Programme und -Systeme bieten unterschiedlichste Schutzmechanismen, die jedoch vom Anwender auch *genutzt* werden müssen. Dazu sollten Produktdokumentationen *vor* Installation gelesen werden, denn viele Installationsfehler resultieren aus übersehenen Warnhinweisen der Programmanbieter oder nicht beachteten Inkompatibilitäten. Schwachstellen in der Anwendung ergeben sich oft einfach durch Konfigurationsfehler.

---

[412] Weiterführende Hinweise hierzu finden sich insbesondere in den IT-Grundschutzkatalogen des BSI. Vgl. www.bsi.bund.de/gshb

Deshalb:

- müssen Schutzmechanismen dem Anwender bekannt sein und ggf. (höher) eingestellt werden; die vorkonfigurierten Standardeinstellungen des Herstellers sind meist auf hohen Bedienkomfort und geringe Sicherheit ausgerichtet; Passwortschutz muss erst angelegt werden etc. Geht ein Unternehmen mit einem schwach geschützten Computer ans Netz, wird er innerhalb weniger Minuten durch Trojanerangriffe zum Zombie-Rechner! Das BKA schätzte für 2006 in Deutschland 750.000 infizierte und damit fernsteuerbare Computer[413], eine Zahl, die inzwischen mit Sicherheit weiter angewachsen sein dürfte. Zur Vermeidung von Drive-By-Angriffen beim Besuch von malewareverseuchten Webseiten sollten Funktionen zum automatischen Ausführen aktiver Inhalte (wie z.B. Java-Applets), durch die Schadsoftware auf den Computer geladen werden kann, im Browser möglichst abgeschalten und die Software stets auf dem neuesten Sicherheitsstand gehalten werden.
- sollten Datenzugriffsmöglichkeiten durch Definition von Benutzerprofilen bzw. -berechtigungen auf das erforderliche Mindestmaß beschränkt, so dass Daten einer Abteilung (z.B. Entwicklung oder Personal) nicht ohne weiteres von abteilungsfremden Mitarbeitern eingesehen werden können. Auch Anwendungsprogramme sollten nur Berechtigten verfügbar sein.
- sollten Administratorenrechte auf das erforderliche Maß begrenzt werden, damit Missbrauchsrisiken - insbesondere durch Rootkitangriffe - eingeschränkt werden. In größeren Unternehmen kann es sinnvoll sein, auch die Administrator-Funktionen zu splitten (z.B. für Profildefinition, Backups etc), so dass selbst hier Rechtseinschränkungen möglich sind.
- müssen Zugriffsrechte und Systemprivilegien von Anwendungsprogrammen bekannt sein und ggf. eingestellt werden, denn oft erhält ein Programm automatisch die Berechtigung des startenden Benutzers, was im Falle missbräuchlicher Benutzung gefährlich sein kann. Die Einstellungsparameter sollten zur Sicherheit extern gespeichert werden.
- ist der Einsatz *permanent aktualisierter* Sicherheitssoftware (Virenschutz, Firewall) auf dem Unternehmens-Server und auch auf jedem Computer unabdingbar, um einen möglichst hohen Schutz vor Angriffen aus dem Internet zu haben.
- müssen klare Verantwortlichkeitsregelungen für das Updaten von Sicherheitssoftware vorhanden sein, die zum einen gewährleisten, dass alle Sicherheitsprogramme (insbesondere der Firewall und Anti-Virensoftware) ständig aktualisiert werden - wobei automatische Updates zu bevorzugen sind - und zum anderen sicherstellen, dass herstellerseitige Sicherheitspat-

[413] Vgl.: www.bka.de/kriminalwissenschaften/herbsttagung/2007/langfassung_ziercke.pdf

ches für web-Browser, e-Mail-Programme und Betriebssysteme zeitnahe eingespielt und diese fallweise auf neue Bedrohungen untersucht werden, wobei immer auch zu prüfen ist, ob neue Versionen bzw. Techniken (z.B. VoIP) neue Risiken bergen und wie diese zu beherrschen sind.

Die Interne Revision sollte diesbezüglich insbesondere prüfen, ob

- vorhandene Schutzmechanismen in Anwendungsprogrammen bekannt sind und genutzt und wie sicherheitsrelevante Standarteinstellungen angepasst werden
- es Zugriffsbeschränkungen für Datenbestände und Programme gibt
- aktuelle System- und Installationsdokumentationen vorhanden sind
- Sicherheits-Updates regelmäßig aktualisiert werden

3.2.4.4. Sicherheitsrisiko Mensch

Sicherheitsrichtlinien sind nur dann wirksam, wenn sie beachtet und umgesetzt werden, was häufig ohne menschliche Mithilfe nicht funktioniert, weil der Mitarbeiter nicht nur für ein- und ausgegebene Daten, sondern auch für eine ordnungsgemäße Techniknutzung, wozu auch die Beachtung der IT-Sicherheit gehört, verantwortlich ist. Diesbezüglich ist es wichtig, dass

- Mitarbeiter regelmäßig durch Schulungen und Informationen für Belange der IT-Sicherheit sensibilisiert werden. Viel Fehler und Schwachstellen resultieren aus Unkenntnis oder mangelndem Problembewusstsein. Immer wieder sind „Social Engineering"-Angriffe erfolgreich, bei denen Mitarbeiter z.B. über Telefonanrufe vermeintlicher Service-Techniker dazu gebracht werden, Passwörter preiszugeben. Auch Pishing beruht letztlich auf diesem Ansatz. Mitarbeiter müssen darüber informiert werden, welche Kommunikation mit Geschäftspartnern zulässig ist. Ansprechpartner und Kompetenzen sollten klar festgelegt sein; auch welche Informationen an Externe übermittelt werden dürfen. Es sollte auch festgelegt sein, welche Daten über e-Mail ausgetauscht werden dürfen (ggf. mit Autorisierungsinformationen, wie exakten Web-Adressen).
- Datenschutz am Arbeitsplatz weit über den Computer hinausgeht. Vertrauliche Akten und Datenträger wie Disketten und CDs sollten nie offen herumliegen und beim Verlassen des Arbeitsplatzes in Schrank oder Safe verschlossen werden. Vertrauliche Ausdrucke gehören in den Schredder und nicht in den normalen Papierkorb. Die Angewohnheit, auf der Rückseite gebrauchter Dokumente andere Informationen auszudrucken oder diese als „Schmierpapier" für die Kinder mitzunehmen hat schon zu mancher ungewollter Indiskretion geführt. Ausgesonderte Datenträger (z.B. CD-ROM aber auch Festplatten) müssen sicher gelöscht oder ebenfalls geschreddert werden, um unbefugtes Rekonstruieren zu verhindern. Ar-

beitsplatzcomputer sollten beim Verlassen mit Tastatursperre und Kennwort gesichert werden. Bildschirmschoner sind sinnvoll, wenn der Einblick Dritter in geöffnete Dateien verhindert werden soll.

- auch Risiken, die von allgemein zugänglichen Druckern und USB-Sticks ausgehen nicht unterschätzt werden. Drucker, die auch als Kopierer genutzt werden können, ermöglichen oft den Abruf aus vorherigen Aufträgen gespeicherter Daten. USB-Sticks, die immer mehr Disketten ersetzen, stellen einen Risikofaktor dar, einerseits für die darauf gespeicherten Daten (Verlustgefahr oder die schnelle Entwendung großer Datenmengen unter dem Aspekt der Wirtschaftsspionage), aber auch als Schnittstelle ins interne Netz, über die Maleware übertragen werden kann. Deshalb sollten die Nutzung privater USB-Sticks im Unternehmen streng untersagt und Firmen-Sticks deutlich sichtbar gekennzeichnet werden.
- auch mobile IT-Systeme, die z.B. von Außendienstmitarbeitern genutzt werden, geschützt sein sollten. Aktuelle Befragungen zeigen, dass Laptops, PDAs und Handys die schlechteste Sicherheit bei gleichzeitig größter Gefährdung haben[414]. In Anbetracht dessen, dass nur auf 55% der mobilen Geräte vertrauliche Daten verschlüsselt sind, jedoch z.B. täglich auf dem Flughafen London Heathrow 5 Notebooks und 10 Handys und in Londoner Taxen 7 PDAs, 16 Notebooks und ca. 345 Handys gefunden werden, wohl mit empfindlichen Folgen für die Vertraulichkeit, Verfügbarkeit und Integrität von Unternehmensdaten. Nach Aussagen von Symantec entstehen inzwischen rund 50% aller Datenverluste in Unternehmen dadurch, dass mobile Geräte verloren gehen.
- Passwörter sorgfältig ausgewählt, geheimgehalten und kontinuierlich gewechselt werden. Schlecht ausgewählte und dadurch leicht zu erratende Passwörter sind eines der größten Sicherheitsrisiken für IT-Anwendungen. Passworte sollten mindestens 8 Zeichen lang sein und möglichst aus einer zufälligen Folge von Groß- und Kleinbuchstaben, Zahlen und Sonderzeichen gebildet werden[415]. Namen von Verwandten, Freunden oder Haustieren, aber auch reine Ziffernfolgen (z.B. Geburtstage) sind leicht zu erraten bzw. durch „Brute-Force-Attacken"[416] zu knacken. Sinn-

---

[414] Vgl. <kes>Microsoft Sicherheitsstudie 2006 elektronisch veröffentl. unter: www.kes. info/ archiv /online/060822-studie2006.htm

[415] Ein modernes Passwort-Hackprogramm benötigt bei Passwörtern mit 3 beliebigen Zeichen nur 0,2 Sekunden, um alle Varianten durchzuspielen, bei 5 Zeichen sind es 14 Minuten und bei 10 Zeichen immerhin 22.000 Jahre.

[416] Hierbei probiert ein Hackerprogramm in kurzer Zeit sämtliche gängigen Kennwörter, ganze Wörterbücher und auch Zahlenfolgen durch. Um das Passwort „London" herauszufinden, benötigt ein 3 GHz-Rechner nur 1 Sekunde, „BP-London" wurde nach 2 Minuten geknackt. Derartige Angriffe können zwar durch automatische Zugriffssperren erschwert werden, wodurch jedoch ggf. viele Zugänge für längere Zeit nicht mehr nutzbar sind, was von Unternehmen oft als Nachteil betrachtet und deshalb nicht programmiert wird.

voll wird ein Passwort aus den Anfangsbuchstaben der Wörter eines gut zu merkenden Satzes generiert.[417] Wichtig ist es auch, Passworte regelmäßig zu ändern, um ein Ausspähen zu erschweren. Da sich ein Computernutzer für unterschiedliche Anwendungen im Schnitt 20 Passworte merken muss, verwenden viele für alle Anwendungen die gleichen bzw. sehr ähnliche Codes, was die Ausspähgefahr erhöht. Um dies zu vermeiden, sollten Unternehmen das Notieren eigener Passwörter nicht verbieten, aber die Mitarbeiter sensibilisieren, ihre Passworte geheim zu halten, indem die Notizen vor Fremdzugriffen geschützt werden.[418] Passwörter auf dem Internet-Browser zu speichern, sollte untersagt sein, da dieser oft kaum gegen Hackerangriffe geschützt ist.

- herstellerseitig eingestellte Passwörter unverzüglich geändert werden. Oft ist schon der Angriff mit einem allgemeinen Account (z.B. 0000) erfolgreich. Auch halten sich Hersteller oft Programm-Backdoors offen, um im Supportfalle schnellen Zugriff auf den Computer zu haben. Auch dies sind Angriffspunkte für Cyberkriminelle, die dem Administrator bekannt sein und schnell geschlossen werden sollten.
- die Einhaltung bestehender Sicherheitsvorgaben überwacht und Verstöße konsequent geahndet werden. Das größte, jedoch auch am besten beeinflussbare Sicherheitsrisiko ist der Mensch. Fehlverhalten resultiert häufig weniger aus kriminellen Intentionen, denn aus Leichtsinn, Ignoranz, Bequemlichkeit und Unwissen oder Täuschung. Dies zu verhindern müssen klare Sicherheitsrichtlinien vorgegeben und deren Einhaltung durch interne Kontrollen, Verantwortlichkeitsregelungen etc. überwacht werden. Werden Sicherheitsverstöße aufgedeckt, sollten Erläuterungen und Schulungen erfolgen, bei kriminellen Handlungen oder Unbelehrbarkeit jedoch entsprechende Sanktionen, auch um klar zu kommunizieren, dass Fehlverhalten nicht geduldet wird, um das Unternehmen nicht zu gefährden.

Die Interne Revision sollte diesbezüglich insbesondere prüfen, ob

- und wie vertrauliche Informationen und Datenträger aufbewahrt werden
- ausgesonderte Datenträger so vernichtet werden, dass eine Rekonstruktion nicht mehr möglich ist
- Mitarbeiter regelmäßig und aktenkundig über sicherheitsrelevante IT-Probleme geschult werden
- Sicherheitsmechanismen von Programmen und Anwendungen (auch auf mobilen Geräten) aktiviert sind und von Mitarbeitern diesbezügliche

---

[417] z.B. „zAs0,8%zv“ (zum Autofahren sind 0,8% zu viel)

[418] Bei passwortgeschützten sensiblen Daten sollten die Passwörter für Notfälle (Krankheit etc.) ggf. sogar verschlossen beim Management hinterlegt sein.

Verpflichtungen unterschrieben wurden (z.B. zur Einhaltung vorgegebener Regelungen bei dienstlicher Handy- oder Laptopnutzug)

- alle Mitarbeiter zur Anwendung sicherer Passwörter geschult wurden
- die Einhaltung von Sicherheitsvorgaben überwacht und ggf. Verstöße geahndet wurden

3.2.4.5. Sicherheitsrisiko Internet-Anbindung

Am sichersten ist ein Computer wenn er ohne Verbindung zu WLAN und Internet und mit gesperrten USB-Anschlüssen arbeitet. Für Unternehmen sind derartige Computer allerdings meist nur von eingeschränktem Nutzen. Die Verbindung des Rechners mit dem Internet setzt diesen den mannigfaltigen vorn skizzierten Gefährdungen aus, gegen die sich Unternehmen vor allem wappnen können, indem

- eine angemessene Firewall-Architektur installiert wird. Kein betrieblich genutzter Computer darf ohne permanent aktualisierten Firewall-Schutz mit dem Internet verbunden werden! Da vor allem Firewalls durch cyberkriminelle Angriffe gefährdet sind, empfiehlt es sich, mit ihrer Projektierung und Implementierung vertrauenswürdige Spezialisten zu beauftragen, die dann ggf. auch das Service übernehmen.
- nach außen angebotene Daten auf das erforderliche Mindestmaß beschränkt werden. Unternehmen sind häufig geneigt, auch schutzwürdige Informationen (z.B. e-Mail-Adressen, Durchwahl-Nummern von Mitarbeitern, Aufgabenverteilungspläne oder interne Dokumente) bereitzustellen, wodurch kriminelle „social engineering"-Angriffe auf gutgläubige Mitarbeiter möglich werden. Manchmal werden zum Schutz Autorisierungsmechanismen vorgeschaltet (z.B. Nutzer-Registrierung), die jedoch oft einfach umgangen oder ausgeschaltet werden können, wodurch sensitive Informationen leicht in falsche Hände geraten können.
- nach außen angebotene Dienste kritisch überprüft und soweit als möglich reduziert werden. Für Externe geöffnete Serverdienste und Kommunikationsports - von Telfondurchwahlmöglichkeiten bis hin zur e-Mail-Adresse einzelner Mitarbeiter - erhöhen das Risiko möglicher für kriminelle Angriffe ausgenutzter Sicherheitslücken.
- nach Möglichkeit für Internetverbindungen nur wenige gesonderte Computer freigeschaltet werden. Eine einfache, kostengünstige und Risiken reduzierende Möglichkeit vor allem für kleinere Unternehmen ist, *nur einen* Computer, der keine Verbindung zum internen Netz hat, für Internet-Recherchen und den e-Mail-Empfang zu nutzen. Heruntergeladene Dateien können dann nach Virenprüfung ggf. per USB-Stick oder e-Mail relativ einfach für weiter interne Verwendungen verfügbar gemacht werden.

Die Interne Revision sollte diesbezüglich insbesondere prüfen, ob

- ein Firewall vorhanden ist und dessen Konfiguration und Funktionsfähigkeit regelmäßig überprüft wird (von wem?)
- es Konzepte gibt, welche Daten und sonstigen Dienst nach außen angeboten werden
- diese Konzepte unter IT-Sicherheitsaspekten geprüft wurden
- unternehmensinterne Internet-Verbindungen notwendig und hinreichend gesichert sind (wobei auch die diesbezügliche Mitarbeiterschulung geprüft werden sollte)

3.2.4.6. Sicherheitsrisiko Spam

Mit der millionenfachen Nutzung von e-Mails für den Geschäftsverkehr geht eine exponentiell zunehmende Zahl von Missbrauchsfällen und kriminellen Attacken über Spam einher. Was um 1994 als kleines Ärgernis begann, ist heute ein teures Problem und gefährdet die Zuverlässigkeit des e-Mail-Dienstes. Unternehmen müssen diesbezügliche Gegenmaßnahmen ergreifen[419]. Hierzu gehören insbesondere:

- ➢ Sorgfalt bei Auswahl und Verbreitung eigener Mailadressen. Spam bekommt nur, wessen Adresse Spammer kennen. Natürlich können Unternehmen nicht auf e-Mail-Adressen verzichten, doch lassen sich schon durch einfache Maßnahmen Spam-Angriffe erschweren:
    - o So sollten Unternehmen nur wenige und nicht personalisierte e-Mail-Adressen extern veröffentlichen. Wenn dann Mails an „Herrn Abt. Beschaffung" ankommen handelt es sich mit hoher Sicherheit um durch automatisch aus Webseiten übernommene Adressen für Spamsendungen.
    - o Eine Alternative zur Angabe der e-Mail-Adresse stellen auch Kontaktformulare auf der Webseite dar. Wer so Kontakt aufnimmt, ist in der Regel ein erstzunehmender Interessent.
- ➢ Installation wirksamer, permanent aktualisierter Spam-Filtersysteme. Da Spam-Mails nicht nur unerwünschte Werbung, sondern zunehmend Maleware transportieren, müssen Unternehmen in diverse von Spezialisten konfigurierte IT-Sicherheitssysteme investieren, die immer noch billiger als mögliche Spam-Schäden sind[420]. Sinnvoll sind z.B. automatische White/Blacklist-

---

[419] Vgl. auch Topf,J. e.a. „Antispam-Strategien" BSI, Bonn 2005 , elektronisch veröffentlicht unter: www.bsi.de/literat/studien/antispam/index.htm

[420] Eine BSI-Modellrechnung ergibt für ein Großunternehmen, das täglich mit 25.000 Spam-Mails konfrontiert wird, Spam-Bearbeitungskosten von 0,18 €/Mail , denen nur 0,04 € pro Mail Kosten für Antispam-Schutzprogramme gegenüberstehen. (Vgl. Topf,J. e.a. „Antispam-Strategien" a.a.O. S. 34)

Filter, bei denen das Empfängermailsystem unbekannte Versender auffordert, sich beim Empfängersystem zu registrieren. Durch eine Aktion (z.B. das Eingeben einer als Bild übermittelten Zahl - was automatische „Adress-Harvester" noch nicht können) bestätigt der Absender, dass er ein Mensch ist und ernsthaftes Interesse hat.

- Einleitung rechtlicher Schritte gegen Provider, die Spam vermitteln. Obwohl Spam immer öfter über Botnets von Zombie-Computern getarnt versandt wird (was über gut konfigurierte Spam-Filter als Aussonderungsmerkmal erkannt werden kann), lassen es neue Rechtregelungen[421] aussichtsreich erscheinen, sich gegen Spam, zumindest wenn er von identifizierbaren Werbefirmen in der EU oder den USA kommt, wo relativ strikte Anti-Spam-Gesetze gelten oder über deutsche Provider vermittelt wird, auch rechtlich zur Wehr zu setzen. Hierzu können zukünftig auch Informationen aus der Spam-Datenbank des von europäischen Providern gestarteten Projekts Spotspam, mit dem die Verfolgung von Spam-Versendern koordiniert und erleichtert werden soll, genutzt werden[422]
- Umfassende Sensibilisierung der Mitarbeiter bezüglich Spam-Gefahren. Die Mitarbeiter müssen darin geschult werden, auch scheinbar wichtige Anhänge nicht unbedacht und spontan zu öffnen, ggf. den Absender genau zu verifizieren und im Zweifelsfall rückzufragen. Das automatische Öffnen von e-Mail-Anhängen sollten geeignete Programmkonfigurationen unterbinden.

Die Interne Revision sollte diesbezüglich insbesondere prüfen, ob

- und wie eigene Mailadressen vergeben und verwaltet werden
- bereits Spam-Attacken erfolgten und wie darauf reagiert wurde
- hinreichend konfigurierte Anti-Spam-Filter vorhanden sind und gepflegt werden
- mit Spam-Mails konfrontierte Mitarbeiter hinreichend geschult wurden

2.3.4.7. Notfallvorsorge

Wenn der Computer plötzlich nicht mehr startet, der Drucker nicht mehr druckt, der Server verrückt spielt, weil er offenbar von einem Virus angegriffen wurde oder Dateien durch einen Stromausfall während der Bearbeitung gelöscht wurden, sollte jeder Mitarbeiter wissen, was zu tun ist. Das Management sollte zudem auch darüber nachdenken, wie die Schäden bei Computerdiebstählen, Brand oder Hochwasser so gering als möglich gehalten werden. Im Detail bedeutet dies:

---

421 Vgl. UWG § 1 und Telemediengesetz (TMG) v. 26.02.2007 BGBl I , S. 179

422 http://www.spotspam.net

- Es sollten Notfall-Listen vorhanden und jedem Mitarbeiter bekannt sein, in denen zu informierende Verantwortliche sowie ggf. zuständige Servicedienste etc. mit Telefonnummern stehen. Außerdem sind für typische Szenarien klare Handlungsanweisungen sinnvoll (z.B. wie ein Backup zurückgespielt oder der Druckerserver neu gestartet wird)
- Alle wichtigen Daten müssen regelmäßig gesichert werden (Backup). Die programminternen Sicherheitslösungen sollten darauf überprüft werden, ob und in welchen Abständen welche Daten gespeichert werden. Zu bedenken ist auch, dass nur extern verwahrte Speichermedien genügend hohe Sicherheit gegen Datenverluste bieten. Wichtig ist zudem, dass auch Daten mobiler Geräte regelmäßig gesichert werden. Backup-Medien (z.B. CDs, USB-Sticks, mobile Festplatten) sollten an sicherem Ort - ggf. auch außerhalb des Büros, aufbewahrt werden. Sicherung auf virtuellen „Netz-Festplatten" wäre allerdings grob fahrlässig (Hackergefahr!).
- IT-Systeme müssen vor Überhitzung, Feuer, Wasserschäden und Stromausfall bzw. Überspannungen geschützt werden. Insbesondere Server und Router benötigen zum sicheren Betrieb bestimmte Klimabedingungen und sollten auch vor Stromausfall bzw. Überspannungen geschützt sein, um Fehlfunktionen zu vermeiden.
- Besonders kleinere Unternehmen mit wenig gesicherten Betriebsgelände sollten sich Gedanken über den Schutz ihrer IT vor Einbrechern machen. Notebooks, Betriebshandys etc. sollten nie im Auto verbleiben und in Zügen, Hotels etc. gegen Diebstahl gesichert werden.

Die Interne Revision sollte diesbezüglich insbesondere prüfen, ob

- ein (aktueller) Notfallplan existiert und den verantwortlichen Mitarbeitern bekannt ist
- es klare Datensicherungs-Regelungen gibt , wie diese überwacht werden und funktionieren
- ein angemessener Schutz der betrieblichen IT-Systeme gegen Feuer und Wasserschäden sowie Spannungsschwankungen vorhanden ist
- ein ausreichender Einbruchs- und Diebstahlsschutz für die IT gegeben ist

3.3. Wirtschaftsspionage

3.3.1. Geschäftsfeld Wirtschaftsspionage

Wirtschaftsspionage ist die gezielte (oft verdeckte bzw. illegale) Beschaffung von Informationen, die von wirtschaftlichem Interesse für einen bestimmten Staat oder eine Interessengruppe sind durch Ausforschung von Wirtschaftsunternehmen, Forschungseinrichtungen etc. Geht die Spionage von einem fremden Nachrichtendienst aus, ist i.R. die staatliche Spionageabwehr (z.B. der deutsche Verfassungsschutz) für die Abwehr verantwortlich. Sind fremde Firmen Täter, spricht man von Betriebs- oder Industriespionage (Business Intelligence), die ab und an auch als Konkurrenzausspähung (Competitive Intelligence) oder auch harmlos als Wettbewerbs- oder Marktforschung (Market Research) bezeichnet wird. Letztlich muss sich jedes Unternehmen eigenverantwortlich um den Schutz vor Wirtschaftsspionage kümmern, wobei im konkreten Fall die Hinzuziehung zuständiger staatlicher Stellen angeraten sein kann.

Wenn man die Menschheitsgeschichte betrachtet, fällt auf, dass Wirtschaft und Wirtschaftsspionage häufig interdependent sind.
Seit alters her versuchte man auch immer wieder, geheime Verfahren, Rezepte oder Technologien, deren Nutzung anderen Staaten oder Unternehmen wirtschaftliche Vorteile brachten, durch Spionage zu erfahren, um ähnliche Produkte auf den Markt bringen zu können. Die ältesten Aufzeichnungen über Wirtschaftsspionage stammen aus dem 5. Jahrhundert unserer Zeitrechnung. In der chinesischen Chronik „Tang Shu“ wird berichtet, wie eine chinesische Prinzessin Seidenraupen - damals geheime Quelle grossen Reichtums - nach Indien schmuggelte. Einige Jahre später gelang es dem Herrscher des oströmischen Reiches, mit Hilfe von Mönchen, das Geheimwissen um die Seidenraupenzucht inklusive einiger Raupen nach Konstantinopel zu bringen und so die Basis für die lukrative byzantinische Seidenherstellung zu schaffen[423].

Spätestens seit Herausbildung der industriellen Produktion und des damit verbundenen Wettbewerbs auf den Märkten ist Wirtschaftsspionage Teil des Konkurrenzkampfes von Unternehmen und teilweise von Staaten.
Die Trennlinien zur Staatsspionage sind oft verwischt, wobei insbesondere in der Zeit des Kalten Krieges die Arbeit von östlichen Geheimdiensten ohnehin oft auch auf die Erlangung wirtschaftlicher Vorteile, also Wirtschaftsspionage ausgerichtet war. Dies ist z.T. auch heute noch so. Einige Geheimdienste (wie z.B. der russische SWR, der sich insbesondere mit wissenschaftlich-technologischer und ökonomischer Auslandsspionage und der 100.000 Mitarbeiter starke Inlandsgeheimdienst FSB, der u.a. Internetaufklärung in Russland be-

[423] Vgl. Ulfkotte,U. „Marktplatz der Diebe“ München 1999 , S. 278

treibt, aber auch ukrainische Dienste)[424] sind auch heute noch gesetzlich verpflichtet, die Wirtschaft ihres Landes unmittelbar zu unterstützen, indem sie für einheimische Unternehmen Informationen beschaffen, die diese sonst nicht oder nur mit erheblichen finanziellen Aufwand bekommen können[425]. Dies gilt auch für den chinesischen Geheimdienst, der - eng mit der chinesischen Wirtschaft verflochten - gegenwärtig offenbar insbesondere produktpiraterierelevante Informationen sammelt.
Mit dem Fall der Mauer und des eisernen Vorhangs durch die politische Wende in Osten bekam die Wirtschaftsspionage einen neuen Schub. Vor allem Geheimdienste und Agenten aus Osteuropa, aber auch aus dem nahen und mittleren Osten, haben sich nach dem Ende des Kalten Krieges umorientiert auf die Industriespionage. Aber auch in internationalen Großunternehmen finden sich vermehrt Stäbe, die sich gezielt mit "Informationsbeschaffung" befassen, wobei ggf. wohl auch in gesetzlichen Grauzonen operiert wird[426].
Die Ausforschungsziele sind unterschiedlich, abhängig davon, ob die Spionage von Unternehmen aus technisch hoch oder eher weniger entwickelten Staaten ausgeht. Dies gilt teilweise auch für die Begehungsweisen.
Unternehmen, die selbst hochentwickelte Technik anbieten, sind vor allem interessiert an:[427]

- Unternehmens- und Marktstrategien sowie Forschungskonzeptionen im Bereich der Zukunftstechnologien (z.B. Luft- und Raumfahrt, Pharmazie und Biotechnologie, IT, Materialsynthese- und Umwelttechnik, Sensortechnik, Optoelektronik, Computersimulationen)
- Wettbewerbsstrategien, Preisen und Konditionen (besonders bezüglich großer Auftragsausschreibungen u.ä.)
- geplanten Zusammenschlüssen, strategischen Allianzen und Unternehmensabsprachen
- Informationen über Entscheidungsprozesse im Unternehmen
- Informationen über Manager und deren unmittelbare Mitarbeiter

Unternehmen aus technischen Entwicklungs- und Schwellenländern sind dagegen vor allem interessiert an:

- der Beschaffung von technischem Know-how, um Kosten für eigene Entwicklungen oder Lizenzgebühren zu sparen

---

[424] Hinzu kommen in Russland verschiedenste „private Sicherheitsdienste“ für die Wirtschaft, in denen oft ehemalige KGB-Mitarbeiter mit engen Verzahnungen zu aktiven Nachrichtendiensten beschäftigt sind

[425] Vgl. „Wirtschaftsspionage - Information und Prävention“ Bundesamt für Verfassungsschutz 2003 , S. 10 f.

[426] Vgl. Helfer,H.U. "Marktforscher oder Spion?" - In: WiK Nr. 6/1995, S. 10 und 12

[427] Vgl. „Wirtschaftsspionage - Information und Prävention“ Bundesamt für Verfassungsschutz 2003 , S. 7

- dem Ausspähen von Fertigungstechniken, um auf dem Markt mit kostengünstigen Nachbauten konkurrenzfähig zu sein

Die Begehensweisen der Spionageangriffe haben sich in den letzten Jahren stark verändert. Lange Zeit hatte Spionage nicht nur etwas Geheimnisvolles, sondern manchmal auch Romantsch-Verklärtes an sich. Da schlichen sich Spione bei Nacht und Nebel aufs Firmengelände, drangen in gesicherte Büros ein und fotografierten heimlich Blaupausen oder Rezeptbücher. Manchmal erledigte dies auch eine in den Agenten verliebte Sekretärin. Die Filme wurden auf geheimen Wegen ins Ausland verbracht, denn einfach eine Computerdatei übers Internet abzusenden oder Daten durch einen Trojaner ausspähen zu lassen, das funktioniert erst seit wenigen Jahren und wird nun allerdings nicht nur von kriminellen Datenhändlern, sondern wohl auch von Geheimdiensten aller Couleur rege praktiziert.
Dennoch sollten die Unternehmen die Gefährdung durch klassische Spionage mittels angeworbener Mitarbeiter (die als Insider sehr schnell an sensitive Daten gelangen können) oder eingeschleuste Spione (die nicht erst teuer bestochen werden müssen, jedoch mehr Zeit zur Informationserlangung benötigen) nicht unterschätzen. Während nach Aussagen des Bundesamtes für Verfassungsschutz z.B. russische Dienste noch primär mit klassischen Agenten arbeiten, die einen großen Teil ihrer Informationen durch Gesprächsausforschung von Kontaktpersonen, Medienauswertung sowie Konferenz- und Messebesuche beschaffen[428], fährt China offensichtlich zweigleisig. Chinesische Ausspähung erfolgt zunehmend über Internet-Attacken, wobei jedoch auch Informationsbeschaffung durch Praktikanten, Werkstudenten und Austauschwissenschaftler betrieben wird[429].
Nach aktuellen Schätzungen des Landesamtes für Verfassungsschutz Baden-Württemberg entstehen der deutschen Wirtschaft jährliche Verluste durch illegalen know-how-Transfer in Höhe von ca. 50 Milliarden Euro.[430]

Langsam scheint es auch deutschen Unternehmen zu dämmern, dass Wirtschaftsspionage Jahr für Jahr auch Zehntausende[431] deutscher Arbeitsplätze vernichtet, weil Konkurrenten Entwicklungs- und Angebotsstrategien unterlaufen oder eigene Produkte als Plagiate mit gestohlenem Know-how auf den Markt bringen, die die Entwickler-Firma dann zumeist nicht so billig anbieten kann.
Allerdings ist nirgendwo das Schweigen über kriminelle Aktivitäten so groß, wie in diesem Bereich. Eine Umfrage der Arbeitsgemeinschaft für Sicherheit in

---

428 BMI „Verfassungsschutzbericht 2006“ Berlin 2007 S. 283

429 Vgl. Tiesenhausen,F/Maier,A./Hecking,C. „China verschärft Firmenspionage“ FTD v. 8.2.2007

430 www.gea.de/detail/701346

431 Schätzungen sprechen von ca. 70.000; Vgl. Lochmaier,L. „Der unsichtbare Feind“ www.manager-magazin.de v. 6.2.2007

der Wirtschaft (ASW) ergab 2006, dass knapp die Hälfte der befragten deutschen Unternehmen innerhalb von zwei Jahren Spionageangriffen ausgesetzt waren; nur 4% erstatteten Anzeige.[432] Es gibt viele Fälle von Industrie-, Konkurrenz- oder Wirtschaftsspionage, von denen die Öffentlichkeit nie oder nur mit großer Verspätung und selbst dann nur bruchstückhaft oder verfremdet erfährt. Hier wirken teilweise noch Befangenheiten aus der Zeit des Kalten Krieges nach bzw. die betroffenen Unternehmen fürchten Imageschäden und vermuten nicht zu Unrecht, dass die Beweislage nur selten für ein Gerichtsverfahren ausreicht, so dass man bestenfalls intern prophylaktische Schlüsse zieht, jedoch kaum an die Öffentlichkeit geht. Hinzu kommt, dass die mittels elektronischer Methoden erfolgte Ausspionierung von Unternehmen bestenfalls für Fachleute sichtbare Spuren hinerlässt und in vielen deutschen Unternehmen scheint noch immer zu gelten „ was ein deutscher Unternehmer nicht sieht, das stört ihn auch nicht".
Sicherheitsrisiken werden darüber hinaus noch immer eher als technische und kaum als betriebswirtschaftlich relevante Probleme gesehen.
Insofern ist Blauäugigkeit noch die harmloseste Bezeichnung für die Haltung vielen Top-Manager dem Phänomen Industriespionage gegenüber, das viel realer, banaler aber zugleich gefährlicher ist, als in manchem reißerischem TV-Krimi dargestellt, der schnell wieder in Autojagden oder Schusswechsel abgleitet, weil lautlos übers Internet angreifende Viren für einen Thriller einfach nicht medienwirksam genug sind.
Doch auch in Deutschland werden geplatzte Geschäfte mit Mikrochips, Airbusflugzeugen oder Schnellbahnen Aktivitäten fremder Geheimdienste angelastet, die entsprechende Unterlagen deutscher Unternehmen beschafften und z.B. an ausländische Konkurrenz-Unternehmen weitergaben.
Immer mehr Unternehmen, die unter starkem Kosten- und Wettbewerbsdruck leiden, versuchen ihre finanzielle Belastung zu reduzieren, indem sie Know-how für neue Produkte von der Konkurrenz stehlen. Im Zeitalter der Globalisierung ist das Wettrüsten der Blöcke durch einen globalen Wettbewerb abgelöst, der mit harten Bandagen geführt wird und bei dem der Zweck - nämlich wirtschaftlich schneller als andere Unternehmen bzw. Staaten zu wachsen und über mehr Wirtschaftsmacht auch mehr politischen Einfluss zu erringen - auch unlautere Mittel heiligt. Das Denken in Ost-West oder Nord-Süd-Bündnisstrukturen verstellt aber eher den Blick für die neuen Bedrohungsszenarien.
Jedes Unternehmen sollte seine wichtigsten Konkurrenten kennen und sich mindestens vor Ausspähungen aus dieser Richtung prophylaktisch schützen.

Dass viele Unternehmen noch immer glauben, von Wirtschaftsspionage nicht bedroht zu sein, liegt wohl vor allem daran, dass nur selten größere Fälle publik

---

[432] Vgl. v.Tiesenhausen,F. „Wirtschaft lässt Polizei bei IT-Kriminalität außen vor" FTD v. 18.04.07 , S. 11

werden, weil betroffene Firmen den Imageverlust fürchten, die Vorwürfe kaum gerichtsanhängig werden[433] und sich viele Aktivitäten in einem Dunkelfeld abspielen, an dessen Aufhellung keiner Seite wirklich gelegen ist. Hinzu kommt, dass der § 99 StGB (geheimdienstliche Agententätigkeit) auf Konkurrenzspionage nur sehr bedingt anwendbar ist. Dass diesbezüglich auch 2006 durch den Generalbundesanwalt nur 25 Ermittlungsverfahren eingeleitet und lediglich drei Personen verhaftet wurden[434], spricht für sich. Sichtbar werden oft bestenfalls die Schäden wie geplatzte Aufträge, gestohlene Patente oder Plagiate bzw. Raubkopien.

Der wohl bekannteste Fall von Wirtschaftsspionage der letzten Jahre gegen ein deutsches Unternehmen war der geplatzte Milliardenauftrag an den Siemens-Konzern, Hochgeschwindigkeitszüge für Südkorea zu bauen.

Im Spätsommer 1993 war man sich gewiss, den Auftrag zu bekommen. Die Züge sollten auf der 422 km langen Strecke zwischen Seoul und Pusan verkehren. Doch im September erhielt das britisch-französische Konsortium GEC Alstom den Zuschlag. Siemens glaubte damals, belegen zu können, dass der französische Konkurrent TGV die internationale Siemenskommunikation abgehört und so Einzelheiten des Angebots ausgespäht hatte[435]. Doch wenige Tage später nahm Siemens den Vorwurf zurück. Presseberichten zufolge haben sich die beiden konkurrierenden Konzerne auf Vorstandsebene auf Kooperation geeinigt, wie es 1997 auch im ähnlichen Fall Lopez zwischen VW und General Motors, bei dem ursprünglich Ignacio Lopez und mehreren Topmanagern Industriespionage, Entwendung von Betriebsgeheimnissen und Vernichtung von Beweismitteln vorgeworfen wurde, gegen Zahlung einer Entschädigungssumme von 100 Mio. USD von VW an GM, geschah[436].

Ähnlich soll es dem Daimler-Chrysler-Konzern ergangen sein, der im Mai 1998 das weltweit erste mit einer Brennstoffzelle betriebene Fahrzeug präsentierte. Entwicklungskosten ca. 200 Mio DM. Mit dem Einbau dieser modernen Technik wollte Deutschland seine Führungsrolle in der Automobiltechnik bestätigen. Doch schon lange vor der Präsentation des ersten Versuchsfahrzeugs soll der französische Auslandsgeheimdienst unbemerkt Teile der Entwicklungsunterlagen kopiert und an die Automobilindustrie unseres Nachbarn übergeben haben.

Mit welch großen finanziellen Auswirkungen schon die verräterischen Aktivitäten einer Einzelperson verbunden sein können, zeigt das Beispiel eines erst 1992 enttarnte DDR-Agenten bei der Firma SEL. Er spionierte deren digitales Tele-

---

433 wobei meist §17 UWG (Geheimnisverrat) eine Handhabe gegen Betriebsspionage durch Beschäftigte bietet

434 Vgl. BMI „Verfassungsschutzbericht 2006" Berlin 2007 , S. 300

435 Hilt,K. „Der Spion, der aus dem Rechner kam" , elektronisch veröffentlicht unter: www.dw-world.de/0,,1639568,00

436 Vgl. www.germnews.de/archive/gn/1997/01/10.html

fonvermittlungssystem, in dessen Entwicklung das Unternehmen etwa eine Milliarde USD investiert hatte im Auftrag des DDR-Geheimdienstes aus.
Im sog. Celler Spionageprozeß gegen einen ehemaligen technischen Angestellten der DASA-Flugzeugwerke in Stade wurde 1999 deutlich, dass der Angeklagte Technologie für glasfaserverstärkten Kunststoff für Flugzeugleitwerke an einen mitangeklagten DDR-Spion verraten hatte, der das Material an den KGB bzw. dessen Nachfolgeorganisation übergab, die es dann an die russische Rüstungsindustrie weiterleiteten.

Ein auch erst nach einigen Jahren bekannt gewordener Fall betrifft einen westfälischen Maschinenbauer. Dieser investierte 1997 mehrere Millionen in die Entwicklung eines Melkroboters. Nach deutschen Geheimdienstangaben sollen die Konstruktionsunterlagen sehr schnell ohne Wissen des Entwicklers bei einem amerikanischen Konkurrenzunternehmen aufgetaucht sein. Das westfälische Unternehmen reagierte überraschend, als sich die Geschichte um die Spionageaktivitäten verdichtete: es kaufte den amerikanischen Konkurrenten im Frühjahr 1999 einfach auf.
Nur schlaglichtartig erhellen Einzeldelikte das Dunkel: So erhielt das BKA z.B. 2006 von Scotland Yard eine Mitteilung über einen Hacker, der sich im Auftrag eines britischen Unternehmens ins Computersystem einer norddeutschen Spedition gehackt hatte. Dort platzierte er Maleware, die nahezu den gesamten elektronischen Geschäftsverkehr ausspionierte und an die britische Firma weiterleitete. Ziel der Attacke war die Übernahme der deutschen Firma.[437]

Die Präsentation chinesischer Fahrzeuge auf der Internationalen Automobilausstellung 2007 in Frankfurt/M, die zumindest optisch offensichtlich Nachbauten des Kleinwagens Smart und des Premium-Geländewagens BMW X5 sind, verdeutlicht erneut die aktuelle Bedrohung durch Raubkopien.
Allein der deutsche Maschinen- und Anlagenbau verliert durch Raubkopierer jährlich Umsätze in Höhe von ca. 4,5 Milliarden Euro. Experten des VDMA schätzen den jährlichen Umsatzverlust pro Unternehmen auf 3-5 % und gehen davon aus, dass zwei Drittel der oft mittelständischen Investgüter- und Zulieferfirmen betroffen sind[438]. So nahm kürzlich der Schweinfurter Wälzlagerhersteller Schaeffler KG mit der Vernichtung von 40 Tonnen gefälschter Wälzlager im Werte von rund 8 Mio € den Kampf gegen die Produktpiraterie, die zudem auch die Sicherheit des Käufers gefährdet, auf.
In Anbetracht der Tatsache, dass der Wirtschaft der entwickelten Industrieländer durch Produkt- und Markenpiraterie ein jährlicher Schaden von rund 120 Mrd. Euro entsteht (allein für die deutsche Wirtschaft nach BDI-Angaben 25 Mrd. €

---

437 Vgl.:www.bka.de/kriminalwissenschaften/herbsttagung/2007/langfassung_ziercke.pdf S.6
438 Vgl. Lochmaier,L. „Der unsichtbare Feind" elektronisch publiziert unter: www.manager - magazin.de v. 6.2.2007

für 2006), haben sich 22 Top-Manger international tätiger Unternehmen im Mai 2007 mit einem gemeinsamen Schreiben an die G8-Regierungschefs gewandt, in dem sie darauf dringen, dass der Kampf gegen Produktpiraterie durch eine Harmonisierung von Zollformalitäten sowie stringentes Vorgehen gegen einschlägige Märkte und Internetvertreiber verstärkt wird.
Neben der Ausforschung von Forschungs- und Angebotsstrategien wird die deutsche Wirtschaft vor allem durch die auf die Herstellung von Plagiaten zielende Ausspähung von Technologien bedroht. Gegen Plagiate auf dem Markt können sich Unternehmen und Kunden zunehmend auch vermittels IT-basierter Schutzkomponenten, wie z.B. Funkchips bzw. zusätzliche soft- bzw. hardware, ohne die das Produkt nicht benutzbar ist (Freischaltcodes etc) oder molekulare Markierungssysteme wie Lackmikropartikel, durch die Original und Plagiat unterschieden werden können, wappnen. In Autoreifen einvulkanisierte RFID-Chips mit Hersteller- und Produktinformationen machen Originale identifizierbar und lasergestützte Identifikationsverfahren ermöglichen es, durch Mikro-Oberflächenscannung von Produkten diese absolut individuell zu typisieren, um so jedes einzelne Produkt identifizieren zu können[439].
Gegen Ausforschungstechniken können sich Unternehmen vor allem dann gut schützen, wenn sie die Begehensweisen und die Prophylaxe dagegen kennen, denn es ist nicht nur das Internet, durch das Ausspähprogramme kommen. Oft genügen Spionen ganz legale Quellen und noch immer ist der arglose Mitarbeiter ideales Opfer, um mannigfaltige Informationen abzuschöpfen.

3.3.2. Hauptbegehungsweisen der modernen Wirtschaftsspionage

3.3.2.1. Was Unternehmen alles freiwillig preisgeben

Im Computerzeitalter sind oft gar keine klassischen Agentenaktivitäten mehr nötig, um interessante Daten zu erlangen. In unserer offenen Gesellschaft sind viele Informationen frei zugänglich. Die Recherche in Fachzeitschriften, Dissertationen oder Produktbeschreibungen unter Nutzung öffentlicher Bibliotheken, Webseiten von Unternehmen und Internet-Suchmaschinen fördert oft schon ohne viel Aufwand eine Fülle sensibler Daten zutage, die zum einen durch geschickte Kombination von Detailinformationen interessante Einblicke in Unternehmen, deren Hierarchien, Wirtschaftsbeziehungen oder Forschungsvorhaben und zum anderen das verdeckte zielgerichtete Ausspähen geheimer Unternehmensinterna (z.B. über Social Engineering-Techniken) ermöglichen. Zudem werden Daten oft unbeabsichtigt und unbewusst durch e-Mails, Bilder oder Office-Programme wie Word, Excel oder Powerpoint preisgegeben[440].

---

[439] Vgl. Bayer-research Nr. 19 (2007) , S. 81 und 94
[440] Bierhahn,U. „Durchgesickert" <kes> 2/2006 , S. 6

Unternehmen unterschätzen meist die große Leistungsfähigkeit moderner Suchmaschinen. So gelang es z.B. 2006 einer Zeitung in den USA durch einfache Internet-Recherche tausende CIA-Mitarbeiter zu identifizieren[441] und schon 2004 wurde ein Google-Werkzeug für die Dateisuche auf der Festplatte angeboten, das auf einem von mehreren Anwendern genutzten PC vertrauliche Daten (z.B. Passwörter) findet, weil es auch den Zwischenspeicher ausliest.

Internet-Suchmaschinen können immer mehr Dateiformate durchforsten und indexieren, wobei nicht nur die gespeicherten Texte oder Bilder, sondern auch „unsichtbare Inhalte" gescannt werden. Office-Programme wie Word oder auch PDF-Dateien speichern nämlich auch verdeckte Daten, die ggf. interessante Hintergrundinformationen beinhalten. Schon unter „Datei-Eigenschaften" lassen sich z.B. Informationen zur Historie des Dokuments, Verfassernamen oder den Titel von Vorgängerdokumenten finden. So kann ein Angebot an die Firma B ggf. noch Hinweise enthalten, dass es ursprünglich an die Konkurrenzfirma A adressiert war. Wird ein Word-Dokument im Änderungsmodus bearbeitet, wird oft die gesamte Entwicklungshistorie des Textes mitgespeichert und über Texteditoren lassen sich ggf. Namen von Bearbeitern, diverse Textvarianten oder Speicherorte auslesen, was dann wieder Rückschlüsse auf interne Unternehmensabläufe ermöglicht. Deshalb sollten alle Anwender von Office-Programmen bezüglich der Risiken geschult und strikt darauf orientiert werden, dass keine Daten im Original-Office-Format weitergegeben oder zumindest vor Datenversand eine komplett neue Datei anzulegen ist, in die die bearbeitete Datei kopiert wird. Vor Versenden sollten auch die Informationen unter Datei-Eigenschaften überprüft werden.

Viel versteckte Daten enthalten auch diverse Grafikformate. So enthalten JPG-Bilddaten meist auch gespeicherte Aufnahmeinformationen, Kameratyp etc., was z.B. Rückschlüsse auf Aktualität und Fotograf zulässt. Auch das enthaltene Vorschaubild bleibt oft unverändert erhalten, selbst wenn das eigentliche Foto bearbeitet wird. So lassen sich auch weggeschnittene Personen u.ä. sichtbar machen, die evtl. gar nicht versandt werden sollten.

Auch versandte e-Mails offenbaren ggf. interne Vorgänge, wenn Informationen über einen Verteiler (CC-Feld) versandt werden. So erfährt der externe Empfänger leicht, wer die Information noch erhalten hat, und so z.B. welche Bearbeitungsabläufe, Unterstellungsstrukturen oder Beziehungen zu anderen Unternehmen bestehen. Zudem werden oft komplette Mail-Adressen weitergegeben, was diverse Cybercrimeangriffe ermöglicht. Vermeiden lässt sich dies, wenn der Informationsverteiler im BCC-Feld, das nicht übertragen wird, steht. Auch die gedankenlose Weiterleitung von Rückantworten über den ganzen Verteiler produziert nicht nur lästigen Datenmüll sondern schafft ggf. zusätzliche Angriffspunkte, wenn so Informationen an Unbefugte gelangen.

---

[441] Vgl. www.heise.de/newsticker/meldung/70752

3.3.2.2. Bedrohung durch Social Engineering

Kurz vor der Frühstückspause klingelt bei der neueingestellten Praktikantin Helga Hase[442] in der Forschungsabteilung eines Automobilzulieferers in Leipzig das Telefon auf ihrem Schreibtisch. Es meldet sich ein Herr Wolf per Handy, der sich als neuer Mitarbeiter in der Beschaffungsabteilung BL 2 vorstellt und sie bittet, ihm die Konstruktionspläne des neuentwickelten Rußpartikelfilters RF 18 zuzusenden. Er sei gerade in einer Beratung mit potentiellen Materialzulieferern in der Außenstelle in Zwickau, habe leider gestern in der Eile der Reisevorbereitungen vergessen, die Projektdaten zu aktualisieren, die er jedoch nun dringend für exakte Bestellabsprachen benötige. Die Übermittlung möge bitte an seine private Mailadresse gehen, die durch einen speziellen Firewall gegen Computerspionage geschützt und von ihm unterwegs sicher abrufbar sei. Als die Praktikantin Bedenken äußert, solch wichtige Daten einfach per Mail zu versenden, beklagt Wolf wortreich den schlimmen Termindruck in seiner Abteilung, die Gefahr, dass die angestrebte Materialbeschaffung und damit der rechtzeitige Markteauftritt des Filters und letztlich die Zulieferaufträge gefährdet sind. Außerdem könne Frau Hase sich ja bei seinem Chef, Herrn Adler rückversichern. - Ach ja, der ist leider gerade im Urlaub, aber sie könne ihn per Handy anrufen. Die Nummer hat der redegewandte Herr Wolf natürlich auch. Ziemlich verunsichert, aber weil sie nicht wegen bürokratischer Bedenken einen wichtigen Auftrag und vielleicht sogar den Job eines Kollegen gefährden will, es sehr eilig scheint, sich unter der von Wolf angegebenen Handy-Nummer des Herrn Adler nur eine Mailbox meldet und wegen der Pause auch keiner mehr da ist, den sie fragen könnte, übersendet die Praktikantin die gewünschten Pläne.
Als sie erleichtert ihren Kaffe trinkt, ahnt sie noch nicht einmal, dass sie gerade Opfer einer Social Engineering-Attacke geworden ist.
Der bekannte Ex-Hacker Kevin Mitnick hat Social Engineering als die „Kunst der Täuschung“ beschrieben und es so auf den Punkt gebracht: Warum soll man hochgesicherte Technik angreifen, wenn man die gewünschten Daten auch von arglosen Menschen bekommen kann?[443] Während beim *Computerbased Social Engineering* vor allem manipulierte Webseiten oder malewareverseuchte Mailanhänge für Cybercrime-Attacken genutzt werden, versuchen Wirtschaftsspione mittels *Humanbased Social Engineering* über Telefonate oder direkte Gespräche vertrauliche Informationen auszuspähen. Recht effektiv sind manchmal auch Kombinationsformen, z.B. wenn ein angeblicher Servicemitarbeiter anruft und darum bittet, schnell mal ein „neues Update, das gleich per Mail rüberkommt aufzuspielen, um einem Botnet-Angriff abzuwehren“. Auch so lässt sich Maleware zielsicher positionieren. Oder ein Wirtschaftsspion stellt sich als neuer ex-

[442] Namen im Beispielfall sind fiktiv
[443] Vgl. Eichler,J. „Trau, schau, wem - Social Engineering - Paranoia oder reale Gefahr?“ <kes> 2007/1 , S. 92

terner Servicemitarbeiter vor und hinterlässt nach geschickter Kontaktaufnahme seine Rückrufnummer, „falls Probleme auftreten". Meist sorgt er dann per Computermanipulation für Probleme und bekommt so leicht durch den angesprochenen Mitarbeiter die gewollten internen Zugänge und Informationen, ohne dass dieser Verdacht schöpft.

Auch scheinbar unbedeutende betriebliche Informationen (wie z.B. Telefon- und Mitarbeiterlisten Außenstellen- und Raumverzeichnisse, Hierarchiestrukturen oder Urlaubspläne) sind für Social Engineering-Angriffe interessant. So konnte der unter dem Alias Wolf agierende Wirtschaftsspion aus dem Eingangsbeispiel vor allem deshalb erfolgreich agieren, weil er mit Betriebsinterna (Abteilungsbezeichnung, Name des Chefs, Kenntnis des Urlaubsplans etc.) operierte und so das Misstrauen der Praktikantin einschläferte.

Unternehmen sind gut beraten

- kritisch zu überdenken, welche Interna für externe Zugriffe zugänglich gemacht werden; dies gilt für Firmenwebsites genau so wie für Mitarbeiterzeitungen etc.
- klare Richtlinien aufzustellen, wie nicht mehr benötigte Unterlagen und Datenträger entsorgt und vernichtet werden; sowohl Altpapiercontainer als auch achtlos weggeworfene Disketten bzw. CDs oder die Festplatten ausgesonderter Computer können sonst ein wahrer Fundus für Wirtschaftsspione sein
- Regeln für den Umgang mit Betriebsfremden bzw. Unbekannten aufzustellen und die Mitarbeiter diesbezüglich regelmäßig zu sensibilisieren; ein gesundes Maß an Skepsis und Rückversicherung sollten nicht als negatives, sondern als verantwortungsbewusstes Verhalten begriffen werden.

Vor allem kleine und mittelständische Unternehmen unterschätzen häufig die Gefahr. Aber auch die Forschungs- und Entwicklungsabteilungen deutscher Firmen sind zunehmend das Ziel von Wirtschaftsspionen. Häufig sind es kleine Unternehmen, die z.B. ein neues Verfahren oder ein neues Zulieferteil entwickeln. Das sind nicht selten Module, die durchaus auch als Komponenten militärischer Systeme nutzbar sind. Industriespionage vermengt sich hier mit der Problematik *Proliferation*, d.h. Beschaffung von Materialien und Know how zur Entwicklung und Modernisierung von Massenvernichtungswaffen und der dazugehörigen Trägertechnologie. So durchsuchten im März 2006 Zollfahnder wegen des Verdachts illegaler Exporte für das iranische Atomprogramm 41 Unternehmen in zehn Bundesländern. Über Tarnfirmen in Berlin und Russland hatten sieben vorwiegend russische Beschuldigte unter Leitung eines iranischen Agenten versucht, sogenanntes Dual-Use-Material, wie spezielle Pumpen für Raketentriebwerke, eine Schweißanlage für Raketentanks und Hochleistungsschalter für Medizintechnik, die auch als Atombombenzünder benutzt werden können, zu beschaffen[444]

Auch bei der sogenannten Gesprächsaufklärung verhalten sich deutsche Firmen oft sehr arglos. Bei Messen und Firmenbesuchen setzten nicht nur Geheimdienste aus dem Osten sondern auch aus den USA, Frankreich, Großbritannien und Israel nachrichtendienstlich geschulte Leute ein, die gezielt versuchen, Forschungs- und Entwicklungsschwerpunkte auszuforschen. Beispielsweise werden mit hochauflösenden Fotohandys oft Detailaufnahmen vorgestellter Prototypen gemacht. Derartige Aktivitäten entziehen sich weitgehend der staatlichen Aufklärung, da diese Spione oft unter journalistischem Deckmantel arbeiten. Solche Fälle liegen beispielsweise vor, wenn in amerikanischen Kongressberichten von „offener Beschaffung" gesprochen wird.
Das Bundesamt für Verfassungsschutz beklagt im Verfassungsschutzbericht 2006, dass die guten Wirtschaftsbeziehungen den einseitigen Know-how-Abfluss von Deutschland nach China begünstigen.[445] China, das inzwischen zu den weltweit führenden Exporteuren von Notebooks, PCs, Handys und Digitalkameras gehört, ist an allen deutschen technologischen Innovationen interessiert und versucht auf vielfältigen Wegen, sich diese zu beschaffen. Hierzu gehören das Angebot von Kooperationen, das Bekunden von Kaufinteresse, der Austausch von Fachkräften u.ä. Insbesondere hochmotivierte[446] heimatverbundenen Fachkräfte mit Zugang zu mannigfaltigen auch sensiblen Unternehmensinformationen, ausgestattet mit Fleiß, Bildungshunger und Karrieredenken werden auch von den chinesischen Spionagediensten als gute Basis zur wirtschaftlich nutzbaren Informationsausspähung betrachtet. Oder, wie es ein chinesischer Konsul in Sydney auf den Punkt brachte: „Jeder Student, jeder Geschäftsmann, der ins Ausland gelassen wird, steht in der Schuld der Partei. Er revanchiert sich als Spitzel."[447]
Spätestens seit den massiven von Computern in Nordwest-China, aus Kanton und Peking ausgehenden Trojaner-Angriffen auf Computer deutscher Ministerien im Sommer 2007, bei denen IT-Experten des Verfassungsschutzes z.B. gerade noch den illegalen Versand von 160 Gigabyte Daten nach Fernost stoppen konnten[448], dürfte das Bedrohungsrisiko elektronischer Spionage auch verant-

---

[444] Vgl. Report Mainz v. 20.03.2006 elektronisch publiziert unter www.swr.de/report/archiv /sendungen /060320/02/index.html
[445] Vgl. BMI „Verfassungsschutzbericht 2006" Berlin 2007 , S. 295
[446] Typisch hierfür einer der wenigen, in Frankreich zur Anzeige gekommenen Wirtschaftsspionagefälle, bei dem eine 22jährige Chinesin mit Abschlüssen in Mathematik, Physik und Flüssigkeitsmechanik beim Autozulieferer Valeo 2005 Blaupausen geplanter Automodelle für China ausspionierte. (www.china-intern.de/1115198982.html)
[447] Vgl. Süddeutsche Zeitung v. 20.06.2006 , S. 3
[448] Spiegel Online v. 26.08.2007 www.spiegel.de/politik/deutschland/0,1518,502076,00.html

wortlichen deutschen Regierungsstellen bewusst geworden sein, wovon die gestiegene Bereitschaft, in IT-Schutzprogramme zu investieren, zeugt.

Leicht, unverdächtig und relativ einfach ist auch das Ausforschen mittels Unternehmensberatern. Unter dem Vorwand, eine zukünftige Zusammenarbeit prüfen zu wollen, verschaffen sich Konkurrenten häufig Einblick in fremde Unternehmen. Und erhalten nicht selten geldwerte Informationen von Forschungsprojekten bis hin zu Kundenbeziehungen.
Auch Joint-venture Unternehmen bieten Geheimdiensten neue Ausgangsbasen. So boten in den letzten Jahren gegründete deutsch-russischen Joint-venture- Unternehmen auch russischen Geheimdiensten neue Betätigungsfelder und bei Joint-ventures mit chinesischen Unternehmen bestehen z.B. Risiken für Informationsabflüsse über umfangreiche Zertifizierungspflichten bei der Wareneinfuhr wodurch u.U. Einzelbestanteile von Rezepturen oder Herstellungsdetails offengelegt werden müssen. Besonders der High-Tech-Bereich unterliegt der Gefahr der Ausspähung. So entstand fast aus dem Nichts heraus mit dem „Delphin“ ein chinesischer Wettbewerber für den deutschen Transrapid, dessen Funktionieren seit 2006 auf der Teststrecke der Tongji-Universität im Shanghai beobachtet werden kann. Auch werden Chinas Techniker aufmerksam beim Bau des Airbus A 320 lernen. Das Joint-Venture-Unternehmen war der Preis für weitere Milliardenaufträge der chinesischen Airlines.

Guten wirtschaftlichen Chancen in den Wachstumsmärkten stehen erhebliche Risiken für den Schutz eigenen Know-hows gegenüber, mit denen die deutsche Exportwirtschaft in besonderem Maße konfrontiert wird. Erstaunlich, dass 41% der in China und 32% der in Osteuropa tätigen deutschen Unternehmen bislang keine diesbezügliche Verstärkung ihrer Kontrollsysteme planen.[449]

Ein weiterer Gabentisch für Wirtschaftsspione sind auch internationale Kongresse. Für viele Wissenschaftler ist es prestigeträchtiger, ihre Forschungsergebnisse möglichst schnell zu publizieren, als ein Patent anzumelden. So wird viel Wissen völlig legal auf Kongressen abgeschöpft und taucht dann in Konkurrenzprodukten im Ausland auf. Aber auch die Globalisierung der Forschung birgt große Risiken. Fast zu jeder Zeit finden Videokonferenzen statt, kaum ein Wissenschaftler kommt heute mehr ohne internationale Kontakte aus. Doch über e-Mail ausgetauschte Daten werden regelmäßig mitgelesen, sind unsicherer als auf einer Postkarte. Der sogenannten „Fernmelde- und elektronischen Aufklärung“ kommt auch im Rahmen der Wirtschaftsspionage eine immer größere Bedeutung zu.[450]

---

449 Bussmann,K.D./Nestler,C./Salvenmoser,S. „Wirtschaftskriminalität 2007 - Internationale und deutsche Ergebnisse“, Frankfurt/M. und Halle 2007, S. 54

450 Vgl. „Wirtschaftsspionage - Information und Prävention“ Bundesamt für Verfassungsschutz 2003 , S. 9 f.

3.3.2.3. Möglichkeiten technischer Ausforschung von Unternehmen

Die Ausspähung von Unternehmen mittels legal zugänglicher Quellen und halb- bzw. illegal mittels Social Engineering-Techniken wird häufig durch technische Ausforschung ergänzt.
Um Unternehmen für die Risiken der Konkurrenzspionage zu sensibilisieren, sei in der Folge aufgezeigt, welche Möglichkeiten bestehen, sensitive Informationen aus einem ganz normalen Büro bzw. Besprechungsraum auszuforschen:
Die klassische Variante ist der *Lauschangriff.* Zum Abhören von Konferenzräumen und Büros gibt es heute fast unbegrenzte Möglichkeiten von fernöstlichen Billigwanzen bis hin zu teuren High-Tech-Abhöreinrichtungen. Gern praktiziert wird der Einbau drahtgebundener Raummikrofone, ggf. mit Miniaufzeichnungsgeräten gekoppelt, was den Vorteil, dass keine aufspür- bzw. störbaren Funkstrecken existieren mit dem Nachteil koppelt, das Band nach Aufzeichnung unter Entdeckungsgefahr bergen zu müssen. Sogenannte „Funkwanzen" sind heute extrem miniaturisiert und häufig als Gebrauchsgegenstände (z.B. eingegossen in Telefondosen oder eingebaut in Telefonhörer, Flaschenöffner, Kugelschreiber etc.) getarnt. Da diese Minisender jedoch durch Detektionsgeräte geortet werden können, wird gern auch drahtgebundene Abhörtechnik verwendet, die kaum messbare Signale in die Umgebung abstrahlen und ihre Informationen z.B. vermittels TV-Kabel oder Elektronetz aus dem Objekt bringen. Zu diesem Komplex gehört auch der Einsatz von Richtmikrofonen, die ggf. auch lasergestützt von außen die Schwingungen, die menschliche Stimmen verursachen von Fenstern abnehmen können, der Einbau von Körperschallmikrofonen in Wände, an Heizungsrohre, in Nebenräume oder versteckt z.B. in Lüftungsschächten, Klimaanlagen u.ä.
Waren schon analoge Telefonleitungen beliebte Angriffsziele durch in die Geräte eingebaute Abhörtechnik oder angezapfte bzw. induktiv abgehörte Leitungen bzw. Verteilerkästen, gilt dies um so mehr für ISDN-Telefonanlagen, da die Digitaltechnik zusätzliche Angriffsmöglichkeiten insbesondere über die Aktivierung von Fernwartungszugängen von außen eröffnet. So klinkten sich schon 1993 nach Erkenntnissen des BND fremde Geheimdienste in die Telefonanlagen deutscher Botschaften in den GUS-Staaten ein, indem sie die über die Fernwartungseinrichtung die Mithörfunktion aktivierten und so Gespräche deutscher Diplomaten belauschen konnten[451]. Das externe Aktivieren der Freisprechmikrophone am Telefon, über die sich ohne Hörer telefonieren lässt, ist ein simpler, aber sehr wirksamer Abhör-Trick, zumal der Lauscher weit entfernt sitzen kann. Vorschub geleistet wird dem häufig durch nahezu ungesicherte Fernwartungszugänge. Passwörter werden häufig im Ausgangszustand belassen und bei einigen Telefonanlagen erfolgt die Zugriffsidentifikation für die Fernwartungs-

[451] Vgl. „Lauscher in der Leitung" Wirtschaftswoche 5 v. 23.01.1997 , S. 41

schnittstelle gar nur über die übertragene Rufnummer des Anwählenden, die leicht simuliert werden kann.
In manchen Unternehmen können Telefone auch direkt über die Zentrale angesteuert und abgelauscht werden, was für interne Betriebsspionage interessant sein kann.
Die Telefonie übers Internet (VoIP) ersetzt in manchem Unternehmen zunehmend die klassische Telefonanlage. Hierdurch entstehen neue Risiken, da das Abhören von VoIP-Telefonaten relativ einfach ist. Das liegt nicht nur am Weg durch das Internet mit all seinen bereits geschilderten Gefahren und daran, dass Sprachpakete über das genutzte „Internet-Protokoll" meist unverschlüsselt übertragen werden, sondern die Risiken beginnen schon im eigenen Haus. Das Einbringen einer Verbindungsstelle (Hub) in den Datenstrom zwischen den Kommunikationsendpunkten ermöglicht es relativ problemlos, mittels eines angeschlossenen PC das Kopieren des gesamten VoIP-Datenverkehrs (von Fachleuten „Sniffen" genannt). Ein derartiger „Abhör-PC" (z.B. ein kleines Notebook oder ein PDA) kann beispielsweise im Serverschrank oder in einer abgehängten Decke, aber auch an einem geeigneten Büroarbeitsplatz unauffällig versteckt werden und lange Zeit VoIP-Gespräche mitschneiden und ggf. sogar automatisch übers Internet extern versenden.
Einige in Kommunikationsnetzwerke eingebettete extern aktivierbare Fehlersuchprogramme erübrigen sogar die Installation eines Hubs und ermöglichen Fernangriffe[452]. Hinzu kommt das Risiko des Befalls durch Schadprogramme und durch das Zusammenlegen von IP- und Telekommunikation kann ein Unternehmen wesentlich schneller durch DoS-Angriffe lahmgelegt werden. [453]
Überhaupt stellen alle *Formen der modernen Kommunikation* - von e-Mail über MMS- und Internet-Verbindungen, drahtlose Computerverbindungen (WLAN), Schnurlostelefone, Bluetoth-Schnittstellen, Programme zur Synchronisation von Mobilgeräten mit PCs, austauschbare Speichermedien u.ä. - sowohl Einfallschleusen für die Infektion mit Maleware, als auch Möglichkeiten des Datendiebstahls dar. In einer Zeit, da der Inhalt hunderter Aktenordner auf einen USB-Stick passt, wird das Einhalten von Sicherheits- und Berechtigungskonzepten für die Gerätebenutzung und den Datenzugriff vor allem für innovative Unternehmen zur Überlebensfrage. Da viele dieser Funktionen heute in Mobilgeräten standardmäßig integriert sind, wächst das Gefährdungspotential stetig.
Handys können beispielsweise sehr einfach zu Wanzen umfunktioniert werden, wenn der Benutzer bei angeschlossener Freisprecheinrichtung die automatische stille Rufannahme einschaltet, so dass ein Anrufer z.B. eine Beratung mithören kann. Wegen derartiger und anderer möglicher verdeckter Lauschangriffe sollten Handys bei sensiblen Beratungen nicht mitgeführt werden.

---

[452] Vgl. Lutz,F. „Wanze over IP" <kes> 2005 Nr. 2 , S. 58
[453] BSI „Die Lage der IT-Sicherheit in Deutschland 2007" Bonn 2007 , S. 34

Auch WLANS werden in Unternehmen immer öfter als bequeme Möglichkeit der Erweiterung kabelgebundener Computernetzwerke eingesetzt. Ist solch ein Netzwerk jedoch nicht ausreichend gesichert und reicht mit seiner kreisförmigen Abstrahlung über das Betriebsgelände hinaus, können Wirtschaftsspione leicht in Unternehmensnetzwerke eindringen und so vertrauliche Daten sammeln[454].
Weitere Ausforschungsmöglichkeiten bieten intern und extern installierte *optische Geräte* (Kameras mit Teleobjektiven etc.) Schon Informationen über die Zusammensetzung von Beratungskreisen können wichtige Aussagen über die Zielrichtung und Relevanz von Meetings haben. Außerdem können vertrauliche Informationen ggf. auch visuell von Computerbildschirmen mitgelesen werden.
Das Mitlesen von Computerbildschirmen vermittels der Auswertung der von ihnen ausgehenden Strahlung über hinreichende Entfernungen war schon um 1985 eine Spezialität östlicher Geheimdienste, besonders des MfS der DDR und des sowjetischen KGB. Hilfreich dagegen waren abstrahlungshemmende Fenster und Faradaysche Käfige. Moderne Plasmabildschirme emittieren weit weniger auswertbare Strahlung. Aber sie können, wenn sie von außen einsehbar sind, natürlich ausgespäht werden. Hierfür sind auch „optische Wanzen", also automatische Minikameras, die ihre Bilder nach außen übertragen und die kleiner als ein Stück Würfelzucker sind, einsetzbar.
Zudem sollte die Möglichkeit, für *Videokonferenzen* installierte Computerkameras extern zu aktivieren und so Beratungen zu observieren, nicht unterschätzt werden, wenn der Computer im Beratungsraum nicht nachweislich vom Netz getrennt ist.
Eine weiter Möglichkeit, Informationen auszuspähen eröffnen *Drucker*, die außerhalb des Büros stehen. Abgesehen von der Trivialsituation, dass unbeaufsichtigt sensitive Berichte ausgedruckt werden und Exemplare so in falsche Hände geraten, gibt es die Möglichkeit das Übertragungskabel konventionell oder induktiv anzuzapfen, um die übertragenen Daten mitzulesen. Analoge Möglichkeiten eröffnen die Datenspeicher moderner Kopierer.

Schließlich ist der oft sträfliche Leichtsinn beim Umgang mit Papierdokumenten immer noch eine Fundgrube für Konkurrenzspione. Hauptrisiken sind ein unbedachtes Outsourcing der Aktenvernichtung und der Verzicht auf hochwertige Schredder. Seit es entsprechende computergestützte Rekonstruktionsprogramme gibt, sollte der einfache Streifenschnitt für vertrauliche Dokumente durch den doppelten „Cross-Schnitt" ersetzt werden. Allerdings fanden sich auch schon von Betriebsspionen vor den Messerwalzen eingebaute Scanner, so dass in sicherheitsrelevanten Bereichen ggf. nicht nur eine Kontrolle der Papierkörbe, sondern auch der Schredder sinnvoll sein kann.

---

[454] BSI „Die Lage der IT-Sicherheit in Deutschland 2007" Bonn 2007 , S. 35

3.3.2.4. Computerspionage

Die Bedrohung von Unternehmen durch Datenausspähung vermittels Spyware wurde bereits unter Abschnitt 3.2.2.3.1 dargestellt. Prophylaktisch ist immer davon auszugehen, dass *alle* technischen Möglichkeiten der Spionage, die existieren, ggf. auch genutzt werden, vor allem, wenn das gewaltige Potential staatlicher Geheimdienste zur Verfügung steht.
Das einzige bislang bekannt gewordene globale Abhörsystem, das der weltweiten Überwachung von Funk- und Internetverbindungen dient und insofern auch für Zwecke der Wirtschaftsspionage genutzt werden kann, ist das ECHELON-System der USA.[455] Es handelt sich hierbei um ein großteils automatisiertes globales Netzwerk diverser technischer Abhörsysteme das auf die Auswertung funknetz- und satellitengestützter elektronischer Kommunikation zielt. Die bekanntgewordenen Informationen über das streng geheime Projekt beruhen weitgehend auf dem sogenannten STOA[456]-Bericht für das EU-Parlament[457], der letztlich den Stand der Überwachungsmöglichkeiten des Telekommunikationsverkehrs für Geheimdienstzwecke um 1998 wiederspiegelt. In Anbetracht der rasanten technischen Entwicklung lässt sich bestenfalls erahnen, wie perfekt und umfassend ECELON heute sein dürfte.
Das ursprünglich zum Abhören der UdSSR und ihrer Verbündeten aufgebaute System soll über 120 Landstationen und geostationäre Satelliten verfügen und in der Lage sein, mehr als 90% des Internetverkehrs mitverfolgen zu können. Die eingefangenen Signale werden durch eine Reihe von Supercomputern verarbeitet, die darauf programmiert sind, Zieladressen, Wörter und auch individuelle Stimmen zu erkennen. Eine spezielle Spracherkennungssoftware fängt weltweit alle mündlichen Äußerungen ab, sobald ein bestimmtes Stichwort (z.B. Iran oder Taliban) auftaucht. Dabei ist es gleichgültig, in welcher Sprache oder in welchem Dialekt eine Äußerung fällt. Amerikanische und israelische Softwarespezialisten hatten das Programm ursprünglich entwickelt, um die internationalen Abhöreinrichtungen auf bestimmte Stimmen - etwa von Diplomaten, Politikern oder Wirtschaftsbossen - zu eichen. Wenn z.B. ein amerikanischer Rüstungskonzern auf einen Großauftrag in Saudi-Arabien hoffte, dort aber auch ein französisches Unternehmen im Rennen war, dann sorgte jenes Stimmerkennungsprogramm dafür, dass alle Telefongespräche der in Frage kommenden französischen Unternehmensführer aufgezeichnet und umgehend ausgewertet wurden. Heute gilt die dem Programm zugrundeliegende Spracherkennungs-Software bei Militärs und Geheimdienstlern längst als veraltet und darf daher frei

---

[455] Vgl. Abschlussbericht des EU-Parlaments über ECHELON elektronisch veröffentlicht unter: www.europarl.eu.int/tempcom/echelon

[456] STOA = Science an Tecnology Options Assessment Panel, das Amt zur Bewertung von Technikfolgen des Europaparlaments

[457] Vgl. www.europarl.eu.int/dg4/stoa/en/publi/pdf/98-14-01.2en.pdf

verkauft werden[458]. Moderne Software ermöglichte schon vor 10 Jahren eine Auswertung fast in Echtzeit: Wenige Sekunden nach einem Telefongespräch oder einer Datenübertragung liegen die vom Computersystem mit Hilfe der Wortbank aufgefangenen Gespräche bereits zur Auswertung auf dem Tisch der National Security Agency (NSA) in Maryland. Computer, die mittels Wortdatenbanken den Telefonverkehr auf bestimmte Stichworte hin abhören, gibt es schon seit den sechziger Jahren.[459]

Das 1995 modernisierte ECHELON-System zapft auch über fünf Abhörstationen die rund um die Erde auf geostationären Bahnen positionierten Internationalen Telekommunikationssatelliten (Intelsat), über die heute fast 90 Prozent aller weltweiten Telefongespräche sowie der internationale Fax- und Datenaustausch des Internets laufen, an und übermittelt deren Signale über eigene NSA- Satelliten an die Zentrale nach Fort Meade in Maryland. In jeder Minute werden mit dem ECHELON-System mehrere Millionen Kommunikationseinheiten aufgefangen und gespeichert. Die eingehenden Daten werden mit Hilfe von Computern auf Stichwörter oder Schlüsselbegriffe hin durchscannt. Für jedes Land der Welt hat die NSA dabei - mit Hilfe amerikanischer Unternehmen - eine eigene Stichwortliste erarbeitet. Darin enthalten sind Begriffe, die in Zusammenhang stehen mit Drogenhandel, Mafia, Korruption, Terrorismus, Geldwäsche. Natürlich ist es technisch unproblematisch, so auch Patentangelegenheiten, Verhandlungsangebote und Firmendaten zu erfassen.

Zum ECHELON-System gehören zudem Einrichtungen, mit denen weltweit die Seekabel abgehört werden. Die im STOA-Bericht dargestellten Abläufe der Satellitenüberwachung sind unterdessen wohl nicht mehr aktuell, verdeutlichen aber das Prinzip: In der ECHELON-Basis Menwith Hill (England) fing man die Kommunikation von Unternehmen mit zwei verschiedenen Systemen ab. Eines von ihnen (Codename SILKWORTH) stammt aus dem Jahre 1979 und dient der Überwachung der interkontinentalen Kommunikation. Damit lassen sich beispielsweise die Gespräche zwischen einem jordanischen und einem französischen Unternehmen abhören. Um1998 kontrollierte Menwith Hill 56 im Orbit kreisende Satelliten.

Ein zweites System (Codename MOONPENNY) ermöglichte es der NSA zudem, auch die Satelliten fremder Staaten - und die über diese geleitete Kommunikation - illegal mitzuhören. Zu den angezapften Satelliten gehören israelische, russische, indonesische, chinesische und indische ebenso wie ganze Satellitensysteme, die von mehreren Staaten gemeinsam betrieben werden, so etwa ARAB-

---

[458] Seit 1998 sind derartige Spracherkennungsprogramme in stark abgespeckter Form als Diktiersoftware im Handel.

[459] So weiß man heute, dass zum Zeitpunkt der Ermordung John F. Kennedys vom FBI in den Vereinigten Staaten täglich rund 1000 Telefongespräche automatisch aufgezeichnet wurden, in denen das Wort Kennedy vorkam.

SAT (Arab Satellite Communications Organization), aber auch die Intelsat-Satelliten.
Der Aufwand zum Anzapfen von Satelliten wie ARABSAT oder Intelsat ist gering, aber ergiebig: Allein im Jahre 1992 hat die NSA in Menwith Hill laut Angaben aus Washingtoner Geheimdienstkreisen 17,5 Milliarden Nachrichten - das sind stündlich rund zwei Millionen - aus der weltweiten Datenflut via SILKWORTH und MOONPENNY automatisch abgefangen und mit dem ECHELON-System überprüft. Von diesen zwei Millionen Daten pro Stunde befanden die Computersysteme 13 000 Nachrichten einer näheren (prozessorgesteuerten) Sichtung für würdig, weil sie Stichwörter, Textbausteine oder Ziffernkombinationen enthielten, die zuvor in die Datenbank als Suchkriterien eingegeben worden waren. Davon wiederum entsprachen 2000 (im ganzen Jahr waren es etwa 18 Millionen) den groben Suchkriterien. Diese 2000 Nachrichten *pro Stunde* mussten von den Mitarbeitern ausgewertet werden. Statistisch gesehen sind von diesen wiederum 20 von Interesse und nur über zwei abgefangene Informationen wird dann auch ein schriftlicher Bericht angefertigt, den die NSA an die Regierung weiterleitet. Menwith Hill mit seinen 1800 Mitarbeitern sammelt somit täglich etwa 48 Nachrichten aus der weltweiten Datenflut, die letztlich als Notizen auf dem Schreibtisch des nationalen Sicherheitsberaters des amerikanischen Präsidenten im Weißen Haus in Washington landen.
Betrachtet man den deutschen Datenverkehr mit den Vereinigten Staaten, so fällt auf, dass ein großer Teil der Nachrichtenpakete über Knotenpunkte wie etwa »Fix East« und »Fix West« läuft. Diese „Router" gehören der NASA, werden aber angeblich auch von der NSA angezapft.
Offiziell hören US-Dienste Unternehmenskommunikation zwecks Bekämpfung von Bestechungsversuchen und Terrorismus ab, wobei das Verwenden ausgespähter Informationen zur Konkurrenzaufklärung zumindest möglich scheint. Hinweise dafür finden sich auch im STOA-Bericht. So soll der französische Konzern Thomson CSF 1994 einen Auftrag über 1,4 Milliarden USD an das US-Unternehmen Raytheon verloren haben, weil die NSA diesbezügliche Verhandlungen zwischen Frankreich und Brasilien abgehört hat und auch ein 6 Milliarden USD-Auftrag über die Lieferung europäischer Airbus-Flugzeuge an Saudi-Arabien in den späten 90er Jahren kam nicht zustande, weil wohl über abgehörte Telefonate zwischen Airbus und saudischen Geschäftsleuten Bestechungsversuche aufgedeckt wurden. Den Zuschlag erhielt der Flugzeugproduzent Boeing.
Auch wenn der offizielle Echelon-Bericht an das EU-Parlament 2001[460] zum Schluss kommt, dass das Abhörsystem vor allem Zugriff auf die interkontinentale, nicht aber auf die gesamte Telekommunikation in Europa hat und das kom-

---

460 „Bericht des nichtständigen Ausschusses des EP über das Abhörsystem Echelon", Berichterstatter G. Schmid (A5-0264/2001)

plexe Abhörsystem offenbar nicht in der Lage war, die Angriffe am 11. September 2001 zu verhindern und nicht die Omnipotenz aufweist, die ihm unterstellt wurde, sind Unternehmen gewiss gut beraten, sorgsam zu überlegen, wie sie sensible Daten und vertrauliche Korrespondenz übermitteln und ggf. das breite Spektrum von Verschlüsselungstechnologien zu nutzen.
Dass es um ECHELON in den letzten Jahren erstaunlich ruhig geworden ist lässt eher auf gut funktionierende Verschleierungsstrategien, denn auf ein Abschalten schließen - und schließlich haben auch andere Staaten inzwischen das technische Potential, analoge Systeme aufzubauen und zu nutzen.

Computerbezogene Wirtschafts- bzw. Konkurrenzspionage bedroht allerdings nicht nur aus den Tiefen des Internet oder des Alls sensitive Daten. Es gibt weitere Angriffsmöglichkeiten, die Unternehmen beachten sollten, wenn sie z.B. Mitarbeiter zum Kundenbesuch oder zur Geschäftsanbahnung in die USA schicken. Die dortigen Zoll- und Einwanderungsbehörden dürfen Notebooks und andere elektronische Datenträger nämlich im Zuge der Terrorismusbekämpfung ohne Angabe von Gründen untersuchen und beschlagnahmen. Ein Report des Congressional Research Service (CRS) an den US-Kongress bestätigte 2006, dass Grenz- und Einreisekontrollen von den Grundrechten ausgenommen sind und entsprechende Durchsuchungen auch verdachtsunabhängig erfolgen können.[461] Auch hier bestehen zumindest theoretisch Möglichkeiten, dass elektronisch gespeicherte sensitive Firmendaten in falsche Hände gelangen.
Bedacht werden sollte auch, dass zumindest aus den USA die Möglichkeit bestätigt ist, dass die Mikrofone von Mobiltelefonen von Polizei oder Geheimdiensten aktiviert werden können, um Gespräche der Besitzer zu belauschen. Dies wurde im Zusammenhang mit einer vom Justizministerium genehmigten FBI-Abhöraktion gegen eine Mafia-Gruppierung in den Vereinigten Staaten bekannt[462]. Was für die offizielle Geheimdienstarbeit nutzbar ist, dürfte auch durch versierte Techniker der Konkurrenzspionage möglich sein, weshalb man bei vertraulichen Gesprächen sein Handy am besten nicht bei sich führen sollte.
Auch seitens der EU wurden Bedenken vor möglicher Industriespionage durch die USA auf dem Finanzsektor laut. Im Zusammenhang mit Plänen, im Zuge der Vereinheitlichung des Finanzmarks ab 2008 alle innereuropäischen Finanztransfers über das Swift-Netz[463] laufen zu lassen, wurden vor allem seitens Österreich darauf verwiesen, dass der US-Geheimdienst CIA unter Berufung auf die Terrorbekämpfung seit 2001 auf Swift-Daten zugreift. Der Zugriff auf Finanzdaten und Informationen über Geldflüsse könnte auch Finanzierungsstrategien und

[461] „Notebook-Kontrolle bei Einreise in die USA" Berliner Zeitung v. 29.11.06 elektronisch veröffentlicht unter: www.berlinonline.de/berliner-zeitung/wirtschaft/607226.html
[462] http://de.internet.com/index.php?id=2046552&section=Security
[463] SWIFT: Society of Worldwide Interbank Financial Telecommunications

-verflechtungen europäischer Unternehmen transparent machen und diese so im globalen Wettbewerb benachteiligen.
Natürlich sind auch andere Länder nicht untätig im Rahmen der Computerspionage. So betreibt der russische Inlandsnachrichtendienst FSB eine zunehmend intensive Internet-Überwachung. Zu diesem Zwecke müssen alle russischen Anbieter von Internet-Zugängen dem FSB einen permanenten Zugriff auf den Datenverkehr ermöglichen. Gleiches gilt für die Telefongesellschaften des Landes.[464] Wer sich geschäftlich in Russland aufhält, muss mit Ausspähung rechnen.

3.3.3. Prophylaxe bzw. Gegenmaßnahmen im Unternehmen

Obwohl noch in vielen deutschen Unternehmen eine weitgehend auf Unwissen beruhende Ignoranz gegenüber den notwendigen Prophylaxemaßnahmen gegen Wirtschaftsspionage dominiert, fängt beginnend beim Management der großen international tätigen Konzerne, aber auch in immer mehr kleineren, auf dem globalisierten Weltmarkt tätigen und diesbezüglichen Bedrohungen ausgesetzten Unternehmen ein allmähliches Umdenken an. Aus dem Corporate Governance-Kodex, dem KonTraG und seinen Folgegesetzen resultierende Compliance-Anforderungen, die die Verantwortung des Top-Managements für ein effektives Risikomanagement und eine unternehmenswertsichernde Überwachung strenger als bisher festschreiben, mögen zu diesem Umdenken beitragen.
Damit ergeben sich gute Möglichkeiten, die erforderlichen Maßnahmen gegen Wirtschaftsspionage auf breiter Front in den Unternehmen umzusetzen.

Problematisch ist, dass für viele Unternehmen der Schutz gegen Wirtschaftsspionage noch immer unter das Oberthema IT-Sicherheit fällt. Durch diese zwar wichtige, aber zu einseitige Sensibilisierung erfahren die Mitarbeiter kaum etwas über andere Begehensweisen und Gefahren der Wirtschaftsspionage und werden so z.B. leicht zum Ziel von Social Engineering-Angriffen.
Prophylaxe- und Gegenmaßnahmen müssen jedoch die ganze Bandbreite der vorn geschilderten Begehensweisen abdecken und dürfen neben der nötigen Orientierung auf technische Schutzmaßnahmen nie die Mitarbeiter außer acht lassen. Dieser leider oft noch unterschätzte „menschliche Faktor" ist sehr wichtig. Ein Unternehmen wird nur bedingt verhindern könne, dass sein Telefon- und e-Mailverkehr abgehört wird. Aber es kann seine Mitarbeiter dafür sensibilisieren, *was* sie sagen oder schreiben.

Prinzipiell sollten Unternehmen zum Schutz vor Computerspionage die im Abschnitt 3.2.4. dargestellten Maßnahmen ergreifen.

---

464 Vgl. BMI „Verfassungsschutzbericht 2006" Berlin 2007 S. 281

Besonders für kleine und mittelständische Unternehmen ist es wichtig[465]:

- klar zu regeln, wer im Unternehmen für IT-Betrieb und für IT-Sicherheit verantwortlich ist und welche Aufgaben damit verbunden sind.
- exakt zu regeln, was Mitarbeiter bei der Nutzung von IT und Internet zu beachten haben (verbindliche Sicherheitsrichtlinien).
- eigene Computersysteme wirksam und aktuell vor Schadsoftware und unbefugte Zugriffe durch eigene Mitarbeiter (z.B. durch Firewalls, Virenscanner und restriktive Zugriffsberechtigungskonzepte) zu schützen.
- alle IT-Schutzsysteme durch Updates bzw. Patches regelmäßig (möglichst automatisch) zu aktualisieren, denn nur so bleiben diese wirksam.
- regelmäßige Datensicherungen auf externen Speichermedien durchzuführen, um gegen Datenverluste bei Angriffen gesichert zu sein.
- *alle* Übergänge zu fremden Netzten mit Firewalls zu sichern; dies gilt insbesondere für extern erreichbare Server. Auch mobile Geräte und Dienste (z.B. Laptops, PDAs, Handys und drahtlose Netze) müssen optimal geschützt werden.
- auch für einen adäquaten physischen bzw. technisch-organisatorischen Schutz sensibler Unternehmensdaten zu sorgen. Hierzu gehört die Verschlüsselung relevanter Daten ebenso, wie Schutz von Datenträgern inklusive Computern und Festplatten vor Diebstahl oder Beschädigung und Zutrittsbeschränkungen zu sicherheitsrelevanten Bereichen, z.B. Forschungsabteilung.
- dass alle Mitarbeiter ausreichend im Umgang mit der IT geschult und gleichzeitig für diesbezügliche Sicherheitsaspekte sensibilisiert sind. Es ist auch wichtig, dass die Mitarbeiter für Fragen aber auch Hinweise zu verdächtigen Vorkommnissen einen Ansprechpartner im Unternehmen haben (z.B. den Internen Revisor).

Um sich prophylaktisch gegen Wirtschaftsspionage zu schützen, sind darüber hinaus folgende Gegenmaßnahmen angebracht[466]:

- Unternehmen, die direkt oder indirekt mit High-Tech-Produkten zu tun haben, z.B. durch Involvierung in Forschungsarbeiten, durch eigene (patentierte) Produkte, Zulieferteile oder Werkzeugmaschinen, die zur Herstellung von High-Tech-Systemen dienen können, sollten davon ausgehen, dass sie in Fokus von Industrie- bzw. Konkurrenzspionage stehen könnten und deshalb Prophylaxemaßnahmen ergreifen.
- Diese Prophylaxemaßnahmen müssen sowohl Möglichkeiten externer als auch interner Angriffe und Tatbegehensweisen vom einfachen Einbruch

[465] Vgl. „BSI-Tipps für KMU-Sicherheit" , elektronisch veröffentlicht unter: www.bsi.bund.de/presse/pressinf/220507_KMU.htm

[466] Vgl. Ulfkotte, U. „Wirtschaftsspionage", München 2001 , S. 321

über Social-Engineering-Attacken bis hin zur Computerspionage ins Kalkül ziehen. Hierbei sollte mit der Sensibilisierung der Mitarbeiter und der Durchsetzung einfacher, leicht zu realisierender Schutzmaßnahmen begonnen werden, bevor umfangreichere technische Maßnahmen (z.B. im Computerbereich ggf. unter Zuhilfenahme externer Spezialisten) erfolgen.

- Prinzipiell sollten alle unternehmensbezogenen Arbeitspapiere beim Verlassen des Arbeitsplatzes weggeschlossen werden; auch Computerprogramme u.ä. sind zu beenden. Dies gilt in besonderem Maße natürlich für vertrauliche Informationen, die dazu natürlich deutlich als vertraulich gekennzeichnet und registriert sein müssen. Werden vertrauliche Papiere an einen anderen Mitarbeiter übergeben, sollte dies aktenkundig erfasst werden (z.B. vermittels gegengezeichneter Quittung); bei Datenzugriffen per PC sollen Zugriffe per Passwort gesichert und ebenfalls protokolliert werden.
- Eine begehrte Informationsquelle für Konkurrenzspione sind Papierkörbe mit weggeworfenen Arbeitsunterlagen, ungelöscht entsorgte Datenträger oder gar weggegebene alte Computer mit unvollständig gelöschten Festplatten. Der scheinbare Datenmüll enthält oft für die Konkurrenz hochinteressante Informationen. Deshalb sollten alle betrieblichen Unterlagen prinzipiell arbeitsplatznahe geschreddert und von zuverlässigen Fachfirmen entsorgt werden[467] Für vertrauliche Unterlagen kann ein Aussonderungs- und Entsorgungsprotokoll sinnvoll sein, das auch den zuständigen Bearbeiter entlastet. Auch bei elektronischen Datenträgern sollte auf eine nachhaltige Datenvernichtung geachtet werden (z.B. Schreddern von CDs oder sicheres Löschen von Festplatten mittels zuverlässiger Überschreibprogramme)
- Vertrauliche Informationen sollten niemals am Telefon diskutiert oder unverschlüsselt per Fax bzw. e-Mail versandt werden. Jeder Mitarbeiter sollte sich diesbezüglich bewusst sein, dass diverse moderne Abhörtechnik in der Lage ist, jedes gesprochene Wort zu erfassen bzw. den elektronischen Datenverkehr zu belauschen.
- Chef- und Konferenzbüros, in denen vertrauliche Informationen diskutiert werden, sollten nicht frei zugänglich sein und regelmäßig durch Spezialfirmen auf versteckte Abhörtechnik untersucht werden. Es ist sinnvoll, den Kreis der zugangsberechtigten Personen durch personenbezogene Schlüssel o.ä. Identifizierungstechniken (auch für technisches Personal) kontrollfähig einzuschränken. Fenster sollten mit schallschluckenden

[467] Schon das Schreddern wird oft aus Bequemlichkeit oder wegen des weiten Weges zum Schredder unterlassen, so dass z.B. Reinigungspersonal bei Leeren der Papierkörbe durchaus interessantes Material finden kann und seit auch nur einfach geschredderte Unterlagen vermittels Computererkennungsprogrammen wieder rekonstruiert werden können, ist es sehr wichtig, dass diese nachweislich vertraulich entsorgt werden.

Vorhängen (gegen Richtmikrofone) und ggf. Schutzfolien gegen elektromagnetische Abstrahlung versehen sein.

- Mitarbeiter, die im Außendienst tätig sind, sollten - insbesondere im Ausland - vertrauliche Unterlagen bzw. Geräte, auf denen vertrauliche Daten gespeichert sind, keinesfalls im Auto oder ungesichert im Hotelzimmer lassen, da diese Informationen so leichte Beute für Konkurrenzspione bzw. deren Helfer sind. Auch in Zügen sollten Laptops etc. gegen Diebstähle z.B. durch Kabelschlösser gesichert werden. Daten auf mitgeführten mobilen elektronischen Geräten sollten prinzipiell verschlüsselt sein. Allerdings ist zu beachten, dass in einigen Ländern - wie z.B. in Frankreich und China - eine Datenverschlüsselung auf Notebooks etc. nicht erlaubt ist[468] und bei der Einreise für Schwierigkeiten sorgen kann. Eine Möglichkeit, dem vorzubeugen ist, sensitive Informationen verschlüsselt auf den heimischen Server zu belassen und auf diesen dann ggf. übers Internet zuzugreifen. Dadurch bleiben die Daten weitgehend geschützt.
- Unternehmensmitarbeiter sind häufig gute Angriffsziele für Konkurrenzspionage. Hierbei kann es sich zum einen um potentiell kriminelle Mitarbeiter und zum anderen um naiv-vertrauensselige bzw. sorglose Mitarbeiter handeln. Für beide Gruppen gibt es spezielle Begehensweisen, bei denen Prophylaxemaßnahmen ansetzten müssen.
- Potentiell kriminelle Mitarbeiter werden häufig für Zwecke der Konkurrenzspionage durch Bestechung oder Erpressung motiviert. Wenn in Unternehmen Stellen besetzt werden sollen, die unmittelbar mit vertraulichen Informationen befasst sind, kann es sinnvoll sein, möglichst vor Einstellung auch das persönliche Umfeld (Hinweise auf hohe Schulden, aufwendigen Lebensstil, Sucht, Kündigungsgrund bei vorherigen Arbeitgebern etc.) zu hinterfragen. Das Risiko, dass Mitarbeiter nach ihrem Ausscheiden Informationen an die Konkurrenz liefern, kann zudem durch arbeitsvertraglichen Vertraulichkeits- und Wettbewerbsverbotsklauseln eingeschränkt werden.
- Naiv-vertrauensselige Mitarbeiter werden häufig Opfer von Social-Engineering-Attacken, bei denen ihre Arglosigkeit zur Ausforschung von vertraulichen Daten per Telefonat oder persönlichem Gespräch genutzt wird. Hier ist Prophylaxe durch Sensibilisierung (z.B. durch Darstellung typischer Angriffsweisen in Schulungen) und klare Regelungen (z.B. was für Auskünfte dürfen Dritte gegeben werden dürfen, wer Ansprechpartner für Zweifelsfragen ist etc.) sinnvoll. Zum Schutz der Mitarbeiter vor Social-Engineering-Attacken ist es auch sinnvoll, sorgfältig zu überlegen, welche unternehmensbezogenen Informationen extern (z.B. über die Un-

[468] Eine (allerdings rechtlich unverbindliche) Übersicht, in welchen Ländern IT-Verschlüsselungsmaßnahmen nicht oder zumindest nur eingeschränkt erlaubt sind, bietet die website: http//rechten.uvt.nl/koops/cryptolaw

ternehmenshomepage im Internet) zugänglich gemacht werden. Auf Telefon- oder Mail-Durchwahlnummern sollte ggf. ebenso verzichtet werden, wie auf Raumbelegungs- und Urlaubspläne.

- Wirtschaftsspione bedienen sich mannigfaltiger Legenden bzw. falscher Identitäten. Gern wird die Legende verwendet, man arbeite für ein Technik-, Wartungs- oder Reinigungsunternehmen. Hierdurch erlangen Angreifer leicht weitgehenden Zugang zu allen Räumen und wenn dies nach Dienstschluss erfolgt, oft völlig unkontrolliert. In diesem Bereich liegt eine nicht zu unterschätzenden Schwachstelle vieler Unternehmen! Abhilfe schaffen lässt sich, indem prinzipiell nur mit vertrauenswürdigen Service-Unternehmen zusammengearbeitet wird, mit denen dann klare Einsatzpläne abgestimmt und auch dem Betriebsschutz mitgeteilt werden. Auch eigene Mitarbeiter sollten sensibilisiert dafür sein, bei unangekündigten „Wartungstechnikern" etc. genauer hinzuschauen und ggf. beim zuständigen Leiter nachzufragen. Die Internationalisierung vieler Unternehmen bringt es mit sich, dass immer öfter auch Praktikanten oder Werksstudenten aus anderen Ländern beschäftigt werden. Sowohl durch Gastmitarbeiter aus Staaten mit noch erheblichen technologischen Rückstand als auch aus High-Tech-Ländern kann der Verlust von Know-How drohen. Ohne diesen Partnern mit prinzipiellen Misstrauen zu begegnen, kann es doch sinnvoll sein, ihre Beschäftigung in Bereichen mit Zugriffsmöglichkeiten auf sensible Forschungs- und Produktionsinformationen im Voraus sorgsam abzuwägen. Eine unbeaufsichtigte Tätigkeit am Abend oder Wochenende kann solchen Praktikanten den Zugriff auf vertrauliche Daten erleichtern.
- Im Zeitalter der umfassenden Internet-Nutzung sind die Computersysteme von Unternehmen vorrangige Ziele der Datenausforschung. Diesbezügliche Begehensweisen und Prophylaxemöglichkeiten wurden im Abschnitt 3.2. ausführlich dargestellt. Leider sind kleine und mittlere Betriebe aber häufig schon froh, dass die EDV überhaupt einigermaßen funktioniert. Über die Absicherung der Daten gegen Wirtschaftsspionage machen sie sich keine Gedanken. Dennoch sollten sie dies schnellstens tun und auch hierbei daran denken, dass permanent aktualisierte Firewalls und diverse Malewareerkennungs- und Datenzugriffsschutzsysteme die eine unabdingbare Seite der Prophylaxe sind; die Sensibilisierung von Mitarbeitern, z.B. regelmäßig ihre Passworte zu wechseln und nicht unbedacht den möglicherweise Maleware enthaltenden e-Mail-Anhang zu öffnen, jedoch ebenso wichtig ist.
- Zunehmende Gefahren gehen auch von immer mehr genutzten WLANs aus, mit denen zwar lästiger „Kabelsalat" im Büro vermieden und die Flexibilität mobiler Computer genutzt, aber zugleich die Gefahr der Datenausspähung erhöht wird. Prophylaktisch ist vor allem darauf zu achten,

dass:
- WLAN-Geräte nicht über den WLAN-Anschluss konfiguriert werden, weil dieser elektronisch abgehört werden kann. Dieses sog. „sniffen“ der Konfiguration (z.B. Passworteinrichtung) kann nur durch Einrichtung über Kabelverbindung verhindert werden.
- nicht benutzte WLAN-Verbindungen ausgeschaltet werden, da das ungewünschte Einloggen Fremder im stand-by-Modus besonders unauffällig ist.
- der WLAN-Access-Point durch ein sicheres Passwort geschützt wird. Häufig wird dies in der Stadard-Konfiguration belassen, was Angriffe ungemein erleichtert.
- auch die WLAN-Verbindungsstrukturen in regelmäßige Update-Aktualisierungen (Sicherheitspatches) einbezogen werden, um dieses Einfallstor für Maleware ins Unternehmensnetzwerk bestmöglich zu sperren.

Prinzipiell sollten vor allem kleine und mittelständische Unternehmen, deren Sicherheitsvorkehrungen meist noch relativ schwach sind, folgende Präventionsregeln beachten[469]:

- Mit Prophylaxemaßnahmen gegen Wirtschaftsspionage sollte nicht erst begonnen werden, wenn bereits ein Schadensfall eingetreten ist. Vielleicht sind Angriffe bislang nur noch nicht aufgefallen und schnelles überlegtes Handeln kann weitere Schäden verhindern.
- Informationsschutz sollte als wichtiger Bestandteil der Unternehmensstrategie und Corporate Governance begriffen und umgesetzt werden.
- Basierend auf der Analyse der Risikosituation des Unternehmens sollte ein ganzheitliches Sicherheitskonzept erarbeitet und regelmäßig modifiziert werden. Hierbei haben Schutzmaßnahmen für den Kernbestand zukunftssichernder Informationen höchste Priorität.
- Die Einhaltung festgelegter Sicherheitsvorkehrungen ist permanent zu überwachen; Verstöße sind angemessen zu sanktionieren. Auffälligkeiten und konkrete Hinweise sollten (ggf. unter Einschaltung professioneller Hilfe durch Verfassungsschutz, Polizei oder Detekteien etc.) konsequent verfolgt werden.
- Der Erfolg der Sicherheitsvorkehrungen kann z.B. mittels eines Frühwarnsystems zur Erkennung von Know-how-Verlusten (beispielsweise durch das Auffinden von Plagiaten) beurteilt werden.

Die zunehmenden Ausforschungsrisiken der Datenübermittlung über das Internet bzw. andere elektronische Kanäle könnten zukünftig den Rückgriff auf we-

---

469 siehe auch: „Wirtschaftsspionage - Information und Prävention“ Bundsamt für Verfassungsschutz 2003 , S. 24

niger schnelle, dafür aber sicherere Informationskanäle zumindest für sensible Daten wieder als sinnvoll erscheinen lassen (z.B. Briefpost statt e-Mail!)
Ein anderer Weg ist der, auf immer vollkommenere Verschlüsselungstechniken für die Datenübermittlung zu setzen. Allerdings zeigt das Knacken der lange als abhörsicher angepriesenen (und im Sommer 2007 in Deutschland noch von rund 4 Millionen Computern genutzten) WEP-Verschlüsselung[470] für WLAN durch das im Juni 2007 im Internet publizierte „air crack"-Programm eines Forschungsteams der TU Darmstadt, dass auch derartige hochkomplizierte kryptische Systeme mit moderner Computertechnik entschlüsselt werden können.[471] Nun soll eine noch kompliziertere Technik, die WPA-Verschlüsselung[472], lokale Computernetze wieder sicher machen - bis Hacker auch dieses System knacken.

Sicher ist, dass von Menschen erdachte Schutzsysteme früher oder später auch von Menschen direkt oder indirekt wieder überwunden werden.
Dies gilt für den Bereich der Computerkriminalität logischerweise ebenso wie für den Bereich der Wirtschafts- und besonders der Konkurrenzspionage.

Stärkung des Standorts Deutschland heißt auch, die deutschen Unternehmen im eigenen Lande vor Wirtschaftsspionage zu schützen. Beklagte der Vorsitzende der bundesweiten „Arbeitsgemeinschaft für Sicherheit der Wirtschaft", Anfang 2007 noch, dass staatliche Ressourcen kaum eingesetzt werden, um wirksam gegen Wirtschaftsspionage vorzugehen, viele Unternehmen eigene Investitionen in mehr Sicherheit aber noch zu oft als unproduktiven Kostenfaktor betrachten, weil sie die Bedrohungslage völlig unterschätzen[473], zeigt eine aktuelle Befragung des Sicherheitsunternehmens Corporate Trust München und des Büros für angewandte Kriminologie in Hamburg bei deutschen Unternehmen zum Ende des Jahres eine zunehmende Sensibilisierung gegenüber Industriespionageangriffen.[474] Hiernach könnte jedes fünfte deutsche Unternehmen bereits Spionageopfer geworden sein und die Bedrohung nimmt weiter zu.

Da das Know-how des Unternehmens zunehmend als Vermögenswert bzw. wertgenerierender Faktor zu betrachten ist, wird Informationsschutz für viele Unternehmen auch zum wichtigen strategischen Erfolgsfaktor!

---

470 Wired Equivalent Privacy (WEP) ist der Standard-Verschlüsselungsalgorithmus für kabellose Computernetze
471 www.cdc.informatik.tu-darmstadt.de/aircrack-ptw
472 WiFi Protected Access (WPA) als verbesserte Version des Standardsetters für WLAN-Sicherheit WiFi
473 Aussage: Länderreport von dradio zur Wirtschaftsspionage in Baden-Württemberg vom 14.02. 2007 veröffentlicht unter: www.dradio.de/dkultur/sendungen/laenderreport/594810
474 Vgl. Tödmann,C. „Milliardenschäden durch Industriespionage" Handelsblatt Nr. 226 vom 22.11.2007 , S. 21

4. Entwicklungstendenzen der Wirtschaftskriminalität - (k)ein Schlusswort

Sicherheit stand lange Zeit nur sehr bedingt im Fokus der Investitionsüberlegungen von Wirtschaftsunternehmen. Auch heute noch werden Investitionen in das Sicherheitsmanagement von Firmen bestenfalls als notwendige, aber eigentlich unerwünschte ökonomische Belastungen wahrgenommen. Das liegt vor allem daran, dass das Bewusstsein für die tatsächliche Bedrohung von Wirtschaftsprozessen fehlt bzw. das Wissen darüber lückenhaft ist und deshalb die naive Hoffnung dominiert, dass mögliche Sicherheitsgefährdungen das Unternehmen nicht betreffen werden.

Die Globalisierung des Wirtschafts- und Finanzmarktes und die rasche Verzahnung der zugehörigen elektronischen Informationsnetze zum weltumspannenden Internet mit gegenwärtig ca. 2,8 Milliarden IP-Adressen schafft jedoch neben vielen Chancen prosperierender ökonomischer Entwicklung auch immer neue Risiken und Bedrohungen. Die immanenten Risiken des weltweiten ökonomischen Netzwerkes werden unter den Bedingungen einer volatilen Wirtschaftsentwicklung und aus mannigfaltigen Gründen zunehmenden Wirtschaftskriminalität, die gegenwärtig besonders in der dynamischen Entwicklung der Computerkriminalität ihren Ausdruck findet, zur schwer zu unterschätzenden Gefahr für die gesamte Wirtschaft wie auch für das einzelne Unternehmen.

Zu diesen Risiken gehört insbesondere ein aggressiver Wettbewerb, dessen Formen und Instrumente zwischen traditionellem Handel und Wirtschaftskrieg oszillieren. In dieser Grauzone entwickeln sich Wirtschafts- und Konkurrenzspionage, Produkt- und Leistungssabotage sowie reputationsschädigender Informationskrieg (wozu insbesondere auch Spam- und DoS-Attacken zählen), Markenpiraterie, Korruption und sonstige Angriffe auf die Leistungs- und Wettbewerbsfähigkeit von Unternehmen.[475]

Insofern wird Wirtschaftskriminalität als Form des Handelns ohne ethisches Fundament auch in Zukunft ein beängstigend aktuelles Thema und eines der größten Geschäftsrisiken für alle Unternehmen bleiben, das durch die rasante technologische Entwicklung, insbesondere im IT-Bereich quasi täglich neue und zusätzliche Gefahrenpotentiale erhält.

Noch weniger als über die durch Wirtschaftskriminalität verursachten Schäden werden Aussagen zu den Gewinnen der organisierten Kriminalität, die zumindest teilweise direkt oder indirekt auch mit wirtschaftskriminellen Methoden arbeitet, bekannt. Nur schlaglichtartig erhellt eine aktuelle Studie das Dunkel. Hiernach gehört das organisierte Verbrechen in Italien zu den umsatz- und wachstumsstärksten Unternehmen des Landes. Auf jährlich über 90 Mrd. Euro schätzt die Studie des italienischen Einzelhandelsverbandes Confesercenti die

[475] Vgl. Menk,T. „Sicherheit schafft Wettbewerbsvorteile“ ASW-Statement 2006 , www.asw-online.de

Mafia-Einnahmen.[476] 30 Mrd. Euro hiervon resultieren aus aufgezwungenen Wucherzinsen und rund 20 Mrd. erbringt das Baugeschäft. Die damit verbundenen hohen Gewinne sind natürlich enormer Antrieb, weiterzumachen und bedingen zugleich die Notwendigkeit, Gelder zwecks Renditesteigerung in den Wirtschaftskreislauf zurückzuführen, was nicht selten mit weiteren wirtschaftskriminellen Aktivitäten verbunden ist.

Da Entwicklung, Produktion, Vertrieb und Finanztransaktionen nicht in einem theoretisch idealen, sondern in einem realen Wirtschaftsraum stattfinden, in dem politische, wettbewerbsindizierte und mannigfaltige kriminelle Risiken existieren, sind diesbezügliche interne Schutz- und Sicherheitsmaßnahmen ein immer mehr an Bedeutung gewinnender Wirtschafts- und Erfolgsfaktor für alle Unternehmen - vom Global Player bis hin zu mittleren und kleinen Unternehmen, wenn sie sich in diesem Markt bewegen und behaupten wollen!

Letztlich beruhen fast alle wirtschaftskriminellen Handlungen auf der Ausnutzung von Kontroll- bzw. Überwachungsdefiziten.
Die zunehmende Komplexität moderner Geschäftsprozesse sowie die wachsende Geschwindigkeit, mit der Vermögenswerte (besonders Geld, aber auch Aktien und andere Wertpapiere) ggf. in wenigen Sekunden auf elektronischem Weg rund um den Globus transferierbar sind und die Möglichkeiten unter Nutzung des Internet derartige Transaktionen verschleiert bzw. anonymisiert durchzuführen, stehen wirkungsvollen Kontrollen oft im Weg. Auch deshalb bleiben Betrugsbegehensweisen zwar oft prinzipiell die alten, kommen aber im immer neuen Gewand daher und zielen verstärkt auf Zugriffe zu elektronischem Geld (Giralgeld-Konten) z.B. Angebote über Internet, Pishing etc.
Hinzu kommt, dass Internetattacken für Täter meist viel sicherer als z.B. konventionelle Raub-, Diebstahls- oder Unterschlagungshandlungen sind. Es ist gegenwärtig mit etwas IT-Know-how und auf kriminellen Internetplattformen erhältlicher Maleware relativ einfach möglich, von einem beliebigen Internetanschluss irgendwo auf der Welt unerkannt ein Konto in Deutschland zu plündern. So werden auch die Probleme der Geldwäsche grösserer Mengen kriminell erlangten Bargelds umgangen.
Überhaupt haben Kriminelle mit der Nutzung des Computers und besonders des Internets für ihre Zwecke ein gewaltiges neues Betätigungsfeld erschlossen, dessen Gefahren von vielen Unternehmen noch immer sträflich unterschätzt werden. Einst durch übermütige Spass-Hacker aus Frust oder Geltungsdrang entwickelte elektronische Viren, Würmer und Trojaner mutieren seit einigen Jahren in der Hand professioneller krimineller Programmierer zu Schadprogrammen neuer Qualität, mit denen Cyberkriminelle Vermögenswerte aus der Wirtschaft und

[476] FTD v. 23.10.2007, S. 12

auch von ahnungslosen Web-Nutzern in ihren Besitz bringen. Computerkriminalität ist schon heute primär Internetkriminalität.
Das Internet ist durchaus mit einem Dschungel vergleichbar, der sich dem unbefangenen Betrachter als gesund wachsend und einladend präsentiert, in dessen Inneren es jedoch vor Gefahren wimmelt. Und wie im richtigen Dschungel sind diese nur selten sofort erkennbar. Im Web-Dickicht lauern zu Rootkits mutierte Viren und Trojaner, Zombie-Computer und Bootnets. Alles Fallen die es auf das Geld und manchmal auch die Identität des arglosen Benutzers abgesehen haben. Ein Dschungel, der gegenwärtig fast ungebremst wuchert, inzwischen die gesamte (Daten-)Welt umspannt und ohne den die reale Welt der Wirtschaft und Gesellschaft kaum noch wirklich funktionieren würde. Deshalb ist es keine Option, diesen IT-Dschungel zur Bekämpfung der eingenisteten Wirtschaftskriminalität einfach zu eliminieren. Das einzige, was mit viel Anstrengung gelingen kann ist, Schneisen für einen einigermaßen sicheren (Daten-)verkehr hineinzuschlagen und mittels technischer Hilfsmittel (wie Firewalls etc.) gesicherte Areale zu schaffen - die jedoch schnell wieder überwuchert werden, wenn die permanenten Anstrengungen (z.B. das neue Update) auch nur für einen Moment ausgesetzt werden, weil das Geld fehlt oder man den Kampf für gewonnen hält. Lag die Anzahl neu entdeckter Computerschadprogramme 2006 noch unter einer Million, betrug sie für 2007 fast 5,5 Millionen![477]

Weder heute und noch viel weniger zukünftig können sich Unternehmen Überwachungsdefizite leisten. Das interne Kontroll- und Überwachungssystem wegen der dem wachsendem Wettbewerbsdruck geschuldeten Orientierung auf Kostensenkung auszudünnen, ist der gleiche falsche Entschluss, als wenn statt eines teuren aber sicheren ein billiges, leicht zu öffnendes Schloss in den Tresor eingebaut wird. Am Ende ist das Geld weg und der Schaden beträgt ein Vielfaches der eingesparten Kosten. Insbesondere kleine und mittelständische Unternehmen unterschätzen leider noch immer die Gefahr von wirtschaftskriminellen Angriffen aus dem Internet.[478]

Die zunehmende Computerkriminalität sollte in den Unternehmen allerdings nicht den Blick auf den Risiko- und Sicherheitsfaktor Mensch versperren. Unverändert ist das bewusste oder unbewusste Fehlverhalten von Mitarbeitern auf allen Leitungsebenen beim Umgang mit Informationen und bei der Nutzung der Technik, aus Leichtsinn, Bequemlichkeit oder Ignoranz gegenüber Anweisungen, provoziert durch Täuschung, Einschüchterung oder Gehorsam oder infolge von Bereicherungsstreben, Frust oder krimineller Energie ein hohes Sicherheitsrisiko für jedes Unternehmen! Solange Sicherheitsanforderungen als Arbeitsbe-

[477] vgl. www.av-test.org
[478] Vgl. Ergebnisse einer McAfee-Umfrage unter rund 600 mittelständischen Firmen aus sechs europäischen Ländern (www.channelpartner.de /knowledgecenter/smb/246444)

hinderung und unrealistische Schikane wahrgenommen und die Verantwortung durch das Top-Management an Dritte (wie z.B. Werkschutz oder IT-Abteilung) abgeschoben wird, solange man bei Wirtschaftsspionage nur an romantisch verbrämte Detektivromane denkt, sind Unternehmen hochgradig durch wirtschaftskriminelle Angriffe wie auch durch Konkurrenzspionage gefährdet.
Diesbezüglich genügt es nicht, unternehmensinterne Schutzkonzepte bzw. -richtlinien zu implementieren. Diese müssen auch fest im Bewusstsein aller Mitarbeiter verankert und zumindest fallweise auf ihre Wirksamkeit überprüft werden.

Durch Wirtschaftskriminalität wird ein Unternehmen so bedroht, wie ein Damm durch Hochwasser. Nur wenn *alle* Schwachstellen unablässig abgedichtet und interne Fäulnis, die die Stützpfeiler gefährdet bekämpft wird, kann der Bestand gesichert werden. Auch hier gilt das alte chinesische Sprichwort: „Wenn der Tropfen nicht gestoppt wird, werden schließlich Fluss und Strom daraus".
Manchmal mutet der Kampf dagegen an wie der Versuch, mit Teelöffeln einen See leer zu schöpfen und viele Experten meinen, wer versucht, einen Buschbrand mit einem Gartenschlauch zu löschen, habe bessere Erfolgsaussichten. Doch Unternehmen, die den Kampf aufgeben oder gar nicht erst beginnen, haben ihn mit Sicherheit verloren und sind dadurch oft hochgradig existenzgefährdet.

Die Kriminalität zu Beginn des 21.Jahrhunderts wird insbesondere durch die rasante Entwicklung der Informations- und Kommunikationstechnologien, weltweite Kommunikation, Interaktion, zunehmende Anonymisierung und Zugriff auf gewaltige Datenvolumina geprägt sein. Tat- und Tätertypologien werden sich dem anpassen, ohne sich im Kern wirklich zu verändern.
Ohne die Verluste, die sich jährlich aus der Vermögensverteilung zugunsten einzelner Krimineller ergeben, könnte in Deutschland vermutlich problemlos die Rente mit 60 für alle finanziert und dennoch die Staatsverschuldung abgebaut werden.

Dieses Buch könnte eigentlich immer weitergeschrieben werden, denn Wirtschaftskriminalität ist eine „never ending story", geschieht täglich aufs Neue und entwickelt auch ständig neue Varianten.

Dennoch soll hier nun ein (vorläufiger) Schlusspunkt gesetzt werden, denn beim genauen Hinschauen sind viele neue Varianten letztlich oft nur Modifikationen altbekannter wirtschaftskrimineller Begehensweisen, die auf den vorangehenden Seiten dargestellt wurden und die Kenntnis dieser Tatbegehungsmuster erleichtert auch das Aufdecken neuer Deliktformen und entsprechende Prophylaxemassnahmen dagegen.

Quellenverzeichnis

Bücher

Belke,R./Oehmichen,J. „Wirtschaftskriminalität“ , Bamberg 1983
Coenenberg, A. „Jahresabschluß und Jahresabschlußanalyse“ 20. Auflage Landsberg/Lech 2005
Deutsches Institut für Interne Revision (Hrsg) IIR „Revision des Umweltmanagements“ , Berlin 2005
Deutsches Institut für Interne Revision (Hrsg) „Die Interne Revision - Bestandsaufnahme und Entwicklungsperspektiven“ , Berlin 2005
Deutsches Institut für Interne Revision (Hrsg) „Unternehmensüberwachung und Interne Revision“ , Berlin 2006
Eisenkolb,A./Müller-Dalhoff,G. „Tatort Betrieb“ , Freiburg i.Br. 1999
Euler,K.A. "Interne Kontrollen" (2.Auflage), Berlin 1992
Freidank,C.C./Peemöller,V.H. (Hrsg) „Corporate Governance und Interne Revision“ , Berlin 2007
Hofmann,R. „Unterschlagungsprophylaxe und Unterschlagungsprüfung“, Berlin 1990
IHK Schwaben (Hrsg.) „Ladendiebstahl“ , Augsburg 2006
Kästle,M. „Rechtsfragen der Verwendung von Covenants in Kreditverträgen“ , Berlin 2003
Landsberg, G./Lülling, W. „Umwelthaftungsrecht - Kommentar“ , Köln - Stuttgart 1991
Leffson,U. “Wirtschaftsprüfung” (4. Auflage) , Wiesbaden 1988
Lemke,H.G. „Diebstahlverhütung im Einzel- und Fachhandel“, Düsseldorf 2003
Odenthal,R. „Kriminalität am Arbeitsplatz“ , Wiesbaden 2005
Ogger,G. „Der Börsenschwindel“ , München 2002
Ogger,G. „Die Ego-AG. Überleben in der Betrüger-Wirtschaft“ , München 2003
Paulos,J.A. „Das einzig Gewisse ist das Ungewisse“ , Frankfurt/New York 2004
Peemöller,V.H./Hofmann,S. „Bilanzskandale“ , Berlin 2005
Perridon/Steiner „Finanzmangement“ (14.Aufl.) , München 2007
Pfleger,G. „Bilanz-Lifting“ , Freiburg i.Br. 1999
Pohl, M. „Philipp Holzmann - Geschichte eines Bauunternehmens 1849-1999“ , München 1999
Schmeh,K. „Die 55 grössten Flops der Wirtschaftsgeschichte“ , Frankfurt/M. 2002
Stiglitz, J. „The Roaring Nineties“ , London 2003
Többens,H.W. „Wirtschaftsstrafrecht“ , München 2006
Topf,J. e.a. „Antispam-Strategien“ BSI, Bonn 2005
Ulfkotte,U. „Marktplatz der Diebe“ , München 1999
Ulfkotte,U. „Wirtschaftsspionage“ , München 2001

Weyand/Diversity „Insolvenzdelikte“ (7.Auflage) , Berlin 2006
Wöhe/Bilstein „Grundzüge der Unternehmensfinanzierung“ (9.Aufl.) , München 2002

Aufsätze

o.V. „Neuer Trick der Nigeria-Connection“ CD-Sicherheitsmanagement 2/2006 S. 46
Abendroth,S. „Bankenrevision“ , ZIR 5 2005
Baetge,J. „7.WPO-Novelle: Überzeugende Stärkung der Berufsaufsicht deutscher Wirtschaftsprüfer“ Betriebsberater 38/2007 S.1
Balzli,B. „Buchhalter im Blindflug" Der Spiegel Nr. 39 v. 24.09.2007 S. 70
Barrier, M. „Relating to the Audit Committee“ Internal Auditor, April 2002
Berndt/Jeker „Fraud Detection im Rahmen der Abschlussprüfung“ Betriebsberater 48/2007 S. 2615 f.
Bierhahn,U. „Durchgesickert“ <kes> 2006/2 S. 6
Brooks,J.P. „Wider die Korruption oder wie viel ist Unternehmen ihr guter Ruf wert?“ BB 4/2007 S. 1
Bussmann,K.D. „Kriminalprävention durch Business Ethics“ Zeitschrift für Wirtschafts- und Unternehmensethik Heft 1/2004 S. 35 f.
Eichler,J. „Trau, schau, wem - Social Engineering - Paranoia oder reale Gefahr?“ <kes> 2007/1 S. 92
Erben,R.F. „Enronie des Schicksals“ In: Romeike,F. (Hrsg.) „Modernes Risikomanagement“ Weinheim 2005 S. 270
Glitza,K.H. „Heros-Die Wochen danach“ CD-Sicherheitsmanagement 2/2006 , S. 14 ff.
Hauschka/Greeve „Compliance und Korruptionsprävention“ BB 4/2007 S. 165
Hecker,A./Gundel,S./Füss,R. „Korruption-Ursachen,Formen und Konsequenzen“ ZIR 2/2006 S. 47
Helfer,H.U. „Marktforscher oder Spion?“ WiK Nr. 6/1995 S. 10
Hetzer/Palan „Todsichres Geschäft“ Manager-Magazin 2/2004 S. 86f.
Janke,G. „Das COSO-ERM-Modell ZRFG 3/2007 S. 115 f.
Klingbiel,N./Andreas,J. „Outsourcing im Rechnungswesen“ ZFCM 1/2006 S. 36 f.
Krommes,W. „Falsche Aussagen in der Rechnungslegung“ ZIR 2/2006 S. 62
Lange,K. „Wer einmal reinfällt, fällt noch mal rein“ Manager-Magazin vom 26.01.2004
Langrehr,D. „Wenn das Geld fehlt“ <kes> 2004/6 S. 6
Lochmaier,L. „Der unsichtbare Feind“ www.manager-magazin.de v. 6.2.2007
Lück,W. „Risiko- und Chancen-Management im Unternehmen“ BB 33/04 S. 1
Lück,W. /Unmuth,A. „Interne Revision und Risikomanagement“ In: Lück,W. (Hrsg.) „Zentrale Tätigeitsbereiche der Internen Revision“ Berlin 2006 S.13 f

Ludewig,R. „Abschlußprüfung und kriminelle Energien im Unternehmen" - In: *Lanfermann,J.* (Hrsg.) "Internationale Wirtschaftsprüfung - Festschrift für Hans Havermann", Düsseldorf 1995 S. 399

Lutz,F. „Wanze over IP“ <kes> 2005/2 S. 58

Rafeld,H./Then Bergh,F.R. „Digitale Ziffernanalyse in deutschen Rechnungslegungsdaten” ZIR 1/2007 S.26

Salvenmoser,S. „Schaden feststellen und ausgleichen“ ZIR 1/2007 S. 3

Scheffler, E. „Kann der Aufsichtsrat Bilanzdelikte und andere Unregelmäßigkeiten verhindern?“ In: Freidank,C.C. (Hrsg.) „Bilanzreform und Bilanzdelikte“ Wiesbaden 2005 S. 203 f.

Schruff,W. „Zur Aufdeckung von Top-Management-Fraud durch den Wirtschaftsprüfer im Rahmen der Jahresabschlussprüfung“ - WPg 56 (2003) 17 S. 901

Stierle,J. „Frühwarnsysteme zum Erkennen von Korruptionsrisiken“ ZIR 3/2006 S. 113

Stierle,J. „Korruptionscontrolling durch wirksame Identifizierungspolitik“ ZIR 6/2006 S. 248

Tanski,J.S. „Aktuelle Entwicklungen von Corporate Gouvernance und Interner Revision - eine Analyse zur Zeit nach Enron und WorldCom ZIR 3/2003 S. 90

Tanski, J.S. „Der Fall WorldCom“ PdR 6/2002 , S. 492 ff.

Wilmer,R./Hoffmann,J. „Auf der Suche nach der Privatmoral“ CD Sicherheitsmanagement Nr. 2/2006 , S. 144 f.

Wehling,J./Weiß,C. „Abwehr von Wirtschaftskriminalität und Korruption“ , ZIR 3/2005 S. 107

Weyand,R. „Strafrechtliche Folgen von falschen Angaben bei der Gründung und Fortführung einer GmbH” BBK Nr. 4/2006 S. 201 f

Zierke,J. „Tatort Internet“ , Referat auf der BKA-Herbsttagung Nov. 2007 elektronisch veröffentlicht unter: www.bka.de/kriminalwissenschaften/herbsttagung/2007

Studien

Arbeitskreis Externe und Interne Überwachung der Unternehmung der Schmalenbach-Gesellschaft für Betriebswirtschaft e.V. „BEST PRACTICE für die Interne Revision“ , Berlin 2006

Abschlussbericht des EU-Parlaments über ECHELON (www.europarl.eu.int/tempcom/echelon)

BMI „Verfassungsschutzbericht 2006“ , Berlin 2007

BSI „Die Lage der IT-Sicherheit in Deutschland“, Bonn 2007

Bundesamt für Verfassungsschutz „Wirtschaftsspionage - Information und Prävention“ , Berlin 2003

Bundeskriminalamt „Polizeiliche Kriminalstatistik (PKS)“ , Berlin 2006
Bussmann,K.D./Nestler,C./Salvenmoser,S. „Wirtschaftskriminalität 2007 - Internationale und deutsche Ergebnisse“, PWC/Martin-Luther-Universität Halle-Wittenberg , Frankfurt/M. und Halle 2007
„CA 2007 Internet Threat Outlook“ v. 19.02.2007, www.ca.com
KPMG, „Studie 2006 zur Wirtschaftskriminalität in Deutschland“
KPMG „Anti Fraud Management - Best Practice der Prävention gegen Wirtschaftskriminalität“ 2006
<kes>Microsoft Sicherheitsstudie 2006, www.kes.info/archiv/online/060822-studie2006.htm
„Lagebericht zur Informationssicherheit“ kes/Mikrosoft-Sicherheitsstudie 2004 <kes> 2004/4 S. 6 f.
PWC AG „Wirtschaftskriminalität bei Banken und Versicherungen - Tatort Deutschland“ PWC & MLU Halle 2006
„Sophos Security Threat Report 2007“, www.sophos.de
„Symantec IT Risk Management Report“ 2007, www.symantec.com
Symantec “12.Internet Security Threat Report” , www.symantec.com

Wichtige Internetquellen[479]

www.anlageschutzarchiv.de
www.bsi.bund.de
www.computerbetrug.de
www.dsw-schutzverband.de
www.e-d-w.de/Phoenix/Phoenix-Sachstand.html
www.idw.de
www.iir-ev.de
www.stiftung-warentest.de
www.spotspam.net
www.forum-wirtschaftskriminalität.de

Gesetze und Standards

Abschlussprüfer-Aufsichtsgesetz (APAG) BGBl I 2004 Nr. 76
BSI „Leitfaden IT-Sicherheit“ 2006
Deutsches Institut für Interne Revision e.V. „Grundlagen der Internen Revision“ (autorisierte Übersetzung der „Basics of Internal Auditing“ des IIA) , Frankfurt/M. 2005
Gesetz über das Kreditwesen (KWG) v. 9.9.1998 BGBl I 1998 S. 2776

---

479 Nur *einmalig* verwendete Internetquellen sind i.R. nur als Fußnote im Text vermerkt

Gesetz zur Kontrolle und Transparenz im Unternehmensbereich BGBl I 1998 S.786
Gesetz zur weiteren Reform des Aktien- und Bilanzrechts, zu Transparenz und Publizität (TransPuG)") BGBL I 2002 S. 2681
Gesetz zur Kontrolle von Unternehmenszusammenschlüssen (BilKoG) BGBl. I 2004 S. 3408
Gesetz zur Ausführung der Verordnung (EG) Nr. 761/2001 des Europäischen Parlaments und des Rates v. 19.03.2001 über die freiwillige Beteiligung von Organisationen an einem Gemeinschaftssystem für das Umweltmanagement und die Umweltbetriebsprüfung (EMAS) v. 04.09.2002 BGBl. I 2002 S. 3490
Insolvenzordnung (InsO) v. 5.10.1994 BGBl. I 1994 , S. 2866 f.
RL 2006/43/EG über Abschlussprüfungen von Jahresabschlüssen und konsolidierten Abschlüssen - In: Amtsblatt der EU L 157/87 v. 9.6.2006
Verordnung über die Prüfung der Jahresabschlüsse und Zwischenabschlüsse der Kreditinstitute und Finanzdienstleistungsinstitute über die Prüfung nach § 12 Abs. 1 Satz 3 des Gesetzes über Kapitalanlagegesellschaften sowie darüber zu erstellende Berichte (Prüfungsberichtsverordnung) v. 17.12.1998 , BGBl I. S.3690
Zweites Gesetz zur Bekämpfung der Wirtschaftskriminalität (2.WiKG) BGBl. I 1986 S. 721
41.Strafrechtsänderungsgesetzes zur Bekämpfung der Computerkriminalität vom 07.08.2007 BGBl I 2007 Nr. 38

Stichwortverzeichnis